Das waren die Grünen

## Das Buch

1980: Mehr als 10 000 Menschen gründeten die Grünen. Sie hatten die Hoffnung auf eine andere Gesellschaft. Sie kamen aus den neuen sozialen Bewegungen der siebziger Jahre. Sie waren die erste Partei, in der Frauen dieselben Chancen wie Männer haben sollten. Die Grünen wollten ökologisch sein, aber auch sozial, antimilitaristisch und basisdemokratisch.

Heute sind die Grünen am falschen Ziel und am Ende. Sie haben jeden systemoppositionellen Gedanken preisgegeben und sich mit dem Kapitalismus versöhnt – und somit mit Ausbeutung, Armut und Naturzerstörung. Sie wurden zur Kriegspartei. Sie behandeln Flüchtlinge so unmenschlich wie jede andere Regierung. Sie bauen das Atomprogramm aus und nennen es »Ausstieg«.

Jutta Ditfurth beschreibt, wie aus einer rebellischen, ökologischen und emanzipatorischen Partei ein neoliberaler und charakterloser Haufen wurde.

## Die Autorin

Jutta Ditfurth, 1951 geboren, ist Soziologin und Autorin. Sie studierte (u. a. Politik, Kunst- und Wirtschaftsgeschichte) und arbeitete in Heidelberg, Hamburg, Freiburg, Bielefeld, Glasgow (Großbritannien) und Detroit (USA) als Sozialwissenschaftlerin in Forschung und Lehre. Sie jobbte in der Atom- und der Chemieindustrie, in Krankenhäusern und in Banken.

Seit den siebziger Jahren war sie in der undogmatischen Linken, in der Frauenbewegung und vor allem in der Anti-AKW-Bewegung aktiv. Nach dem »Deutschen Herbst« (1977) war sie 1980 Mitbegründerin der Grünen und von 1984 bis 1988 Bundesvorsitzende. Von 1989 bis 1992 war sie im Bundesvorstand der dju/IG Medien, von 1992 bis 1995 dju-Bundesvorsitzende und im Hauptvorstand der IG Medien. 1991 trat sie wegen der Rechtsentwicklung aus den Grünen aus und gründete die Ökologische Linke mit. Sie gibt die Zeitschrift *ÖkoLinX* heraus.

Jutta Ditfurth schreibt politische Sachbücher, Romane und Drehbücher. Sie lebt in Frankfurt/Main.

Jutta Ditfurth

# Das waren die Grünen

## Abschied von einer Hoffnung

Econ Taschenbuch Verlag

Econ Taschenbuch Verlag 2000
Der Econ Taschenbuch Verlag ist ein Unternehmen der
Econ Ullstein List Verlag GmbH & Co. KG, München
Originalausgabe
© 2000 by Econ Ullstein List Verlag GmbH & Co. KG, München
Lektorat: Wolfgang Schuler
Umschlagkonzept: Büro Meyer & Schmidt, München – Jorge Schmidt
Umschlaggestaltung: Bezaubernde GINI, München
Titelabbildung: Kurt Steinhausen
Gesetzt aus der Frutiger, Linotype
Satz: Josefine Urban – KompetenzCenter, Düsseldorf
Druck und Bindearbeiten: Ebner Ulm
Printed in Germany
ISBN 3-612-26704-3

Gewidmet den Menschen, die ich bei den Grünen schätzen-lernte und die inzwischen alle die Grünen verlassen haben.

Ich bedanke mich bei allen sehr herzlich, die mir mit Informationen und Kritik geholfen haben. Wenn LeserInnen Kritik, Anregungen oder für eine Aktualisierung dieses Buches nützliche Informationen haben, schicken Sie sie bitte an: ÖkoLinX, z. Hd. Jutta Ditfurth, Neuhofstr. 42, 60318 Frankfurt/Main.

Diejenigen, die sich so gern auf Material aus meinen Büchern stützen, mögen diesmal bitte die Quelle angeben.

# Inhalt

# Was wäre, wenn es heute die Grünen gäbe?

## Vorwort

Was wäre, wenn es heute die Grünen gäbe? Erinnern Sie sich an die achtziger Jahre? Da gab es eine rebellische Partei dieses Namens. Die wollte eine humane Gesellschaft, nicht nur in der BRD, sondern in der ganzen Welt. Die kämpfte gegen die Ausbeutung des Menschen, gegen soziales Elend und Naturzerstörung. Ihre Mitglieder besetzten, gemeinsam mit Bürgerinitiativen, Bauplätze für Atomkraftwerke und belagerten Chemiekonzerne. Sie lehnten mit guten und leidenschaftlichen Argumenten NATO, Krieg und Kapitalismus ab. Es war die erste Partei, in der Frauen dieselben Chancen wie Männer haben sollten. Die Grünen stritten für ein menschenwürdiges, solidarisches Leben für alle. Gäbe es diese Grünen heute, setzte das ein anderes Kräfteverhältnis in der Gesellschaft voraus.

Ihr Symbol war die Sonnenblume. Heute ist sie verfault und dabei so vergiftet, daß sie nicht einmal mehr als Kompost zu gebrauchen ist. Es gibt heute eine Partei mit dem

Namen »Bündnis 90/Die Grünen«. Sie zehrt noch vom Image dieser früheren Grünen. Die neuen Bündnisgrünen haben ihre Parteifarbe in Blau und Gelb zerlegt. Das ist realistisch. Es sind die Farben der FDP, der Partei, der sie am ähnlichsten sind.

Um 1990 war die Entwicklung der Grünen zu einer angepaßten bürgerlichen Partei noch nicht ganz abgeschlossen, aber doch endgültig entschieden. So verließen Anfang der neunziger Jahre rund 10 000 meist linke AktivistInnen die Grünen, rund ein Viertel der Mitglieder. Mit der anhaltenden Unterwerfung unter die Verhältnisse, gegen die die Partei einmal gegründet worden war, folgte von 1994 bis Anfang 1999 noch einmal die Hälfte. Wegen des Krieges gegen Jugoslawien traten 1999 weitere etwa 5 000 Mitglieder aus, knapp 2 000 davon allein in Nordrhein-Westfalen. Mehr als zwei Drittel der bündnisgrünen Mitglieder heute sind nach ihrer Rechtswendung neu eingetreten.

Diese neuen Mitglieder kamen, *weil* die Linken hinausgedrängt worden waren. Sie traten ein, *obwohl* oder *weil* die Grünen Krieg gegen Jugoslawien führten. Viele Neumitglieder könnten auch Mitglieder der FDP sein, läge die im Trend. Viele waren zeit ihres Lebens frei von jedem rebellischen, systemoppositionellen Gedanken. Sie traten in eine Partei ein, in der eine solche Haltung lästig gewesen wäre. Sie kamen, weil sich in kleinen Parteien schnell Karriere machen läßt. Sie kamen, weil sie mit den Verhältnissen im neuen Deutschland konform gehen.

Es waren einmal – die Grünen.

# 1

## »Sie dachten, sie seien an der Macht, dabei waren sie nur an der Regierung«

KURT TUCHOLSKY

## Bundestagswahl 1998

»Als politische Perspektive schon abgeschrieben, glanzlos«[1] *(Der Spiegel)* bekamen bei der Bundestagswahl am 27. September 1998 zwei Parteien eine Regierungsmehrheit, die selbst kaum noch damit gerechnet hatten.[2] Rot-Grün profitierte von einem diffusen Wunsch nach Veränderung. Eine junge Frau oder ein junger Mann von vielleicht 21 Jahren, geboren im »Deutschen Herbst« 1977, war fünf Jahre alt, als Helmut Kohl 1982 Bundeskanzler wurde, und hatte nie einen anderen Kanzler, nie eine andere Bundesregierung als die von CDU/FDP kennengelernt.

Im »Deutschen Herbst« von 1977 war ich 26 Jahre alt. Aufgewachsen in der knochenreaktionären Adenauer-Ära, hatte ich bei den Demonstrationen und Kämpfen der siebziger Jahre mehr Polizeiknüppel unter SPD/FDP-Regierungen abbekommen als unter irgendeiner anderen Regierung. Wir erlebten die Zerschlagung von großen Streiks – vor allem durch SPD/FDP-Regierungen –, den Ausbau des

Polizeistaates, die Repressionen gegen RadikaldemokratInnen, AtomkraftgegnerInnen, AntifaschistInnen und PazifistInnen.

Natürlich hätten Jüngere in Büchern über die siebziger Jahre auch die Erfahrungen mit Willy Brandts Lüge, er wolle »mehr Demokratie wagen«, nachlesen können. Aber hat unsere Generation nicht auch sehr spät begriffen, was es mit der Verankerung des NS-Faschismus in der deutschen Bevölkerung, mit dem Antisemitismus auch in vermeintlich aufgeklärten Kreisen oder mit der Wiederbewaffnung auf sich hatte?

In einzelnen Bundesländern, in Hessen, Nordrhein-Westfalen, Hamburg oder Schleswig-Holstein, hat mensch in den achtziger und neunziger Jahren lernen können, wie es ist, wenn Rot-Grün regiert und dabei weder auf die soziale Lage der Menschen noch auf die Natur Rücksicht nimmt. Viele Linke, engagierte und kritische Leute haben das getan und 1998 eher selten Rot-Grün gewählt. Andere wollten einfach endlich eine neue Regierung. Kohl sollte weg. »Anders« oder »besser« sollten die Neuen sein. Auch jünger, dynamischer – »irgendwie«.

Nach der Wahl gab selbst das Regierungsblatt von Rot-Grün, die *tageszeitung (taz)*, zu, daß sich viele WählerInnen nicht unbedingt aus rationalen Gründen für SPD und Grüne entschieden hatten: »Den Geschmack von Stagnation und Mehltau hatten weit mehr Menschen satt, als es rot-grüne Fähnchenschwenker gibt.«[3] Ein Beobachter der *Zeit* beschrieb seine Zerrissenheit. Einerseits habe Rot-Grün »kein Projekt« und SPD und Grüne kämen »in einem Moment zusammen, in dem sie sich fast auseinandergelebt hatten«. Andererseits frohlockte er: »Endlich dabei! Nun braucht es auch gar kein Projekt. Einen amtierenden Kanzler loswerden, und noch dazu Kohl, war schon Projekt genug.«[4]

Das illustrierte schon eher den Charakter der rot-grünen Besoffenheit. Der Wahlsieg wirkte wie ein Jungbrunnen auf die vor Warten frustrierte Klientel von SPD und Grünen. *Die Zeit* wachte auf: »Die Müdigkeit der späten Kohl-Ära gehört der Vergangenheit an.«[5] Die *taz* behauptete eine »neue Leichtigkeit«[6]. Der *stern* verkündete die »rote«[7], *Der Spiegel* die »neue Republik«[8a]. Joseph Fischer prahlte mit einer »demokratischen Revolution«.[8b]

Marion Gräfin Dönhoff, die Herausgeberin der *Zeit,* war trunken vom Rausch der Geschichte und sehnte sich nach rot-grünen Führern: »Seit Jahren haben wir darauf warten müssen, daß nach einem der seltenen großen Umbrüche jemand das Steuer in die Hand nehmen und den Weg weisen würde – nichts dergleichen geschah. Wie ein reißender Strom rast die Geschichte an uns vorüber, wir – die Regierenden und das Volk – stehen ratlos am Ufer und fragen, wo der uns wohl hinträgt? Liebe Freunde, seid nicht kleinmütig, seid voller Hoffnung. Chancen sind immer auch mit Risiko verbunden. Wer darum auf Stillstand und Bewahren setzt, über den geht die Geschichte gnadenlos hinweg – denn die Geschichte ist ein Prozeß. Das Motto ›Verweile doch, du bist so schön‹ gilt für sie nicht.« Sie feuerte ihre rot-grüne Mannschaft an, als stünde sie in der Ostkurve des FC St. Pauli: »Jetzt geht's los!«[9] Die Grünen, ein Störfaktor? Dönhoff: »Viele meinen, die Grünen werden unrealistische Ziele verfolgen, der SPD das Regieren schwermachen, die Entwicklung hemmen. Aber das dürfte eine übertriebene Sorge sein. Der Sachzwang, la nature des choses, wie de Gaulle das nannte, ist in diesem Moment stärker als die Ideologie.«[10]

Ute Scheub, Kommentatorin der *taz,* vibrierte esoterisch: »Am wichtigsten ist wohl, daß nach langer Blockade [...] nun die politische Energie wieder frei fließen«[11] könne. Wohin und in wessen Interesse, sagte sie nicht. Daß die SPD »netto mehr als 400 000 Stimmen zu sich herübergezogen [hatte], die 1994 noch bei den Grünen gelandet waren«[12], wurde unter den Tisch gewischt.

Bis »ins tiefste Bürgertum« zeige sich »eine Sehnsucht

nach Aufbruch, Neubeginn und zündenden Ideen«[13], verriet die *taz* und drohte allen KritikerInnen: »Verderbt uns nicht die Party.«[14] Eine der rechtesten und törichtsten *taz*-KommentatorInnen, Walser-Anhängerin Mariam Lau, schrieb: »Sie nehmen umstandslos in Angriff, wofür man jahrzehntelang getrommelt hat: Ausstieg aus der Atomenergie; Reform, ach, was sag ich! – Revolution des Staatsangehörigkeitsrechts«[15]. Konnte eine sich gründlicher blamieren?

Party hin, Rausch her. Die rot-grüne Kundschaft hatte lange genug gewartet und vergab sofort nach der Wahl Arbeitsaufträge. Wer geholfen hatte, Schröder an die Regierung zu schreiben, wie Manfred Bissinger, Chef des Wochen-*Vorwärts* namens *Die Woche,* verlangte nun seine Belohnung. Er schrieb einen offenen Brief an seinen Bundeskanzler: »Sie müssen die sozialdemokratischen Tabus vergessen«, beispielsweise »den angepeilten Spitzensteuersatz von 49 Prozent. 45 sind die absolute Obergrenze«, und auch »die Forderung nach Wiedereinführung der Vermögenssteuer wieder fallen lassen«.[16] Die RepräsentantInnen des deutschen Bürgertums vergaßen die eigenen materiellen Interessen nicht eine Sekunde.

Wer genau wissen wollte, was sich jetzt für wen wie verändern würde, wurde erst einmal in die Nebel von Avalon verwiesen: »Vermutlich liegt die wahre Dimension dieses Wechsels [. . .] zunächst einmal und vor allem auf einer Ebene, die gar nicht politisch ist. Was da geschieht, ist ein Kulturbruch«[17], schwatzte Gunter Hofmann in der *Zeit.* »Jetzt sitzen sie [die Grünen], klein, aber erwachsen, an der Seite der Sozialdemokraten. Fast könnte man von einer Art Wiedervereinigung sprechen. [. . .] Es findet da, irgendwie, eine Versöhnung in letzter Sekunde statt.«[18] In letzter Sekunde? Drohte ein Weltuntergang? Oder war es nicht einfach biographisch die letzte Chance für die beteiligten rot-grünen FunktionärInnen, an die Fleischtöpfe zu kommen?

Für »die Versöhnung in letzter Sekunde« nahm mensch

viel in Kauf. Rot-grüne Medien lobten die eigene Toleranz: »Ein ehemaliger Straßenkämpfer wird Außenminister: Joschka Fischer. Ein ehemaliger K-Gruppen-Führer sorgt als Minister für die Umwelt: Jürgen Trittin. Ein einstiger Terroristenanwalt soll für die innere Sicherheit zuständig werden: Otto Schily.«[19] Niemand, außer vielleicht einige CSU-Provinzbürgermeister oder CDU-Stammtischbrüder, regte sich ernsthaft auf. »Kein Schrei durchdrang die Stille; die Ära Kohl endet im Land des Lächelns [...], alles geht gedämpft und höflich, fast freundschaftlich vonstatten«[20], staunte die *Frankfurter Allgemeine Zeitung* (*FAZ*).

Aber der Weg führte statt in eine »demokratische Revolution« zum ersten Krieg Deutschlands nach der Befreiung vom NS-Faschismus. Wer nicht zur »Party« von Rot-Grün eingeladen wurde, wird künftig unter einer noch schlechteren Gesundheitsversorgung leiden. Die »Revolution« besteht in der Zerschmetterung des Sozialstaats, und »gestaltet« wird die Verelendung von morgen. Einen »Neubeginn« gab es in Form von Steuersenkungen für Gutverdienende und Reiche. Allein auf deren Gesichtern liegt jenes »Lächeln«. An »zündenden Ideen« fehlte es Rot-Grün nicht. Sie warfen Bomben auf Jugoslawien und bauen Abschiebeknäste nun auch für Kinder. »Frei fließen« dürfen Kapital, Rüstungsexporte und Atomenergie.

Das alte Personal war verschlissen. Für die Modernisierung des Kapitalismus wurden jüngere Lakaien in neuen Anzügen benötigt. Kohl wechselte gleichsam von der BASF zu VW. Manfred Kanther hieß jetzt Otto Schily. Der lobte Kanther und sah sich als dessen Nachfolger – bis Kanther wegen seiner Verwicklung in den CDU-Spendenskandal sein Bundestagsmandat niederlegte. Da schwieg Schily. Der neue Kinkel trägt Anzüge von Nino Cerruti. Nur Blüm schien in einem finnischen See ertrunken zu sein. Hans Peter Stihl, der Präsident des Deutschen Industrie- und Handelstages (DIHT), lobte Arbeitsminister Riester in Grund und Boden: Der sei »weniger dogmatisch als Norbert Blüm«[21].

Im Winter 1999/2000 kam heraus: Die CDU hat massiv gegen Gesetze verstoßen. Sie hat sich antisemitisch herauszureden versucht (viele Millionen Mark Schwarzgeld seien ein Vermächtnis von Juden). Der Verfall der CDU ließ Rot-Grün – nach der Krise vom Herbst 1999 – für manchen kurzfristig in positivem Licht erscheinen; kaum jemand stellte sich der rot-grünen Wirklichkeit. Sonderbar war, daß die Grünen weitgehend schwiegen.

SozialdemokratInnen und Grüne hatten Kohl gegen Ende seiner Amtszeit und in den ersten Wochen ihrer Regierungszeit aufs peinlichste umschwärmt. Mit der CDU-Spendenaffäre wurde Kohl von der rot-grünen Presse zum Abschuß freigegeben. Rot-Grün-AnhängerInnen blühten auf. Die Enthüllungen lieferten täglich so viel Material für die kollektive Abscheu, daß in rot-grünen Kreisen die Hoffnung wuchs, die Schandtaten des ersten rot-grünen Jahres könnten vergessen und die zukünftigen von den befreundeten Medien besser verkauft werden.

»Kohl hat viel mehr als seine Ehre verspielt«, schrieb Eberhard Seidel, der nur als Beispiel für Dutzende von AutorInnen steht. Auch am Verfall der »gesellschaftlichen Bindekräfte«, als deren Folge die »Ausländerfeindlichkeit um so stärker zunimmt«, ist offensichtlich allein die CDU schuld. Seidel: Kohls »wirkliche historische Leistung besteht darin, die Nation gespalten zu haben. In Ost- und Westdeutsche. In Deutsche und Ausländer. In Arme und Reiche. Helmut Kohl hat mehr zur sozialen Spaltung der Gesellschaft beigetragen als je ein Bundeskanzler vor ihm. Seit den frühen sechziger Jahren haben noch nie so wenig Kinder aus sozial schwachen Familien die Universitäten besucht wie heute.«[22]

Was für ein saudummes, durchsichtiges, interessengeleitetes Geschwätz!

Sozial gespalten sind kapitalistische Gesellschaften ohnehin – egal unter welcher Regierung. Es ist gewissermaßen ihr Markenzeichen als Klassengesellschaften. In den

Siebzigern wurden teilweise recht erfolgreiche soziale Kämpfe geführt. Helmut Schmidt und die SPD/FDP-Regierung bauten dann soziale Errungenschaften ab und verschärften die Demontage demokratischer Rechte und Freiheiten. Alles dies wurde unter der Kohl-Regierung 16 Jahre lang weiterbetrieben. Die Regierung Schröder/Fischer, für alle Übel »Kontinuität« androhend und einlösend, beschleunigte das Tempo von Sozialabbau und Demokratiedemontage.

Die faktische Abschaffung des restlichen Asylrechts hat die SPD mit vorangetrieben. Innenminister Otto Schily (SPD) schätzt nach eigener Aussage den Rassisten Manfred Kanther,[23] dem er in rassistischer Logik folgt, wenn er sagt, die »Grenze der Belastbarkeit« durch Zuwanderung sei »überschritten«[24]. Bei den Zwangsmaßnahmen gegen die Schwächsten und den Steuererleichterungen für die Reichsten war man sich von CDU/CSU/FDP bis SPD/Grüne im Grunde einig. Die Verelendung von SozialhilfeempfängerInnen und Erwerbslosen, die Rot-Grün anheizt, scheint in den Augen Seidels und der bürgerlichen Medien weniger bedeutsam. Die nächsten Rentenkürzungen plant Rot-Grün. Das BAFöG (Bundesausbildungsförderungsgesetz) wird um lediglich 70 DM erhöht, was vielleicht ausreicht, um die Energiepreiserhöhungen durch die Öko(mehrwert)steuer aufzufangen, nicht aber die Inflation. Das bedeutet für die Masse der StudentInnen ohne wohlhabendes Elternhaus, daß sie gezwungen sind, während ihrer Ausbildung mehr zu arbeiten. Statt einer Erleichterung der Zugangsberechtigung zu den Hochschulen für Kinder aus sozial schwachen Familien gibt es Studiengebühren. Und vom Atomkanzler Helmut Schmidt bis zur Ausstiegslüge von Rot-Grün führt eine Linie.

Schon vergessen? Niemand mußte Rot-Grün mit Millionen Mark bestechen, damit die den ersten deutschen Angriffskrieg nach dem Zweiten Weltkrieg führten, den Krieg gegen Jugoslawien.

Zwanzig Jahre nach ihrer Gründung sind die Grünen am falschen Ziel und am Ende. Wie wurde aus einer rebellischen, emanzipatorischen Partei ein autoritärer, korrupter Haufen?

# 2

# »Sie veränderten doch die Welt«

JOHANNES AGNOLI

## Woher die Grünen kamen – Teil I: Die Bundesrepublik Deutschland in den sechziger und den siebziger Jahren

In den sechziger Jahren hatten sich die Bedingungen für den Erfolg ökonomischer Interessen der großen, technologisch fortgeschrittenen und exportorientierten Kapitalfraktionen geändert. Es war die Rede von einer »technologischen Lücke«, die geschlossen werden, und dann von einem »Bildungsnotstand«, der abgebaut werden müsse. Tatsächlich verlangten die sich verändernden Konkurrenzbedingungen des weltweiten Kapitals eine Modernisierung des Produktions- und Arbeitsprozesses. Es drohte die Konkurrenz aus den anderen kapitalistischen Zentren, und es lockte, neben anderen Teilen der Welt, der riesige Osten Europas mit seinen Ressourcen und Märkten. Tatsächlich stieg mit der neuen Ostpolitik der Anteil des Auslandsumsatzes am Gesamtumsatz der westdeutschen Industrie von 8 Prozent im Jahr 1950 auf 24 Prozent im Jahr 1975.[25]

Die Parteien des kalten Krieges, CDU und CSU, waren ungeeignet, diesem Wunsch nach Öffnung nachzukommen. Vor allem der CDU-nahe Mittelstand stand für Starrheit und Verknöcherung. Mit ihm waren keine neuen internationalen Raubzüge zu führen. Er war eher Lobby für die Kapitalfraktionen, die nicht oder in geringerem Maße vom Weltmarkt abhängig waren.

Mit der Hallsteindoktrin von 1955 (benannt nach dem Staatssekretär Walter Hallstein) hatte die Bundesrepublik Deutschland zudem einen politischen Alleinvertretungsanspruch formuliert: Mit keinem Land, das mit der DDR diplomatische oder wirtschaftliche Beziehungen unterhielt – mit Ausnahme der Sowjetunion (UdSSR) –, wollte die BRD ebensolche Beziehungen aufnehmen. So hatte die Hallsteindoktrin äußerst effektiv verhindert, daß die DDR von kapitalistischen Staaten anerkannt wurde. Aber jetzt verbaute sie dem deutschen Kapital den Weg nach Osteuropa. Mit dem Regierungswechsel über die große Koalition (1966–1969) hin zu den SPD/FDP-Bundesregierungen (1970–1982) und dem Deutsch-Sowjetischen Vertrag von 1970 – endgültig mit dem Grundvertrag von 1972 – fiel die Doktrin.

Für die tiefgreifenden Veränderungen im Arbeits- und Produktionsprozeß wurde qualifizierteres und vielseitigeres Personal gebraucht. Das förderte – auf nicht beabsichtigte Weise – auch eine gewisse politische Liberalisierung und die demokratische Öffnung der Universitäten. Dies war eine der wesentlichen objektiven Rahmenbedingungen für die Entstehung der außerparlamentarischen Opposition seit 1967.

Es hatten stickige gesellschaftliche Verhältnisse in jenem CDU-Staat der fünfziger und der sechziger Jahre geherrscht. Wer da aufwuchs, fühlte sich von gewaltigen Tabus bedrängt: die deutsche Vergangenheit, der NS-Faschismus, die weltweiten Atomwaffenversuche, trotz Hiroschima und Nagasaki, ein – auf andere Weise als heute – verklemmter Umgang mit Sexualität, Konsumwut und die Sehnsucht vieler Jugendlicher, aus den Verhältnissen auszubrechen.

Sechs Millionen Juden, dazu Roma und Sinti, OsteuropäerInnen, KommunistInnen und SozialistInnen waren von
Nazi-Deutschland ermordet worden. In der Schule lernten
wir nichts oder kaum Wahres über den NS-Faschismus.
Irgendwann schien ein Virus namens Hitler samt seiner
braunen Horden wie eine Naturkatastrophe auf das große
Kulturvolk der Deutschen herniedergefallen zu sein. Für
einige Jugendliche zerbrach der Auschwitzprozeß, der im
Dezember 1963 in Frankfurt/Main begann, die Verdrängung.

Die politischen Verhältnisse trieften vor Verlogenheit
und mit ihnen die persönlichen: Rauchte eine junge Frau
auf der Straße, galt sie als Hure. Nahm eine Studentin den
Freund mit aufs Zimmer, drohte der Wirtin der Kuppeleipa-
ragraph. Ein Mädchen, das in den fünfziger und den sechziger Jahren aufwuchs, wußte, würde sie »eines Tages sowieso heiraten«, daß das Gesetz sie zwang, ihren Ehemann um
Erlaubnis zu fragen, falls sie berufstätig werden wollte.

Soziale Bewegungen wie die Revolte der Achtundsechzi-
ger brechen nur scheinbar »plötzlich« aus, sie haben lange
Vorlaufzeiten. Wer erinnert sich noch an die sogenannten
Schwabinger Krawalle? Oder kennt die kulturrevolutionä-
ren SituationistInnen?

Die USA erhöhten ihren Rüstungshaushalt von 13,5 auf
52 Milliarden US-Dollar und erweiterten ihre Streitkräfte
von einer Million auf dreieinhalb Millionen Soldaten. Der
Hohe Kommissar der USA in der BRD, John J. McCloy, gab
am 13. Juni 1951 in Bonn in aller Öffentlichkeit die Weisung
an den deutschen Bündnispartner aus, »Europa [...] solle
soweit als möglich östlich verteidigt werden, und es unter-
liege keinem Zweifel, daß die Verteidigungslinie mit deutscher Hilfe weiter östlich liege als ohne deutschen Verteidi-
gungsauftrag.«[26] Nach dem Beitritt der BRD zur Westeuropäischen Union (WEU) und zur NATO 1955 begann der Aufbau der Bundeswehr. Schon die Pläne für eine Wiederbewaffnung lösten ab der ersten Hälfte der fünfziger Jahre

Massenproteste aus und eine scharfe Auseinandersetzung mit Frankreich. Wenige Jahre nach der Befreiung vom NS-Faschismus, nach Auschwitz und nachdem die Wehrmacht einen Großteil Europas verwüstet und Millionen Menschen ermordet hatte, sollte es wieder eine deutsche Armee geben. Bis dahin waren den Deutschen, selbstverständlich, eine eigene Armee und Rüstung verboten. Adenauer beauftragte ehemalige Offiziere Hitlers mit dem Wiederaufbau der deutschen Armee.

1957 wurde die CDU/CSU mit absoluter Mehrheit wiedergewählt. Erst 31 Jahre später kam, durch die Memoiren von Franz Josef Strauß (1989), heraus, daß sich 1958 der deutsche, der französische und der englische Verteidigungsminister heimlich getroffen und ein Abkommen zur gemeinsamen Produktion von Atomwaffen unterzeichnet hatten.[27] Noch am 3. Oktober 1954 hatte Konrad Adenauer erklärt, daß die Bundesrepublik sich verpflichte, keine »Atomwaffen, chemischen und biologischen Waffen in ihrem Gebiet [...] herzustellen«[28] – nur »herzustellen«: Auf die *Einfuhr* von Plutonium, die *Lagerung* von Uran, die *Entwicklung* von Atomreaktoren, die militärisch nutzbares Plutonium liefern würden, und auf die *militärische Atomforschung* verzichtete die BRD nicht. Auch der Besitz von Atomwaffen auf dem Gebiet eines anderen Staates war von der Erklärung nicht berührt. Ohne diesen Verzicht zum damaligen Zeitpunkt stand nicht nur die NATO-Mitgliedschaft der BRD auf dem Spiel.

Adenauer betrieb die Atombewaffnung der BRD, und es wuchs die zweite und größte Oppositionsbewegung der fünfziger Jahre heran, die Kampagne »Kampf dem Atomtod«. Am 25. März 1958 beschloß der Deutsche Bundestag die atomare Aufrüstung der Bundeswehr. Innenpolitisch gab die deutsche Bundesregierung als NATO-Wunsch aus, worauf sie selbst innerhalb der NATO permanent drängte: die nukleare Bewaffnung der BRD. Der sozialdemokratische Abgeordnete Helmut Schmidt – seine Partei war in der

Opposition – protestierte: »Der Entschluß, die beiden Teile unseres Vaterlandes mit atomaren Waffen gegeneinander zu bewaffnen, wird in der Geschichte einmal als genauso verhängnisvoll angesehen werden, wie es damals das Ermächtigungsgesetz für Hitler war.«[29]

Drei Jahre später, im November 1960, war es aus mit diesem antifaschistischen Anti-Atomwaffendrang. Matthias Küntzel: »Der Hannoveraner SPD-Parteitag gewährte dem neuen Kanzlerkandidaten Brandt freie Hand in der Frage der Atombewaffnung der Bundeswehr.« Wer heute regieren will, muß einen NATO-Krieg gegen Jugoslawien zu führen bereit sein. Wer damals »regierungsfähig« werden wollte, durfte einer europäischen Atomstreitmacht nicht im Weg stehen. Auch heute nicht, wie wir sehen werden.

Die SPD stimmte, gemeinsam mit der CDU, zum erstenmal »im Rahmen der WEU für die Aufstellung einer NATO-internen Streitmacht«.[30] Helmut Schmidt – die SPD wollte schließlich regierungsfähig werden – sagte 1961: Es könne »eine gemeinsame und integrierte Beteiligung von weiteren NATO-Staaten an den Aufgaben der nuklear-strategischen Streitmacht [...] als kleineres Übel erscheinen«.[31] Eine typisch sozialdemokratische Logik: über Atomwaffen verfügen, um Atomwaffen zu verhindern.

Noch 1946 hatte der SPD-Vorsitzende Kurt Schumacher verlangt, daß dieses »Deutschland von Marx und Engels, von Lassalle und Bebel« ein »Anrecht darauf« habe, »in der sozialistischen Gestaltung der Menschheit in vorderster Linie zu stehen«. Aber auf dem Weg zur staatstragenden Reputierlichkeit, einschließlich der vollkommenen Akzeptanz der NATO und der internationalen Konkurrenzfähigkeit deutschen Kapitals samt allen mörderischen Folgen etwa für die Dritte Welt, ließen SPD und DGB auch den »Kampf gegen den Atomtod« bald fallen.

Die Forderung nach Unterzeichnung des Atomwaffensperrvertrages[32] spielte bei den Ostermärschen 1967 noch eine gewisse Rolle, »tatsächlich aber war die Bewegung

der Atomwaffengegner gesellschaftlich bedeutungslos«
geworden, »und im Begriff, sich in das breitere Spektrum
der *Außerparlamentarischen Opposition aufzulösen*. [...]
Die Protestbewegung konzentrierte sich innenpolitisch auf
die Notstandsgesetzgebung und außenpolitisch auf den
nichtnuklearen Vietnam-Krieg«[33]. Im Ausbau der vermeintlich von der militärischen Nutzung trennbaren, angeblich
zivilen und friedlichen Nutzung der Atomenergie sah Ende
der sechziger Jahre auch praktisch die gesamte Linke nur
Fortschritt.

Die große Koalition verdoppelte mit dem Dritten Atomprogramm von 1967 die Ausgaben für die Atomenergie. Es
ging »nicht nur um die ›Handlungs- und Überlebensfähig-
keit‹ der BRD als Industriestaat. [...] Binnenwirtschaftlich
stand die Wettbewerbsfähigkeit wichtiger stromintensiver
Industriezweige auf dem Spiel und außenpolitisch ein
Exportvolumen, das bis 1990 auf über 200 Milliarden DM
taxiert wurde.«[34] Vor allem das Atomkapital drängte auf
auf die Unterzeichnung des Sperrvertrages: Jede weitere
Verzögerung würde »die Wettbewerbsfähigkeit der deutschen Industrie stärker gefährden als die Unterschrift«.[35]
Schließlich winkte erst nach Unterzeichnung des Vertrages
freie Fahrt für den Ausbau der Atomenergie in der BRD und
für internationale Atomgeschäfte.

Auch die neue Ostpolitik hing am Faden der bundesdeutschen Zustimmung. Am 28. November 1969 unterzeichnete
die SPD/FDP-Bundesregierung schließlich den Atomwaffensperrvertrag, der am 5. März 1970 in Kraft trat.[36] »Keiner
der über 100 Unterzeichnerstaaten hatte sich dem Ver-
tragsbeitritt zunächst so hartnäckig widersetzt wie die
Bundesrepublik«, weist Matthias Küntzel in seinem Grund-
lagenwerk *Bonn und die Bombe*[37] nach.

Es wurden von Anfang an sämtliche Löcher und Hinterto-
re des Atomwaffensperrvertrages genutzt. Schon 1967 und
1968, vor der Unterzeichnung des Sperrvertrages, vereinbarte die Bundesregierung enge nukleartechnische Zusam-

menarbeit mit Südafrika und Brasilien, das als Atomwaffennation in Vorbereitung galt.[38] Die geplante »friedliche Nutzung der Kernenergie«, an deren hemmungslose Entwicklung die deutsche Bundesregierung ihre Zustimmung zum Atomwaffensperrvertrag zwingend knüpfte, schloß die Erforschung der nuklearen Atomtechnologie nicht aus. Der Vertrag verbot keineswegs die militärische Nutzung der Atomenergie, »solange keine Atomsprengköpfe gebaut«[39] werden. Das bestätigte auch die nachfolgende CDU/FDP-Bundesregierung 1985 in der Antwort auf eine Anfrage der Grünen: »Die Tatsache, daß der Transfer von Nukleargütern in Kernwaffenstaaten im Nichtverbreitungsvertrag keinen Beschränkungen unterworfen wird, ist keine [...] Vertragslücke, sondern war den beteiligten Staaten bei der Verhandlung des Vertragstextes vollkommen bewußt.«[40]

Der Vertrag war nie eine echte Blockade gegen die Weitergabe von Atomwaffen (Proliferation), sondern in erster Linie »eine wechselseitige Erklärung des Vertrauens und des guten Willens«.[41] Gleichzeitig suggerierte er der Öffentlichkeit eine Lösung des Problems und machte damit die weltweite Verbreitung der angeblich zivilen, in Wirklichkeit immer auch militärischen Nutzung der Atomtechnik erst möglich. Er hat die Erinnerung an das Grauen von Hiroschima und Nagasaki überschattet und den Mythos entstehen lassen, bei der Atomenergie handele es sich um die billigste und die fortschrittlichste Form, Wasser zu erhitzen und Wohnungen zu beheizen. Es war, in den USA wie in der BRD sogar davon die Rede, daß Atomstrom eines Tages gratis sein würde. Durch die Atomtechnologieexporte der Bundesrepublik, sowohl unter der Regierung der SPD/FDP als auch der CDU/FDP, wuchsen Atomwaffennationen heran, nicht zuletzt Pakistan.[42]

Nur elf Jahre nach der Befreiung vom NS-Faschismus wurde die KPD (Kommunistische Partei Deutschlands) 1956 auf Antrag der CDU-Bundesregierung vom Bundesverfassungsgericht verboten, ihr Vermögen eingezogen, rund 200 Parteibüros und 35 Druckereien und Verlage geschlossen.[43] Protestaktionen an Universitäten und in Betrieben wurden gewaltsam unterdrückt. Schon seit Beginn der fünfziger Jahre gab es ein faktisches Berufsverbot im öffentlichen Dienst für Linke und KommunistInnen, während ehemalige NS-FunktionärInnen längst in höchste Staats- und Wirtschaftspositionen zurückgekehrt waren. 1959 schloß die SPD mit dem Godesberger Programm endgültig ihren Frieden mit den herrschenden Verhältnissen.

Polizei und Einheiten der US-Army übten im verborgenen die militärische Niederschlagung möglicher Streiks.[44] Der Sozialistische Deutsche Studentenbund (SDS), gegründet 1946, der für die SPD die Funktion einer universitären Vorfeldorganisation hatte, emanzipierte sich über politische Konflikte von der SPD, bis die im Juli 1960 alle Beziehungen zu ihm abbrach. Einige Jahre betrieb der SDS danach, ohne große politische Außenwirkung, Analyse und Kritik, schulte sich, bis er, beginnend mit dem Widerstand gegen den Krieg in Vietnam, für die Zuspitzung und die Politisierung der APO (außerparlamentarische Opposition) gebraucht wurde. Bis 1967 hatte er nicht mehr als 1500 Mitglieder.

In Algerien tobte, seit dem Ende des Zweiten Weltkriegs bis 1962, ein grauenhafter Kolonialkrieg. Die französische Armee tötete, auch mit Napalm, eineinhalb Millionen von insgesamt zehn Millionen AlgerierInnen.[45] Erst nach dem Ende dieses Krieges, 1966, erschien die deutsche Übersetzung von Frantz Fanons Buch *Die Verdammten dieser Erde* (Erstausgabe 1961). Es beeinflußte die neue Linke in ihren Protesten gegen den Vietnamkrieg.

SPD und DGB standen in diesen antikolonialen Protesten nicht an der Seite der »Verdammten«, aber ein Schriftsteller agitierte: »Wir sind Komplizen. Algerien ist überall, es ist auch hier, wie Auschwitz, Hiroschima und Budapest. [...] Der algerische Krieg wird in unserem Namen geführt, er wird geführt mit den Truppen der NATO.«[46] Der Mann hieß Hans Magnus Enzensberger. Mensch schrieb das Jahr 1961.

Längst hat Enzensberger jeglichem antiimperialistischen Widerstand abgeschworen, fand Auschwitz vernachlässigbar und denunziert das politische Bemühen um die Allgemeingültigkeit der Menschenrechte – außer es dient der Rechtfertigung von deutschen Kriegen. Befreiungsbewegungen wurden für ihn pauschal zu »marodierenden Banden«[47]. Er wurde während des Golfkrieges zum Bellizisten und trug zur Relativierung des NS-Faschismus bei, indem er Saddam Hussein als »Wiedergänger Hitlers« bezeichnete und »dem Golfkrieg wortreich seinen Segen«[48] erteilte. Der »Nationaldichter des gehobenen deutschen Stammtischs«[49] beklagte sich in seiner Dankesrede zur Verleihung des Heinrich-Heine-Preises am 13. Dezember 1998 in Düsseldorf, ähnlich wie Walser über die »Auschwitzkeule«, über die »Experten des Schuldbewußtseins« und die angeblich lächerliche Kritik am Kapitalismus und an der Zweidrittelgesellschaft. Der Unterschied zwischen Arm und Reich bestehe kaum mehr, aber Arbeitende und Arbeitslose würden immer unverschämter. Das »Neger Klatschen« (Enzensberger) komme von penetranter Moral und zu vielen Sozialarbeitern.

Werner Rügemer warf dem »Großhirn der deutschen Intelligenzija« *(Süddeutsche Zeitung)* vor: »Der von Moral-, Wahrheits- und Sozialschranken sich weiter befreiende Reichtum wird immer frecher und asozialer, ohne Grenzen.«[50] Das kommt hin. Verrät uns doch ein vor dem »Großhirn« kniender *Spiegel*-Reporter: »Ein Buchstabe Enzensberger wird auf dem Essay-Markt zur Zeit mit etwa anderthalb Mark notiert. Das [...] ist auch keine Schande.«[51] Welcher ernstzunehmende Linke hat sich je wie Enzensberger beschwert: Sein »Engagement für die Studentenrevolte habe ihn eine Million an entgangenen Einnahmen gekostet«[52]?

Den Protest der fünfziger Jahre trugen vor allem Linke

und PazifistInnen, und es waren keine Massenbewegungen. In Afrika und Asien tobten antikoloniale Kämpfe, in Deutschland wurden sie von der Mehrheit der Linken noch nicht wahrgenommen. Auch die kubanische Revolution (1959) und vor allem ihr Held Che Guevara wurden erst zum Mythos, als die erste lateinamerikanische Revolution gesiegt hatte.

Zu tragenden Kräften der Anti-Vietnamkriegsbewegung Mitte der sechziger Jahre wurden der SDS und die Anti-Atomwaffen- und die Ostermarschbewegung. Alle Bundestagsparteien, und auch der DGB, unterstützten die USA im Krieg gegen Vietnam – moralisch und ökonomisch. Der Krieg in Vietnam (1946–1975)[53] wurde zum großen und zentralen Thema der gesamten außerparlamentarischen Opposition. Die US-Army massakrierte die vietnamesische Zivilbevölkerung mit Phosphor, Napalm und Agent Orange, einem dioxinhaltigen Entlaubungsmittel, das Menschen und Land auf Jahrzehnte hinaus verseuchte.

Währenddessen war Willy Brandt wichtig, daß »die USA [...] in der Welt für ihre Verpflichtungen einstehen«. Deshalb sei es notwendig, den Amerikanern in ihrem Abwehrkampf in Vietnam »moralische Unterstützung« zu gewähren (1965).[54] Brandt fand es »unvernünftig, von den Amerikanern zu verlangen, daß sie abziehen«[55] (1966), warb um »Verständnis« für die US-Luftangriffe und verteidigte die »amerikanische Anwesenheit in Vietnam« mit der Begründung, ein »Rückzug würde nur den Kommunisten Vorschub leisten«[56] (1966). Bis zum Ende des Vietnamkrieges (1975) war nichts anderes vom späteren Friedensnobelpreisträger zu hören. So gesehen ist es konsequent, daß Außenminister Joseph Fischer ein Porträt von Willy Brandt in seinem Amtszimmer aufgehängt haben soll.

In Spanien herrschte noch der Sieger des spanischen Bürgerkriegs (1936–1939), der faschistische General Franco, der politische GegnerInnen mit der Garrotte, einem eisernen Würgehalsband, hinrichten ließ. Franco besuchte

Deutschland und wurde mit offenen Armen empfangen. Nazi-Opfer nicht.

Immer noch kämpfte die Anti-Atomwaffenbewegung. Während einer bundesweiten Kundgebung gegen Krieg und Faschismus am 24. September 1964 – »Nie wieder Krieg – Nie wieder Faschismus – Nie wieder Auschwitz« – kam es zum Eklat: Der 54jährige ehemalige Buchenwald-Häftling Bruno Baum, der in Potsdam/DDR lebte, wurde von der Frankfurter Polizei mit einem Sprechverbot belegt. Das 12. Kommissariat der Kriminalpolizei ging davon aus, »daß er mit seinem Redebeitrag sich abträglich über die Bundesrepublik äußern und gegen gültige Gesetze verstoßen würde«[57].

Die KriegsgegnerInnen in der BRD sahen auch auf die KriegsgegnerInnen in den USA. Die zeigten mancherorts eine Militanz, die den deutschen Oppositionellen neu war. An den bundesdeutschen Universitäten herrschten alte Nazi-Professoren, Untertanengeist und autoritäre Zustände. Manche Universitätsinstitute trieben heimlich militärische Auftragsforschung für die US-Army und deren Krieg in Vietnam.

1966 erreichten die Protestaktionen bundesdeutscher StudentInnen und GegnerInnen des Vietnamkriegs einen ersten Höhepunkt. Wenig später kam es an Universitäten, in Betrieben und in Teilen der Gesellschaft zu Protestaktionen gegen die SPD, weil die mit der CDU eine große Koalition eingehen wollte.

Der Durchbruch in den diplomatischen und den ökonomischen Beziehungen zur DDR und zu anderen osteuropäischen Staaten gelang der BRD nach dem Regierungswechsel. 1966 bis 1969 gab es eine große Koalition unter dem Bundeskanzler Kurt Georg Kiesinger, einem früheren NSDAP-Mitglied und stellvertretenden Abteilungsleiter im NS-Propagandaministerium. Die große Koalition hatte unter anderem die Funktion, diktatorische und staatsterroristische Vorstellungen in Gesetzesform zu gießen – die

Notstandsgesetze – und sie gegen eine ungewöhnlich breite außerparlamentarische Opposition (seit 1965) durchzusetzen. Zu den vielfältigen Methoden der Repressionen gegen Linke gehörten auch die von Willy Brandt eingeführten Berufsverbote für KommunistInnen und radikale SozialistInnen, die in Europa so einzigartig waren, daß der deutsche Begriff, so wie zuvor »Blitzkrieg« oder »Kindergarten«, in andere Sprachen übernommen wurde.

Die regierende SPD war scharf darauf, ihren staatstragenden Charakter zu demonstrieren. Ihre wesentliche Aufgabe war, zu versuchen, Teile der Opposition einzubinden, indem sie und die an ihr hängenden Gewerkschaften die Kritik eine Zeitlang stützten und dann den Widerstand spalteten.

Herbert Marcuse hielt – immer wieder auch in der BRD zu Besuch – Vorträge über zivilen Ungehorsam und das Recht auf Widerstand. Im Mai 1967 erschien sein Buch *Der eindimensionale Mensch*[58] auf Deutsch. Es hatte außerordentlichen Einfluß auf die aufkommende Bewegung.

Es fehlte noch der Funke. Am 2. Juni 1967 kam der Schah von Persien nach Berlin, der 1953 mit Hilfe der CIA an die Macht zurückgekehrt war. Immer wieder waren die Folterungen und der Mord an oppositionellen Schah-GegnerInnen an westdeutschen Universitäten ein Thema gewesen. Anläßlich des Schah-Besuchs griff die Journalistin Ulrike Meinhof in einem offenen Brief Farah Diba an, die Gattin des Schahs.[59] Während der Schah und sein Clan in Prunk und Luxus lebten, vegetierten Millionen von Menschen in Persien (Iran) in unsäglicher Armut, viele aßen Gras, lebten in Erdhöhlen. Kinder arbeiteten 14 Stunden am Tag, Hunderttausende verhungerten. Die durchschnittliche Lebenserwartung der Armen betrug rund 30 Jahre. 85 Prozent der Bevölkerung waren AnalphabetInnen. Zeitungen wurden vollständig zensiert, KritikerInnen gefoltert und ermordet.

Daß der Schah ein treuer Vasall der USA in Sachen Rauschgift- und Ölhandel war, wurde in fast allen deutschen Medien verschwiegen, ähnlich wie die Verbrechen des 1999 verstorbenen marokkanischen Diktators König Hassan II. Der Schah kam nach Berlin, und der SDS rief zu einer Demonstration auf. Niemand ahnte, daß diese Demonstration die Bundesrepublik nachhaltig verändern würde.

Zweitausend Studenten gingen an diesem 2. Juni 1967 auf die Straße. Sie sahen den Zusammenhang zwischen dem drohenden Abbau von Freiheitsrechten durch die Notstandsgesetze und dem Pakt des deutschen Staates mit dem Schah. Mit einer beispiellosen Hetze gaben Senat und Springer-Presse die StudentInnen für die Prügelorgien der Polizei frei. Der regierende SPD-Oberbürgermeister von Berlin, Pastor Heinrich Albertz, hetzte, die StudentInnen seien eine »lebensgefährliche Minderheit«, Senatssprecher Peter Herz drohte: »Heute kriegen sie Dresche.«

Vor dem Rathaus Schöneberg sah die Berliner Polizeiführung an diesem Tag genüßlich und ohne einzugreifen zu, wie sogenannte Jubelperser, Angehörige der mörderischen persischen Geheimpolizei Savak, mit Holzlatten und Stahlruten wie rasend auf schahkritische DemonstrantInnen einschlugen.

Diese versammelten sich abends vor der Deutschen Oper in der Bismarckstraße, wo der Schah sich die »Zauberflöte« anhören wollte. Eier und Tomaten trafen ihn nicht. Die Studenten wurden gejagt und in Hausfluren, Kellern, Straßenecken, Sackgassen mit brachialer Gewalt zusammengeschlagen. Zwischen 20 Uhr und 20 Uhr 30 wurde der 26jährige Student Benno Ohnesorg, Mitglied der Evangelischen Studentengemeinde, von mehreren Polizisten in einen Hinterhof der Krummen Straße geprügelt und vom Kriminalbeamten Karlheinz Kurras von hinten in den Kopf geschossen. »Notwehr«, behaupteten die Polizisten. »Mord«, nannten es die StudentInnen.

Staat und Medien eskalierten weiter. Der Regierende Bürgermeister von Berlin, der Sozialdemokrat Heinrich

Albertz, stellte sich nach dem Tod Ohnesorgs auf die Seite der Polizei: »Ich sage [...] mit Nachdruck, daß ich das Verhalten der Polizei billige.«[60] Die *Bild*-Zeitung nannte die Studenten eine »rote SA« und unterstellte, Ohnesorg sei an seinem Tod selbst schuld. Schon bereitete das Blatt mit seinen Schlagzeilen das Attentat auf Rudi Dutschke im Frühjahr 1968 vor.

Der Schock des 2. Juni 1967 erfaßte Jugendliche im ganzen Land. Alle Demonstrationen wurden verboten. Es wurde trotzdem demonstriert. Überall. Fünfzehntausend StudentInnen gaben Benno Ohnesorg in Berlin in einem acht Kilometer langen Trauerzug das letzte Geleit. Der Sarg wurde nach Hannover überführt. Dort diskutierten fünftausend StudentInnen aus allen Teilen des Landes auf einem Kongreß. Ihre Kritik und ihre Gegnerschaft zum Staat hatten sich radikalisiert.

Im Oktober 1967 wurde Che Guevara in Bolivien ermordet. In den USA vergrößerte sich der Widerstand gegen den Vietnamkrieg. In Hamburg provozierte das Transparent »Unter den Talaren der Muff von 1000 Jahren« die Universitätsführung. Im November 1967 wurde Kriminalobermeister Kurras, der Mörder von Benno Ohnesorg, freigesprochen. Theodor W. Adorno kommentierte: »Wenn schon der Polizeiobermeister nicht verurteilt werden kann, weil ihm Schuld im Sinn des Gesetzes nicht nachzuweisen ist, so wird dadurch die Schuld seiner Auftraggeber um so größer.«[61]

Ein bißchen Entmuffen der Universitäten sollte schon sein, aber keine echte Revolte im Ausbildungsbereich und auf keinen Fall unberechenbare, wilde Streiks und Aufstände im Produktionssektor. Es ging dem Staat, dem ideellen Gesamtkapitalisten, ja nicht darum, bei der Abschaffung des Kapitalismus zu helfen, sondern dessen »Modernisierung« zu befördern. Dafür war qualifiziertes Personal an den Universitäten und anderen Ausbildungsstätten notwendig. Nicht aber eine SchülerInnen- und Lehrlingsbewegung mit geradezu überqualifizierten politischen jungen Leuten, die nicht mehr zu bändigen zu sein schienen.

Am 17./18. Februar 1968 nahmen 5 000 Menschen aus der BRD und fast allen anderen europäischen Staaten am Internationalen Vietnam-Kongreß an der Technischen Universität (TU) Berlin teil: »Für den Sieg der vietnamesischen Revolution« und mit der Aufgabe »Die Pflicht des Revolutionärs ist es, Revolution zu machen«. Hans-Jürgen Krahl forderte: »Zerschlagt die NATO!«, und der Kongreß beschloß eine entsprechende Kampagne. Der Schriftsteller Peter Weiss sprach und der Dichter Erich Fried, der marxistische Wirtschaftstheoretiker Ernest Mandel und der linke italienische Verleger Giangiacomo Feltrinelli. 12 000 DemonstrantInnen zogen durch Berlin. Rudi Dutschke sagte unter tosendem Beifall: »Die NATO ist die organisierte Zentrale des Imperialismus in Mittel- und Westeuropa zur Verhinderung der Emanzipation der produzierenden Massen.«

Zwei Monate später wurde Martin Luther King ermordet. In den USA wurden AktivistInnen der Black Panther Party, der aus Armenhilfeprogrammen entstandenen, 1966 gegründeten Organisation, verhaftet und viele von ihnen von den Staatsorganen, oft in Kooperation von FBI und lokalen Polizeibehörden, ermordet.

In Berlin wurden die StudentInnen zum Abschuß freigegeben. Der Regierende Bürgermeister Klaus Schütz (SPD) hetzte: »Ihr müßt diese Typen sehen. Ihr müßt ihnen genau ins Gesicht sehen. Dann wißt ihr, denen geht es nur darum, unsere freiheitliche Grundordnung zu zerstören.« Auf sozialdemokratischen Kundgebungen wurden Parolen hochgehalten wie: »Laßt Bauarbeiter ruhig schaffen, kein Geld für langbehaarte Affen!« – »Dutschke: Staatsfeind Nr. 1« – »Stoppt den Terror der Jungroten jetzt« – »Man darf auch nicht die ganze Drecksarbeit der Polizei und ihren Wasserwerfern überlassen.« Immer wieder waren zuvor junge Männer vom aufgehetzten Mob auf den Straßen Berlins blutig geschlagen worden, weil sie mit Dutschke verwechselt worden waren.

Am 11. April 1968 schoß der Hitlerverehrer Josef Bachmann auf Rudi Dutschke, der schwerverletzt überlebte, sich mühsam erholte und einige Jahre wieder wissenschaftlich und politisch arbeitete, aber schließlich am 24. Dezember 1979 an den Spätfolgen der Hirnverletzung durch das Attentat starb.[62] Zu Recht wurde das Attentat auch als Folge der enthemmten Hetze der Springer-Zeitungen betrachtet. 2 000 StudentInnen versuchten vergeblich das Springer-Hochhaus an der Berliner Mauer zu stürmen. Dann setzten sie Fahrzeughallen in Brand und zerstörten mehrere Lkws. In den nachfolgenden Tagen beteiligen sich 50 000 Menschen an der »Springer-Blockade« vor den Auslieferungstoren der Springer-Druckereien.

Am 1. Mai veranstaltete die APO zum erstenmal eine Gegendemonstration zur offiziellen Mai-Kundgebung des DGB. Es kamen 40 000 Menschen. Am 11. Mai 1968 demonstrierten mehr als 60 000 Menschen gegen die Notstandsgesetze. Der staatstragende, mit der SPD verfilzte DGB hatte das Bündnis mit den StudentInnen verweigert und nicht zum Generalstreik gegen die Demontage demokratischer Freiheitsrechte aufgerufen. Damit war die letzte Chance vertan, das diktatorische Gesetzespaket aufzuhalten.

Zwei Tage später gingen in Paris mehr als eine Million Menschen in zwei Demonstrationszügen auf die Straße, es war der »Mai 68«. Die Bewegung war von Anfang an in einen antiautoritären, linksradikalen und einen traditionell-sozialistischen bis kommunistischen Flügel gespalten, welcher den Sturz der rechten Regierung von Ministerpräsident Charles de Gaulle, dem nationalen »Helden« des Algerienkrieges, verhindern helfen würde.

Die letzte Maiwoche war der Höhepunkt der Anti-Notstandsgesetz-Kampagne. Die abschließende Bundestagsdiskussion sollte am 29. Mai beginnen. Hans-Jürgen Krahl bezeichnete die Gesetze als ein terroristisches Instrument zur Aufrechterhaltung der kapitalistischen Wirtschaftsordnung in einer offenen ökonomischen und politischen Krise: »Regierung und Bundestag versuchen uns einzureden, die Notstandsgesetze treffen Vorsorge für die Demokratie in Notzeiten. In der Tat, die Notstandsgesetze treffen Vorsorge, aber Vorsorge für einen neuen Faschismus, Vorsorge für Zwangs- und Dienstverpflichtung, für Schutzhaft und Arbeitslager. Die Notstandsgesetze, sagt man uns, ergänzen das Grundgesetz. In Wirklichkeit sind sie das Grundgesetz einer zur Zwangskaserne abgeriegelten Gesellschaft; dieser Staat ist bereit, sich selbst zum faschistischen Führer zu machen.«[63] Am 30. Mai 1968 verabschiedete der Bundestag das demokratiezerstörende Gesetzespaket mit 384 gegen 100 Stimmen, eine Entscheidung, die nur mit den Stimmen eines großen Teils der SPD-Abgeordneten möglich war.

Im August 1968 marschierten die Warschauer-Pakt-Staaten in die Tschechoslowakei ein. Im SDS, vor allem unter den kommunistischen und sozialistischen Gruppen, nahmen die Auseinandersetzungen um die Einschätzung der sogenannten realsozialistischen Länder zu. Der SDS begann langsam zu zerbröseln.

Bei Straßenkämpfen um die Universität von Berkeley, Kalifornien, im Mai 1969, ging die Polizei mit großer Härte gegen VietnamkriegsgegnerInnen vor. Gouverneur Ronald Reagan rief die Nationalgarde. Einige verbrüderten sich mit den KriegsgegnerInnen. Dennoch: Nahezu 130 DemonstrantInnen wurden verletzt, ein Demonstrant starb an Schußverletzungen. Es kam zu einer Welle von (auch militanten) Aktionen an vielen US-Universitäten. Alle kalifornischen Hochschulen traten in den Streik.

1969 kam es – noch »Mehr Demokratie« mit einer Prise Diktatur »wagen« – zur ersten SPD/FDP-Regierung der Nachkriegszeit. Im März desselben Jahres wurde der SDS aufgelöst. Bei der Beerdigung half ein gewisser Udo Knapp. Der stellte am 21. März 1970 den Antrag zur Auflösung des SDS, und eine sogenannte Basisversammlung – deren Legitimation andere SDS-AktivistInnen bestritten – stellte mehrheitlich fest, daß der SDS praktisch schon zerfallen war.[64] Damals rechtfertigte sich Knapp im *Spiegel* so: »Die richtige Fortsetzung des Hochschulkampfes ist der proletarische Kampf. [...] Die Frage [...] heißt deshalb: Welche Rolle können revolutionäre Intellektuelle bei der Initiierung von Klassenkämpfen praktisch übernehmen? [...] Die revolutionäre Intelligenz muß [...] eine proletarische Kampforganisation aufbauen« wollen. »Können Sie Termine nennen«, fragte *Der Spiegel,* und Knapp antwortete brav: »[...] in anderthalb bis zwei Jahren«[65]. 1997 behauptete er, den SDS aufgelöst zu haben, um »den Mythos 68« zu retten: »Sonst wäre der SDS den Kommunisten in die Hände gefallen.«[66]

Eine Losung nahm Knapp mit zu den Grünen: »Fraktionsauseinandersetzungen müssen als der politische Kampf verschiedener Linien scharf geführt werden. Sie sind [...] Voraussetzung für den Beginn der Phase des Kampfes um den Aufbau einer proletarischen Kampforganisation.« (1970) Als »realpolitischer« Fraktionsmitarbeiter führte er in den Achtzigern den »Kampf um den Aufbau einer proletarischen Kampforganisation« – in Gestalt der Anpassung an die SPD – ausschließlich gegen die Linke bei den Grünen. Knapp ist heute SPD-Kreisvorsitzender auf Rügen.

Zwanzig Jahre nach Auflösung des SDS hatte Knapp seine »Rolle« als »revolutionärer Intellektueller« gefunden. Während der Wiedervereinigung und wenige Monate vor dem Golfkrieg empfahl er im August 1990 eine »internationale Weltpolizei« – unter Beteiligung Deutschlands –, der bei Bedarf auch »militärisch Nachdruck verliehen wird«. Dies sei Ausdruck der »neuen Weltfriedensverantwortung Deutschlands«.[67] Nur zwei Jahre später hatte er auch eine militärische Lösung für die ökologischen Probleme der Welt gefunden: »Grünhelme«, eine »rapid force der Weltökologie«[68]. Ein Vorschlag, auf den Joseph Fischer eines Tages zurückgreifen könnte, falls ihm die Rechtfertigungen für die neuen deutschen Kriege ausgehen. Der *taz* sprach Udo

Knapp 1998 in die Feder, »er sei sein Leben lang ein gepflegter Antikommunist geblieben«[69]. Deutschland, Land der Lebenslügen, von Generation zu Generation.

Es ging dem Staat und den moderneren Fraktionen des deutschen Kapitals um die Integration des rebellischen Anteils der Jugend und um die Deformation und Ausbeutung der durch einen gewissen Schub an sozialer Emanzipation gewonnenen sozialen und intellektuellen Qualifikationen. Es gab Konzerne, die zur Verblüffung des naiveren Teils der Bewegung frühere marxistisch orientierte Intellektuelle einstellten. Für die meisten ehemaligen Linken wurde der »lange Marsch durch die Institutionen«, wie sollte es anders sein, ein endgültiger Abstieg in den Sumpf dieser Institutionen.

Nach uns, so waren vor allem APO-KombattantInnen aus der zweiten Reihe überzeugt, kommt keine Bewegung mehr. Wir müssen sehen, daß wir uns versorgen, und vielleicht, ganz vielleicht, können wir ja hie und da Nützliches tun. Viele von ihnen beförderten später den Anpassungsprozeß der Grünen – zum Beispiel als Medienleute, als grüne Mitglieder, als sozialdemokratische AmtsinhaberInnen – beinahe so, als dürfe die eigene frühere Anpassung durch eine linke Entwicklung der Grünen auf keinen Fall eine nachträgliche praktische Kritik erfahren.

Solange es Verhältnisse gibt, die Menschen ausbeuten und unterdrücken, ihnen Freiheit und soziale Gleichheit rauben, wird es Widerstand geben. Aus den Resten der APO bildeten sich an Ausbildungsstätten und mancherorts auch in Betrieben linke, kommunistische und sozialistische Organisationen und neue soziale Bewegungen. Johannes Agnoli schreibt über die Folgen der APO: »Dennoch war die Revolte nicht nur notwendig, sondern überdies, obzwar kein Erfolg, geschichtlich wirksam. [...] Die gescheiterte Revolte indessen greift in die Geschichte ein, sie setzt Zeichen, die teils verschwinden, um später wieder aufzutauchen, sie verändern doch die Welt.«[70]

Das Erbe von 1967 ging nicht verloren, es speiste die Lehrlingsbewegung, die Frauenbewegung, Basisgruppen, die Hausbesetzerszene, radikaldemokratische Initiativen und die Anti-AKW-Bewegung. Die Mängel der APO wurden zu Themen dieser neuen sozialen Bewegungen der siebziger Jahre.

Die sogenannten K-Gruppen wurden gegründet: die maoistische Kommunistische Partei Deutschland/Marxisten-Leninisten (KPD/ML) im Dezember 1968, die gleichfalls maoistische KPD im Frühjahr 1969 mit ihrem Kommunistischen Studentenverband (KSV) und der nationalistischen Liga gegen den Imperialismus, der die heutige Bundestagsvizepräsidentin Antje Vollmer angehörte. 1973 schlossen sich Kommunistische Bünde zum Kommunistischen Bund Westdeutschland (KBW) zusammen. Aus der Lehrlingsbewegung entstand der anfänglich ebenfalls maoistische Kommunistische Bund (KB), aus dem etliche der späteren grünen ÖkosozialistInnen kamen. Die Deutsche Kommunistische Partei (DKP) gab es seit September 1968. Und dann war da noch das im April 1969 gegründete Sozialistische Büro (SB) mit einer linkssozialistischen Grundausrichtung, aber einem einflußreichen sozialdemokratischen Flügel.

Antikapitalismus war im liberalen Bürgertum natürlich nicht mehrheitsfähig, aber radikale Kapitalismuskritik und revolutionäre Befreiungsbewegungen in Lateinamerika oder Afrika fanden viel Sympathie. 200 000 ArbeiterInnen erschütterten in wilden Massenstreiks im September 1969 im Bergbau und in der Metall- und der Elektroindustrie das Land. Basisgruppen und linke Organisationen störten den Frieden an Universitäten und Hochschulen. Die Verhältnisse verlangten einen Integrationsschub.

Am 21. Oktober 1969 kam zum erstenmal eine SPD/FDP-Koalition an die Regierung. Der Außenminister der großen Koalition, Willy Brandt, wurde Bundeskanzler. Die SPD/FDP-Regierung ebnete bald nach ihrem Amtsantritt für einen Teil der akademischen Elite den Weg in die Integration, indem sie für kleinere Demonstrationsstrafdelikte eine Amnestie aussprach. Andere Teile der Linken wurde unter schärfere Repression gesetzt.

Ulrike Meinhof und andere befreiten am 14. Mai 1970 Andreas Baader aus der Haft. Sie wurde zur Fahndung ausgeschrieben. Es war der Moment der Gründung der Rote-Armee-Fraktion (RAF). Rudi Dutschke lebte in London. In den USA geriet die linke Bürgerrechtlerin Angela Davis auf die Fahndungsliste des FBI und von 1970 bis 1972 in Haft.

Zwischen 1970 und 1972 versuchte ein anfänglich 16jähriges SPD-Mitglied namens Hubert Kleinert, Sohn eines Bäckermeisters aus dem hessischen Melsungen, später Kumpel von Joseph Fischer, aus der SPD eine »marxistisch-sozialistische Klassenpartei« zu machen. Als eine Art Wiedergutmachung würde er später helfen, die Grünen zu einem Juniorpartner von SPD und CDU zu verformen.

In Chile schlossen sich die einflußreichsten Gruppen der Linken zum Wahlbündnis Unidad Popular zusammen, das auch von der revolutionären, chilenischen linken Organisation Movimiento de Izquierda Revolucionaria (MIR) unterstützt wurde. Die marxistisch orientierte Unidad Popular führte einen konfrontativen Wahlkampf und kündigte eine grundlegende Veränderung der chilenischen Gesellschaft für den Fall ihres Sieges an. Sie siegte am 4. September 1970 knapp. Der Marxist Salvador Allende wurde am 24. Oktober 1970 zum Präsidenten gewählt.

»Im März 1972 enthüllte der nordamerikanische Journalist Jack Anderson in der *Washington Post,* daß die International Telephone and Telegraph Company (ITT), einer der mächtigsten US-Konzerne der Welt, zusammen mit dem US-amerikanischen Geheimdienst CIA, dem nordamerikanischen Botschafter in Santiago [de Chile] und führenden Vertretern der chilenischen Rechten schon aktiv« an einem »Umsturzplan beteiligt war«[71]. Die Unidad Popular verstaatlichte die chilenischen Niederlassungen von ITT und die chilenischen Grundindustrien, darunter Kupfergewinnung, Kohleminen, Stahl- und Zementwerke, die größten Textilfabriken und die Energieversorgung. Die sozialen Verhältnisse wurden in kürzester Zeit zugunsten der Ärmsten auf den Kopf gestellt: Gesundheitsversorgung für alle, fünf Millionen neue Schulbücher, kostenlose Schulspeisung, neue Wohnungen für mehr als 100 000 Chilenen, 50 000 Bauernfamilien bekamen Land aus der Enteignung der Großgrundbesitzer. Alte Menschen erhielten erstmals eine Altersversorgung. Die Arbeitslosigkeit sank von 9 auf 3 Prozent. Viele Maßnahmen orientierten sich an den sozialen Reformen der kubanischen Revolution, die für die meisten zentral- und lateinamerikanischen Länder bzw. Befreiungsbewegungen zum Vorbild geworden war.

Aber die USA drückten dem Land die Kehle zu, und die bundesdeutsche SPD/FDP-Regierung half dabei. Die BRD, größter Abnehmer chilenischen Kupfers, erpreßte die Rücknahme einer Reihe von Verstaatlichungen chilenischer Betriebe mit deutscher Kapitalmehrheit und die Rücknahme der Enteignung deutscher Großgrundbesitzer. Die US-Regierung unter Richard Nixon manipulierte die Rohstoffpreise so, daß die Kupferpreise auf dem Weltmarkt und damit die Deviseneinnahmen Chiles sanken. Nixon, sein US-Außenminister Henry Kissinger und die CIA waren intensiv darum bemüht, Allendes Regierung zu destabilisieren. Diese Methoden struktureller Gewalt schufen Versorgungsprobleme in Chile. Das nährte, vor allem im Kleinbürgertum, Unzufriedenheit. Einen Streik des privat gebliebenen Transportwesens beantworteten die Betroffenen, vor allem ArbeiterInnen und die Ärmsten Chiles, mit Selbstorganisierung: der Poder Popular, der Volksmacht.

Dennoch bröckelte ein Teil der Unterstützung für die Regierung Allende. Bei den Parlamentswahlen im März 1973 siegte erneut die Linke. Die Rechte, gestützt vom chilenischen Militär, verschärfte ihre Sabotage gegen die gewählte Regierung. Allende glaubte an einen parlamentarischen, legalen und friedlichen Weg zum Sozialismus. Er nahm in der Hoffnung, seine GegnerInnen zu beruhigen, und in Verkennung der Unversöhnlichkeit der Interessen, Vertreter des Militärs in die Regierung auf.

Am 11. September 1973 putschte das Militär unter Führung des Generals Augusto Pinochet, oberster Herr aller Folterknechte und Todesschwadronen. In den Leichenschauhäusern Chiles stapelten sich die Toten, AnhängerInnen der Unidad Popular, viele junge Leute, StudentInnen und SchülerInnen. Der Rio Mapocho schleppte Hunderte von Leichen in die Stadt Santiago. Die Militärs ermordeten mehr als 30 000 Menschen. Sie töteten auch Salvador Allende. Im Fußballstadion von Santiago wurden seine AnhängerInnen zusammengetrieben, viele mißhandelt, gefoltert, erschossen. Dem Sänger Victor Jara brachen die Putschisten die Hände, bevor sie ihn umbrachten.

Einen Tag nach dem Militärputsch, am 12. September 1973, demonstrierten 150 000 Menschen in 64 bundesdeutschen Städten. Die Solidarität mit Chile blieb für Jahre ein Thema der Linken, von der DKP bis zu den Antiautoritären. Heinrich Böll besprach eine Solidaritätsplatte für Chile: »Henker sorgen dort für Ruhe und Ordnung. Wer diese Art der Präventiv-Illegalität rechtfertigt, bestätigt den Verdacht, daß Ruhe und Ordnung für einen bestimmten, den besitzenden Teil der Welt bedeuten, daß dessen Vorstellungen die allein gültigen sind. Man könnte den Henkerspruch prägen: Was Ruhe und Ordnung sind, bestimmen wir.«[72]

Die Bundesregierung hat von allen europäischen Regierungen die vermutlich kleinste Zahl chilenischer Flüchtlinge aufgenommen. Von Willy Brandt durfte auch der tote Allende keine Solidarität erwarten. Franz Josef Strauß geiferte: »Wenn das Militär eingreift, geht es eben anders zu als beim Franziskanerorden, der Suppe verteilt.« CDU-Generalsekretär Bruno Heck meinte nach einem Besuch im Stadion von Santiago de Chile, einem Hort des Grauens, »das Leben im Stadion« sei »bei sonnigem Wetter recht angenehm«. Die chilenische Außenstelle des IG-Farben-

Nachfolgers Hoechst AG (heute mit dem französischen Konzern Rhone-Poulenc fusioniert zum Konzern Aventis) schickte wenige Tage nach der Ermordung Allendes ein Jubeltelegramm an die Konzernmutter in Frankfurt-Hoechst: »Der so lange erwartete Eingriff der Militärs hat endlich stattgefunden«, der »Staatsstreich [sei] mit relativ geringen Verlusten an Material und Menschenleben – wir schätzen 2 000–3 000 Tote – gelungen. [...] Wir sind der Ansicht, daß das Vorgehen des Militärs und der Polizei nicht intelligenter geplant und koordiniert werden konnte und daß es sich um eine Aktion handelte, die bis ins letzte Detail vorbereitet war und glänzend ausgeführt wurde. [...] Wir sind überzeugt davon, daß sich Chile unter einer energischen, autoritären und intelligenten [...] Führung sehr bald erholen wird. [...] Chile wird in Zukunft ein für Hoechster Produkte zunehmend interessanter Markt sein. [...] Die Regierung Allende hat das Ende gefunden, das sie verdiente.«[73] In der *Frankfurter Allgemeinen Zeitung* jauchzte das deutsche Kapital über die bevorstehenden höchst profitablen Investitionen in Chile. In den Kellern des chilenischen Geheimdienstes wurden, mit Unterstützung der CIA, Tausende Menschen gefoltert.[74]

1998, nach der Verhaftung Pinochets in London, freute sich der US-Schriftsteller Gore Vidal, »jetzt braut sich endlich über dem Pentagon und dem CIA-Hauptquartier in Langley ein Sturm zusammen. Denn falls Augusto Pinochet in Spanien vor Gericht kommt, wird er singen, singen, singen.« Vidal hoffte auf Erhellung, »warum vor einem Vierteljahrhundert rund viertausend Menschen ermordet wurden«, und träumte davon, daß Ex-Außenminister Henry Kissinger verhaftet und »auch der kambodschanischen Massaker« angeklagt werden würde.[75] Vidal konnte nicht ernsthaft glauben, daß das NATO-Mitgliedsland Spanien den Verrat außenpolitischer Geheimnisse des NATO-Mitgliedslandes USA zulassen würde. Großbritannien entließ den mörderischen General, mit fadenscheinigen Gründen, zurück nach Chile.

Sieben Monate nach dem Putsch in Chile, am 25. April 1974, stürzte der linke Movimento das Forças Armadas (MFA; Bewegung der Streitkräfte) mit breiter Unterstützung der Bevölkerung die Diktatur Caetanos in Portugal. Millionen Menschen gingen zur Unterstützung ihrer Nelken-Revolution auf die Straße. Wesentliche Errungenschaft wurde die Agrarreform. Auf dem portugiesischen Land herrschten extrem feudalistische Strukturen. Unter der Parole »La Terra a quem trabalha«« (Das Land dem, der es bearbeitet) wurden die Großgrundbesitzer enteignet. Eine Bewegung selbstverwalteter LandarbeiterInnen-Kooperativen breitete sich über das ganze Land aus.

Wieder einmal – es blieb ihre bevorzugte internationale Funktion – spielte die Sozialistische Internationale unter Führung der deutschen Sozialdemokratie mit ihrem Vorsitzenden Willy Brandt und der Friedrich-Ebert-Stiftung bei der Niederschlagung der Revolution die entscheidende Rolle. Unter den Fittichen der Stiftung war in der BRD [!] die portugiesische »sozialistische« Partei (Partido Socialista – PS) gegründet worden, die bei der Revolution keine Rolle gespielt hatte. Mit Hilfe der deutschen SozialdemokratInnen flossen Gelder, Personen wurden aufgebaut und Machtstrukturen. Sie organisierten den Marsch in die Sackgasse eines kapitalistischen westeuropäischen Staates, in dem oben wieder oben war und unten unten blieb.

»Mehr als 50 Millionen Mark allein aus dem Kanzleramt schleusten die Deutschen zwischen 1975 und 1982 nach Portugal und Spanien, um an der Südwestflanke der NATO den drohenden Einfluß der Kommunisten einzudämmen. [...] Den Anstoß zu der Operation hatte 1974 ein düsterer Bericht des US-Außenministers Henry Kissinger gegeben, der Spanien bedroht und Portugal bereits von den Kommunisten überrollt sah. Über die Hilfe unter Demokraten waren sich die Vorsitzenden der vier im Bundestag vertretenen Parteien rasch einig.«[76] Aus dem Fonds des Bundestages wurde aus Geheimhaltungsgründen die Operation »Polyp« des Bundesnachrichtendienstes (BND).[77]

Die SPD diskriminierte die Selbstverwaltung der portugiesischen Agrarkooperativen als »diktatorisch«. Die Agrarreform wurde zerschlagen, das Land den Bauern wieder weggenommen und den zurückkehrenden Großgrundbesitzern ausgehändigt. Viele Kooperativen wehrten sich, oft militant. Sie verloren. Vor der Küste Portugals fuhren Kriegsschiffe der NATO zu angeblichen Manövern auf. Die USA bereiteten sich auf eine militärische Intervention für den Fall vor, daß die deutsche Sozialdemokratie die Lage mit Hilfe ihrer Außenstelle nicht in den Griff bekäme. Die SPD-Bundesregierung machte wirtschaftliche Hilfe davon abhängig, daß in Portugal eine kapitalistische Gesellschaft entstand (Helmut Schmidt: »So wie wir es verstehen«). Portugal sollte in den kapitalistischen Weltmarkt eingegliedert werden, unter den Einfluß der herrschenden Kräfte in der EG, heute EU, gelangen.[78]

Neben der Internationalismus-Bewegung, die sich mit Vietnam, Chile und Portugal, mit Mosambik und Angola und schließlich mit Nicaragua und El Salvador befaßte, wurden die siebziger Jahre hauptsächlich durch die neue Frauenbewegung einschließlich der Anti-Paragraph-218-Bewegung, und vor allem durch die Anti-AKW-Bewegung geprägt. Obwohl – und manchmal auch *weil* – diese Anti-AKW-Bewegung bald ihre grundsätzliche Opposition zum bundesdeutschen Staat formulierte, erfuhr sie eine außergewöhnliche breite Unterstützung durch die Öffentlichkeit. Das hatte verschiedene Ursachen.

Durch die APO stand ein Teil des Bürgertums linken, gesellschaftsverändernden und gelegentlich auch revolutionären Positionen eine Zeitlang aufgeschlossen gegenüber. Da half, daß Jean-Paul Sartre am 4. Dezember 1974 Andreas Baader in Stuttgart-Stammheim besuchte, sich vom Mord als Mittel des politischen Kampfe distanzierte, aber die unerträglichen Bedingungen der Isolationshaft scharf als »Folter« kritisierte. 1973 gab Hans Magnus Enzensberger das *Kursbuch* 32 mit heraus: »Folter in der BRD. Zur Situation der politischen Gefangenen«.

Wolf Biermann, der sich heute gelegentlich am Kamin der CSU wärmt, verkündete damals: »Sie erwarten doch wohl nicht, daß ich mich von der ›Roten-Armee-Fraktion‹ distanziere? [...] immerhin hat die RAF wichtige Antworten auf die Frage geliefert, ob und in welchem Maße die Methoden der südamerikanischen Tupamaros in Westeuropa anwendbar sind. Und solche Erfahrungen werden nicht in Wortgefechten gemacht, sondern in praktischen Kämpfen. Billiger sind neue politische Erkenntnisse nicht zu haben.«[79]

Der Schriftsteller Heinrich Böll setzte sich kritisch mit der Rote-Armee-Fraktion (RAF) auseinander, nannte ihren Kampf aber einen von »6 gegen 60 Millionen« und beschrieb in *Die verlorene Ehre der Katharina Blum* die staatlich geschürte Hysterie zur Zeit des »Deutschen Herbstes«. Auch gegen die 1976 neu verabschiedeten staatlichen Repressionsgesetze, den Paragraphen 88 a (Verfassungsfeindliche Befürwortung von Straftaten), den Paragraphen 130 a (Besitz von Schriften, die Gewalt befürworten) und den ersten sogenannten Antiterror-Paragraphen 129 a (Mitgliedschaft, Werbung und Unterstützung einer terroristischen Vereinigung) – die allesamt jegliche linke Opposition terrorisieren und kriminalisieren sollten – entstand ein so gegenmächtiger gesellschaftlicher Protest, daß die Paragraphen erst einmal nur eingeschränkt angewandt wurden (für die Betroffenen schlimm genug). Von diesem liberalen Bürgertum, das da manchmal Bündnispartner war, existieren heute nur noch individuelle Reste.

Wenn sich studentisch-außerparlamentarische (Unter-) Strömungen mit den teilweise militanten Massenstreiks in Großbetrieben verbänden, dann befürchteten die RepräsentantInnen von Staat und Kapital eine ernsthafte Gefahr für das herrschende System. Dagegen mußte das Repressionsarsenal, seit den fünfziger Jahren eingeübt und vorbereitet, geschärft und gezückt werden. Der Staat rüstete auf. Zu einem entscheidenden Jahr wurde 1977, das Jahr des Polizeistaates in Aktion, das Jahr des »Deutschen Herbstes«.

Die wirtschaftliche Lage in der Bundesrepublik hatte sich verändert. Anfang der siebziger Jahre gingen die meisten StudentInnen noch davon aus, daß sie nach ihrem Studium gutbezahlte Jobs bekommen würden. Hatte die Arbeitslosenquote 1950 noch bei mehr als 10 Prozent gelegen, sank sie über 1,3 (1960) auf 0,7 Prozent (1970), um jetzt aber allmählich wieder anzusteigen: auf 2,6 (1974) und 4,8 Prozent (1975). Joachim Hirsch: »Als Folge der Krise waren zum erstenmal in der Geschichte der Bundesrepublik die Netto-Reallöhne rückläufig.«[80]

Die Wirtschaft litt unter andauernden ökonomischen Krisenerscheinungen. Bis Mitte der sechziger Jahre hatte die Kapitalakkumulation ein außergewöhnlich hohes Tempo. Das reale Bruttosozialprodukt (BSP) wuchs im jährlichen Durchschnitt zwischen 1950 und 1960 um 8 Prozent; von 1960 bis 1965 um 5,1 Prozent; von 1965 bis 1970 um 4,7 Prozent; von 1970 bis 1975 nur noch um 1,7 Prozent und zwischen 1975 und 1980 um maximal 3,5 Prozent pro Jahr.[81]

Staat und Kapital mußten mit Widerstand rechnen. Von 1969 bis 1974 streikten viele tausend Lohnabhängige im Metall- und Chemiebereich, im Bergbau und im öffentlichen Dienst, oft spontan. Unter ihnen viele der 2,4 Millionen ausländischen ArbeiterInnen. Sie setzten qualitative Verbesserungen (längere Erholungszeiten, Minderung der Belastungen, Alterssicherung usw.) und Lohnerhöhungen (ÖTV: 11 Prozent) durch. Gegen die Kampfbereitschaft und Solidarität der ausländischen KollegInnen fand sich eine neue alte, spaltende Waffe: Rassismus. Parole: Die Ausländer nehmen uns die Arbeit weg.

Von den vielen bundesdeutschen kleinen kommunistischen Organisationen drohte kaum umstürzlerische Gefahr, und erst recht nicht von der kleinbürgerlichen und autoritär strukturierten DKP. Der gelang es weder auf die StudentInnenbewegung noch auf die neuen sozialen Bewegungen nennenswerten Einfluß auszuüben, außer, gemeinsam mit der SPD, auf den Mainstream der Friedensbewegung der achtziger Jahre. Die neuen sozialen Bewegungen sahen sich selbst zu großen Teilen als irgendwie links und sozialistisch an, aber meist eben auch als antiautoritär. So versuchte der Staat zu spalten: einzukaufen die einen. Angst zu machen den anderen. Polizeilich und strafrechtlich zu verfolgen die übrigen.

Die RAF[82], die von der Linken her kam, hatte eine fatale Wirkung. Sie schätzte die Situation in der Bundesrepublik falsch ein. Sie wollte mit ihrer Politik des bewaffneten Kampfes eine revolutionäre Situation herbeiführen, für die alle Voraussetzungen fehlten. Ihr fortschrittliches Wollen schlug in eine reaktionäre Rolle beispielsweise gegenüber den radikalen Massenbewegungen um, mit denen sie sich nicht abgab. Sie handelte als abgeschottete, jeglicher politischen Kritik der Linken entzogene Avantgarde und arbeitete so einem repressiven Staat in die Hände. Die RAF war nicht die Ursache für die Repressionen des Staates, aber sie funktionierte wie ein Katalysator. Aus der staatlichen Repression leitete sie wiederum den Anspruch auf bedingungs- und kritiklose Unterstützung durch die Linke ab.

Drei Jahre vor Gründung der Grünen, 1977, sollten verschiedene Entwicklungen eskalieren.

Demokratische Rechte wurden demoliert und eine durch die Notstandsgesetze legalisierte, begrenzte Form der Diktatur eingeübt. Die Regierungsverantwortung lag noch immer bei der SPD/FDP, einer SPD, von der die PDS in der »Erfurter Erklärung« (1997) als großem starkem Partner eines angeblich existenten gesellschaftlichen linken Lagers träumt.

Zwei große gesellschaftliche Entwicklungen liefen 1977 parallel. Im Rahmen der Jagd auf die RAF wurden linke Wohngemeinschaften, Buchläden und Jugendzentren von der Polizei durchsucht und oft zertrümmert. Im Februar demonstrierten 40 000 AKW-GegnerInnen in Brokdorf. CDU und SPD verglichen die AKW-DemonstrantInnen mit »Terroristen«. Am 19. März 1977 gelang es 20 000 Anti-AKW-DemonstrantInnen, offensichtlich gut vorbereitet, den Bauzaun auf dem geplanten AKW-Gelände in Grohnde einzureißen. Am 7. April 1977 wurde Generalbundesanwalt Siegfried Buback von einem »Kommando Ulrike Meinhof« erschossen. 40 000 Polizeibeamte, eine Armee unter dem Kommando des Bundeskriminalamtes, waren – auch gegen vermeintliche SympathisantInnen – im Einsatz. Die RAF-Gefangenen in Stuttgart-Stammheim wurden total isoliert. Gegen die »weiße Folter« protestierten Menschenrechtsorganisationen aus vielen westeuropäischen Ländern. Den Gefangenen wurde jeder Kontakt mit den Anwälten verweigert. Noch war das illegal, das Kontaktsperregesetz kam erst noch.

Am 25. April 1977 erschien in den *Göttinger Nachrichten*, der Zeitung des Göttinger AStA, »Buback – ein Nachruf«, der auch als der »Mescalero-Nachruf« in die Geschichte einging. In ihm drückte ein Student, der sich Mescalero nannte, zwar seine »klammheimliche Freude« über den Tod von Buback aus, nutzte den Text aber hauptsächlich für eine zwar im Szenejargon formulierte, aber grundsätzliche, linke Kritik an der RAF und ihrer Praxis. Eine von einflußreichen Kreisen produzierte Hysterie brach aus. Nicht nur *Die Zeit* erwies sich als Medium von AnalphabetInnen und wetterte gegen die »herzlose Mordfreude« und die »Aufkündigung der Menschlichkeit«. Die *Frankfurter Rundschau* schäumte: »Pathologischer Zynismus«, »kranke Gehirne« und »Musterbeispiel für blanken Faschismus«.[83] Bundesjustizminister Hans-Jochen Vogel (SPD) stellte Strafanträge gegen Nachdrucke in anderen Studentenzeitungen.[84] In keinem bürgerlichen Medium wurde der »Mescalero-Nachruf« ausführlich zitiert, geschweige denn dokumentiert, nirgendwo wurde auch nur am Rande erwähnt, daß der Text eine Distanzierung vom Mord an Buback war.

Am 28. April 1977 wurden Gudrun Ensslin, Andreas Baader und Jan-Carl Raspe zu lebenslänglicher Haft verurteilt. Am 17. Mai 1977 durchsuchten 1000 Polizisten in Göttingen den AStA, linke Buchläden und Wohngemeinschaften, um die Identität des »Mescalero« herauszufinden. (Er wurde nie verraten. Vor kurzem hat er sich selbst geoutet.) Die Jagd nach »Sympathisanten«, ein Schlagwort dieser Zeit, lief auf vollen Touren. Im Juni gaben 47 Hochschullehrer den Mescalero-Text samt den Reaktionen heraus. In mehreren Bundesländern, unter anderem in West-Berlin, wo Wissenschaftssenator Peter Glotz (SPD) im Amt war, versuchte man die Herausgeber einzuschüchtern und zu Widerrufen zu zwingen. Aus Angst vor Suspendierungen und Karriereverlusten gingen viele in die Knie. Die Solidarität wurde gebrochen. Allein in Niedersachsen wurden dreizehn Disziplinarverfahren eingeleitet.

Am 30. Juli 1977 wurde der Chef der Dresdner Bank, Jürgen Ponto, erschossen. Am darauffolgenden Wochenende fand die internationale Anti-AKW-Demonstration gegen den geplanten »Superphénix« im französischen Malville statt. Ein Demonstrant wurde von der Polizei getötet, mehrere andere an Händen oder Füßen verstümmelt. Im September 1977 legte der niedersächsische Wissenschaftsminister Eduard Pestel den niedersächsischen Herausgebern des Mescalero-Nachrufs eine Distanzierungserklärung vor. Zwölf Hochschullehrer unterzeichneten und distanzierten sich von sich selbst. Professor Peter Brückner[85] blieb standhaft. Die Medien kannten nur zwei Gruppen: die »Distanzierer« und die »Sympathisanten«. (Die Niederträchtigkeit dieser Debatte fand 1985 einen schwachen Widerhall in der grünen Debatte um die Akzeptanz oder die Ablehnung des staatlichen Gewaltmonopols, als Otto Schily, der ehemalige

Anwalt von Gudrun Ensslin, sein Coming-out als staatstragende Figur haben sollte).

1977 ging es um Unterwerfungsrituale, nicht um kritische Auseinandersetzung mit der RAF. Am Ende wurde Peter Brückner, ein von seinen StudentInnen besonders geschätzter antiautoritärer marxistischer Sozialpsychologe, suspendiert. Seine Texte zeigen bis heute »ein überschießendes Erkenntnisinteresse an den Spuren, die die Herrschaft und ihre Agenturen an den Individuen, vor allem Kindern und Jugendlichen, hinterläßt«[86]. Obwohl Brückner in einem Strafprozeß freigesprochen wurde, wurden die disziplinarischen Maßnahmen erst Ende 1981 aufgehoben. Am 10. April 1982 starb er.[87]

Am 5. September 1977 entführte ein RAF-»Kommando Siegfried Hausner« den Arbeitgeberpräsidenten und früheren SS-Mann Hanns-Martin Schleyer. Der Generalbundesanwalt Kurt Rebmann, Nachfolger Bubacks, veranlaßte sofort eine extreme Verschärfung der Haftbedingungen für mehr als 100 politische Gefangene. Keinem Gefangenen waren irgendwelche Verteidigerkontakte erlaubt. Es wurde eine Nachrichtensperre verhängt, an die sich die »freie« Presse zu 100 Prozent hielt. Der deutsche Presserat forderte Zurückhaltung in der Berichterstattung. Die ach so freie Presse schaffte ihre restliche Freiheit selbst ab.

Am 12. September 1977 wurde das Kontaktsperregesetz durch den Bundestag gepeitscht. Es erlaubte, die Angeklagten vollständig von ihren VerteidigerInnen, Verwandten und FreundInnen zu isolieren. Selbst die Springer-Presse gab zu: »Hier wird in der Tat ein schwerer Eingriff in die Rechte von Beschuldigten legalisiert, der üblicherweise ein Kriterium für Diktaturen darstellt.«[88] Auch damals angebliche SPD-Linke wie Karsten Voigt schafften wieder einmal ein Stück Demokratie ab. Nur vier SPD-Abgeordnete stimmten gegen das Repressionsgesetz, unter ihnen Manfred Coppik und Karlheinz Hansen.

Am 24. September 1977 übte der Staat den flächendekkenden Terror. An allen großen Bundesstraßen und Autobahnen hatte die Polizei Sperren aus Panzerwagen errichtet, hinter denen sie mit entsicherten Maschinenpistolen stand. Autobahnraststätten wurden zu Fallen. Anlaß war die Demonstration gegen den geplanten schnellen Brüter im nordrhein-westfälischen Kalkar.

Am 13. Oktober 1977 entführte ein Kommando »Martyr Halimeh« das Flugzeug »Landshut« auf dem Flug von Mallorca nach Frankfurt/Main. Es landete nach Irrwegen in Mogadischu (Somalia). Die Entführer drohten, die 87 Passagiere umzubringen. Sie selektierten und quälten diejenigen, die sie für Juden oder Jüdinnen hielten. »Von der ›klammheimlichen Freude‹ ist [...] spätestens nach der Entführung der ›Landshut‹ und der Drohung, die 87 Passagiere zu ermorden, kaum mehr als blankes Entsetzen geblieben; der bewaffnete Kampf [...] hat für viele ein häßliches Gesicht bekommen, die ›Killervisage‹, vor der schon ›Mescalero‹ warnte«, schrieben später Detlef zum Winkel und Oliver Tolmein.[89]

In Bonn wurde ein Krisenstab[90] gebildet, den Bundeskanzler Helmut Schmidt leitete. Der Journalist Peter Koch bekam Zugang zu einigen Protokollen des Krisenstabs und schrieb 1980: »Schmidt regt Manöverspiele an, er ermuntert die [große Krisenstab-] Runde, ›an das Exotische‹ zu denken. Franz Josef Strauß« erinnerte an Chile und brachte »den Gedanken von Repressalien gegen die einsitzenden RAF-Gefangenen vor. Verkleidet in die Form der Wiedergabe von Volkes Meinung, wirft Strauß den Vorschlag in die Diskussion, Standgerichte zu schaffen und für jede erschossene Geisel einen RAF-Häftling zu erschießen.«[91]

Am 18. Oktober 1977 wurden Baader und Ensslin tot in ihren Zellen gefunden. Raspe starb auf dem Weg ins Krankenhaus. Irmgard Möller war schwer verletzt. Die vollständig von der Außenwelt abgeschotteten Gefangenen sollten sich selbst getötet haben. Bis heute ist der Konflikt »Mord oder Selbstmord« nicht entschieden.[92] Der als Radikaldemokrat geltende Bundesinnenminister Maihofer (FDP) zynelte: »Man kann die Perfidie auch so weit treiben, daß man seine eigene Tötung zur Hinrichtung macht.«[93] Einen Tag später töteten die Entführer Hanns-Martin Schleyer.

In einigen Betrieben wurden Angestellte und Lehrlinge entlassen, weil sie sich bei Trauerveranstaltungen zu Ehren Schleyers nicht von den Sitzen erheben wollten. Zur Beerdigung der drei toten RAF-Mitglieder kamen 1 000 Menschen, die mit erhobenen Händen durch ein Polizeispalier gehen mußten und dabei einzeln gefilmt wurden. Diese Bilder gingen um die Welt. CDUler forderten, die Gedichte Erich Frieds zu verbrennen. Lina Wertmüllers Film *Liebe und Anarchie* wurde vom Saarländischen Rundfunk aus dem Programm genommen.

In ausländischen Medien wurden Zweifel an der demokratischen Legitimität des »Modells Deutschland« (SPD-Wahlslogan) laut. Joachim Hirsch: »Angesichts sich häufender Interventionen und Einflußnahmen in verschiedenen Teilen der Welt (Spanien, Portugal, Brasilien, Afrika, Naher Osten) wurde die Bedeutung des Schlagworts vom ›Modell Deutschland‹, d. h. der enge Zusammenhang zwischen der imperialistischen Rolle Westdeutschlands und der autoritären politischen Entwicklung im Innern, auch im Ausland aufmerksam registriert.«[94]

Es gab viele sichtbare Elemente dieses autoritären Modells: die Notstandsgesetze, die Berufsverbote, ein umfassendes staatliches Überwachungs- und Kontrollarsenal und der beschleunigte Abbau rechtsstaatlicher Garantien unter dem Vorwand der Terrorismusbekämpfung. Joachim Hirsch: »Die Eigentümlichkeit der politischen Restaurationsgeschichte der siebziger Jahre bestand darin, daß sie unter einer sozialdemokratisch-liberalen Regierungskoalition vorangetrieben und von den Gewerkschaften weitgehend gedeckt wurde.«[95] Ähnliches kann über die Zeit seit Oktober 1998 gesagt werden.

Das Jahr 1977 hatte die BRD nachhaltig verändert. Um sich von der CDU/CSU wieder zu unterscheiden, kam der SPD bei der Bundestagswahl 1980 der CSU-Kanzlerkandidat Franz Josef Strauß gerade recht. So konnte wieder einmal die unsäglich törichte Parole vom »kleineren Übel« angewandt werden: »Stoppt Strauß!«

Aber zuvor schaffte die SPD es erneut, diesmal unter Bundeskanzler Helmut Schmidt, eine Friedensbewegung gegen sich in Stellung zu bringen. Nach der Kampagne gegen die Wiederbewaffnung, dem »Kampf gegen den Atomtod« und der Ostermarschbewegung nun die neue Friedensbewegung, deren Initialzündung der »NATO-Doppelbeschluß« vom Dezember 1979 war. Auf Betreiben der bundesdeutschen Regierung beschlossen die Außen- und die Verteidigungsminister der NATO-Staaten, daß sie, wenn die Sowjetunion ihre Mittelstreckenraketen (SS 20) in Europa nicht reduziere, Cruise-Missiles und Pershing-II-Raketen in der BRD stationieren würde. Die Raketen der Sowjetunion galten als veraltet. Die neuen NATO-Raketen boten die Möglichkeit, die Sowjetunion in einem Überraschungsschlag anzugreifen. Die meisten NATO-Raketen sollten in der BRD aufgestellt werden, was zur Folge hatte, daß sich viele Westdeutsche bedroht fühlten und die neue Friedensbewegung von Anfang eine starke deutsch-nationale Komponente hatte: Keine Raketen auf *deutschem* Boden.

Parallel zu breiten Bewegungen der Solidarität mit Nicaragua (seit 1978) und El Salvador (seit 1980) protestierten Hunderttausende 1981 und 1982, dem Höhepunkt der Friedensbewegung, gegen den NATO-Doppelbeschluß. Im November 1983 stimmte der Bundestag der Stationierung von 108 Pershing-II-Raketen und 96 Marschflugkörpern im Bundesgebiet zu. Zum erstenmal aber saßen – seit der vorgezogenen Bundestagswahl vom 6. März 1983 – VertreterInnen einer neuen Partei im Bundestag: Die Grünen.

Aber zuvor noch einmal einen Schritt zurück.

# 3

# »Kein AKW in Brokdorf und auch nicht anderswo!«

## Woher die Grünen kamen – Teil II: Die Anti-AKW-Bewegung der siebziger Jahre

Die Anti-AKW-Bewegung der siebziger Jahre war erfolgreich, aufklärerisch, phantasievoll und militant. Sie war dem Staat unheimlich, denn sie war unberechenbar, überzeugend und schien nicht integrierbar. Diese vollständig außerparlamentarische Bewegung – es gab nicht einen einzigen sympathisierenden Bundestagsabgeordneten – hatte es geschafft, die Einstellung in der Bevölkerung zur Atomenergie binnen fünf Jahren vollständig umzukehren. Glaubten Anfang der siebziger Jahre noch rund 99 Prozent der Bevölkerung einschließlich der meisten Linken an die »saubere«, fortschrittliche Atomenergie, gehörten 1977 höchstens noch ein Drittel der Bevölkerung zu den BefürworterInnen.

Am 18. Februar 1975 besetzten 200 Menschen in Wyhl, einem Dorf am südbadischen Kaiserstuhl, einen Platz. Es war nicht irgendein Bauplatz, sondern einer für ein Atomkraftwerk. Vier Jahre hatten die BewohnerInnen der Region protestiert, seit sie gehört hatten, daß in Breisach und im französischen Fessenheim mehrere Reaktoren errichtet werden sollten, darunter einer in Wyhl. Sie schrieben Briefe an ihre Abgeordneten, hielten Protestveranstaltungen ab und demonstrierten mit ihren Traktoren. Nichts hatte geholfen. Dann hatten sie sich mit den WiderständlerInnen gegen das geplante Bleichemiewerk in Marckolsheim/Elsaß verbündet, und so marschierten die badisch-elsässischen Bürgerinitiativen am 19. Juli 1974 zu ihrer ersten Großdemonstration mit 2000 Leuten durch das elsässische Städtchen. Zwei Monate später folgte eine Platzbesetzung, die erste derartige Aktion in Deutschland.[96]

Die Landesregierung schickte die Polizei, die räumte das Gelände und sicherte es mit Polizei und Stacheldraht. Am 23. Februar 1975 versammelten sich 28 000 Menschen nahebei zu einer Protestkundgebung. Baden-Württemberg hatte das bisher größte Polizeiaufgebot zusammengezogen. Die AtomkraftgegnerInnen verjagten die Polizei, es kam zu harten körperlichen Übergriffen gegen die DemonstrantInnen, die dennoch gewannen. Die PlatzbesetzerInnen sicherten den Platz, bauten das legendäre »Freundschaftshaus« und richteten die »Volkshochschule Wyhler Wald« ein. Hier wurde gefeiert und geschult, gestritten und gelernt. Die Anti-AKW-Bewegung wurde, neben der Friedensbewegung und der Frauenbewegung, neben Radikaldemokratie und Internationalismus, zu einer der Hauptwurzeln der späteren Grünen.

Die AKW-GegnerInnen sorgten sich nicht mehr bloß um die Qualität des badischen Weins – das war der konservative Ausgangspunkt für die Kaiserstühler WinzerInnen und BäuerInnen gewesen –, sondern um den drohenden Atomstaat und um die Nutzung der Atomenergie für Atomwaffen. Wir übten Basisdemokratie, internationale Beziehungen und den Bau von wieder erneuerbaren Energieträgern. Wir begriffen die Untrennbarkeit von militärischer und ziviler Nutzung der Atomenergie und erlebten, mit welchen undemokratischen und gewaltförmigen Mitteln der Staat die Interessen des Atomkapitals durchsetzt. Die neue Bewegung veränderte das Bewußtsein derer, die an ihr teilnahmen und beeinflußte außerhalb dieser Bewegung viele Bereiche der Gesellschaft.

Das Atomkraftwerk Wyhl wurde nie gebaut. Der baden-württembergische Ministerpräsident Hans Filbinger (CDU) hatte gedroht, daß ohne dieses AKW bald die Lichter ausgehen würden. Später ging sein politisches Licht aus, als herauskam, daß der »furchtbare Richter«[97] Filbinger Ende des Krieges mindestens vier Todesurteile verhängt hatte, eines davon gegen den 22jährigen Matrosen Walter Gröger, der im Krieg desertiert war und dessen Exekution Filbinger im Januar 1945 höchstpersönlich überwachte.[98]

Der Widerstand war bunt: SozialistInnen und konservative BäuerInnen, StudentInnen und ChristInnen, WinzerInnen und Freaks. Eine kleine unangenehme Ausnahme bildeten *einige* Mitglieder des Kommunistischen Bundes Westdeutschland (KBW). Sie beschimpften AKW-GegnerInnen als maschinenstürmende Fortschrittsfeinde und empfahlen Zentralismus und Kader statt jener läppischen neuen Basisdemokratie. Wir warfen sie raus. Einer aus diesem Klub wurde später grüner Umweltsenator in Bremen: Ralf Fücks ist heute Chef der millionenschweren grünen Heinrich-Böll-Stiftung, die in luxuriösen Räumen in Berlin-Mitte residiert.

Mehr als 90 Atomkraftwerke waren Anfang der siebziger Jahre geplant. Diese Zahl ist noch eine der bescheidensten atomaren Planvorgaben. Karl Winnacker, Präsident des Deutschen Atomforums und Vorstandsvorsitzender der Farbwerke Hoechst – die spätere Hoechst AG, die heute mit der französischen Firma Rhone Poulenc zum Weltkonzern Aventis verschmolzen ist –, berechnete im September 1965 für 1980 einen Bedarf von 90 und für 1985 einen von 128 Atomkraftwerken.[99] Die Fortschreibung des Energieprogramms der Bundesregierung, verantwortlich: das Bundesministerium für Wirtschaft, sah 1974 vor, daß bis 1985, in einem ersten Schritt, 50 AKWs gebaut werden sollten.[100] Andere Pläne gingen Anfang der siebziger Jahre von langfristig mehr als 400 Atomkraftwerken aus.[101] Eine Studie der Kernforschungsanlage Jülich vom Juli 1975 – im Auftrag des Bundesinnenministeriums – sah einen steilen Anstieg von bis zu 598 Atomreaktoren im Jahr 2050 vor. Rund 350 AKWs hätten wir nach diesem Plan im Jahr 2000 gehabt.[102] Wolfgang Häfele, ehemaliger Propagandist des schnellen Brüters in Kalkar, war größenwahnsinnig, als er einen Kapitaleinsatz in Höhe von 4 Billionen US-Dollar in den nächsten zehn Jahren verlangte, um weltweit 2000 neue Atomkraftwerke zu bauen.[103]

Wir kämpften gegen das gesamte Atomprogramm, gegen alle Arten von Atomanlagen, ob AKW oder Atommülldeponie oder schneller Brüter, ob in Grafenrheinfeld oder in Grohnde, in Hamm oder in Philippsburg, in Biblis oder in Gorleben. Wie die APO waren wir eine gesellschaftliche Minderheit. Innerhalb von wenigen Jahren gelang es dieser Minderheitenbewegung mit wissenschaftlicher Selbstqualifizierung, phantasievollen Aktionen, reflektierter Militanz, einer ausstrahlungsstarken Widerstandskultur, mit Aufklärung und Aktionen wie Bauplatzbesetzungen und Demonstrationen, die öffentliche Meinung zu beeinflussen und in einem komplizierten Wirkungsgeflecht direkt und indirekt mehr als 70 Atomkraftwerke zu verhindern, wobei uns die steigenden Kosten für Atomanlagen in die Hände spielten, die wir durch unseren Widerstand noch erhöhten. Das war 10 Jahre vor Tschernobyl. Niemand hatte je von irgendwelchen Grünen gehört. Keine Bundestagspartei stand an unserer Seite. Unseren Erfolg errangen wir als staats- und kapitalunabhängige gesellschaftliche Gegenmacht.

Heute laufen 19 Atomkraftwerke. Jedes einzelne ist eines zuviel. Jedes einzelne ist eine lauernde, bereits im störfallfreien Normalbetrieb krebserzeugende Atombombe.

In Wyhl war noch offen, was für eine Art Bewegung dies werden würde. Eine linke? Eine deutsch-konservative? Die Entscheidung fiel auf nassen Wiesen um ein kleines Dorf an der Unterelbe in Schleswig-Holstein. Sechstausend AtomkraftgegnerInnen demonstrierten am 31. Oktober 1976 gegen den plötzlichen Baubeginn des Atomkraftwerks Brokdorf. Viele von ihnen besetzten den Bauplatz. Noch in derselben Nacht räumte uns die Polizei mit Hunden und Tränengas ab. Es gab viele verletzte DemonstrantInnen. Der Norddeutsche Rundfunk (NDR) – mensch glaubt es kaum, aber damals in den Augen der CDU eine »Stimme der Revolution« – protestierte gegen die »unfaßbare Brutalität der Polizei«. Dreizehn Tage später waren wir 40 000 gut organisierte DemonstrantInnen. Wir hatten einen Plan. Der Bauplatz sollte »zur Wiese« werden. Die Auseinandersetzung auf weiten Wiesen und Äckern erinnerte an ein mittelalterliches Schlachtenbild. Ich beobachtete, wie Menschen in Windeseile begriffen, in welch einer undemokratischen Gesellschaft wir leben.

Die Demos bekamen Ordnungsziffern: der 13. November 1976 hieß Brokdorf II. Brokdorf III folgte im Februar 1977. Wir organisierten uns immer effektiver. Unsere politische Kritik wurde grundsätzlicher und systemkritischer.

Die da zusammenkamen, meinten ihren Protest nicht »symbolisch«, wie es Teile der Anti-AKW-Bewegung heute tun. Wir wollten Atomkraftwerke ernsthaft verhindern und vorhandene stillegen, und zwar sofort. Wir hatten keine Minister, weder in Turn- noch in Lackschuhen. Niemand lobte uns tot. Unsere Stärke bezogen wir aus unserer Unabhängigkeit von Staats- und Parteiapparaten und vom Kapital. Die Bewegung wußte, daß sie (noch) eine gesellschaftliche Minderheit war. Wir vertrauten uns selbst, waren durch keinen »Dialog«, keinen »runden Tisch«, kein Mediationsverfahren und keine Meditation zu befrieden. Wir galten auf das angenehmste als »politikunfähig« – wie immer, wenn sich Systemoppositionelle nicht anpassen wollen, weil sie wissen, daß sie nur so eine Chance haben, diese Gesellschaft zu verändern.

Keiner von uns hatte je etwas von Handys gehört, die gab es noch nicht, dafür Delegiertensysteme, Solidarität, KradmelderInnen, Kettenbilden, Schutzhelme und Zitronensaft (in Wahrheit untauglich gegen CN-Gas). Heute sind solche Dinge mancherorts abgelöst von gruppendynamischen Kleinstgruppen, (störbaren und abhörbaren) Handys, Unverbindlichkeit, Vermummungsverbot, CS-Gas und Pfefferspray. Über unseren Köpfen, wenn wir zu Zehntausenden zusammentrafen, knatterten Polizei- und BGS-Hubschrauber. Wir lernten Luftballons schätzen.

Ulrike Meinhof war tot, und Ministerpräsident Stoltenberg (CDU), Schleswig-Holstein, hetzte: »Der harte Kern [der AKW-GegnerInnen] besteht aus reinen Terroristen, ja sogar Verbrechern.«[104] Bundesjustizminister Vogel (SPD) stimmte zu: »Man sollte weniger von Chaoten als von Terroristen sprechen.«[105]

Es war Teil meines Alltags, unterwegs von einem Organisationstreffen zum nächsten, auf irgendeiner Autobahn zwischen Hamburg und Freiburg, Amsterdam, Hameln und dem Ruhrpott von Uniformierten angehalten und mit angelegten Maschinenpistolen schikaniert zu werden.

Willy Brandts Slogan, nachdem er die Notstandsgesetze hatte durchsetzen helfen, war: »Mehr Demokratie wagen.« Der Satz war, wie gezeigt, immer nur eine Propagandalüge und von Beginn an mit Berufsverboten für Linke verbunden. Die SPD setzte gleichzeitig einen zügigen Ausbau der Rechte und der Waffensysteme der Polizei durch. Als OrganisatorInnen der großen Anti-AKW-Demonstrationen von Grohnde (19. März 1977) und Kalkar (24. September 1977) wurden wir mit einer SPD/FDP-Bundesregierung konfrontiert, die meinte, Krieg gegen oppositionelle BürgerInnen führen zu müssen. Die Regierung versuchte, diese erfolgreiche Massenbewegung, die radikal war und in großen Teilen der Bevölkerung Sympathien genoß, in einem Aufwasch mit der RAF zu erledigen.

Die Demonstration gegen das geplante AKW in Grohnde, auf jener Wiese an der Weser südlich von Hannover, bereiteten wir bis ins Detail vor. Die Kleidungsvorschriften waren so konkret wie die für Adelsbälle in meinem früheren Leben. Dazu kam die Ausrüstung mit Tauen, Eisensägen und Bolzenschneidern. Auf meinem roten Helm stand »BI«, nicht für Bürgerinitiative, sondern für Bielefeld, die Stadt in der ich eine Zeitlang gelebt habe. Die Demonstrationseinheiten sortierten sich nach Städten, zum Beispiel »BI 1« bis »BI 10« oder »HH 1« (Hamburg 1) bis »HH XY«. Jede Gruppe kannte den Punkt, an dem sie ihr Werkzeug am Bauzaun ansetzen wollte. Wir rissen den massiven Zaun nieder, samt dem NATO-Stacheldraht. Nur die Besetzung gelang nicht. Aus Wut, daß wir überhaupt so weit auf einen Platz vorgedrungen waren, den Atomkraftbauer und Polizei für uneinnehmbar gehalten hatten, machte sich die berittene Polizei über den hinteren Teil der sich entfernenden Demonstration her.

Solidarität und sich in harten Konflikten aufeinander verlassen können – dies gehörte zu den wichtigsten gegenseitigen Erwartungen und Erfahrungen. Gleichzeitig wurde, im Schatten der Großereignisse in Brokdorf und Grohnde, im Februar 1977 im Wendland zum erstenmal gegen die geplante Wiederaufbereitungs- und Endlagerstätte in Gorleben demonstriert.

Auf einer blockierten Eisenbahnschiene bei Grohnde kam es an jenem 19. März 1977 zu einem kurzen Konflikt mit einem Vertreter des rechtsextremen, von alten Nazis gegründeten Weltbundes zum Schutz des Lebens (WSL), dem es vor allem auf die »Erbgesundheit des deutschen Volkes« ankommt. Diese rechtsextreme Abteilung der Anti-Atom-Opposition spielte damals eine randständige Rolle und wurde von uns nicht ernst genug genommen. Wir fühlten uns unserer »fortschrittlichen« Mehrheit zu sicher.

Heute ist der braune Flügel gewachsen und esoterisch modernisiert, auch im Wendland.

Die Anti-AKW-Bewegung wurde so stark, auch ihre Militanz fand so breite Unterstützung, daß sie dem Sicherheitsstaat zur Gefahr zu werden schien. Auch vermeintlich brave BürgerInnen, erzogen im autoritär-spießigen Nachkriegsdeutschland, distanzierten sich nicht mehr von der Gewalt, wenn damit Bauplatzbesetzungen und Blockaden gegen Atomkraftwerke gemeint waren. Wir unterschieden – wie Teile der APO zehn Jahre zuvor – zwischen Sachbeschädigung einerseits und Gewalt gegen Personen andererseits. Bis heute ist es ein Zeichen der Schwäche einer Bewegung, wenn es der Gegenseite gelingt, diese Unterscheidung zu verwischen und eine unspezifische »Gewaltfrage« aufzuwerfen.

Staatstragende GesellschaftswissenschaftlerInnen befaßten sich von morgens bis abends mit der Frage, wie dem Staat die Legitimation durch seine kritischen BürgerInnen abhanden gekommen und wie dies wohl zu reparieren sei. Einige dieser WissenschaftlerInnen fanden Jahre später ihre falsche Antwort auf diese Frage: Sie stützten den Weg der Grünen nach rechts.

Während im niedersächsischen Hameln das erste Mal AtomkraftgegnerInnen bei Wahlen kandidierten – in der Öffentlichkeit eine kleine Sensation und in der Bewegung ein Konflikt –, trafen sich AtomkraftgegnerInnen aus vielen westeuropäischen Staaten Ende Juli 1977 in Malville. Wir wollten am Baugelände des französischen schnellen Brüters »Superphenix« demonstrieren. Französische Staatsorgane und einige französische Medien denunzierten die deutschen AtomkraftgegnerInnen als »Nachfolger Hitlers«[106], die Frankreich erneut besetzen wollten und gegen die alle Gewaltmaßnahmen erlaubt seien.

Es war ein strahlend schöner, heißer Sommer. Wir reinigten unsere klapprigen Gebrauchtwagen von Anti-Atom-Aufklebern und sonstigen Symbolen unserer Aufsässigkeit und überquerten in der Hauptferienzeit, getarnt als UrlauberInnen, an vielen Grenzorten, nirgends geballt, die deutsch-französische Grenze. In einer hügeligen, naßgeregneten Landschaft erlebten wir unser Waterloo.

Paramilitärische Sondereinheiten der französischen Polizei, die CRS, schossen mit scharfen Sprenggranaten in Demonstrationszüge. Dem Franzosen Vital Michalon zerriß der Druck einer Polizeigranate die Lunge. Er starb. Ich begegnete dem Hamburger Fotografen Günter Zint zum ersten Mal, als er kreidebleich über ein Feld lief. Er hatte soeben einen Demonstranten fotografiert, dem eine Granate einen Fuß abgerissen hatte. Wir flohen in unsere Camps, die bald darauf von der CRS überfallen wurden. Sie schlugen unsere Zelte nieder und verprügelten alle AKW-GegnerInnen, die sie fanden. Wer im Auto fliehen wollte, mußte durch das Spalier einer Knüppelgarde, die ohne Rücksicht auf die InsassInnen die Autofenster mit Polizeiknüppeln zerschlug. Viele ließen ihre Pkws stehen und rannten in die Kornfelder oder versteckten sich auf Bauernhöfen. Nie zuvor hatten französische Nonnen AKW-GegnerInnen in einem Kloster vor der Polizei versteckt.

Das Entsetzen über die Ereignisse in Malville mündete rund zwei Monate später im nordrhein-westfälischen Kalkar in eine besondere deutsche Erfahrung. Es herrschte der »Deutsche Herbst«. Zwischen 80 000 und 100 000 Menschen wollten am 24. September 1977 am Niederrhein gegen den im Bau befindlichen schnellen Brüter (heute ein Freizeitpark) demonstrieren. Nur 60 000 Menschen erreichten Kalkar. Überall in der Bundesrepublik wurden AKW-GegnerInnen stundenlang aufgehalten. Die Bürgerrechte wurden von der SPD/FDP-Bundesregierung und von der nordrhein-westfälischen SPD-Landesregierung in einem Maße außer Kraft gesetzt wie selten zuvor. Der Staat nutzte das Ereignis für eine bundesweite Bürgerkriegsübung und organisierte das größte Polizeiaufgebot der Nachkriegszeit. Er probte die Notstandsgesetze, gegen die sich einmal die APO gebildet hatte.

Ein Nahverkehrszug von Duisburg nach Kleve wurde von BGS-Hubschraubern auf freiem Feld gestoppt. Bundesgrenzschützer und Polizisten mit Schlagstöcken, Gasmasken, Tränengasabschußgeräten und Maschinenpistolen umstellten den Zug und schikanierten die Fahrgäste. Wer so aussah, wie Polizisten sich DemonstrantInnen und Linke vorstellten, wurde genötigt, auf freiem Feld den Zug zu verlassen.

Sie stoppten im ganzen Land unsere Busse, sperrten Autobahnen. Sie flogen mit großen BGS-Hubschraubern im Tiefflug über DemonstrantInnen, landeten, prügelten und flogen davon. Sie beschlagnahmten Freßpakete und Tampons und zählten ähnlich gefährliches Zeug auf ihrer Triumphpressekonferenz zu den gefundenen »Waffen«, die ihren Einsatz rechtfertigen sollten.

Einige zehntausend DemonstrantInnen erreichten an diesem Tag nicht einmal die Region um Kalkar. Trotz allem: Es wurde unsere bis dahin größte Demonstration gegen Atomanlagen. Aber es war auch der größte und enthemmteste Polizeieinsatz, den die meisten von uns je erlebt hatten.

Der Schock über den »Bürgerkrieg von Kalkar«, zugespitzt durch die Erfahrungen im »Deutschen Herbst«, trennte uns. Franz Josef Strauß plauderte im Krisenstab über standrechtliche Erschießungen in Stammheim. Kurz darauf starben dort Gudrun Ensslin, Andreas Baader und Jan-Carl Raspe. Viele AtomkraftgegnerInnen verloren den Mut, sich einem derart hochgerüsteten Staat in den Weg zu stellen. Eine kleine Gruppe hielt es für ihre einzige Perspektive, den bewaffneten Kampf aufzunehmen, obwohl es keinerlei gesellschaftliche Grundlage dafür gab. Andere Linke wollten sich weder unterwerfen noch resignieren noch in die Gewaltfalle des Staates tappen. Wir berieten über politische Alternativen.

1978 schien wenig so, wie es gewesen war. Wir – ein Teil der undogmatischen Bewegungslinken – entschieden uns nach langen, harten Auseinandersetzungen für das gewaltige Risiko, nun auch parlamentarisch zu arbeiten. Wir wußten, daß diejenigen FreundInnen *langfristig* Recht haben würden, die uns vor den Mechanismen der Integration warnten. Wir hofften auf neue politische Möglichkeiten – etwa die Schaffung eines radikaldemokratischen Umfeldes –, und wir brauchten Zeit.

Seit dem Frühling des Repressionsjahres 1977 hatten wir hie und da in regionalen Zirkeln über eine mögliche parlamentarische Beteiligung diskutiert, Wertkonservative wie Linke. Ab Mai 1977 waren vereinzelt erste Grüne und Alternative in Gemeindeparlamente und Kreistage eingezogen. Die meisten Anti-AKW-Linken interessierte »die Wahlfrage« frühestens nach den Ereignissen von Kalkar (24. September 1977) und Stammheim (18. Oktober 1977).

Auf Wahlkongressen beispielsweise der »Bürgerinitiative Umweltschutz« (BUU) in Hamburg am 21. Oktober 1977, der »Grünen Liste Umweltschutz« (GLU) in Hannover am 16. November 1977 und der »Grünen Liste Hessen« (GLH) in Offenbach am 13. März 1978 berieten Bürgerinitiativen und Linke, ob und wie sie sich an Wahlen beteiligen sollten. Es gab keine linke Zeitung (damals existierten noch viele) und keinen linken Zirkel, der sich nicht mit der »Wahlfrage« auseinandergesetzt hätte. In unseren Diskussionen spielte zunehmend eine Rolle, daß aus Nazi-Kreisen die Besetzung der ökologischen Frage von rechts drohte.

Der bis dahin größte Wahlkongreß fand am 18. März 1978 in Hamburg statt, ein Jahr nach der Demonstration in Grohnde. 500 Delegierte aus 200 Initiativen (darunter etwa 50 Anti-AKW-Initiativen) gründeten die »Bunte Liste – Wehrt Euch! Initiativen für Demokratie und Umweltschutz« (BuLi). Die Bunte Liste Hamburg fuhr am 4. Juni 1978 mit 3,5 Prozent den größten Wahlsieg in einer Großstadt ein und eroberte zwei Mandate in der Bezirksversammlung von Eimsbüttel. Es war, neben Niedersachsen, die erste grün-alternative Kandidatur für ein Landesparlament. Bei der rechten Konkurrenz, der »Grünen Liste

Umweltschutz Hamburg« (GLU), die nur 1 Prozent gewann, durften auch Rechtsextreme mitarbeiten.[107] In Niedersachsen, wo sie keine linke Konkurrenz hatte, erreichte die bürgerliche »Grüne Liste Umweltschutz« (GLU) 3,9 Prozent der Stimmen.

Von Flensburg bis Starnberg stritten Anti-AKW-Initiativen und FeministInnen, AntimilitaristInnen, HausbesetzerInnen und InternationalistInnen darüber, ob eine bundesweite Partei eine beschissene Idee sei, eine Art Unterwerfung oder gar eine neue politische Waffe, um die bundesdeutsche Gesellschaft radikal zu verändern. Linke AktivistInnen aus der Umwelt- und der Anti-AKW-Bewegung gründeten bunte, alternative und manchmal auch grüne Listen.

Auch bürgerliche, konservative und neofaschistische Kreise glaubten, ihre Zeit sei gekommen. Die GLU gründete Landesverbände als Kopfgeburten. In den Wettstreit trat 1978 ein neuer Spieler: Herbert Gruhl, ein CDU-Bundestagsabgeordneter, verließ die CDU und gründete die »Grüne Aktion Zukunft« (GAZ). Er hatte einen rechtskonservativen bis ökofaschistischen Bestseller *Ein Planet wird geplündert* geschrieben – ein Buch voll diktatorischer Gesellschaftsvorstellungen und eurozentriertem Rassismus – und wurde zur Symbolfigur stockkonservativer Kreise, die um den Erhalt der Natur bangen, ohne sich den geringsten Gedanken über die soziale Lage der Menschen zu machen. Gruhl verachtete Basisdemokratie, und bevorzugte autoritäre und elitäre Strukturen. Seine GAZ erhob einen Alleinvertretungsanspruch als grüne Bundespartei, und Gruhl flog auf die Nase.

Die Wahlbewegung splitterte sich erst einmal weiter auf. In Hessen beispielsweise entstanden drei grüne Listen: die linksalternative »Grüne Liste Hessen« (GLH), die bürgerliche »Grüne Liste Umweltschutz« (GLU) und die rechtskonservative GAZ. Die GLH scheiterte mit 1,1 Prozent, die GAZ mit 0,9 Prozent.

Das Ergebnis der Diskussionen in linken und alternativen Kreisen war die Erkenntnis: Eine grüne Partei würde nur eine Chance haben, wenn sich – einmalig in der Bundesrepublik Deutschland – Bürgerliche und Linke einigten. Gewiß nicht irgendwelche Bürgerlichen und nicht alle Linken. Ein solcher Gedanke konnte nur aufkommen – und ist in die heutige Zeit nicht übertragbar –, weil wir in harten gesellschaftlichen Konflikten wie dem »Deutschen Herbst« oder der Anti-AKW-Bewegung bestimmte Erfahrungen gemacht hatten: Es gab ganz »normale« Bürgerliche, die aus Protest gegen Atomkraftwerke Strommasten umsägten und so mit einem Teil ihrer Identität in Widerspruch zum bürgerlichen Staat gerieten. Es gab christliche PazifistInnen, die hier oder da Sabotage an der Militärmaschinerie betrieben und keineswegs an Gewissensbissen hinsichtlich dieser Form der Militanz litten. Die Älteren unter uns hatten in der alten Friedensbewegung, wir Jüngeren in der APO und gemeinsam hatten wir in der Anti-AKW- und in der neuen Friedensbewegung gelernt, daß solche Bündnisse einiges aushalten konnten. Im »Deutschen Herbst« hatten sich manche Fronten noch einmal verschoben: In radikaldemokratischen bürgerlichen Kreisen gab es eine ungeheure Wut über die Demontage demokratischer Rechte.

Sollten wir also, unter bestimmten Voraussetzungen, ein solches Bündnis riskieren?

Zur gleichen Zeit diskutierte der grün-rechte Flügel der Wahlbewegung über Unvereinbarkeitsbeschlüsse nach links: Keine KommunistInnen in einer ökologischen Partei. Aber die Bunten und Linken waren erst einmal stärker. Zu ihrer politischen Kultur gehörte – das kam aus den Erfahrungen der gewerkschaftlichen Unvereinbarkeitsbeschlüsse gegen Linke, den Erfahrungen mit den Berufsverboten, dem »Modell Deutschland« und dem Sicherheitsstaat der siebziger Jahre: keine Unvereinbarkeitsbeschlüsse, sondern inhaltliche Auseinandersetzungen.

Die SPD/FDP-Bundesregierung war stramm auf Aufrüstungskurs. Aus Schornsteinen und Abwasserkanälen drangen Umweltgifte. Im italienischen Seveso war am 10. Juni 1976 eine ganze Region durch ein Chemiewerk verseucht worden. Die Gleichberechtigung von Frauen war ein schlechter Witz. Sehr unterschiedliche Menschen hatten das »Modell Deutschland« satt. Viele wollten eine andere Republik: tolerant, demokratisch, ökologisch, friedfertig. Ohne Bespitzelung, Diskriminierung und juristische Verfolgungen, wie viele AKW-GegnerInnen sie im »Deutschen Herbst« erlebt hatten.

In Berlin wurde die »Alternative Liste« (AL) gegründet. Auch sie lehnte Unvereinbarkeitsbeschlüsse gegen KommunistInnen ab und erzielte am 18. März 1979 mit 3,7 Prozent einen Achtungserfolg und gewann Mandate in mehreren Bezirksverordnetenversammlungen.

In Bayern trat ein Bündnis, angeführt von der GAZ und August Haußleiters »Aktion Unabhängiger Deutscher« (AUD), zum erstenmal unter dem Namen »Die Grünen« an. Eine ähnliche Zusammensetzung bemühte sich, erweitert um organisierte AnthroposophInnen, in Baden-Württemberg um die Gründung einer Partei. In Nordrhein-Westfalen entstand ein eher rechter Landesverband aus GAZ und GLU gegen viele bunte und alternative Listen in den Städten.

Hatten die Linken und die Alternativen bisher Tempo und Diskussionen bestimmt, drängte sich nun, zur Europawahl im Juni 1979, ein Teil des bürgerlichen und des grünkonservativen Lagers nach vorn und entschied sich für die Teilnahme an der Europawahl. Die Linke zeigte kein Interesse. Europa? Das schien weit weg, abgehoben und bedeutete doch bloß die Förderung des Supermachtgedankens, der uns widerwärtig war. Die Bunten und Alternativen beteiligten sich nicht an der Wahl.

Das Projekt brauchte einen Namen, und die Gruppen, die sich jetzt zusammenschlossen, nannten es »Sonstige Politische Vereinigung Die Grünen« (SPV Die Grünen). Auf der Kandidatenliste standen unter anderem Petra Kelly, Herbert Gruhl, Baldur Springmann, Carl Amery und Joseph Beuys. Die SPV Die Grünen errang 3,2 Prozent der Stimmen und bekam 4,5 Millionen Mark Wahlkampfkostenrückerstattung. Das wurde die Anschubfinanzierung für die neue Partei.

In einer Reihe von Konferenzen entschied eine Mehrheit der Bunten und der Linken, den Versuch einer Einigung zu machen. Im Sommer und im Herbst 1979 überschlugen sich die Diskussionen. Bald wurden, im Herbst 1979, in Baden-Württemberg, Rheinland-Pfalz, Saarland, Bayern, Hessen und Bremen die ersten Landesverbände der neuen Grünen gegründet. Die unterschiedlichsten Teile der Bewegung, etwa Mitglieder der konservativen »Aktion Unabhängiger Deutscher« (AUD) und des »Kommunistischen Bundes« (KB), erklärten ihre Bereitschaft zur Zusammenarbeit. Zum erstenmal zogen in Bremen Grüne mit 5,1 Prozent in ein Landesparlament ein (7. Oktober 1979). Die linke »Alternative Liste für Demokratie und Umweltschutz« in Bremen holte weitere 1,4 Prozent.

Die Versammlung am 3. und 4. November 1979 war entscheidend. Die SPV Die Grünen öffnete ihre zweite Bundesversammlung für die Delegierten der Bunten und der Alternativen Listen. Das beherrschende Thema blieb bis zur Gründung die »Unvereinbarkeit« bzw. die »Doppelmitgliedschaft«. Das betraf vor allem organisierte KommunistInnen. Die konservativen Grünen wollten diese aus der Partei heraushalten. Es gab auch in dieser Frage merkwürdige Koalitionen: Der rechtsextreme Ökobauer Baldur Springmann (Mitglied des ökofaschistischen Weltbundes zum Schutz des Lebens – WSL), der glücklicherweise die Grünen noch im Gründungsjahr verließ, aber auch die Sozialisten Rudi Dutschke und Rudolf Bahro – letzterer bald rechtsaußen – verlangten die Ausgrenzung von KommunistInnen. Der früher nationalliberale August Haußleiter setzte sich leidenschaftlich – und erfolgreich – für den Verbleib aller linken Grünen ein.

Ein »Beratungskongreß für Alternative, Bunte, Grüne, BIs [Bürgerinitiativen] und Linke« versammelte sich am 16. Dezember 1979 in Frankfurt/Main. Man war sich nicht einig. Ein Teil verlangte, Mitglied in der neuen Partei werden zu können, ohne andere Mitgliedschaften aufgeben zu müssen. Diejenigen, die (noch) nicht eintreten wollten, verschärften die Bedingungen für ihre Mitgliedschaft und beschlossen: »Das Programm der Grünen darf die Tatsache des Klassenkampfes nicht leugnen.«[108]

Thomas Ebermann sagte 1990: »Ich habe [...] gegen diese Haltung plädiert und war deswegen in Frankfurt ein echter Störenfried. Ich war dafür, ohne Vorbedingungen bei den Grünen mitzumachen und so eine Dynamik zu befördern. Diese Essentials sind eine Schematisierung linker Politik, eine törichte Herangehensweise, wie man sie in Stalins kurzem Lehrgang über die Geschichte der KPdSU[109] findet; da gibt es auch nur Gute und Böse, und alle machen mal einen Fehler, nur Lenin nie. Wenn ein Mensch an einer bestimmten relevanten Frage mit der etablierten Politik über Kreuz gekommen ist, aber weder eine klassenkämpferische Biographie hat noch ihm diese Diktion überhaupt geläufig ist, was nützt es dann, ihm so was abzuquetschen? [...] Die Bunten und Alternativen hatten samt und sonders selber kein Bekenntnis zum Klassenkampf in ihrer Programmatik. Diese Forderung war also eine Art Kunstprodukt, eine Wiederbelebung des Thälmann-Vermächtnisses auf Bunt-Alternativ. [...] Sage mir, wie du zur Sowjetunion stehst, und ich sage dir, ob du Kommunist bist.«[110]

Die meisten Linken entschieden sich für die Mitgliedschaft und für die weitere politische Auseinandersetzung innerhalb der Grünen. So viele Linke traten bis zum 20. Dezember 1979 – dem Stichtag, der über die Zahl der Delegierten beim Gründungsparteitag entschied – bei den Grünen ein, daß die Mitgliederzahl vor der Gründung von rund 2 500 auf 10 000 anstieg.

Die Bedenken wogen schwer: Waren nicht Legionen von

Abgeordneten in Parteien und Parlamenten korrumpiert worden? Wenn eine neue Partei, dann eine mit harten Bremsen gegen Anpassung und Korruption, sagten die Bunten und Alternativen. Eine »Anti-Partei-Partei« meinte Petra Kelly.

Keine Partei, auch keine linke, besaß demokratische Strukturen wie die neue grüne Partei: Trennung von Amt und Mandat, Rotation, Abgabe von Diäten. Kein Vorsitzender, sondern gleichberechtigte SprecherInnen. Die Frauenquote. Das Verbot, Ämter anzuhäufen, Aufsichtsratsposten und Beraterverträge anzunehmen. Kreis- und Landesverbände hatten in vielen Fragen Autonomie. Alle Sitzungen waren öffentlich. Einfache Mitglieder konnten sich direkt in Programmdiskussionen einmischen. Es ist ein planvoll konstruierter Mythos, daß die basisdemokratischen Strukturen abgeschafft werden mußten, weil sie die politische Arbeit behinderten. Sie wurden beseitigt, weil sie *wirkten* und die KarrieristInnen behinderten.

Die Mehrheit der Gründungsmitglieder wird rund 20 Jahre später die Grünen verlassen haben. Unter dem gleichen Namen verbirgt sich heute ein völlig anderes Projekt.

# 4

## »Wir sind die grundlegende Alternative«[111]

## Die Parteigründung 1980

Am Wochenende, dem 12. und dem 13. Januar 1980, barst die Stadthalle von Karlsruhe fast aus den Fugen: 1 004 Delegierte wollten eine ganz neue Partei gründen. Rund 300 JournalistInnen beobachteten staunend oder hämisch einen Parteitag, wie sie ihn noch nie zuvor gesehen hatten: Bäuerliche BauplatzbesetzerInnen vom Kaiserstuhl begegneten radikalen Feministinnen aus Köln. Militante Brokdorf-DemonstrantInnen aus Hamburg und Hessen diskutierten mit christlichen PazifistInnen aus Bayern oder VogelschützerInnen aus Niedersachsen. Punks mit Schlipsträgern. KommunistInnen mit AnthroposophInnen.

Oben, auf der Empore der Halle, warteten 254 Angehörige Bunter und Alternativer Listen, die nicht in die neue Partei eingetreten waren. Sie stritten darum, als Delegierte der Gründungsversammlung akzeptiert zu werden. Herbert Gruhl eröffnete den Kongreß, was Petra Kelly gern gemacht hätte.

In der Politik gingen die politischen Gegner dieser neuen parlamentarischen Konkurrenz in Stellung. Egon Bahr, damals SPD-Bundesgeschäftsführer, sah »eine Gefahr für die Demokratie«[112]. Peter Glotz läutete nahezu einmal pro Woche der neuen Partei das Totenglöcklein. Und Erhard Eppler verglich Grüne, die mit Hilfe von Demonstrationen und Aktionen politischen Druck ausübten, mit den Marschkolonnen der SA.[113]

Draußen vor der Halle fotografierte ein Unbekannter alle Autokennzeichen. Drinnen feierte Herbert Gruhl die Versammlung als ein »Jahrhundertereignis«. Der ehemalige CDU-Abgeordnete scheiterte vorerst mit seinem Verlangen nach einer ordentlichen, autoritären deutschen Partei. Eine hierarchische Struktur, wie heute unter Fischer, hätte Gruhl gefallen. Homosexualität beispielsweise war für ihn eigentlich eine »widernatürliche« Sache. Für kurze Zeit zeigte sich Gruhl von der Zusammenarbeit mit den Linken beeinflußt.

Die Programmkommission der Grünen bestand aus 14 Mitgliedern, unter ihnen auch Vertreter der Linken und Bunt-Alternativen, z. B. Jürgen Reents für die Bunte Liste Hamburg, Manfred Zieran für die Grüne Liste Hessen (GLH) und Ernst Hoplitschek für die Alternative Liste Westberlin (letzterer landete bald in der FDP), dazu Linke aus der SPV Die Grünen wie Jan Kuhnert für die Grüne Liste Umweltschutz (GLU) Hessen. Nun ging die Kommission daran, Herbert Gruhl »aufzuklären«. Die Kommission bestellte Gutachten von Sexualwissenschaftlern, und ein leibhaftiger Schwuler – Corny Littmann, heute Chef von »Schmidts Theater« in Hamburg – diskutierte als Sachverständiger mit dem alten Reaktionär. Das muß Gruhl einigen Eindruck gemacht haben, vielleicht gingen ihm nach langen Nächten auch einfach die Argumente aus. Bevor jedoch Gruhls Kopf von zuviel Toleranz aufgeweicht werden konnte, pfiff ihn seine reaktionäre Basis zurück.

Gruhl verlor in seiner Rede auf der Gründungsversammlung kein Wort über angebliche »Bevölkerungsexplosionen« und »Öko-Diktaturen« – wie in seinen Büchern –, sondern sagte: »Die soziale Gerechtigkeit muß auf lange Sicht auch im Weltmaßstab verwirklicht werden. Der Hungertod von Millionen Menschen jedes Jahr« müsse auch durch »neue demokratische Strukturen von der Basis an« bekämpft werden. Er sprach von einer »tragfähigen Brücke« zwischen Ökologie- und Arbeiterbewegung – eigentlich ein Thema der linken Grünen – und von der Verwirklichung der »Rechte der Frauen [...] in vollem Umfang«.[114] Gruhls liberaler Anflug war bald dahin.

Auf der zweiten Bundesversammlung vom 21. bis zum 23. März 1980 in Saarbrücken wurde das grüne Grundsatzprogramm verabschiedet, das, ergänzt durch spätere Fachbeschlüsse, noch im Jahr 2000 gültig war. Herbert Gruhl, Baldur Springmann und andere rechte Grüne stießen sich vor allem am linken Programmteil Wirtschafts- und Sozialpolitik und traten noch im Juni 1980 aus. Gruhl gründete die braun-grüne ÖDP und noch später die rechtsextremen Unabhängigen Ökologen Deutschland (UÖD).

Die Rettung des deutschen Waldes interessierte Herbert Gruhl, die soziale Lage der Menschen nicht. Sein sozialdarwinistischer Bestseller *Ein Planet wird geplündert* (1975) fand in seinem letzten Buch *Himmelfahrt ins Nichts* (1992) eine menschenverachtende Fortsetzung: »Für einige überfüllte Populationen« – damit meinte er *Menschen* in der »Dritten Welt«, vorzugsweise dann, wenn sie sich Zwangsmaßnahmen wie Sterilisierung widersetzen – »mag dann Gewalt oder die Atombombe eines Tages keine Drohung mehr sein, sondern Befreiung«.[115]

1004 Delegierte vertraten rund 10 000 Mitglieder.[116] »Ökologisch, sozial, basisdemokratisch und gewaltfrei« sollte die neue Partei sein. Die Grünen sahen sich als »die grundlegende Alternative zu den herkömmlichen Parteien«.[117] Die Grünen wollten keine Ministerämter, sie wollten politisch unendlich viel verändern: Alle Atomanlagen sofort stillegen. Die Stationierung neuer Raketen verhindern und raus aus der NATO. Quantitatives Wirtschaftswachstum begrenzen. Humanere Wohnungen. Kürzere Arbeitszeit bei vollem Lohnausgleich. Den Paragraphen 218 abschaffen. Schutz von Minderheiten. Eine andere Weltwirtschaftsordnung.

Nach langer gesundheitlicher Rehabilitationszeit war Dutschke von bürgerlichen ÖkologInnen an die Grünen herangeführt worden. Einige Wochen vor der Parteigründung hatten einige Grüne Rudi Dutschke nachts durch ein Fenster in die grüne Geschäftsstelle schmuggeln müssen, damit Haustyrann Gruhl sich nicht aufregte.[118] In Offenbach[119] war die prinzipielle Offenheit für KommunistInnen vereinbart worden, garniert mit Aufrufen von Rudi Dutschke und Rudolf Bahro an die Mitglieder verschiedener K-Gruppen, zuvor aus ihren Organisationen auszutreten. Unsere Auseinandersetzung mit Dutschke – auch wegen seiner Unterstützung der rechtslastigen Bremer Grünen Liste – hatte gerade begonnen, als er am 24. Dezember 1979, kurz vor der Gründung der Grünen, an den Spätfolgen des Attentats von 1968 starb.

An diesem 12. Januar 1980 verlas Petra Kelly in der Stadthalle von Karlsruhe Grußadressen aus aller Welt: von der British Ecology Party, der Irischen Transport- und allgemeinen Arbeitsgewerkschaft und der flämischen Nationalen Partei, der Volksunie. Zwölf Jahre später wurde sie, am 1. Oktober 1992, von ihrem Lebensgefährten Gert Bastian erschossen. Danach erschoß der General a. D. sich selbst. Die zierliche blonde EG-Verwaltungsrätin, die sich nicht entscheiden konnte, wen sie mehr schätzen sollte, den Dalai Lama oder Rosa Luxemburg (letztere unterlag), hatte ihre ersten politischen Erfahrungen in den USA gemacht. Zunächst in einer bayerischen Klosterschule erzogen, siedelte sie als Zwölfjährige 1960 mit ihrer Familie in die USA um, wo sie studierte und politische Erfahrungen u. a. in einer Wahlkampagne für Robert Kennedy machte. Seit

1973 arbeitete sie als Verwaltungsrätin bei der Europäischen Gemeinschaft (EG)[120] und war erst kurz vor den Europawahlen von 1979 aus der SPD ausgetreten. Kelly hatte die Liste der Sonstigen Politischen Vereinigung (SPV) Die Grünen bei der Europawahl 1979 angeführt. Das Wahlergebnis brachte 3,2 Prozent der Stimmen und 4,5 Millionen Mark: die erwähnte Startfinanzierung der Grünen.

Petra Kelly gehörte später der ersten Bundestagsfraktion der Grünen an (1983–1987), weigerte sich zu rotieren und wurde dennoch ein weiteres Mal als Kandidatin für den Bundestag aufgestellt, wo sie bis 1990 blieb. Sie war vermutlich die erste (und bis dahin einzige) Vorsitzende einer bundesdeutschen Partei, die einmal auf die schlichte Frage eines Reporters nach ihrem Befinden in raschem Stakkato ausführte, wie bedrohlich doch die Atomwaffenpläne der Bundesregierung seien und wie groß daran die Schuld Franz Josef Strauß'; daß die atomare Wiederaufbereitungsanlage in Wackersdorf verhindert werden müsse und wie eine andere politische Kultur auszusehen habe. Von einem zweiten Satz des Reporters ist nichts bekannt. Der verstorbene NDR-Korrespondent Peter Gatter schrieb 1987: »Sie redet wie ein Maschinengewehr, und wer mit ihr zwei Stunden lang gesprochen hat, verspürt das dringende Bedürfnis nach einer Parkbank, auf der ihn nur die Tauben angurren.«[121] Aber auch: Sie »ist eine durchsetzungsfähige Frau. Sie setzt ihre Anliegen durch, indem sie sich der chinesischen Wasserfolter bedient: Sie haut immer auf dieselbe Stelle, und sie vergißt niemals die Stelle, auf die sie beim letzten Mal gehauen hat.«[122]

Petra Kelly lebte so intensiv, als sei ihr Leben jeden Moment vorbei. Sie hatte ihre Mission so dicht vor Augen, daß sie ihr die Sicht versperrte und der Rest der Menschheit wie hinter einem Nebel verschwand. Obgleich sie den Austritt von Herbert Gruhl aus den Grünen begrüßte und mit Dutschke für einen »ökologisch-selbstverwalteten emanzipativen Sozialismus« eintrat, hat sie sich selbst nie als Linke gesehen. Den Linken und den BasisdemokratInnen in der Partei nahm sie übel, daß sie ihr, der weltbekannten Frau, keine Sonderrechte einräumen wollten. Legendär waren ihre Tränenausbrüche und Austrittsdrohungen, wenn die Partei nicht machte, was Kelly wollte. Alle Betroffenen erinnern sich noch heute mit Grausen an emotional erpresserische, tränenreiche Auftritte Kellys in Gremien der Partei, wo sie gelegentlich viele tausend Mark für teure Flugtickets nach Neuseeland oder anderswohin einforderte, Reisen, deren Zweck und Sinn sie vorher mit niemandem abgestimmt hatte.

Während ihr Ehrgeiz einerseits untrennbar von inhaltlichen Positionen war – das unterschied sie von den »Realos« –, half sie mit ihrem elitär-missionarischen Anspruch dennoch, die Grünen zu etablieren, worunter sie dann, als die Grünen sich den Etablierten mehr und mehr anpaßten, litt.

Es gab zwei große Konflikte an diesem Januarwochenende des Jahres 1980 in Karlsruhe: Erstens die Frage der Doppelmitgliedschaft – sollten Mitglieder anderer, auch kommunistischer (Klein-)Parteien auch Mitglied der Grünen sein dürfen? – und zweitens die Frage eines Rechts auf Widerstand. Hinter der ersten verbarg sich der Antikommunismus – mancher rechter Grünen. Hinter der zweiten die sogenannte Gewaltfrage.

Am 16. Dezember 1979 hatten sich die Bunten und die Alternativen auf einem Kongreß[123] in Frankfurt/Main gestritten. Ein Großteil der Buntalternativen war inzwischen bei den Grünen eingetreten. Thomas Ebermann, der Ökosozialist aus Hamburg, hatte auf diesem Gründungsparteitag Streß, »weil wir quasi an zwei Fronten kämpften. Unsere Hamburger Delegation war politisch an einer zentralen Frage gespalten: Soll man in die Grünen hineingehen oder in Konkurrenz zu ihnen die Bunten und Alternativen als Gegenmodell aufbauen? Ich gehörte zu denen, die für Mitmachen bei den Grünen plädierten. Wir sahen, daß die

76

Bunten und die Grünen das gleiche gesellschaftliche Potential repräsentierten, und wollten verhindern, daß sich extrem rechte Positionen bei den Grünen durchsetzten.«[124]

Der 29jährige war einer der bekanntesten Hamburger Linken, kam aus der Lehrlingsbewegung, dem Kommunistischen Bund (KB) und der Bunten Liste Hamburg, wie der Ökosozialist Rainer Trampert. Ebermann wurde 1982 grüner Bürgerschaftsabgeordneter in Hamburg und versuchte, die SPD in Tolerierungsverhandlungen vorzuführen. Damals wollte die Grün-Alternative Liste (GAL), wie die Bunte Liste dann hieß, »Sand im Getriebe« sein, »nicht Öl«, sagte Ebermann. 1987 gewann er gegen Otto Schily die Wahl zum Vorsitzenden der grünen Bundestagsfraktion. 1989 gehörte er zu den wenigen Abgeordneten, die ihr Versprechen einhielten und rotierten.

Thomas Ebermann: »Es gab nur einen einzigen Gründungskonsens bei den Grünen, der lautete: Wenn wir zu sehr gespalten sind, dann schaffen wir die 5-Prozent-Hürde nicht. Also eine kräfteanalytische Akzeptanz, daß man zur Zwangseinheit verdonnert war. Das ist der negative, ganz miese und niederträchtige Aspekt des grünen Gründungskonsenses. Darüber hinaus gab es natürlich erste Formen und Ideen davon, daß man trotz großer Differenzen in Einzelfragen auch viel voneinander lernen kann. Es wäre eine große Geschichtsfälschung, wenn ich nicht zugeben würde, daß ich von Leuten, von deren politischem Gesamtkonzept ich gar nichts halte, viel gelernt habe.«[125]

Zum Streit um die Doppelmitgliedschaft erhielten am 12. Januar 1980 in Karlsruhe drei Vertreter derjenigen Buntalternativen das Wort, die nicht bei den Grünen eingetreten waren. Der Startbahnkämpfer Alexander Schubart (Grüne Liste Hessen) plädierte – Monate zu spät – für einen »Zusammenschluß von Europa-Grünen, also SPV Die Grünen auf der einen Seite und den Bunten und Alternativen Listen auf der anderen Seite«.[126] Michael Wendt (Alternative Liste Westberlin) wollte eine Trennung »in ein grünes und in ein sogenanntes autonomes Lager [...] mit allen Kräften verhindern«.[127] Der Kabarettist Henning Venske (Bunte Liste Hamburg) bekam viel Beifall, als er beschrieb, wie er wegen seines Wahlkampfeinsatzes für die Bunte Liste Hamburg seinen Job bei der »Sesamstraße« verloren hatte. Dann vergaloppierte er sich und verglich die staatlichen Repressionen, die viele Anwesende, linke wie bürgerliche, am eigenen Leib erlebt hatten, mit dem Wunsch der Grünen, nur diejenigen aufzunehmen, die keiner anderen Partei angehörten: »Bücher sind doch genug verboten worden! Professoren, die Dokumentationen vorlegen, sind doch genug verfolgt worden! Und Böll oder Brückner, Biermann oder Peter-Paul Zahl sind doch lange genug verketzert worden.«[128]

Tatsächlich aber hatte jede und jeder eintreten können: »Wir haben alle Türen geöffnet für den Eintritt in diese grüne Bewegung, und wir haben keinerlei Abgrenzung durchgeführt«, sagte August Haußleiter. Natürlich aber stand hinter dem Wunsch nach dem Verbot der Doppelmitgliedschaft bei einigen bürgerlichen und konservativen Mitgliedern das Bemühen, organisierte KommunistInnen rauszuhalten – obwohl dieses Verbot, so paradox es klingen mag, kein Unvereinbarkeitsbeschluß gegen KommunistInnen gewesen wäre.

Aber es gab auch formale Argumente gegen das Begehren der Buntalternativen. Ihre Delegierten waren nicht nach den gemeinsamen Regeln, die in Offenbach aufgestellt worden waren, gewählt worden. Die Zulassung der Partei könnte gefährdet sein. Tatsache war: Wer das Bündnis wollte, wollte die Gründung an diesem Wochenende nicht gefährden. Der Antrag Dirk Schneiders (Alternative Liste Westberlin), die 254 buntalternativen VertreterInnen als grüne Delegierte zuzulassen, wurde abgelehnt. Aber eine Delegation von 30 autonomen Buntalternativen bekam Rederecht.

Mit drei Stunden Verspätung hatte die Satzungsdebatte begonnen. Helmut Lippelt, Mitglied der Satzungskommission, gestand: »Wir haben leider keine Satzung einer Alternativen Partei vorzulegen«, sondern »Dokumente [...] des Ringens um die Frage Offenheit und Abgrenzung«.[129] Eine Art Drehbuch, in dem auf 23 Seiten der Entwurf für die Satzung, deren Präambel und alle Alternativen samt Verfahrensmodalitäten vorgestellt wurden. In den Ecken der Halle sammelten sich die AnhängerInnen der jeweiligen Pro-, Contra- oder sonstigen Position und handelten aus, wer für die jeweilige Auffassung sprechen sollte.

Ich war hessische Delegierte der neuen Grünen, kam aus der Frauen- und der Anti-AKW-Bewegung, war einige Zeit Mitglied und aktiv im linken Flügel des Sozialistischen Büros gewesen. Für uns ökologisch orientierte SozialistInnen war dieses Parteibündnis eine notwendige Reaktion auf den »Deutschen Herbst«. Die Anti-AKW-Bewegung war durch einen bis an die Zähne bewaffneten Staat zerschlagen worden. Eine linksliberale Öffentlichkeit gab es nicht mehr. Wenn wir uns nicht in private Nischen zurückziehen wollten, mußten wir politische Räume finden, wo wir weiterarbeiten konnten. Es gab nicht allzuviel Auswahl. Größere Teile der Linken hatten nichts aus der Frauenbewegung und der Anti-AKW-Bewegung gelernt. Frauenfrage und ökologische Frage trugen in traditionell linken Kreisen das Stigma »Nebenwiderspruch«. Bis auf den KB hatte kaum eine der linken Gruppen die Themen und die basisdemokratischen Strukturen der neuen sozialen Bewegungen aufgenommen. So gesehen hatte jede mögliche Bündnisoption ihre Begrenzungen. Wir hofften, aus den Grünen – deren Entwicklung damals auf uns aufregend offen wirkte – könnte sich ein linkes Projekt in einem neuen radikaldemokratischen Umfeld schaffen lassen. Was die achtziger Jahre anging, sollten wir teilweise recht behalten.

Ein anderer Grund für diese Parteigründung war für uns: Wir wollten das Thema Ökologie von links besetzen. Bei den Grünen schienen uns die Voraussetzungen dazu am günstigsten. Es galt die Gefahr einer grünen Nazi-Partei zu bekämpfen. Nazi-Kreise wollten Ende der Siebziger ihre Blut-und-Boden-Ideologie mit der Ökologie wiederbeleben und populär machen. Unterschiedliche Nazi-Organisationen versuchten, die Grünen zu unterwandern. Außerhalb der Grünen versuchten NPD-nahe Initiativen eine braune grüne Partei zu gründen. Einer ihrer prominentesten Verbündeten war damals der Arzt Max Otto Bruker aus Lahnstein, im NS-Faschismus Mitglied der SA und Anwärter des Nationalsozialistischen Deutschen Ärztebundes (NSDÄB) – was Bruker alles leugnete, bis ich es ihm auch in der letzten Instanz 1995 vor dem Oberlandesgericht Frankfurt/Main nachweisen konnte.[130]

Ausgerechnet in einem Zentrum des Ökofaschismus, dem Collegium Humanum in Vlotho, fand Ende Juni 1979[131] ein erstes offenes Beratungstreffen zwischen Grünen, Bunten und Alternativen statt. (Der Charakter des Ortes war uns unklar.) Das Collegium Humanum ist eine Bildungseinrichtung des ökofaschistischen Weltbundes zum Schutz des Lebens (WSL).[132] Der WSL wurde 1958 von ehemaligen Mitgliedern der NSDAP, unter ihnen Werner Haverbeck, gegründet. Der Ort schien uns zuerst politisch einigermaßen unverdächtig. Hatte Haverbeck doch mit Erhard Eppler und Egon Bahr zusammengearbeitet. Ein Bürgerlicher, wie es schien, ein Wertkonservativer. Daß er nach wie vor ein Rechtsextremer war, begriffen wir leider erst später.[133]

Bei diesem Treffen in Vlotho, drei Wochen nach der Europawahl, hatten wir zum erstenmal auszuhandeln versucht, wie wir uns programmatisch und strukturell einigen könnten. Die Begegnung verlief so hoffnungsvoll, daß der *Arbeiterkampf*, die Zeitung des Kommunistischen Bundes, seinen Bericht mit der Hoffnung beendete, »daß auch die kommenden Diskussionen in ähnlich solidarischer Atmosphäre verlaufen; damit wäre man/frau der Einheit schon ein ganzes Stück näher gekommen«.[134] Wir richteten eine gemeinsame Satzungs- und Programmkommission ein.

Karlsruhe, sechs Monate später, Januar 1980: Der Antikapitalismus wurde auf Antrag der Satzungs- und Programmkommission vorsichtig umschrieben, bevor er bald darauf im Bundesprogramm offen zur Grundüberzeugung der neuen Partei wurde: »Sowohl aus der Wettbewerbswirtschaft als auch aus der Konzentration wirtschaftlicher Macht in staats- und privatkapitalistischen Monopolen gehen jene ausbeuterischen Wachstumszwänge hervor, in deren Folge die völlige Verseuchung und Verwüstung der menschlichen Lebensbasis droht. [...] Die Produktion richtet sich nicht nach den Bedürfnissen der Menschen, sondern nach dem Interesse des Großkapitals. [...] In deren Folge droht [...] steigende Arbeitslosigkeit und eine wachsende soziale und psychische Verelendung. Hier genau müssen sich ökologische und Arbeiterbewegung verbinden. [...] Es geht im Kern darum, daß die Betroffenen selbst Entscheidungen darüber treffen, *WAS, WIE* oder *WO* produziert wird.«[135] (Hervorhebungen im Original)

Der Antrag, den Kommissionsmitglied Jürgen Reents[136] an diesem Januartag vorstellte, lautete: »Das Ziel der GRÜNEN Alternative ist die Überwindung gesellschaftlicher Verhältnisse, in denen kurzfristiges Wachstumsdenken, das nur Teilen der Bevölkerung zugute kommt, Vorrang hat vor den ökologischen, sozialen und demokratischen Lebensbedürfnissen der Menschheit.«[137] Eine typische Formulierung der Gründungsphase. Entschlüsseln wir diesen Satz. Einerseits enthielt er die ökokonservative Kritik am Wachstum – beschränkt auf das kurzfristige, quantitative, zerstörerische Wachstum im Kapitalismus. Andererseits beinhaltet dieser Satz auch eine Kritik an den Produktionsverhältnissen und der ungleichen Verteilung des Wachstums, zudem schloß die Formulierung *qualitatives,* naturverträgliches und auf die Bedürfnisse des Menschen ausgerichtetes Wachstum nicht aus, was das Anliegen der Linken war.

Die andere große Debatte tobte um die Frage Gewaltlosigkeit und Widerstandsrecht. Die Erfahrungen mit dem »Deutschen Herbst« saßen allen in den Knochen. So entschied das Plenum für Gewaltfreiheit im Rahmen des Grundgesetzes, strich aber die von den rechten Grünen geforderte *Ablehnung* von Revolutionen und schuf so die Voraussetzung für das in der Präambel des Bundesprogramms beschriebene Notwehrrecht, das ausdrücklich sozialen Widerstand einbezieht

Irgendwann fielen sich Rudolf Bahro und Baldur Springmann auf der Bühne in die Arme, und Bahro verkündete: »Ich erkläre hiermit meinen Beitritt zu den Grünen!« Tatsächlich war er schon kurz nach seiner Ankunft aus der DDR in der BRD, Anfang November 1979, in einen Landesverband der neuen Grünen eingetreten und damit automatisch auch Mitglied der neu zu gründenden Bundespartei geworden. Wie ein eitles Kind ließ sich der prominente SED-Dissident erneut von der Presse feiern. Noch zehn Jahre später war Gruhl sauer, daß Bahro an die Linken appelliert hatte, zu den Grünen zu kommen: »Er hätte ja gar nichts sagen brauchen. Statt dessen beschwor er sie zu bleiben.«[138]

Wenig später wurde Bahro zum Jünger des Hitler-Bewunderers Bhagwan Shree Rajneesh. 1984 verließ er die Grünen, gründete esoterische Kommunen, schwatzte von einem »grünen Adolf« und pries den antisemitischen indischen Guru Sri Aurobindo[139], der den NS-Faschismus verherrlicht. Bahro hielt eine deutsch-nationale Identität für ein Naturgesetz und errang, mit Hilfe der PDS – vielleicht eine späte Wiedergutmachung aus schlechtem Gewissen – Anfang der neunziger Jahre einen Lehrstuhl an der Humboldt-Universität in Berlin, von wo aus er esoterisch-spirituell-rechtes Gedankengut vor allem unter jungen ostdeutschen StudentInnen verbreitete.[140]

Bei den Linken war mensch sich einig, jedenfalls theoretisch, auf jeden Fall feministische Positionen zu unterstützen. 1980 gab es noch keine »Quote«. Am Anfang ging es um »Parität«. In keiner anderen Partei, auch keiner linken, keinem Verband, keiner Firma, keiner Gewerkschaft gab es so etwas. Sibylle Plogstedt von der feministischen Zeitschrift *Courage*[141] appellierte an die Delegierten des Gründungsparteitages: »Wenn die Grünen beschließen würden, Frauen paritätisch an allen Vorstandsgremien zu beteiligen, wären DIE GRÜNEN die erste Partei, die den Frauen einen notwendigen Schutzraum gibt, um sich überhaupt innerhalb der politischen gemischten Männerszene durchzusetzen.« Großer Beifall, große Mehrheit. In der Satzung lautete der entsprechende Passus dann: »Alle Parteigremien, Vorstand, Kommissionen und besonders die Wahllisten sollen möglichst paritätisch von Frauen und Männern besetzt sein.«

Heute klingt das scheußlich bieder. Oder schon wieder nicht mehr? Damals war's fast eine Revolution, und die Grünen waren – nach meiner Kenntnis – die erste Partei und die erste politische Organisation mit einer solchen Klausel. Selbst bei linken Vereinigungen, die sich die allgemeine Emanzipation auf die Fahnen geschrieben hatten, gab's dergleichen nicht, weder formal noch praktisch.

Karlsruhe: Die Zeit raste davon. Bald war der zweite Tag zu Ende. Die Delegierten aus dem Norden hatten eine Sammelkarte für einen bestimmten Zug. Wieder brach die Doppelmitgliedschaftsdiskussion auf, denn die Satzung mußte am Ende, nach allen Einzelbeschlüssen, insgesamt mit zwei Drittel der Stimmen beschlossen werden, weil es sich formal um eine Satzungsänderung der SPV Die Grünen handelte. Es blieben nicht einmal mehr drei Stunden. Die bunt*grünen* Mitglieder (die in die Grünen eingetretenen Bunt-Alternativen) drohten, gegen die Satzung zu stimmen, wenn den bunt*bunten* Delegierten (den nicht Eingetretenen) nicht noch ein Zugeständnis gemacht würde. Die Zweidrittelmehrheit schien in Gefahr und damit die Gründung. Irgendwer stellte die Uhr in der Halle zurück.

Der Betriebsrat Dieter Burgmann, vom linken Flügel der

Aktion Unabhängiger Deutscher (AUD), sah weit: Mit dem Verbot der Doppelmitgliedschaft werden wir »all die vielen Opportunisten – und auch die vielen Leute, die nach Posten suchen« nicht heraushalten können. Er warnte vor »Ängsten« »vor den Kommunisten, vor den Roten« und erinnerte an die gemeinsamen Erfahrungen in Bürgerinitiativen. August Haußleiters Antrag rettete die Versammlung: »Die Landesverbände beschließen autonom Übergangsregelungen.« Eine überbordende Mehrheit stimmte zu. Damit war das zuvor beschlossene Verbot der Doppelmitgliedschaft faktisch einfach wieder aufgehoben, Mitglieder aus kommunistischen Parteien konnten Mitglieder der Grünen werden.

Die Bunte Liste Hamburg spaltete sich bald nach der Gründung der Grünen. Die Pläne für eine Bunt-Alternative Partei scheiterten wie auch ein geplantes Bündnis derjenigen Listen, deren Mitglieder nicht bei den Grünen eingetreten waren. Buntalternative Namen bestanden innerhalb der Grünen fort (Grün-Alternative Liste Hamburg/GAL und die Alternative Liste/AL Berlin [West] als Landesverbände). Außerhalb der Grünen existieren noch heute einige Listen, meist in kleineren Städten.

Die Satzung bekam eine überwältigende Mehrheit. Heiner Ohmstedt (Präsidium) sprach die entscheidenden Worte: »Damit muß ich feststellen, daß sich die Grünen als Bundespartei gegründet haben.« Die Delegierten sprangen auf, jubelten und riefen: »Weg mit dem Atomprogramm! Weg mit dem Atomprogramm!« – 20 Jahre später, im März 2000, beschlossen die Grünen den Ausbau und die Modernisierung des Atomprogramms.

Sosehr die politischen GegnerInnen und die meisten Medien auch hetzten, überall im Land zogen in den folgenden Jahren Grüne in die Parlamente ein. Sie brachten lang unterdrückte Anliegen von Bewegungen ins Parlament.

Hatten wir die Gefahren der Integration ausreichend

analysiert? In unseren linken Kreisen gaben wir dem Projekt die Chance, für ein paar Jahre die Widerstandsbewegungen zu stützen und die bundesdeutsche Gesellschaft zu verändern. Vielleicht acht bis 15 Jahre spekulierten wir, bevor die Anpassungsmechanismen dieser Gesellschaft das Projekt verschluckt haben würden, wenn nicht eine neue außerparlamentarische, antikapitalistische Bewegung Motor einer gesellschaftlichen Dynamik werden würde, die den Integrations- und Anpassungsdruck aushebeln würde. Bis dahin hatten die verschiedenen Linken bei den Grünen die Chance, sich zusammenzuschließen und dann ein ökosozialistisches Projekt neu zu beginnen – so glaubten wir.

# 5

# Die Fischer-Gang und der Sturm auf die Grünen

## 1970–1983

Mit dem Erfolg kamen auch die KarrieristInnen zu den Grünen. Auch in Frankfurt/Main. Im September 1982 zerbrach die Bonner SPD/FDP-Koalition. Am 1. Oktober brachten die CDU/CSU-Fraktion und die FDP-Fraktion ein konstruktives Mißtrauensvotum gegen Bundeskanzler Helmut Schmidt ein, und sie setzten sich damit durch. Noch am selben Tag wurde Helmut Kohl (CDU) als neuer Bundeskanzler vereidigt. Die Bundestagswahlen wurden von 1984 auf das Frühjahr 1983 vorgezogen. 1980 hatten die Grünen noch nicht in den Bundestag einziehen können. Bei den hessischen Landtagswahlen am 26. September 1982 bekamen die Grünen jedoch 8 Prozent und errangen auf Anhieb neun Mandate im Hessischen Landtag. Die FDP war an der 5-Prozent-Hürde gescheitert.

So sprach der SPD-Parteivorsitzende Willy Brandt in der Bonner TV-Runde am 26. September 1982 mit schwerer Zunge jene legendären Worte von einer »neuen Mehrheit diesseits der Union«[142]. Ein paar Tage später setzte er nach: »Wir können neue Gruppen, deren Kandidaten gewählt werden«, bei der Mehrheitsbildung im Landtag »nicht ausklammern, nicht in Quarantäne stellen«.[143] Das alarmierte ein paar frustrierte Ex-Linke, die ihre letzte Chance sahen, an die Futtertröge dieser Gesellschaft zu kommen. Bisher hatten sie die Grünen bekämpft. Nun war diese neue Partei plötzlich erfolgreich. Was interessierte sie ihr Geschwätz von gestern?

In den Räumen der Sponti-Zeitschrift *Pflasterstrand* diskutierte seit einiger Zeit eine Runde aus Sponti-VeteranInnen in der sogenannten Sponti-Wählerinitiative. Seit 1981 überlegten sie, »wie eine Kooperation mit der ›Eppler-SPD‹ angepeilt werden könnte. Der Ton in diesen Auseinandersetzungen wird von Daniel Cohn-Bendit angegeben.«[144] Wolfgang Kraushaar, damals ein Frankfurter Sponti mit kritischer Distanz zum Fischer-Klüngel, heute Wissenschaftler an Jan-Philipp Reemtsmas Hamburger Institut für Sozialforschung und bedauerlicherweise Anhänger der reaktionären, antiaufklärerischen Totalitarismustheorie, erinnerte sich, was am Tag nach Brandts TV-Auftritt geschah: »Nachdem er [Joseph Fischer] den ganzen Sommer über kaum einmal in der Wählerinitiative aufgetaucht ist, steht er an diesem Montagabend [27. 9. 1982] bereits ungeduldig wartend vor den noch ungeöffneten Redaktionsräumen.«[145] Von diesem Abend an entfaltete Fischer »zielgerecht wie bei einer militärischen Offensive seine Aktivitäten«[146]. Der Kreis wurde »zum Sprungbrett seiner parteipolitischen Karriere«[147].

Einer der klügsten Köpfe der Frankfurter Linken Ende der sechziger Jahre war Hans-Jürgen Krahl[148], Schüler und Kritiker Theodor W. Adornos. Er kam 1970 bei einem Autounfall ums Leben. Unter den linken StudentInnen tummelte sich Joseph Fischer, Sohn eines Metzgers. Er hatte es in seinem schwäbischen Kaff – verständlicherweise – nicht mehr ausgehalten, hatte Schule und Ausbildung abgebrochen und war in die – aus dörflicher Sicht – große Stadt Frankfurt/Main gekommen. Krahls intellektuelle Fußstapfen blieben für ihn auf ewig zu groß. Um sich in diesen linksintellektuellen Kreisen behaupten zu können, umhüllte Fischer sich mit einer »subproletarischen Aura«[149], übte eine krächzende Rhetorik, die in jenen Kreisen wohl für »männlich« gehalten wurde. Die Journalistin Sabine Rosenbladt nannte es »eine Vollversammlungsstimme, die die Luft durch den Kehlkopf preßt, bis er vibriert, und damit noch Banalitäten den Klang aufwühlender Provokationen verleiht«[150]. Fischer ging selten einer Schlägerei aus dem Weg, was, so erzählen WeggenossInnen, einige der weniger schlagkräftigen StudentInnen aus bürgerlichen und großbürgerlichen Kreisen mächtig beeindruckt haben soll.

Zugleich las er einiges von dem, was in diesen Kreisen zur Pflichtlektüre gehörte. Das würde ein Teil des Verhaltensmusters bleiben: Er büffelte, was er für den nächsten Karriereschritt brauchte. Das Erkenntnisinteresse blieb dem Interesse unterworfen, mehr Macht im jeweiligen gesellschaftlichen Milieu zu haben – ob als Sponti oder als Außenminister. Mit Angelesenem zu bluffen war (und ist) nichts Ungewöhnliches in studentischen Szenen. Wenn Fischer etwas nicht wußte oder sich unsicher fühlte, füllte er seine Rhetorik mit antiintellektueller Attitüde auf.

Im Sponti-Milieu bildete sich eine Gang heraus. Hauptsächlich aus Männern, wie sich das auch für jeden anständigen deutschen Stammtisch gehört. Von den wenigen Frauen in diesem Kreis blieb langfristig politisch keine übrig. Zu Fischers Gang gehörte auch der Reserveoffizier und Betriebswirtschaftler Tom Koenigs, der heute die UN-Zivilverwaltung im Kosovo aufbauen helfen soll. Koenigs läßt gern über sich erzählen, er habe sein Erbe, angeblich einen Betrag zwischen 500 000 und 5 Millionen Mark oder zwischen 40 000 und 40 Millionen Mark, dem Vietcong bzw. dem Vietcong und dem chilenischen Widerstand gespendet, 1972 oder vielleicht auch 1973. Fischers Biographin

Krause-Burger erwähnt Mitstreiter von Koenigs, die die Spende anzweifeln.[151] Vermutlich war sie nur eine Legende, um das lanweilige Image Koenigs' aufzupolieren. Einen Beweis gab es nie. Mit Koenigs befasse ich mich später noch.

In der Gang, »Putztruppe« oder »Spontis, Abt. Putz« genannt, finden wir auch Ralf Scheffler, Fischers chronischen Trauzeugen. Scheffler ist seit vielen Jahren Chef der Frankfurter Musikkneipe »Batschkapp«, wo sich Fischer, Cohn-Bendit und Koenigs in den Siebzigern schlagkräftig als Szenepolizei betätigten. Scheffler: Wir waren doch keine »Weicheier«, »es mußte schon krachen«.[152] Unter einer rot-grünen Frankfurter Stadtregierung (1989–1997) durfte Scheffler sich über kräftige finanzielle Unterstützung von oben freuen und noch einen Nachtclub, das »Nachtleben«, in bester Lage an der Konstabler Wache eröffnen.

Auch inhaltlich ging es mit ihm bergab: Am 2. Mai 1997 durfte die rechtsextreme Dark-Wave-Gruppe »Death in June« in der »Batschkapp« auftreten.[153] Ihr Name (Tod im Juni) spielt auf den sogenannten Röhm-Putsch gegen Hitler vom 30. Juni 1934 an. Als Bandlogo diente ein modifizierter SS-Totenkopf. Bandleader Douglas Pearce bewunderte Leni Riefenstahl, hatte Verständnis für ostdeutsche Pogrome an »Zigeunern«[154] und sang rassistische Texte. Eine Reihe von Konzerten der 97er Tournee wurde durch Proteste verhindert, z. B. in Hamburg, Bochum und in Rüsselsheim. In Frankfurt/Main wurde »Death in June« von Ralph »Kein-Weichei« Scheffler mit offenen Armen aufgenommen. Als Vorgruppe trat »Strength through Joy« (Kraft durch Freude) auf.

Ein anderes Mitglied der Fischer-Gang war Matthias Beltz, heute Kabarettist. Er verhalf 1985 Kumpel Joseph mit der Waffe des Wortes in den Ministersessel, indem er die linken grünen GegnerInnen einer Regierungsbeteiligung als »Volksgerichtshof« und damit als nazigleich diffamierte. Auch Thomas Schmid, später bei der *Welt,* heute bei der *FAZ*, war Mitglied der Gang.

Wenn Fischers »Putztruppe« mit bis zu 40 Leuten in den Taunuswäldern Steineschmeißen und andere Kampftechniken übte, soll auch Raoul Kopania dabeigewesen sein. Sein Training half ihm später, die Aktenkoffer von Umweltminister Fischer zu schleppen und sich auf grünen Bundesversammlungen und in der Bundestagsfraktion als Schläger für Fischer zur Einschüchterung seiner Gegner zu profilieren. Hartnäckig hält sich bis heute das Gerücht, daß diese Taunuswälder manchmal im Vorderen Orient gelegen haben.

Fischermann Johnny Klinke gründete 1988 das Varieté »Tigerpalast«. Das exotische Tier war allerdings nur ein deutscher Goldhamster. Während die Stadt Jugendzentren das Geld strich, wurde Fischers Johnny großzügig bedient. Der »Tigerpalast« erhielt vom früheren Wirtschaftsminister Steger (SPD), dem entschiedensten Anhänger der Atomanlagen Nukem und Alkem in Hanau, 700 000 Mark Kredit, wie mensch hörte, zinsfrei. Die Stadt Frankfurt gab 2 Millionen Mark für den Umbau. Später wurde der »Tigerpalast« mit einer halben Millionen DM jährlich von AEG gesponsert, seit 1996 von der Henninger Brauerei. Einmal feuerte Klinke einen äthiopischen Tellerwäscher, der sich krank gemeldet hatte. Vor dem Arbeitsgericht verlor Klinke auch diesen »revolutionären Kampf«. Klinkes Domestizierung gelang in jeder Hinsicht: Als der Kölner Kabarettist Heinrich Pachl Scherze zum Tode Lady Di's machte, entschuldigte sich der revolutionäre Varietéchef gegenüber der *Bild*-Zeitung.[155]

Seit Jahren liebäugelten die Frankfurter Grünen mit schwarz-grünen Bündnissen. Für eine (Stadt-)Regierungsbeteiligung hätten sie alles getan. Zur Zeit der CDU-Spenden-Affäre wurde darüber natürlich nicht mehr gern gesprochen. Die Offenheit für konservative und reaktionäre Law-and-Order-Positionen, deren GegnerInnen die Grünen angeblich sind, hatte Folgen für das soziale Leben in der Stadt, besonders für die Schwächsten.

»Mein Traum war immer, daß ein Oberbürgermeister im

Magistratssitzungssaal von Revolution spricht«[156], jubelte Johnny Klinke, als die CDU-Oberbürgermeisterin Petra Roth »revolutionäre Veränderungen« ankündigte – für das Frankfurter Nachtleben. Fischer-Kumpel Klinke hatte sich mit dem damaligen Frankfurter CDU-Dezernenten Udo Corts angefreundet (Corts: »Das könnte der Beginn einer wunderbaren Freundschaft sein«[157]). Corts versuchte Wohnsitzlose und Bettler aus der Frankfurter Innenstadt zu vertreiben. Aber um das Wohlergehen dieser Menschen ging es den »Revolutionären« nicht. Das »Dreigestirn« Corts, Klinke und Scheffler spielte sich »prima die Bälle« zu und ging gegen die verhaßte »Meinungsführerschaft« der Nachtruhefraktion (Scheffler) vor zugunsten immer länge-rer, lauterer und profitablerer Kneipenöffnungszeiten.[158] Sie verlangten, daß auch dort, wo Menschen früh aufste-hen müssen, um zur Arbeit zu gehen, Kneipen die ganze Nacht geöffnet sein dürfen. Am Ende nächtlicher Kneipen-erkundungstouren traf sich das Triumvirat dann zum »Absacker« in Schefflers »Nachtleben«.[159] Und wozu sind Bürgersteige und öffentliche Plätze da? Zum Nebeneinan-dergehen? Zum Herumstehen und Reden? Zum Spielen etwa? Wie unprofitabel! Konsequent verlangte Klinke »freies Parken« überall. Eine wahrhaft ökologische und soziale Stadtkonzeption. Eine Baumafia könnte eine Klein-stadt nicht fester im Griff haben.

Während die späteren Ökosozialisten bei den Grünen, Rainer Trampert und Thomas Ebermann und ihre Organisa-tion Kommunistischer Bund (KB), in der Lehrlingsbewe-gung und in großen Hamburger Betrieben in den siebziger Jahren tatsächlich eine soziale Basis hatten, waren die Frankfurter Spontis mit ihrem Versuch, zwischen 1971 und 1973 den ArbeiterInnen am Fließband bei Opel die Revolu-tion zu erklären, gescheitert.

Fischers proletarischer Kampf, der seiner klassisch oppor-tunistischen Laufbahn heute einen gewissen revolutionä-ren Charme verleihen soll, dauerte nur einige Wochen.

Dann ließ er sich rauswerfen. Größeren Erfolg bei Opel Rüsselsheim hatten kampferprobte ausländische ArbeiterInnen, die sich selbst organisierten.

Die Gruppe »Revolutionärer Kampf« (RK), wie sich Fischers »Putztruppe« nannte, hatte in ihrer Mitte einen echten Revolutionär des Pariser Mai 1968 – will mensch der Legende glauben –, den »roten Dany«, Daniel Cohn-Bendit. Die Spontis zehrten vom Image des kleinen, launischen Szenebosses. Im bekannten Szene-»Strandcafé« verlangte der »rote Dany« stets den besten Tisch, Sekt und Bedienung. Für alle anderen Gäste galt Selbstbedienung. Wenn sich das Personal den Sonderwünschen des antiautoritären Tyrannen widersetzte, hatte es schlechte Karten.

Die Sache mit dem »Revolutionär« war anfangs mehr ein Zufall, wie Wolfgang Kraushaar[160] und Christian Schmidt[161] enthüllt haben. Der französische Sport- und Jugendminister François Missoffe weihte am 8. Januar 1968 ein Schwimmbecken auf dem Campus der Universität von Nanterre ein. Ein Student, Mitglied einer kleinen anarchistischen Gruppe, wollte den Minister provozieren, indem er ihn auf die sexuellen Probleme von Jugendlichen ansprach. Missoffe riet dem Studenten Cohn-Bendit, in den Pool zu springen. Dany schimpfte, Missoffe sei ein übler Faschist. Das machte Schlagzeilen. Dany entschuldigte sich. Missoffe lud ihn zum Essen ein. So wurde Cohn-Bendit bekannt. Die Studenten der Uni von Nanterre wählten ihn zum Sprecher usw. Vermutlich hat Christian Schmidt recht, wenn er schreibt: »Nicht aufgrund einer objektiven Gefährlichkeit wurde denn Cohn-Bendit nach den Mai-Unruhen aus Frankreich ausgewiesen – selbst der Polizeipräsident von Paris hatte sich gegen die Ausweisung ausgesprochen –, sondern weil der kindliche Unruhestifter mit seinen verrückten Reden zu einem Symbol der französischen Studenten und ihres Aufstandes geworden war.«[162]

Fische, die im Strom des Zeitgeistes schwimmen, brauchen manchmal keine besonderen Eigenschaften. Cohn-

Bendit beschrieb seine Rolle im Mai 68 zutreffend: »Ich war immer das Rumpelstilzchen. [. . .] ich hatte die ganze Bühne für mich, durfte herumspringen und schreien. Das hat mir ungeheuer gut gefallen.«[163] Als Cohn-Bendit 30 Jahre später, 1998, als etablierter grüner Politiker die Universität von Nanterre besuchte, warfen ihm linke Studenten eine Torte ins Gesicht.[164]

Cohn-Bendit zog nach Frankfurt. Fischers intellektuell eher unauffälliger Gruppe »Revolutionärer Kampf« gefiel es, einen vermeintlich echten »Revolutionär« in den eigenen Reihen zu haben, an dessen Mythos sie zum gemeinsamen Nutzen strickte. Dabei hatte Cohn-Bendit 1967/68 nur getan, was er bis heute am besten kann: bei ausgeschaltetem Verstand den Zeitgeist in Worte fassen. Damals links, heute rechts.

Während Fischers »Putztruppe« bei Opel Rüsselsheim vergeblich am Fließband agitierte, besetzten etwa 100 Leute im Herbst 1970 im Frankfurter Westend drei Häuser. Ein Protest gegen Spekulation und Stadtzerstörung. Fischer schönte später seine Biographie für die Grünen (1983) und behauptete: »besetzten wir in Frankfurt die ersten Häuser«[165]. Nur dumm, daß er am Anfang überhaupt nicht dabei war. Im Gegenteil, Fischers Revolutionärer Kampf verspottete die HausbesetzerInnen: Man kämpfe nicht im »Reproduktionsbereich«, sondern habe das Bündnis mit der Arbeiterklasse zu suchen.

Am 29. September 1971 räumte die Polizei ein besetztes Haus in Frankfurt mit überraschender Brutalität. Die Hausbesetzer leisteten erbitterten Widerstand. Es kam zu einer Straßenschlacht mit vielen Verletzten. Oberbürgermeister Walter Möller (SPD) gab nach und erließ ein Moratorium. Dieser Erfolg anderer – das bleibt das Muster bis heute – zog die »Putztruppe« enorm an. Wenige Tage später besetzte auch der RK einen ganzen Häuserblock nahe der Universität.[166]

Inhaltlich sank die Frankfurter Sponti-Szene allmählich

auf Grundeis. Mensch klammerte sich an Aktionen, deren strategischen Sinn mensch kaum noch bestimmen konnte. Barbara Köster, ehemalige Aktivistin des RK, sagte später: 1974 haben wir uns nur noch in unserem eigenen »Pisspott bewegt. Da ging es nur noch drum, wer die bessere Demo macht: der KBW oder wir und welches Flugblatt verteilt wird. Es war überhaupt nicht mehr klar, wer auf diese Demo hinkommen soll, was wir da eigentlich durchsetzen wollten.«[167]

Am 9. Mai 1976 wurde die 41jährige Ulrike Meinhof in ihrer Zelle im Gefängnis Stuttgart-Stammheim tot aufgefunden. Am nächsten Tag sollte in Frankfurt demonstriert werden. Es flogen Molotow-Cocktails. Zwei Polizisten wurden schwer verletzt. Der 23jährige Polizeiobermeister Jürgen Weber erlitt 60 prozentige Hautverbrennungen. Am 14. Mai wurden 14 Personen verhaftet. Unter den Festgenommenen war auch Joseph »Joschka« Fischer.[168] Er blieb knapp zwei Tage in Haft.

Am 9. Mai 1976 hatte es eine vorbereitende Sitzung für die Demo am nächsten Tag gegeben. Eine Mehrheit plädierte für den gezielten Einsatz von Molotow-Cocktails, eine Minderheit warnte, man bekäme die Situation nicht in den Griff. Christian Schmidt fand rund 20 Jahre später einen Augenzeugen und schreibt: »Schließlich gab es nur noch eine Person im ganzen Saal, die das absehbare Desaster hätte abwenden können: der Mann, der die Diskussion leitete, Genosse Joschka Fischer persönlich«, aber der »setzte sich selbst für die Wunderwaffe ein«.[169]

So gern und so pathetisch Fischer über sich selber schwätzt: Er hat nie verraten, was ihm von der Staatsanwaltschaft vorgeworfen wurde. Merkwürdig, daß die Ereignisse von 1976 seiner Karriere nicht geschadet haben. Im Gegenteil. Immer wenn zum Beispiel ein CDU-Hinterbänkler den hessischen Umweltminister in den achtziger Jahren wegen seiner Vergangenheit attackierte, wurde der zurückgepfiffen.

Natürlich bot *Der Spiegel* Jahre später seinem Minister a. D. und in spe stets massig Raum für Rechtfertigungen. Nach Erscheinen des Buches von Christian Schmidt *Wir sind die Wahnsinnigen. Joschka Fischer und seine Frankfurter Gang* verteidigte sich Fischer im August 1998, knapp zwei Monate vor der entscheidenden Bundestagswahl: »Beim besten Willen kann ich mich nach dieser Zeit an die Versammlung nicht mehr erinnern.«[170]

Damit sollte wohl repariert werden, was kurz zuvor bei der ersten Verteidigung Fischers gegen Schmidts Vorwürfe in einem *Spiegel*-Beitrag von Reinhard Mohr schiefgegangen war. Über die Versammlung, von der Fischer drei *Spiegel*-Ausgaben später nichts mehr wissen will, wußte Cohn-Bendit da noch ganz genau: »Das war nicht so.« Und Fischer gab zu: »Er habe ›lange gegrübelt‹, ob er an jenem berüchtigten Abend im Bockenheimer Zentrum überhaupt dabeigewesen sei. ›Möglich‹ sei es immerhin. Denn, in der Tat, erinnert sich der Wahlkämpfer Fischer: ›Wir waren keine Lämmerschwänzchen.‹«[171] Der Ort ist klar (»Bockenheimer Zentrum«), ein »berüchtigter Abend« war's auch, mann ist ja kein »Lämmerschwänzchen«, möglich ist's. Aber drei Wochen später: totales Blackout.

Welcher Linke kann sich schon wie Fischer hinstellen und zu seiner Entlastung auf die Bundesanwaltschaft verweisen?[172] Andere Linke, die vielleicht nur mal ein linksradikales Flugblatt unterschrieben hatten, werden in diesem Land nicht einmal Pförtner im Außenministerium.

Was immer in jenen knapp zwei Tagen Haft geschehen ist: Joseph Fischer war nach den Ereignissen im Mai 1976 nie wieder eine Bedrohung für den Staat. Ganz im Gegenteil: Er übernahm eine nützliche Aufgabe, die Integration ehemaliger Linker in den Staat und in die herrschenden Verhältnisse. Ebenso der *Pflasterstrand* – der arbeitete bald mit dem Verfassungsschutz zusammen.[173]

Wenn Fischer über seine Vergangenheit spricht, inszeniert er sich mal als kleinbürgerlicher Verschnitt des schlagwütigen Ernst August von Hannover, mal als Schmerzensmann. Er liebt das Pathos in eigener Sache und pinselt in schwülstigen Farben Kitschpostkarten des eigenen Lebens. Joseph Fischer geht nicht einfach über eine Straße! Nein! Es gelingt ihm, lebend eine Schlucht voller Raubtiere zu überqueren.

Wenn er später über den 10. Mai 1976 und die Folgen spricht, ersäuft jede Klarheit in waberndem Selbstmitleid: »Ich bin manchmal am Abgrund entlangbalanciert [...]«[174] Und: »Ich habe alles erlebt und durchlitten. Das Erlebnis der Entwicklung des Terrorismus, der Schuld, die man dort auf sich geladen hat [...], wie Ideologie, wie die besten Ideale und Absichten [...] abkippen bis in das Verbrechen, das ist für mich eine prägende Erfahrung. Das sind auch konkrete Brüche in meiner Biographie«.[175]

Nach dem Militanzkult folgten Wehleidigkeit, Esoterik, Selbstgeißelung. 1977: »Die eigene Bewegung total kaputt [...], die Repression [...] tobt sich aus [...], wir stehen wehrlos daneben; [...] die Erfahrungen nach dem bewußten Montag (nach Ulrikes Tod). [...] Damals [...] hatte uns Repression am Wickel, und es hätte nicht viel bedurft, damit wir daran endgültig kaputtgegangen wären (mit Einzelheiten kann ich hier leider nicht dienen). [...] ich lernte in der Gewalt zu leben, mit ihr erfolgreich umzugehen und mich psychisch total darauf auszurichten [...]; find' ich halt, daß wir mit dem Mythos der revolutionären Gewalt aufräumen müssen [...], wenn wir endlich nicht nur den äußeren Bullen attackieren [...], sondern noch viel mehr den inneren Bullen in uns! [...] die Erlangung dieser Sensibilität bedeutet selbst eine Revolution, denn – zumindest bei mir – steht zwischen dieser Einsicht und ihrer Verwirklichung ein Monster, der Kapitalismus in mir [...], die Tendenzen der unbewußten Komplizenschaft mit den etablierten Mächten [...].«[176] – aus der unbewußten wird bald die bewußte, auch eine Lösung.

Wolfgang Kraushaar kommentierte zehn Jahre später,

1987, die Geisteshaltung der Frankfurter Spontis und ihrer »Politik in erster Person« zutreffend: »»Was hat das mit mir zu tun?‹ schallt es aus allen Ecken und Winkeln der scene. Während man sich vor zehn Jahren noch fragte, was Soziologie mit dem Vietnamkrieg zu tun haben könnte, so fragt man heute eher umgekehrt – so als wäre einem die Außenwelt lästig geworden –, was ›das alles‹ überhaupt noch mit einem selbst zu tun hat. Reklamierte man früher den mangelnden Bezug von dem, was man tat, zur gesellschaftlichen Wirklichkeit – sogar im globalen Zusammenhang –, so beklagt man nun die fehlende Beziehung der Realität zum eigenen Ich. Fast erscheint es so, als würde Umwelt von einer neuen Generation der Verweigerung aus einer Art Baby-Perspektive wahrgenommen, mit infantilem Trotz eine passende Welt als quasi-mütterliche Zuwendung fordernd.«[177]

Fischer nahm diese sehr deutsche Methode, von der die deutsche Geschichte viele grausame Beispiele kennt, innen wehleidig, nach außen gewalttätig, ins Auswärtige Amt mit. Als er 1999 mit Schröder und Scharping den Krieg gegen Jugoslawien anführte, präsentierte er sich mit schmerzverzerrtem Gesicht, als sei er das erste Opfer seines Krieges. Zur gleichen Zeit wurden Menschen in Jugoslawien wirklich Opfer, sie *starben* unter Bomben, für deren Abwurf der ach so theatralisch und selbstverliebt Leidende mitverantwortlich war.

Nach der Meinhof-Demonstration vom Mai 1976 hing Fischer jahrelang durch, auf der Suche nach dem ultimativen Kick. Er fuhr Taxi. Betrieb mit auf unterschiedliche Weise erworbenen Büchern ein Antiquariat. Führte mit Cohn-Bendit inhaltsleere Hahnenkämpfchen. Landkommunen, Esoteriktrips, Kinderzeugen und -kriegen wurde Mode, was vielen Eltern-Kind-Beziehungen bis heute anzumerken ist.

Bald darauf betete Fischer den islamischen Fundamentalismus an und schwärmte für die »Glaubenskraft« der Mullahs im Iran. Fischer: Es »tritt mehr und mehr wieder etwas Wesentliches in unserem Leben in den Vordergrund, das auch in der persischen Revolution eine elementare Bedeutung besitzt. Ich meine die *Religion* und das *Heilige*.« (Hervorhebung im Original) Fischer schilderte seine »geistige Verunsicherung durch die persische Revolution«[178], die »ins Herz des westlichen Fortschrittsglaubens«[179] traf. Der Terror der Mullahs gegen die demokratische Opposition und die Unterdrückung der Frauen interessierten Fischer nicht. Er war fasziniert von den Methoden, mit denen im Iran die Macht ergriffen wurde. Von da aus gibt es eine Verbindung zu seiner Außenpolitik seit 1998. Aber dazu später.

Später kehrte Fischer diese absurde Peinlichkeit in einen aggressiven Kampfbegriff um. Er fing an, mit Hilfe der üblichen Verdächtigen in den rot-grün-nahen Medien, seine linken grünen KritikerInnen als »Fundamentalisten« zu dämonisieren.[180] Eine demagogische Methode, die er, weil sie erfolgreich war, auch als Außenminister beibehielt.

Wir linken Grünen bzw. RadikalökologInnen, wie wir uns in Hessen eine Zeitlang nannten, hatten weder mit Religion noch mit den tyrannischen iranischen Mullahs etwas am Hut. Wir plädierten für »Fundamentalopposition«, wie sie in antiautoritären Kreisen in den sechziger und siebziger Jahren verstanden worden war: »Nur Fundamentalopposition ist daran interessiert, politische und gesellschaftliche Mißstände schonungslos aufzudecken.« (Johannes Agnoli)[181]

Uns fehlt vermutlich der »spirituelle« Hintergrund des »revolutionären Kämpfers« Fischer, der auch in seiner radikalsten Zeit nie aus der katholischen Kirche austrat und stets, wie es gerade paßte, anderen Formen des Irrationalismus nahestand.

Thomas Schmid, ehemaliges Mitglied des Revolutionären Kampfes, moderierte 1998 ein Gespräch zwischen Fischer und der Sängerin Nena für das Magazin *Max*. Schmid zu Fischer: »So fern warst du dem Esoterischen ja nicht immer. Als ich dich in den Siebzigern mal in deiner WG besuchte, traf ich dich im Schneidersitz auf dem Bett sitzend, hinter dir an der Wand eines der ›Wir haben die Erde nur von unseren Kindern geliehen‹-Plakate. Und du hast mir mit treuherzigem Blick geraten, ich müsse lernen, nach innen zu schauen.« Joseph Fischer: »Zugegeben, aber das war wirklich nur eine sehr kurze Phase.« Dann sagt er noch: »Ich bin durch und durch Katholik [...] Meine Einstiegsdroge war der Weihrauch. Der Katholizismus hat mich in meiner Persönlichkeit so tief geprägt, daß es albern wäre, wenn ich mich davon distanzieren würde. Ich habe im übrigen nichts gegen Esoterik, sie erfüllt sicher ihre Funktion.«[182]

1977 war er voller Selbstmitleid, da saß der Schreck über Inhaftierung und strafrechtliche Verfolgung und wer weiß was noch, so tief, daß manch ein Geständnis aus ihm heraussprudelte: Die Strukturen seiner Gruppe »Revolutionärer Kampf« seien militarisiert gewesen. Es hätten »Befehl und Unterordnung« geherrscht. »Wahnsinnige Angst« habe er »vor bestimmten Sachen« in sich, denn »Stalin war also so ein Typ wie wir, nicht nur, daß er sich auch als Revolutionär verstanden und gelebt hat, sondern er war im wahrsten Sinne des Wortes eben auch ein Typ.« Wir müssen »diese psychische Kaputtheit aus uns endlich rauslassen. [...] Es ist unser und mein dunkelstes Kapitel, ich weiß, oder ahne es besser nur, weil ich da selber wahnsinnig Angst vor bestimmten Sachen in mir habe. Bartsch und Honka[183] sind Extremfälle, aber irgendwo hängt das als Typ in dir drin [...] dann wurde dann leicht auch, ja, die Lust am Schlagen draus, ein tendenziell sadistisches Vergnügen.«[184]

Vielleicht ist das der Grund, warum seine Biographin Sibylle Krause-Burger[185] so von ihm schwärmt: Erst hatte sie gezweifelt, was wohl »über einen Mann zu berichten sein [sollte], der erst nach dem Krieg geboren worden war, der weder die Bomben erlebt noch die Jahre des Mangels bewußt erlitten hatte«[186]. Dann hatte sich die Lebensgeschichte des Mannes »als aufregend und einzigartig, voller Abenteuer des Lebens und des Geistes« entpuppt. Obwohl, seufzt sie in ihrem Vorwort glücklich, er keiner aus der Riege der Politiker ist, »die uns im Vergleich zur Generation der Flakhelfer [!] so glatt, so abgeschliffen, so ereignislos erscheinen«[187]. Fischers Leben – wie bei Millionen anderer Jugendlicher auch nur die normale Scheiße mit Schulstreß, Eltern, Lehre und Arbeitslosigkeit – schien von klein auf ein einziges *Stahlgewitter.* So inszeniert er seine Geschichte für Krause-Burger und genauso schreibt sie sie auf.

Aber was soll's. Für den Frankfurter Szenekenner und Journalisten Klaus Walter waren die Frankfurter Spontis »Männer, die schon immer lieber in antiautoritären, spontaneistischen Zirkeln operiert haben als in old-school-Parteien, weil nirgendwo sonst informelle, unkontrollierbare – vulgo: ›natürliche‹ – Autoritäten sich so ungehindert ihren Weg bahnen können.«[188] War die antiautoritäre Kultur in der Sponti-Szene in Wirklichkeit eine jener extremen informellen Hierarchien, so bildete die neue Wehleidigkeit der Sponti-Szene auch nur einen Übergang zur späteren Prahlerei.

In Fischers Männerbund herrschte die nackte Gewalt. Notfalls verdrosch Fischer auch die eigenen Leute. Noch in den achtziger und den neunziger Jahren kokettierte er mit seiner »Lust am Schlagen«. Ende 1985, da war Fischer ein Politiker an der Leine des *Spiegel,* gestand er dem Blatt, daß er selbst im engsten Realokreis häufig daran gedacht habe, Probleme mit der Faust zu lösen: »Dann stand die Gewaltfrage im Raum.«[189] 1998, ein halbes Jahr bevor er Außenminister wurde, sprach Fischer von sich in der dritten Person und prahlte mit Blick auf Jürgen Trittin: »Der Frankfurter Alt-Sponti Joschka Fischer hätte jetzt natürlich Lust, die Ärmel hochzukrempeln und auszuteilen. Einem gepflegten Krach gehe ich ungern aus dem Weg.«[190] Heute muß Joseph Fischer Abhängige nicht mehr mit nackten Fäusten verprügeln. Er hat Zugriff auf gewaltigeres Spielzeug: ein ganzes Arsenal von NATO-Waffen.

Manchmal scheint es, als könne er sich nicht ganz entscheiden, wie er sein Leben dargestellt haben will. Als er beschlossen hatte, daß er Außenminister werden wollte, bebilderte er seine Biographie neu. Er versuchte gleichsam, sich dem großbürgerlichen Milieu des Auswärtigen Amtes im voraus anzupassen.

Bis dahin malte er gern pathetische Gemälde von sich, röhrenden Hirschen nicht unähnlich. Wie Rocky aus dem höllischen feuchten Dschungel schien der kleine Joseph sich aus der schwäbisch-dörflichen Enge befreit zu haben, hatte gern mit den harten Lebensverhältnissen seines Vaters, des Metzgers, kokettiert, den rauhen »streetfighter« gespielt, sich als »Kind armer Leute«[191] dargestellt. Jetzt begann er sich, mit Hilfe seiner Image-Protokollantin Krause-Burger, als Nachfahren einer »richtigen Metzger-Dynastie« hinzustellen. Der künftige Außenminister entdeckte in seiner Familiengeschichte bürgerliche, ja beinahe großbürgerliche Ahnen, die in einem »ansehnlichen Gehöft« vor Budapest gelebt hatten, »Kindermädchen und Waschfrau« stets »zu Diensten«. »Jetzt ist«, spottete Jürgen Leinemann im *Spiegel,* »in historisch umwölkter Düsternis, große Oper angesagt. Joschka Fischer sieht sich als Teil der großen europäischen Tragödie der Neuzeit.«[192] Ein »öffentlicher Persönlichkeits-Umbau«, bei dem man »die allmähliche Selbstverfertigung des Bürgers Fischer beim Über-sich-Reden« beobachten könne.

Die Realo-Spontis enterten nach Willy Brandts Verheißung von »der neuen Mitte diesseits der Union« vom September 1982 den hessischen Landesverband der Grünen. Natürlich gab es – dafür fehlt in diesem Buch der Raum – auch in anderen grünen Landesverbänden harte Auseinandersetzungen, politische Differenzen, Streit – etwa in Baden-Württemberg zwischen linken, feministischen und basisdemokratischen Grünen wie Uli Tost, Christine Muscheler-Frohne und Ali Schmeißner einerseits und den schwarz-grünen »Realos« um Fritz Kuhn, Rezzo Schlauch und Winfried Kretschmann andererseits.

Nirgendwo aber ging eine Kadergruppe zwecks feindlicher Übernahme eines Landesverbandes so enthemmt vor wie die Realo-Spontis in Hessen. Alles, was sie an den ach so dogmatischen K-Gruppen je kritisiert hatten, setzten sie jetzt selbst ein. Es überraschte Eingeweihte nicht, daß die ehemaligen Frankfurter Spontis bei den Grünen bald ein enges Bündnis mit denjenigen ehemaligen K-Gruppen-Mitgliedern eingingen, die mittlerweile zum rechten Flügel der Grünen geworden waren. Eines der kuriosesten Bündnisse ist gewiß das zwischen früheren Funktionären des KBW um Joscha Schmierer und Daniel Cohn-Bendit. Drohte der KBW dem Sponti früher an, ihn nach der Revolution zur Arbeit in die Fischmehlfabrik zu schicken, paktierte man Anfang der achtziger Jahre bald, um alte FreundInnen mit Posten und Ämtern bei den Grünen zu versorgen. Fischer nahm inzwischen den früheren KBW-Häuptling Hans-Gerhart (»Joscha«) Schmierer als Europa-Berater mit ins Auswärtige Amt.

Zum Jahreswechsel 1977/1978 fand ich eine Stelle als Medizinsoziologin an der Universitätsklinik Marburg und nahm mir eine Wohnung in Frankfurt/Main. In Szenekneipen hingen frustrierte Gestalten an den Tresen. Das waren die legendären Spontis, hieß es. Ich hatte keinen von ihnen bei den großen Anti-AKW-Demonstrationen des Jahres 1977 in Brokdorf, Grohnde oder Kalkar gesehen. Sie lamentierten von den guten alten Zeiten wie Veteranen vom Krieg. Ihre große Zeit war längst vorbei. Noch 1978 hatte ein gewisser Joseph Fischer verächtlich gesagt: »Seien wir doch einmal ehrlich: Wer von uns interessiert sich denn für die Wassernotstände im Vogelsberg, für Stadtautobahnen in Frankfurt, für Atomkraftwerke irgendwo, weil er sich persönlich betroffen fühlt?«[193] Auch daran hat sich nicht viel geändert.

Für uns, Menschen aus der Anti-AKW-Bewegung, der undogmatischen Linken und den neuen sozialen Bewegungen, war die jammervolle Frankfurter Sponti-Szene völlig uninteressant. Wir gründeten 1977 die erste Frankfurter

Bürgerinitiative gegen Atomanlagen. Zur Eröffnungsveranstaltung kamen 1000 Leute.

1979 wollte die NPD Frankfurt/Main zur »Hauptstadt der Bewegung« machen. Wir organisierten, in einem breiten politischen Bündnis von Kommunistischem Bund, Sozialistischem Büro, Jusos bis zum DGB, »Rock gegen rechts«, und 50 000 Menschen vertrieben die Nazis aus Frankfurt. Wir gründeten 1978 die Grüne Liste Hessen (GLH), wo Daniel Cohn-Bendit kurzfristig mit großem Maul auf- (Ich will Innenminister werden!) und wieder abtrat und 1979 den hessischen Landesverband der Grünen, 1980 die Bundespartei. Spontis? Wo?

1981 wehrten sich Zehntausende gegen den Bau der Startbahn West. Linke und Konservative kämpften gemeinsam gegen ein Projekt, das unendlich viel Wald zerstören, Lärm und Luftgifte bringen, als Drehscheibe zur Abschiebung von Flüchtlingen dienen und eine zentrale militärische Funktion haben sollte. Die Bewegung ging an den alten Kadern der Frankfurter Spontis weitgehend vorbei. Aber gewiß kann der eine oder die andere von dem einen oder anderen Waldspaziergang berichten.

Im Frühling 1981 kandidierten zum erstenmal Grüne für das Frankfurter Stadtparlament im »Römer«, dem Rathaus. Cohn-Bendits *Pflasterstrand* hetzte gegen uns »Ökospießer«, »politische Nullen« und »grüne Mäuse«. Ein *Pflasterstrand*-Autor nannte uns »zu krawattenhaft, zu angepaßt«. Keine einzige Stimme sollte man uns schenken, »da die Wahl von solch blassen Figuren der Stadt nur schaden würde«. So viel gutbürgerlicher Lokalpatriotismus beeindruckte uns natürlich schwer.

Wir gewannen 6,4 Prozent der Stimmen, das bedeutete sechs Stadtverordnetensitze. CDU und SPD hatten uns Eintrittskarten für den Wahlabend im Römer verweigert. Ehemalige Jusos, nun SPD-Stadtverordnete, zogen mit erhobener Nase und verkniffenem Gesicht an uns vorbei. Wir standen vor der Rathaustür, die von innen zugehalten wurde. FotografInnen und Kameraleute kamen vorbei, auf dem Weg zum Pressezentrum im Römer. Plötzlich tauchte auch ein gewisser Cohn-Bendit auf. Was scherte ihn sein Gehetze von gestern? Wir hatten Erfolg. Er biederte sich an. Da waren Kameras. Da wollte »Rumpelstilzchen« dabeisein.

Bald veranstalteten wir spektakuläre Oppositionspolitik im Parlament und außerhalb: Schon bei der ersten Sitzung des Stadtparlaments im April 1981 machten wir – wegen der unerträglichen Frankfurter Luftverseuchung – eine Smogalarm-Aktion und zogen mit Gasmasken, weiß geschminkten Gesichtern und gleichfarbenen Kitteln in den Saal, wo uns die Mitglieder der anderen Fraktionen mit Beschimpfungen empfingen (»Läuse«, »Ratten«). Wir demonstrierten auch auf der Straße gegen Luft- und Wasservergiftung.[194] Organisierten Massenversammlungen gegen die Startbahn West[195] und gegen die Atomanlagen in Biblis und Hanau. Entlarvten, daß noch vor dem Bundestagsbeschluß im November 1983 über die Stationierung von Mittelstreckenraketen und Pershing II (NATO-Doppelbeschluß) Pershing-II-Raketensysteme illegal nach Deutschland transportiert und in Frankfurt-Hausen versteckt worden waren.[196] (Bei einem unserer Pressetermine kam auch ein Bundestagsabgeordneter namens Fischer vorbei und ließ sich vor dem Tor des Geländes fotografieren. Das Foto »belegt« heute in einigen Medien Fischers angebliche Aktivitäten in der Friedensbewegung.) Wir mauerten im September 1984 sieben Sprengkammern in der Friedensbrücke zu, in denen im sogenannten Verteidigungsfall Atomminen gezündet werden sollten.[197] Wir erzwangen Debatten über die Abwasservergiftung durch die Hoechst AG, ihre Pharmapolitik, ihre krebserzeugenden Arbeitsbedingungen usw.[198]

Eifersüchtig beobachteten die Sponti-Platzhirsche, was da in »ihrer« Stadt passierte. Da hatten Linke Erfolg. Ohne sie! (»Nein, die Grünen waren ein Fremdkörper, nicht die

104

Spontis, die Frankfurter Spontis waren viele. Wir waren mächtig«[199], prahlte Fischer später.) Sie versuchten mitzuhalten. Die Einmischung lief, was den späteren Außenminister anging, ziemlich schief. 1982 sollte Ernst Jünger den Goethepreis der Stadt Frankfurt erhalten.[200] Wir lasen die Werke Jüngers und erschraken über rauschhafte Kriegs- und Massenmordverherrlichung, über Jüngers Jubel für den NS-Faschismus und seinen glühenden Antisemitismus: »Der Stoß gegen den Juden«, hatte sich der künftige Goethepreisträger beschwert, sei immer »viel zu flach angesetzt«. Wir protestierten ausführlich und schriftlich gegen die Entscheidung des Preiskomitees. Jüngers menschenverachtende Weltanschauung und seine ideologische Funktion als Wegbereiter der NS-Ideologie sollte nicht auch noch mit dem Goethepreis geehrt werden.

Unsere Argumente machten bundesweit wochenlang Schlagzeilen. Teile der SPD übernahmen unsere Position. Die Realo-Spontis – wenige Wochen bevor sie im Oktober 1982 mit dem Putsch bei den hessischen Grünen begannen – versuchten sich mit einer eigenen Position zu profilieren. In der Szenekneipe »Batschkapp« und im *Pflasterstrand* outete sich ihr Wortführer Fischer als Verehrer Ernst Jüngers: »[...] allein der gelungene Fez um seinen Preis macht ihn [Jünger] in meinen Augen preiswürdig.«[201] Und: »Bedenke ich meine eigene linksradikale Biographie, so kreuzte Jünger mehrmals meinen Weg. Sowohl Ernst Jünger als auch Carl Schmitt galten [...] als eine Art intellektueller Geheimtip [...], es waren Faschisten, zweifellos, dennoch las man sie mit großem Interesse.« Erst habe man in Jünger den »Kämpfer« verehrt, dann den »Drogen-Jünger«, dann den »kosmischen Jünger«. Nur zwei Jahre später fälschte Fischer mal wieder seine Biographie: »Jünger hat mich nie sonderlich begeistert [...].«[202]

Wie rasch die Zeit vergeht, wenn das Gedächtnis aus politischer Opportunität ein Sieb ist!

Fischer hat viel von Jünger gelernt. Die enthemmte Egomanie. Den Kult um Männlichkeit und Gewalt. Die selbstverständliche Unterwerfung der direkten sozialen Umwelt unter die eigenen Machtinteressen. Und, wie es aus anderem Anlaß in der *Frankfurter Rundschau* über Jünger hieß: »[...] das Phänomen Ernst Jünger sei die Stilisierung eines ganzen Lebens zur Druckreife«[203].

Die Schriftstellerin Renate Wiggershaus schrieb 1982 nach den Auseinandersetzungen um Jünger: »Die [Spontis] sagen, Jünger sei zwar ein Faschist, ein Denunziant usw. gewesen, aber: Hand auf's Herz, wie hätten wir uns verhalten? Sie kommen mir so vor, als wollten sie schon heute – ganz ungefragt – ihre Rechtsschwenkung oder ihr Mitläufertum von morgen rechtfertigen.«[204] Wie weitsichtig.

Bald darauf beschloß die Sponti-Wählerinitiative die feindliche Übernahme des Frankfurter Kreisverbandes der Grünen. Der ahnte nichts von seinen neuen Freunden. An einem Abend im Oktober 1982 betrat Fischers Gang den Versammlungsraum der Grünen. Vor uns saßen, wortkarg und wie Fußballspieler auf der Reservebank, Männer, die uns bisher als »ökologische Spinner« befehdet hatten und nun Mitglieder werden wollten. Auf die Frage, was sie wollten, antworteten sie: Wir sind Joschkas Freunde! Joschka soll in den Bundestag! Sie gaben vor, keine inhaltlichen Differenzen zu haben. Wir nahmen sie auf. Wir nahmen fast jede/n auf. Wir glaubten, daß wir sie überzeugen könnten. Wir rechneten nicht mit ihrem ganz anders gelagerten Interesse. Fischer: ». . . so begann dann die Auseinandersetzung zwischen Fundis und ›Realos‹. Die begann hier in Frankfurt mit meinem Eintritt.«[205] Eine erfahrene Schlägertruppe mit alternativem Gehabe und ohne Skrupel traf auf eine ziemlich naive, basisdemokratische Partei mit offenen Strukturen und zerbrechlicher Bündnisstruktur.

Wer heute nachvollziehen will, was in der darauffolgenden Zeit geschah, bis Realo-Spontis den Kreisverband Frankfurt und den Landesverband Hessen in der Hand hatten, wird in den Archiven der Partei nicht viel finden. Mitte der achtziger Jahre ging die Geschichte der hessischen Grünen verloren. Das Archiv der Partei war gesäubert worden.[206] Die »realpolitischen« Sieger handelten wie Stalin, der das Gesicht seines Erzfeindes Trotzki von allen offiziellen Fotos wegretuschieren ließ. Pech für die »Realos«, daß einige frühere Mitglieder der Grünen, unter ihnen auch ich, von Anfang an eigene Archive führten.

Mit der Fischer-Gang kam auch deren Propagandaabteilung, der *Pflasterstrand*. Ganz undogmatisch und libertär durfte in dem Blatt darüber schwadroniert werden, ob es zur freien Selbstverwirklichung des Mannes gehöre, einer (schwangeren) Frau in den Bauch zu treten. Die Redaktion entblödete sich nicht, die Diskussion zuzulassen.

Bald taufte sich die Redaktion in »Arbeitskreis Realpolitik« um. Der hatte zwei Aufgaben: die Umerziehung und die Eingewöhnung der eigenen Szene in die brachiale politische Kursänderung Richtung Regierungsbeteiligung und der Angriff und die Zermürbung der Grünen. Zum Arbeitskreis gehörten Albert Sellner alias Emil Nichtsnutz (später Lektor und Autor), Cora Stephan alias Vita Quell (später *Spiegel*-Redakteurin), Matthias Horx alias Paul Planet (heute Wahrsager bzw. Trendforscher), Georg Dick alias Trino Gordo (heute Ministerialdirektor im Auswärtigen Amt). Nur Daniel Cohn-Bendit und Fischer veröffentlichten unter eigenem Namen.

Der Arbeitskreis Realpolitik legte auf der Landesversammlung in Dornheim am 30./31. 10. 1982 einen Antrag vor: »Zwischen puritanischer Skylla und opportunistischer Charybdis für eine listige Odyssee«[207]. Anmaßend drohten die AutorInnen der jungen Partei: Wer sich nicht dem »Zwang zur Realpolitik« unterwerfe und das Bündnis mit der SPD verweigere, trage den »Bruch in die eigene Partei«. Wolfgang Kraushaar: »Dieser Vorwurf, die Spaltung der Grünen zu betreiben, ist höchst ungewöhnlich. Zunächst einmal wird er von Leuten erhoben, die, von einer Ausnahme abgesehen, keine Parteimitglieder sind. Dann signalisiert die Massivität der Beschuldigung etwas Grundsätzliches. Während der kritisierten Position Illegitimität unterstellt wird, tritt die eigene, die der Realpolitik, mit einem Fundamentalanspruch auf. Doch dieser totalitäre Charakter des eigenen Auftretens wird projektiv auf die anderen gewendet, die angeblich ›Fundamentaloppositionellen‹. Ihnen wird zum Vorwurf gemacht, in einer pseudoradikalen Position zu verharren, sich im Purismus ökologischen Denkens eingerichtet zu haben.«[208]

1988 wurde Geschichtsfälscher Fischer vom *Spiegel* gefragt: »Wundern Sie sich nicht, wenn Ihnen keiner so recht über den Weg traut? In Hessen haben die Realos durchgezockt, die Fundis sind Randfiguren.« Fischer: »In Hessen mußten wir durchzocken, nachdem wir x-mal versucht haben, gemeinsam etwas hinzukriegen.«[209] In Wahrheit war es vom ersten Tag an ein Angriff, der nur ein Ziel kannte: die neue, nun erfolgreiche Organisation zu übernehmen bzw. gemeinsam mit Gleichgesinnten in anderen Landesverbänden in eine regierungsfähige, miese Kopie der FDP zu verwandeln.

Mit einer Koalitionsforderung wären die Spontis 1982 bei den Grünen, nicht nur in Hessen, noch auf die Schnauze gefallen. Sie gaben vor, keine inhaltlichen Differenzen mit uns zu haben, nur taktische. So verlangte der neu erfundene Arbeitskreis Realpolitik alias *Pflasterstrand* erst einmal einen Baustopp für die Startbahn West (ein Moratorium) und forderte, das Genehmigungsverfahren für das Atomkraftwerk Biblis C einzufrieren. Für ein bißchen Zeitgewinn ohne die Sicherheit, die beiden Natur und Gesundheit zerstörenden Projekte endlich loszuwerden, sollte Holger Börner (SPD) zum Ministerpräsidenten gewählt werden. Noch vor kurzem hatte der den Grünen Prügel mit der »Dachlatte« angedroht. Und beinahe wäre die Regierung Börner über den Startbahnwiderstand, die größte hessische Protestbewegung seit dem Ende des Zweiten Weltkriegs, aus dem Amt gestürzt, hätte es nicht, an jenem berüchtigten

»Nacktensonntag«, eine Allianz von evangelischen Kirchenleuten, angepaßten Grünen, Jusos und Leuten von der SDAJ[210] usw. gegeben, die den Widerstand spalteten. Der Delegiertenrat der Startbahn-Bürgerinitiativen hatte beschlossen, daß alle DemonstrantInnen – es kamen rund 50 000 – den Bauplatz besetzen sollten. Teppiche sollten über den NATO-Stacheldraht geworfen werden, damit alle den Zaun unversehrt übersteigen konnten.

Plötzlich war da eine Kette aus Leuten von der SDAJ und aus SozialdemokratInnen. Sie brachen die Vereinbarung und initiierten eine StellvertreterInnenaktion. Sie hielten die Masse der DemonstrantInnen ab. (Die Verwirrung gelang, weil sie den Auswärtigen als die VertreterInnen der Bürgerinitiative gegenübertraten.) Eine kleine Gruppe Halbnackter, unter ihnen die erwähnten Evangelen, biederen Grünen und ReformistInnen, kletterte mit Erlaubnis der Polizei über den Zaun und durfte mit Innenminister Ekkehard Gries (FDP) plaudern. Damit war das Moratorium vom Tisch.

Bei den hessischen Grünen scheiterten die selbsternannten RealpolitikerInnen vorerst. Die hessischen Grünen beschlossen im Oktober 1982, was bis dahin grünes Selbstverständnis war: Die SPD, hauptverantwortlich für alle zerstörerischen Großprojekte in der Region, sollte von den Grünen nicht an die Regierung gehievt werden. Statt dessen sollten alle hessischen Atomanlagen sofort stillgelegt werden und der für die künftige Startbahn West abgeholzte Wald wieder aufgeforstet werden. Ließe sich die SPD auf solche wesentlichen Forderungen ein, dann wollten wir sie allerhöchstens tolerieren.

Daß die »ökologischen Nillen« sich den neugrünen Sponti-Kriegern nicht gleich ergaben, verlangte nach Rache. In Frankfurter Sponti-Kneipen, Wohngemeinschaften und Projekten wurden grüne Mitglieder geworben. Für künftige Ämter und Posten war ein bißchen Mitgliedsbeitrag kein zu hoher Lottoeinsatz. Binnen weniger Monate traten rund 600 neue Mitglieder in den hessischen Landesverband der Grünen ein.

Hinter den Kulissen verbündete sich der »linksradikale« Fischer mit rechten Grünen in Hessen gegen die linken »Fundis«. Einer seiner Bündnispartner wurde beispielsweise Karl Kerschgens (früher rechter Flügel der Aktion Unabhängiger Deutscher – AUD), der auf Landesversammlungen immer wieder mit seinen Klagen über zu viele Ausländerkinder in Schulklassen und mit seiner Ablehnung der Arbeitszeitverkürzung bei gleichem Lohn aufgelaufen war.

Gemeinsam kippten Spontis und rechte Grüne, letztere hatten sich bis dahin selten durchsetzen können, am 21. bis 23. Januar 1983 auf der Landesversammlung in Kassel basisdemokratisch aufgestellte Kandidaten für die Bundestagswahl und hievten Fischer auf den dritten Platz der hessischen Landesliste. Er erreichte sein erstes großes Etappenziel am 6. März 1983: ein Bundestagsmandat. Die Grünen bekamen 5,6 Prozent. Kerschgens wurde später mit dem Posten eines hessischen Staatssekretärs belohnt.

Knapp ein halbes Jahr nach Fischers erstem Auftauchen auf einer grünen Kreisversammlung im Oktober 1982 saß er im Bundestag. Der lange Putsch gegen die Grünen hatte begonnen. 1985 bewertete Barbara Köster, die ehemalige Freundin von Cohn-Bendit, das Vorhaben ihrer Freunde so: »Sie machen das bei den Grünen, was sie immer gemacht haben: Es entsteht was, die müssen ihren Fuß reinkriegen und nicht nur einen, und dann müssen sie's übernehmen, und dann ist es kaputt, weil es keinen Inhalt mehr hat.«[211]

Der neue Bundestagsabgeordnete Joseph Fischer, der in Bonn 1983 ganz bewußt erst einmal noch den rebellischen Szeneprolo mimte, war insgeheim längst zum allseits anpassungsfähigen Aufsteiger mutiert. 1985 interviewte sein Kumpel Daniel Cohn-Bendit den Bundestagsabgeordneten Fischer für sein Buch *Wir haben sie so geliebt, die Revolution* (ein Opus, für das Cohn-Bendit vor allem Ex-

Linke interviewte, die sich angepaßt hatten). Cohn-Bendit fragte: »Gestern warst du noch Berufsrevolutionär, heute bist du Bundestagsabgeordneter. Wie fühlst du dich in deiner neuen Funktion?« Joseph Fischer war sich nicht zu blöd für folgendes Bekenntnis: »Für mich ist das noch ein bißchen unwirklich. Ich wundere mich immer noch, daß ich jeden Tag mit den Verantwortlichen dieses Landes zu tun habe und man von gleich zu gleich miteinander umgeht.«[212] Das Bekenntnis eines ausgemachten Emporkömmlings. Wer so beeindruckt ist von den VertreterInnen der Herrschenden, ist verloren.

Rosa Luxemburg spottete im Mai 1900 über die Sozialdemokraten im Badischen Landtag: »Worin die famose ›Gleichberechtigung‹ der badischen Sozialdemokraten im Landtag besteht, ist eigentlich schwer zu sagen. Offenbar darin, daß Fendrich in dem Landtag frei herumspazieren darf, ohne daß ihm jemand absichtlich auf die Hühneraugen tritt, und daß ihm der Präsident nicht zuruft, sobald er zu reden beginnt: Halten Sie doch den Mund, Sie dämlicher Sozialdemokrat! Das sind allerdings paradiesische Zustände. Nur ist Fendrich und seinen Kollegen das kleine Versehen passiert, daß sie sich selbst, sieben Mann, mit der badischen Arbeiterklasse verwechselt haben. Diese ist nämlich nicht ganz so ›gleichberechtigt‹ im Staate wie ihre beneidenswerten Vertreter in der Kammer. Ihr tritt die Polizei sogar sehr oft auf die Hühneraugen, zum Beispiel wenn sie ihre Klassenfeier, den Ersten Mai, begehen will. Sie läßt der Staat nicht immer bei öffentlichen Angelegenheiten den Mund auftun.«[213]

# 6

# Wie die Grünen zur Pro-Atompartei wurden

## 1980–2000

Die Grünen zehren bis heute vom Mythos, daß sie aufrecht gegen Atomanlagen kämpfen. Dabei helfen die üblichen Verdächtigen: *Der Spiegel* schmeichelte vor der Bundestagswahl 1998: »Herr Fischer, seit 20 Jahren kämpfen Sie für den Ausstieg aus der Atomenergie in Deutschland.«[214] Wow! Seit 20 Jahren?! Fischer?

Erinnern wir uns. »Wer von uns interessiert sich denn für [...] Atomkraftwerke irgendwo, weil er sich persönlich betroffen fühlt?« fragte Fischer 1978. Fischer schwätzt viel, wenn der Tag lang ist: »Ich habe aus meiner Vergangenheit nie ein Geheimnis gemacht«[215], behauptete er. Ach ja. Gelogen für die siebziger, gelogen für die achtziger, gelogen für die neunziger Jahre. Im Januar 1998 prahlte er in der TV-Sendung »Sabine Christiansen«, wie tapfer er als hessischer Umweltminister gegen die Atommafia gekämpft habe: »Ich habe eine Koalition in Hessen beendet.« Glatte Lüge. Der einzige Ausstieg, den Joseph Fischer betrieb und betreibt, ist der Ausstieg aus dem Ausstieg. Ich bin immer wieder erstaunt, wie schlecht die meisten MedienvertreterInnen informiert sind oder sein wollen. Es liegt eben in ihrem politischen – und zum Teil auch persönlichen – Interesse, Fischers Märchen nicht zu widersprechen, sie vielmehr zu verbreiten.

Schauen wir uns die Entwicklung der grünen Antiatompolitik und besonders die Rolle Fischers einmal genauer an.

Die Atomtechnologie hat ausschließlich militärische Wurzeln. Als 1942 der erste Atomreaktor an der Universität von Chicago in Betrieb genommen wurde, dachte niemand an Stromerzeugung. Elektrizität wurde später zum zufälligen zivilen Abfallprodukt einer Militärtechnologie, bot die Möglichkeit für Extraprofite und zur Rechtfertigung der Atomenergie. Es gab nie eine Trennung von militärischer und ziviler Atomenergienutzung, auch mit dem radioaktiven Material aus Leichtwasserreaktoren lassen sich Atombomben bauen. Im störfallfreien Normalbetrieb produziert jedes Atomkraftwerk radioaktive Niedrigstrahlung, die für Krebserkrankungen, Immundefekte, viele Gesundheitsschäden und den Tod von Menschen verantwortlich ist. Atomenergie zerstört das Klima – vor allem indirekt, aber auch direkt –, und zwar mehr als die Verbrennung fossiler Ressourcen. Atomenergie ist überflüssig. Sie wird zur Befriedigung der Bedürfnisse der Menschen nicht gebraucht. Elektrizität und Wärme können mit einer ganzen Reihe von passiven (z. B. ökologische Stadtplanung, Bauweise, Einspartechniken, technisch verbesserte Geräte und Maschinen) und aktiven Maßnahmen (Solarenergie, andere regenerative Energiequellen) eingespart bzw. erzeugt werden. Ziel des Atomkapitals ist ein neues, aggressives Atomprogramm mit dem Euroreaktor EPR (European Pressurized Reactor) von Siemens und Framatome als Prototyp-AKW (und erleichterter Genehmigung) und perspektivisch dem Alptraum Atomfusion (z. B. Greifswald), eine Technik, die beim Bau der Wasserstoffbombe entwickelt wurde.[216]

Aus solchen Gründen entstand in den siebziger Jahren die Anti-AKW-Bewegung, die im »Deutschen Herbst« zeitweilig zerschlagen, im Widerstand gegen Gorleben neu belebt wurde, sich nach der Atomkatastrophe von Tschernobyl (1986) weiterentwickelt, und dabei ihre antikapitalistische Orientierung zum größten Teil verloren hat.

Als die »Freie Republik Wendland« im Mai 1980 am Bohrloch 1004 bei Gorleben entstand, da waren die Grünen fünf Monate alt. Am 4. Juni 1980 wurde das Hüttendorf dem Erdboden gleichgemacht. 10 000 Polizeibeamte, vorwiegend aus Schleswig-Holstein und Hessen, und BGS-Hubschrauberstaffeln, die Besatzung mit geschwärzten Gesichtern, räumten und prügelten 3 000 BesetzerInnen vom Gelände. Bulldozer zerstörten Holz- und Glashäuser, während sich die AtomkraftgegnerInnen auf den Boden setzten und sangen. Hubschrauber flogen im Tiefflug über die Hütten. »Radio Freies Wendland«, der Sender des Widerstandsdorfes, übertrug die Räumung live bis zum Ende.

Niemand zweifelte 1980 daran, auf wessen Seite die neue grüne Partei stand. Niemand konnte sich vorstellen, daß eines Tages ein grüner Umweltminister Castor-Transporte und den Bau von Zwischenlagern an jedem AKW erlauben und die Grünen der Atomwirtschaft 30 Jahre Betriebslaufzeit für die bestehenden AKWs – tatsächlich mehr als 40 Jahre – garantieren würden.

Der unerbittliche Widerstand gegen die gemeinfährliche Atomenergie war – ähnlich wie Pazifismus und Antimilitarismus – eine der Wurzeln der Grünen. Beide waren die wohl zähesten Dämme gegen die Gier der »Realos« nach Regierungsbeteiligung. Jetzt, 20 Jahre nach ihrer Gründung, sind die Dämme vollständig gebrochen.

Ich will am Beispiel von Joseph Fischer sowie seiner Gang und der urgrünen Forderung »Sofortige Stillegung aller Atomanlagen« zeigen, mit welchen Methoden die »Realos« für Ministerämter, Staatssekretärposten und hohe Staatspensionen die frühere grüne Partei zerstört haben.

Die Grünen haben ihren Gründungskonsens »Weg mit dem Atomprogramm!« verraten und paktieren heute mit der Atomwirtschaft, um – hinter der Maske eines angeblichen Ausstiegs – die Atomenergie in Wirklichkeit auszubauen und zu modernisieren.

Ähnliche Methoden wie die nachfolgend beschriebenen finden wir bei der »realpolitischen« Bekämpfung linker feministischer Positionen, bei der Aufweichung des Widerstandes gegen die Gen- und Reproduktionstechniken – diese Technik des sich selbst vermehrenden Risikos und der Selektion von Menschen – und bei der Zerrüttung der basisdemokratischen Kultur der Grünen.

Wer aus den Grünen eine Regierungspartei machen wollte, koalitionsfähig mit SPD oder CDU, mußte den systemoppositionellen politischen Charakter der grünen Partei zerschlagen. Schritt für Schritt wurden Grundüberzeugungen auf den Müllhaufen geworfen. Es war ein zäher langer Kampf, bei dem seit Ende der achtziger Jahre in der Bundespartei allmählich auf der Strecke blieb, was die Grünen ausgemacht hatte: eine mit der sozialen Frage vermittelte Ökologie, der Antikapitalismus, Antifaschismus und Antirassismus, die Utopie einer umfassenden gesellschaftlichen Emanzipation, die Ablehnung des staatlichen Gewaltmonopols, der Feminismus, die Auseinandersetzung um die Frage, was wie wo und von wem produziert wird und in wessen Hände der gesellschaftliche Reichtum gehört.

Übrig blieb, so sahen es unkritische oder schlecht informierte AnhängerInnen der Grünen, scheinbar die Forderung nach sofortiger Stillegung aller Atomanlagen und, ob pazifistisch oder antimilitaristisch begründet, der Widerstand gegen jegliche deutsche Kriegsbeteiligung.

Die »Realos« bissen sich am grünen Urkonsens der »Sofortigen Stillegung« die Zähne aus, bis sie begriffen, daß sie die Forderung zum Schein übernehmen mußten, um sie anschließend zu verwässern.

Anfangs war die hundertprozentige Ablehnung der

Atomenergie unumstritten. Die »Realos« trauten sich nicht ran. Sie mußten sogar ihre Propaganda für eine Regierungsbeteiligung noch mit der Behauptung verbinden, daß es bei einer Regierungsbeteiligung einen Partner für die »Sofortige Stillegung aller Atomanlagen« gäbe. Mitte der achtziger Jahre gab es bei den Grünen noch politische Menschen, die wußten, daß das dummes Zeug war.

Im Programm zur Bundestagswahl 1987 stand: »Die Stillegung aller Atomkraftwerke ist bereits im Sofortprogramm zu verwirklichen.« Im Programm zur Europawahl 1989: »Sofortiger Atomausstieg in ganz Europa und auch anderswo«, und noch im Programm zur Bundestagswahl 1994: »Die Stillegung aller deutschen Atomkraftwerke innerhalb von höchstens ein bis zwei Jahren ist rechtlich möglich, technisch umsetzbar und wirtschaftlich verkraftbar.«[217]

Natürlich ist die sofortige Stillegung technisch und ökonomisch machbar. Das mußte irgendwann, nachdem er sich die Informationen endlich besorgt hatte, auch Herr Fischer begreifen. Vor allem aber ist die sofortige Stillegung sozial und ökologisch notwendig. Kein politisches System kriegt die mörderische Atomtechnik in den Griff: nicht die radioaktive Niedrigstrahlung; nicht den Jahrzehntausende strahlenden Atommüll; nicht die militärische Nutzbarkeit; nicht die Störanfälligkeit und den jederzeit möglichen »Super-GAU«. Die Anti-AKW-Bewegung, die Grünen und weltweit viele ernsthafte WissenschaftlerInnen hatten diese Gefahren längst nachgewiesen und technische, ökonomische und vor allem soziale sowie ökologische Alternativen aufgezeigt: z. B. erneuerbare Energie aus Sonne, Wind, Wasser und Biomasse.

Aber was nützte Fischer das spät angeeignete Wissen um Notwendigkeiten und Alternativen, da er Interessen hatte, denen die »Sofortige Stillegung« im Weg stand? In Hessen tobten die Auseinandersetzungen zwischen ökologischen linken Grünen und Sponti-»Realos« um den Kurs der Partei.

Im Juni 1984 waren die hessischen Grünen ein Tolerierungs-
bündnis mit der SPD eingegangen. Im Landeshaushalt, dem
die Grünen nun zustimmten, steckte neben so mancher
hübschen Summe für Alternativprojekte – darunter viele
spontinahe – auch eine Million Mark für eine Sicherheits-
studie für die Blöcke A und B des Atomkraftwerkes Biblis.
Dafür nahmen die Grünen erst einmal den weiteren Betrieb
des AKW Biblis in Kauf. Es sollte lediglich keine neuen
Atomkraftwerke geben (die nicht einmal die Betreiber
wollten), und die Nuklearanlagen Alkem und Nukem in
Hanau sollten nicht erweitert werden. Bei Fischer hatte
schon ein totaler Kurswechsel stattgefunden: »Seine Partei
halte am gegenwärtigen Zustand der Atomindustrie fest,
neue Genehmigungen werde es aber nicht geben.«[218] Spätestens da hatte er die Forderung nach »sofortiger Stillegung« aufgegeben.

Im November 1984 kündigte der hessische Wirtschaftsminister Steger (SPD) an, daß er den Neubau der Atomfa-
brik Nukem in Hanau genehmigen wolle. Damit wurde eine
feste Vereinbarung zwischen SPD und Grünen gebrochen.
Die »Realos« mußten die rot-grüne Tolerierung, die erst im
Juni desselben Jahres vereinbart worden war, am 19. November 1984 platzen lassen. Aus der inhaltlichen Unvereinbarkeit von Grünen und SPD zogen sie jedoch den sonderbaren Schluß, bei der anschließenden Neuwahl sofort auf
eine Koalition hinzusteuern. Oder wie es Tom Koenigs,
Fischers Vollzugsbeamter, auf einem »Realo«-Vorberei-
tungstreffen zu einer Landesversammlung formulierte:
»1. Am bisherigen realpolitischen Kurs festhalten; 2. Forderungen in der Atomfrage genau definieren; 3. Größere
Konfliktbereitschaft gegenüber Bonn/Bundesregierung;
4. Personelle Mitbestimmung fordern; 5. Haushalt 85 jetzt
Nein (= letzter Trumpf); 6. Fluch gegen die Fundis.«[219]

Nicht die SPD war der Gegner, nein, die eigene grüne Partei, die die Sponti-»Realos« geentert hatten wie vormals
Hamburger Makler die FDP, mußte SPD-linienförmig zuge-

richtet werden. Joseph Fischer, der die Landtagsgruppe von Bonn aus steuerte, ergänzte: »Die Auseinandersetzungen müssen auch gegen die Fundamentalos geführt werden.«[220]

Aber sie mußten versuchen, die bisherige politische Identität der Grünen an *drei* Fronten zu brechen. Zum einen in Frankfurt/Main, zum zweiten in Hessen und zum dritten auf Bundesebene.

Unsere aktionsreiche, aufklärerische, oppositionelle Kommunalpolitik im Frankfurter Römer (1981–1985) – nachzulesen in einer Reihe von Veröffentlichungen[221] – hatte inzwischen weit über die Grenzen Hessens Furore gemacht und war für viele Vorbild geworden. Zur Fraktion gehörten 1984 Fritz Jantschke, Walter Zoubek, Wolfgang Dorow, Walter Oswalt, Manfred Zieran und ich. Im Dezember 1984 wurde ich mit der höchsten Stimmenzahl zur Sprecherin im Bundesvorstand (die damalige grüne Bezeichnung für Parteivorsitzende) gewählt. Gleichberechtigt an meiner Seite der Ökosozialist Rainer Trampert und der rechtsgrüne, der Anthroposophie nahestehende Lukas Beckmann, der immer heimlich, nie mit offenem Visier, im Hintergrund gegen die Linken intrigierte. Mit Trampert arbeitete ich politisch freundschaftlich zusammen. Unsere Kooperation stand für das Bündnis der hessischen linken ÖkologInnen, die sich damals RadikalökologInnen nannten, und der Hamburger ÖkosozialistInnen, für die Trampert stand.

Im März 1985 standen Kommunalwahlen in Hessen an, und ein Ziel von Fischer und Cohn-Bendit war: »Fundis« raus aus dem Römer. Das andere Ziel, die zweite Front, war Hessen. Die »Realos« wollten die Koalition mit der Atom- und Startbahn-SPD.

Daniel Cohn-Bendit hetzte in seinem *Pflasterstrand* unter der Überschrift »Die Kampfansage von Daniel Cohn-Bendit«: Die »Radikalbolschewisten« (damit meinte er uns RadikalökologInnen) sollten von einer »Eintrittswelle« von

Spontis »überschwemmt werden«.[222] Ein anderer *Pfla-sterstrand*-Autor schrieb: »So ungefestigt« seien die Grü-nen, »daß ein wenig Power genügte, da einen starken Block zu bilden«. Man müsse »zugreifen, wenn Führungs-positionen« angeboten werden und plötzlich »lebensge-schichtliche Perspektiven möglich erscheinen«. So läßt sich der Opportunismus einer gescheiterten und abgewirt-schafteten Szene auch formulieren.

Die neuen Mitglieder vertrieben sich die Zeit bei grünen Mitgliederversammlungen gern mit Kartenspielen und Biersaufen. Brüllte Cohn-Bendit: »Jetzt!«, dann stimmten sie ab. Es kostete drei mit grünen Sponti-Neumitgliedern überfüllte Kreisversammlungen dieser Qualität, bis die neue Sponti-Mehrheit einen durch den in der Satzung noch verankerten Minderheitenschutz erzwungenen Listen-kompromiß akzeptierte. Mit den Kommunalwahlen vom 10. März 1985 zog eine neue Fraktion in den Römer, fünf waren AnhängerInnen von Fischer und Cohn-Bendit, nur noch drei von acht Stadtverordneten vertraten linke ökolo-gische Positionen, dem Auftrag des Grundsatzprogramms der Partei entsprechend. Man versuchte, sie mit allen Mit-teln des Psychoterrors zu mobben. In der dritten Fraktion ab 1989 gab es überhaupt keine Linken mehr. Nach der Kommunalwahl vom 10. März 1985 war »der Römer« als linke Störung realpolitischer Interessen ausgeschaltet. Jetzt konnten sich Sponti-»Realos« auf Hessen konzentrieren.

Im Sommer 1985 machte der hessische Ministerpräsident Holger Börner (SPD) den Grünen ein Koalitionsangebot. Es begannen Koalitionsverhandlungen und *geheime* Sitzun-gen (die es nach der Satzung der Grünen nicht hätte geben dürfen). Im September 1985 wurde in Frankfurt der Antifa-schist Günter Sare von einem Wasserwerfer der Polizei ver-folgt, überrollt und getötet. Die damalige Radikalökologin Manon Tuckfeld, Augenzeugin der Ereignisse auf der Anti-NPD-Demonstration im Frankfurter Stadtteil Gallus: »Nur noch ein einzelner Demonstrant befand sich auf der Kreuzung: Günter Sare. Sie war taghell erleuchtet, der Wasserwerfer, der große, fährt mit unverminderter Geschwindigkeit, überrollt ihn, Günter Sare stirbt einige Minuten danach.«[223] Der Wasserwerfer hatte 26 Tonnen Gewicht, faßte 9 000 Liter. In seiner rundherum verglasten Kommandozentrale saßen fünf Polizeibeamte. Sie fuhren mit nur 18 Stundenkilometern über eine leere, hell ausgeleuchtete Kreuzung, auf der ein einzelner Demonstrant stand. Nachdem sie ihn überfahren hatten und er sterbend auf der Straße lag, knüppelten die Polizisten diejenigen fort, die ihm helfen wollten.

Ein Teil der linken Szene in Frankfurt, die bisher die Grünen unterstützt hatte, löste sich nun von der Partei. Bei einem Teach-in in der Frankfurter Universität wurden Fischer und Cohn-Bendit mit Eiern und faulem Obst beworfen. Sie flippten aus. Auf Fotos sind Fischer und Cohn-Bendit mit haßverzerrten Gesichtern und Drohgebärden zu sehen, umringt von einer aufgeregten Schutzriege von Alt-Spontis.

Mit Haß reagierten sie auch auf meine Kritik am »Polizeistaat in Aktion« und darauf, daß ich auf Demonstrationen anläßlich des Todes von Sare kritisierte, daß die hessischen Grünen mit ihrer Zustimmung zum Landeshaushalt genau jene riesigen, panzerähnlichen, lebensgefährlichen neuen Wasserwerfer des Typs bewilligt hatten, der Sare getötet hatte und daß sie ausgerechnet mit der Partei koalieren wollten, die den Einsatz zu verantworten hatte und unter den Tisch kehren wollte, allen voran Ministerpräsident Holger Börner und Innenminister Horst Winterstein (SPD).

Mit ihrem Vormann Otto Schily an der Spitze riefen die »Realos« zum Sturz des Bundesvorstands auf. Fischer verkündete gegenüber der Presse: Zumindest Ditfurth solle auf der Bundesversammlung vom 13. bis 15. Dezember 1985 in Offenburg abgewählt werden. Andere Anträge richteten sich pauschal gegen alle drei Sprecher, hatte Trampert es doch gewagt, die hessische Koalition ironisch »vergammelte Ware«[224] zu nennen. Selbst der grünrechte

Beckmann hatte gegen die hessische Koalition gemault – was sich bald ändern sollte. Der Wind des Zeitgeistes drehte, und die Richtung der Fähnchen, die manche in ihn hängten, auch.

Der Bundestagsabgeordnete Fischer (Frankfurt) wollte endlich Minister werden. Noch im September 1984 hatte er den Radikalen gemimt: »Wer von uns den Verzicht auf den radikalen außerparlamentarischen Protest verlangt, den Einstieg in jene Kümmernis namens ›Gemeinsamkeit der Demokraten‹, der verlangt Unmögliches. Rebellion bleibt auch weiterhin gerechtfertigt, für mich selbst unter einem grünen Bundeskanzler, und wenn die Sozialdemokratie dies nicht aushält, so wird sie es zu lernen haben. Denn der Verzicht auf die Bindung an den radikalen außerparlamentarischen Protest [...] käme einer grünen Selbstvernichtung gleich.«[225] Er log noch im September 1985: »Ich habe nicht die Absicht, Minister zu werden«[226], um sich am 27. Oktober 1985 von den hessischen Grünen zum Ministerkandidaten erklären und am 12. Dezember 1985 als hessischer Umweltminister vereidigen zu lassen, in tags zuvor gekauften Turnschuhen und tief beeindruckt von sich selbst.

Sechs Wochen vor der Bundesversammlung entschieden die hessischen Grünen über die Koalition. Statt der üblichen 200 oder 300 Mitglieder »schwemmten« (Cohn-Bendit) nunmehr als 1 200 Mitglieder auf die hessische Landesversammlung am 27. Oktober 1985 in Neu-Isenburg. Die bisherigen grünen Mitglieder, nicht nur wir Linken, auch bürgerliche KoalitionsgegnerInnen, hatten keine Chance. Startbahn West? Atomkraftwerke? Alle Sponti-Hilfstruppen aus Frankfurt waren angekarrt worden. Jeder, der sich ein Ämtchen erhoffte, war da. Wer in einer bis zum äußersten aufgeheizten Atmosphäre das grüne Programm verteidigte, der wurde niedergebrüllt. Fischers Kumpel Matthias Beltz, der Kabarettist und ex-»revolutionäre Kämpfer«, verglich uns KoalitionsgegnerInnen mit Mitgliedern des NS-faschistischen »Volksgerichtshofes«.

Die rot-grüne Koalition in Hessen wurde endgültig, wenn auch knapp, beschlossen. Joseph Fischer wurde zum Minister bestimmt. Karl Kerschgens und Marita Haibach-Walter zu StaatssekretärInnen im Umweltministerium und in der Zentralstelle für Frauenrechte. Keine Stillegung der Atomanlagen in Hessen mehr. Die Atomkraftblöcke in Biblis sollten lediglich »begutachtet« werden. Die Entscheidung über die Hanauer Atomanlagen wurde vertagt. Alles, was blieb, war, daß die künftige rot-grüne Landesregierung dem Neu- und Ausbau der Plutoniumfabrik Nukem nicht zustimmen sollte.

Selbst *Der Spiegel* spottete über den Koalitionsvertrag: »Die Grünen gaben sich damit zufrieden, daß sie sich künftig um den Bestand von Vogelarten kümmern dürfen, aber nicht um den Abbau der Kernergie.«[227] – »Von den Inhalten der Koalitionsvereinbarungen her dürfte es sie eigentlich nicht geben. Börner hat die Grünen mit Koalitionsbedingungen ›abgespeist‹, zu denen nicht einmal die marode FDP bereit gewesen wäre«[228], gestand sogar die *taz*. Für viele Spontis, darunter auch *taz-* und *Pflasterstrand*-AutorInnen, hatte sich der Mitgliedsbeitrag wie ein Lottogewinn ausgezahlt: Posten, Ämter und Geld für ihre Projekte.

Drei Tage nach Fischers Vereidigung zum hessischen Umweltminister am 12. Dezember 1985 wollten die hessischen Sponti-»Realos« mit Hilfe ihrer Realo-Verbündeten aus anderen Landesverbänden, mit der Reputation des neuen hessischen Ministeramtes im Rücken, den mehrheitlich linken Bundesvorstand stürzen, vor allem seine linken SprecherInnen Trampert und Ditfurth. Aber die Delegierten der Bundesversammlung in Offenburg (13. bis 15. Dezember 1985) stellten sich hinter mich, als ich sagte:

»Ich sehe diesen Staat als Teil eines Militärbündnisses, der Kriege führt, kleinere Kriege und Weltkriege vorbereitet. Ich sehe diesen Staat als einen, der eine Weltwirtschaftsordnung repräsentiert, die für Elend und Ausbeutung verantwortlich ist in vielen Ländern dieser Erde, auch in diesem Land, in dem wir leben. Das Verhältnis zu diesem Staat kann meiner Ansicht nach nicht das sein, daß wir sagen, dies ist unser Staat [...] mit voller Identifizierung mit diesem Apparat. [...] Und seht euch an, was für ein Verhältnis dieser Staat zur Demokratie hat, wo er uns immer sagt, *wir* seien Antidemokraten und Staatsfeinde, seht euch an, mit welchen Ländern dieser Erde er Bündnisse schließt. Keines dieser Länder muß auch nur bürgerlich verfaßt sein, es sind Folterländer, es sind Militärdiktaturen. [...] die einzige Bedingung ist [...], egal, wie grausam sie zu ihrer Opposition in ihrem Land sind, daß die Beziehung zu diesen Ländern den Profitinteressen der deutschen Wirtschaft dienen muß. [...] wer heute das staatliche Gewaltmonopol akzeptiert, akzeptiert [...] das gesamte staatliche Waffenarsenal, vom [...] Tränengasgewehr über CN- und CS-Gas, Chemical Maze, akzeptiert 26-Tonnen-Wasserwerfer, akzeptiert die unzähligen und immer dichter vernetzten Überwachungsdateien gegen uns. All das ist Bestandteil des staatlichen Gewaltmonopols, und ich will das nicht akzeptieren! [...] Wir können weder das, was wir im Wirtschaftsbereich wollen, noch die Veränderungen, die wir im ökologischen Bereich wollen [...], in Übereinstimmung mit dem, was dieser Staat von uns verlangt, durchsetzen! [...] Aktionen, die wir unterstützen, stehen gegen diesen Staat, wie z. B. die Blockaden gestern, Platzbesetzungen. wie z. B. Streiks, wilde Streiks, Betriebsbesetzungen, [...] wir werden feststellen müssen, daß von oben nur Kapitalinteressen durchsetzbar sind, die Veränderungen, die wir haben wollen, aber nur von unten.«[229]

Über einen weiteren Redebeitrag berichtete dpa: »Erneut nannte [Ditfurth] die Bundesrepublik einen ›Polizeistaat‹. Sie begründete dies unter anderem mit der waffenmäßigen Ausstattung der Polizei, dem Aufbau von Datenkarteien und der ›Hetze gegen uns sogenannte Staatsfeinde‹. Zum Tod des Frankfurter Demonstranten Günter Sare sagte sie erneut: ›Das war Mord.‹«[230]

Ich wurde mit 486 gegen 214 Stimmen im Amt bestätigt,

für die Grünen damals ein außerordentlich hohes Ergebnis, mehr Stimmen als bei meiner Wahl 1984. Die Mehrheit der Delegierten brach in einen wunderschönen höllenlärmigen Jubel aus. Otto Schily tobte: Es hat sich um eine Abstimmung »nicht nur für Jutta Ditfurth, sondern auch gegen mich«[231] gehandelt. Ja! Fischer jammerte in sein Tagebuch: »Hubsi Kleinert ist bereits abgereist, mit dem Haushaltsausschuß des Deutschen Bundestages in ferne Kontinente. Ich bin stinksauer auf ihn, denn er hatte versprochen, sich um diesen Parteitag zu kümmern.«[232a] Tja, für alles hat mann seine Lakaien, und wenn sie dann nicht funktionieren …

Rainer Trampert sagte in seinem mündlichen Rechenschaftsbericht: »Unsere Arbeit war […] zu 90 Prozent bestimmt vom inhaltlichen Weiterbringen der Grünen und von dem Versuch, in sozialen Bündnissen Mobilisierung wiederaufzubauen.« Er erwähnte die planvoll abwertende Darstellung unserer Bundesvorstandsarbeit in den bürgerlichen Medien, die auf die Integration der Grünen aus waren und deshalb Fischers Positionen beförderten und schönschrieben, und kritisierte die »Verparlamentarisierung der Grünen«, wodurch nach und nach auch eigene Formen der Öffentlichkeitsarbeit wie »unsere Informationstische aus dem Straßenbild verschwunden sind. […] Viele Grüne verlassen sich inzwischen selber darauf, daß schon irgendein Prominenter im Fernsehen sagen wird, was die Grünen wollen. […] Wir müssen unsere Eigeninformationen und den Dialog mit den Menschen wieder unmittelbar aufnehmen und zu diesem Zwecke die Tische wieder aus dem Keller rausholen.«[233a]

Wir spürten damals allmählich die Schwäche der sozialen Bewegungen im aufkommenden Zeitgeist des Individualismus, der Vielfalt von Lebensstilen und Werthaltungen, Hedonismus und Yuppiekultur.

Es zeichnete »sich das Bild einer sich ›entgesellschaftlichenden‹ Gesellschaft ab, die in sich als ›autonom‹ verstehende Subkulturen, besitzstandswahrende Interessenklüngel, ge-

waltsam Ausgegrenzte sowie sich kulturell und sozial voneinander abschottende Gruppen und Gemeinschaften zerfällt
und in der es immer schwerer fällt, sich auf die Grundprinzipi-
en der gesellschaftlichen Verfassung und der dieser zugrun-
deliegenden Normen zu verständigen.« (Joachim Hirsch)[232b]

Die emanzipative Seite der siebziger Jahre, die kollektive
Befreiung des Individuums aus den Fesseln und dem Mief
der sechziger Jahre, dem CDU-Staat, schlug in den achtziger Jahren durch ökonomische Prozesse und Machtver-
schiebungen in einen egoistischen Individualismus um.
Wichtig wurde das Äußere, der Stil und das Design, der
grenzenlose Konsum, kurz eine knallharte Ellbogen- und
Angst-Gesellschaft. Sie verdrängte Solidarität und kollekti-
ves Handeln. Soziale Utopien waren in weiten Teilen der
Gesellschaft nicht mehr gefragt.

Die ökonomische Basis dieser gesellschaftlichen Entwicklung war die ansteigende Internationalisierung der kapitalistischen Produktion. Die Profitinteressen des Kapitals
gerieten mehr und mehr in Widerspruch zum sozialstaatli-
chen Klassenkompromiß. Neue Technologien und Arbeits-
prozesse versprachen neue Märkte und profitable Arbeits-
platzvernichtung, auch Rationalisierung genannt. Massen-
arbeitslosigkeit und Sicherheitsängste beeinflußten das
Denken und Handeln, die soziale Perspektive.

Der Zeitgeist des Individualismus war der ideologische
Ausdruck für die strukturelle Verschiebung der gesellschaftlichen Einkommensverteilung zugunsten des Kapitals und lähmte und zersetzte die gesellschaftliche Opposition. Hedonismus, Bereicherung und Lifestyle-Anarchis-
mus, Hoffnungslosigkeit, Ausgrenzung, Verarmung und
aggressiver Rassismus waren die verschiedenen Gesichter
eines Prozesses, der noch anhält.

Zu den Vorwürfen, die Sprecher seien politisch einseitig
zusammengesetzt, meinte Trampert: »Es stimmt: Unter den
drei Sprechern ist kein ideologisch gefestigter Koalo. [...] In

der Gesamtdarstellung unserer Politik gibt der Koalitions-
flügel zu 80 Prozent den Ton an über die Parlamente. [...]
Ich schlag' die Zeitung auf und lese, [ein Abgeordneter]
stellt sich 'ne Koalition mit der CDU in Baden-Württemberg
vor, findet grüne Innenminister normal. [...] Ein anderer
will den Konsens mit der Großindustrie.«[233b]

Auch die anschließend behandelten Abwahlanträge
gegen Trampert und Beckmann fielen durch. Die Partei würdigte die Arbeit des damals ehrenamtlichen (!) Vorstands:
unsere radikale Antiatompolitik (auch gegen die hessischen
Grünen), Aktionen gegen den Weltwirtschaftsgipfel und
gegen die Apartheid in Südafrika (Nelson Mandela war noch
im Gefängnis), den Internationalismuskongreß und die Bun-
desfrauenkonferenz, die Tierschutzpolitik, das Entgiftungs-
programm (für die Umstellung der chemischen Produktion
und eine sanfte Chemie), die politische Arbeit gegen die
NATO, kurz alles, was die Grünen damals ausmachte und
wovon heute kein Neugrüner mehr weiß.

Vier Monate später, am 26. April 1986, explodierte das
Atomkraftwerk Tschernobyl. Radioaktivität verbreitete sich
in Europa. Der großmäulige Narziß Joseph Fischer seines Zei-
chens »Hessischer Minister für Umwelt und Energie (HMUE)«
versagte in dieser Krise vollständig. Er tauchte ab. Fischers
Behauptungen, die realpolitische Deformation der Grünen
sei durch ihre großartige Erfolgsmöglichkeit in einer Regierung zu rechtfertigen, zerschellte an der Praxis. Die Kinder in
Hessen spielten weiter in radioaktiv verseuchten Sandkästen.

Erst am sechsten Tag der Katastrophe, am 1. Mai 1986,
richtete die Landesregierung einen Krisenstab ein. Dort
schob Fischer die Verantwortung auf Sozialminister Armin
Clauss (SPD) ab. Da hatte der linke grüne Bundesvorstand
die Republik längst mit Aufklärung und Aktionen überzo-
gen – ganz ohne Regierungsapparat. In seinen pubertären
Amtsmemoiren[234] prahlte Fischer später, er habe am
30. April den grünen Bundesvorstand – dem ich angehörte
– energisch zum Handeln aufgefordert.

Der Bundesgeschäftsführer der Grünen Eberhard Walde schrieb einen offenen Brief: »Besonders beeindruckend finde ich Deine minutiöse Beschreibung anläßlich der Katastrophe von Tschernobyl. Als Claudi [Fischers dritte Ehefrau Claudia] Dir am 29. 4. 86 [...] spätnachts von der Rundfunknachricht über den Super-GAU berichtete, hast Du unverzüglich [...] die Initiative an Dich gezogen und am 30. 4. [...] dann ›beim Frühstück mit Tom Koenigs die Zuständigkeiten geklärt und festgestellt, daß der Sozialminister handeln‹ muß. [...] Dein unverzügliches Handeln erlebte nach Deiner Darstellung seinen Höhepunkt, als Du mich am 30. 4. anriefst, um die Partei aus ihrer ›tiefen Ruhe‹ aufzurütteln.« Walde zählte eine Reihe von Maßnahmen auf, die zum Zeitpunkt von Fischers Telefonanruf längst in Bundestagsfraktion und Bundesvorstand gelaufen waren: eine große Pressekonferenz mit »Lothar Hahn (Öko-Institut), Prof. Jens Scheer (Uni Bremen), Hannegret Hönes (Vorstand unserer Bundestagsfraktion) und Jutta Ditfurth (Bundesvorstand)«, die »bereits zu Ende [war], als Du mich ›richtiggehend agitiert‹ haben willst, bis ›ich endlich begriff‹«. Das Plakat »Tschernobyl ist überall« war »von uns bereits gedruckt und in Zehntausender-Auflage per Kurierfahrzeuge bundesweit zur Auslieferung unterwegs.« Auf dem Weg auch Aufrufe an alle Kreisverbände, Hilfen für Protestaktionen, usw. Walde: »[...] während diese und andere Maßnahmen bereits ergriffen waren, hattest Du mit Tom Koenigs gerade herausgefunden, daß nicht Du als Umweltminister, sondern Dein SPD-Kollege im Sozialressort zuständig war.« Fischer solle »vermeiden, den eigenen Narzißmus auf anderer Menschen Kosten auszuleben«[235]. Eine Empfehlung, der Fischer nie nachkommen sollte. In der Taschenbuchausgabe seines Buchs datierte er später das heldenhafte »Auffordern« – seinen Handlungsersatz – auf den 29. April 1986 vor.

Bundesvorstandssprecher Rainer Trampert spottete bald danach auf einer Bundesversammlung, unter lautem Gelächter der Delegierten: »Mir wurde leider keine Tagebuchserie angeboten, so daß mir leider nicht vergönnt ist, Euch zu beschreiben, welches Genie ich bin und welche Penner mich umgeben.«[236]

Ministerpräsident Holger Börner verkündete: Weiter mit der Atomenergie.[237] Fischer unterwarf sich. Sonst wäre das schöne Amt futsch gewesen. Er verschwieg der Partei auch, daß seine rot-grüne Regierung längst auch anderen Atomanlagen Genehmigungen erteilt hatte.

Die grüne Bundespartei war voller Zorn und Mißtrauen. Eine überwältigende Mehrheit von Delegierten zwang Fischer auf der Bundesversammlung in Hannover vom 17. bis 19. Mai 1986 zu versprechen, daß er die hessische Koalition bis zum Jahresende 1986 aufkündigen würde, wenn bis dahin nicht alle Atomanlagen in Hessen (Biblis A und B, Nukem, Alkem, RBU, Hobeg und Transnuklear) stillgelegt seien. »Wer den Ausstieg diskutiert mit dem Ziel, Zeit zu schinden, ist unser Gegner«[238], rief Rainer Trampert unter großem Beifall. Viele Delegierte waren stinksauer auf Fischer. Es war ja nicht die einzige Pleite, die er verursacht hatte. Er hat z. B. die erste Demonstration von Grünen gegen Grüne verschuldet, als er – gegen Parteibeschlüsse – Giftmüll der Hoechst AG willfährig auf die damalige Giftmülldeponie in Schönberg (DDR) verschieben ließ. Die Lübecker Grünen hatten ihn gewarnt: Die hochgiftigen Umweltchemikalien sickerten von hier ins Grundwasser der Stadt. Die Stadt Lübeck gewann ihre Verwaltungsklage.[239]

Die nachdrückliche Bestätigung der Forderung »Sofortige Stillegung aller Atomanlagen« wurde begleitet vom erneuten Parteibeschluß »Raus aus der NATO«, dem Ruf nach einer radikalen Verkürzung der Wehrzeit, Auflösung der Bundeswehr, einseitiger Abrüstung, nach Entwaffnung der Polizei und Auflösung der kasernierten Bereitschaftspolizei und nach ersatzloser Streichung des Paragraphen 218: das Programm für die Bundestagswahl im Januar 1987.

Die Partei war sich einig. Selbst die mehrheitlich »realpolitischen« Grünen im Bundestag kritisierten die programmatischen Verwässerungen durch die Fischer-Gang. Sie erklärten, daß auch die neuesten Gutachten belegten, »daß eine kurzfristige Abschaltung der Atomkraftwerke energiepolitisch sinnvoll und volkswirtschaftlich machbar ist. Insofern könne auch keine Rede davon sein, daß sich Die Grünen in irgendeiner Weise an das mittel- bis langfristige Konzept der SPD angenähert hätten oder annähern wollen.«[240] Im November 1986 erschien eine gemeinsame Broschüre des grünen Bundesvorstandes und der Bundestagsfraktion »Der sofortige Ausstieg ist möglich«. Die Grünen belegten, daß die sofortige Stillegung aller Atomanlagen in einigen Monaten, maximal einem Jahr möglich ist.[241]

Für Fischer war es in Hessen immer enger geworden. Im Oktober 1986 begann die Staatsanwaltschaft Hanau gegen die Hanauer Atomanlagen zu ermitteln. Sie erhob Anklage gegen die drei wichtigsten Atombeamten im Wirtschaftsministerium sowie gegen den Geschäftsführer von Alkem. Dem ersten grünen Minister drohten Ermittlungen wegen »Beihilfe zum illegalen Betrieb einer atomtechnischen Anlage durch Unterlassen« (so der Jurist Matthias Seipel). Fischer wußte längst, daß das Bundesimmissionsschutzgesetz (BImSchG) es ihm ermöglichte, die gefährlichen Plutoniumfabriken in Hanau zu schließen. Deshalb gewährte er dem Juristen der Hanauer Anti-AKW-Bürgerinitiative IUH (Initiativgruppe Umweltschutz Hanau) keine Audienz. Er hätte ja zum Handeln gedrängt werden und mit der SPD in Konflikt geraten können. Fischer mißachtete die Parteibeschlüsse. Er wollte Minister bleiben, koste es, was es wolle.

Im Landtag legte der linke grüne Abgeordnete Jan Kuhnert Fischers Versagen am 16. Dezember offen. »Die Koalition wegen der Atomfrage beenden?« fragte Fischer, er denke nicht daran, sagte er der *Welt* und log: Es habe sich beim Beschluß der Bundesversammlung nicht um eine Bedingung, sondern nur um einen »Verhandlungsauftrag« gehandelt.

Für seine atomkapitalfreundliche Politik war dem grünen Umweltminister so manch eine Intrige gegen die

AtomgegnerInnen der Grünen recht. Es gab deren viele, von einer erfuhr ich erst 1999. Hartmut Barth-Engelbart, Lehrer und Künstler, aus einem kleinen Ort bei Hanau, berichtete der *Neuen Hanauer Zeitung* unter dem Titel »Als mein Minister mich mal dringend brauchte«: »Die IUH (Initiativgruppe Umweltschutz Hanau) mit Gerhard Ziegler und Elmar Diez an der Spitze kämpfte wacker gegen die Nuklearbetriebe für den Ausstieg, als der Minister in Wiesbaden ob Machterhaltungstaktik auf die Porsche-Bremse trat […] und den wackeren Hanauer Anti-Atom-Kämpfern die Gelder sperren wollte. Elmar prozessierte für seine Kinder gegen die Nuklearmafia, das kostete immense Summen, die nur durch Wiesbadener Unterstützung aufzubringen waren. Die IUH tanzte nicht nach Fischers Pfeife, der Anwalt [Matthias Seipel] war zu renitent und hatte etliche Unterlassungen des Ministers in Sachen Hanauer Betriebe entdeckt. Fischer brauchte einen willfährigen Menschen mit Kleinkind im näheren Umkreis der Hanauer Atomfabriken, mit dem er nach seinem Gusto und mit einem subalternen Anwalt ›gegen‹ Nukem, Alkem, RBU prozessieren konnte. […] Fischers Büroleiterin, [die] Ex-KBW-Frontfrau Gisel Heinemann, erinnerte sich in dieser unangenehmen Lage« an Barth-Engelbarth, einen »ehemaligen KBW-Genossen, einen vermeintlich stets den ZK-Direktiven gehorchenden Provinzler, […] verheiratet, zwei Kleinkinder, Grünen-Mitglied, wohnhaft in Hasselroth unweit von Hanau-Wolfgang. Paßte alles sehr gut. Gisel telefonierte mit einer Mischung aus alter und neugrüner Konzilianz, aus grünen Basistönen und ministerieller Anweisung und lockte mit der Weihe zum Ministranten. Fischer ist und bleibt halt katholisch. Welche Ehre! […] jetzt lädt mich auch noch ein leibhaftiger Minister zu sich nach Wiesbaden ein. […] Trotzdem spreche ich mich mit dem IUH-Anwalt ab. Der rät mir, auf den Deal zum Schein einzugehen und das Ganze kurz vor dem Abschluß platzen zu lassen. Was Fischer und seine Gisel nicht wissen, ist, daß ich mit dem Anwalt [Seipel] befreundet bin. Termin in Wiesbaden. Gisel und ein

Ober- oder Unterstaatssekretär Morgenstern [gleichfalls Ex-Maoist, Grünen-Mitglied] nehmen mich in Empfang und rücken langsam mit dem Plan heraus, die IUH und ihren Anwalt mit meiner Hilfe auszubooten. Ich bin scheinbar dazu bereit. [...] Gisel freut sich sichtlich darüber, daß der alte KBW-Zentralismus noch funktioniert wie geschmiert und macht beim Abschied kumpanenhafte Bemerkungen über die guten alten Frankfurter Zeiten. [...] Wochen später bei einer Podiumsdiskussion in Hanau mit dem Nuklear-Experten Matthias Küntzel, Rechtsanwalt Matthias Seipel, Joschka Fischer und leider keinem IUH-Vertreter (weil die immer noch aufs Geld aus Wiesbaden angewiesen sind) kommt der Umweltminister in arge Bedrängnis ob seiner Machenschaften. Er versucht das Ganze als Hirngespinst von Neurotikern hinzustellen und die im Saal anwesenden Fischerchöre zum Lachen zu bringen. An meinen Ausführungen [...] sei deutlich zu merken, daß ich schon mal vom Dach gefallen sei. [...] Die Provokation wäre nicht nötig gewesen. Die Grünen im Main-Kinzig-Kreis glauben nicht, daß Fischer so etwas gemacht haben soll. Oder sie wollen es nicht glauben.«[242]

Natürlich folgte Fischer dem Parteibeschluß nicht. Er trat zum Jahreswechsel 1986/87 nicht zurück. Auch nicht, als die rot-grüne Landesregierung der Plutoniumfabrik Alkem eine nachträgliche Betriebserlaubnis für weitere zehn Jahre erteilte. Bei Alkem wurde atomwaffenfähiges Plutonium verarbeitet.

Fischer gab, um Zeit zu gewinnen, Gutachten über Gutachten in Auftrag. Eines schlug gegen ihn zurück: Das Geulen-Gutachten vom Februar 1987. Rainer Geulen, Rechtsanwalt in Berlin, bestätigte: Die Hanauer Atomanlagen Alkem und Nukem sind illegal betriebene Plutoniumproduktionsstätten. Minister Fischer habe Einfluß auf den Betrieb und könne sein Einvernehmen gemäß Paragraphen 4 ff. BImSchG (Bundesimmissionsschutzgesetz) verweigern.[243] Auch das Gewerberecht gebe ihm Möglichkeiten zu handeln. Eine Expertise der SPD kam später zum gleichen Ergebnis.

Fischer war entsetzt. Er geriet ins Schwitzen. Nicht wegen der Plutoniumgefahr, sondern weil er um seinen Ministersessel Schiß hatte. Am 8. Februar 1987 tagte die Landesversammlung der Grünen. Ein großer Teil der Parteibasis kochte. Auch die Bundespartei machte Druck wegen Fischers gebrochener Versprechen. Fischer ergriff die Flucht nach vorn und riß auf der Landesversammlung sein Maul weit auf. Mit dramatischem Tremolo in der Stimme trug er der Partei seinen »letzten Rechenschaftsbericht als Minister« vor, falls die SPD bei ihrer Alkem-Entscheidung bleibe.

Er bildete sich ein, so könne er die angepaßte hessische Parteibasis von seiner Ernsthaftigkeit überzeugen, einen Antrag der »Fundis« verhindern, wieder einmal Zeit gewinnen, das Wochenende überleben und im Amt bleiben. Pech für ihn, daß Holger Börner an diesem Abend vor der Glotze saß. Fischers Versprechen gegenüber der grünen Partei löste der sozialdemokratische Ministerpräsident für ihn ein. Am nächsten Tag, am 9. Februar 1987, feuerte Holger Börner Joseph Fischer.

Welche »Koalition in Hessen« hat Maulheld Fischer »beendet«, wie er 1998 behauptete? Jene jedenfalls nicht, auch keine andere, und schon gar nicht wegen Atomenergie.

Fischer war nur noch Fraktionsvorsitzender im hessischen Landtag. Zeit genug, mit seinem Apparat und seiner auf hohem finanziellem Niveau verbeamteten Frankfurter Gang die Bundespartei zu attackieren. Er fand Verbündete: zum Beispiel Fritz Kuhn, den Schwarz-Grün-Anhänger aus Baden-Württemberg, den Fischer heute als Parteivorsitzenden durchgesetzt hat. Antje Vollmer, die deutschnationale doppelte K-Grüpplerin (KPD/AO und Kirche), eine der intrigantesten Scheinheiligen, die ich in meinem Leben kennengelernt habe. Petra Kelly warnte 1987 vor den Machtansprüchen Antje Vollmers, deren Gruppe »Aufbruch« »angeblich integrierend wirken will, tatsächlich aber selbst die Macht innerhalb der Partei und Fraktion anstrebt«[244]. Fischer war jedes Bündnis recht(s), solange es gegen die Linken ging.

132

1987 hatten AKW-GegnerInnen, FeministInnen und PazifistInnen bei den Grünen immer noch die Mehrheit. Im September desselben Jahres erklärte Fischer den sofortigen Ausstieg für »irreal«. Der Landesverband Nordrhein-Westfalen forderte ihn auf, aus der Partei auszutreten. Fischer litt. Zeitweise war er so frustriert, daß er mit einschlägigen Bündnispartnern über Karrierealternativen verhandelte. Darunter soll auch ein Angebot des *Spiegel* gewesen sein.

Es bedurfte eines besonderen realpolitischen Gewaltaktes im darauffolgenden Jahr, um den ökologischen und den sozialen Charakter der Grünen zu brechen. Nach der Finanzintrige von 1988 (siehe nächstes Kapitel) war der Weg frei, den grünen Widerstand nicht nur gegen Atomanlagen zu opfern. Anfang der neunziger Jahre verließen rund 10 000 meist linke AktivistInnen die Grünen, rund ein Viertel der Mitglieder. Fischer wußte, daß er dem grünen Wahlvolk weiter das Bild von der bunten grünen Anti-AKW-Partei vorspiegeln mußte. Dafür brauchte er handzahme Pseudolinke wie Jürgen Trittin.

Der grüne Umweltminister Trittin hatte in den siebziger Jahren im Kommunistischen Bund (KB) im Schatten u. a. von Thomas Ebermann und Rainer Trampert gestanden. Der anpassungsfähige inhaltsleere Ehrgeizling hatte in den Achtzigern als niedersächsischer Minister dem damaligen niedersächsischen Ministerpräsidenten Gerhard Schröder vier Jahre lang brav gehorcht. Jetzt kam Trittins Chance: Fischer mußte der Öffentlichkeit vortäuschen, die Grünen seien ein bunter Haufen und hätten noch Linke. Trittin wurde zu Fischers Hauslinkem. Sie spielten Doppelpaß: Fischer zog weiter nach rechts, Trittin mit kleinem Abstand hinterher, und beim Italiener sprach man das Theater ab.

1992 wurde Fischer zum zweitenmal Umweltminister in Hessen. Im März 1993 gestand er der *Frankfurter Allgemeinen Sonntagszeitung:* Die Grünen hätten in ersten Konsensgesprächen mit der Energiewirtschaft »ihr Ziel eines ›sofortigen Ausstiegs‹ aus der Kernenergie aufgegeben«[245].

Die bayerischen Grünen verabschiedeten sich 1993 von der »sofortigen Stillegung«. Wo immer die Grünen von nun an koalierten: Sie stiegen nicht aus der Atomenergie aus, sondern *ein*. Von der Stillegung der Atomanlagen in Ahaus, Jülich oder Gronau war in den rot-grünen Koalitionsvereinbarungen in Nordrhein-Westfalen nicht mehr die Rede. Im Gegenteil: Das größte deutsche Atommüllager in Ahaus wurde unter Rot-Grün von 1 500 auf 4 200 Tonnen erweitert. Die Urananreicherungsanlage in Gronau wurde ausgebaut. Auch die Arbeit im Kernforschungszentrum Jülich (Reaktorentwicklung) ging weiter. Rot-Grün vereinbarte nur noch, daß die Öffentlichkeit an den Genehmigungsverfahren in Ahaus und Gronau beteiligt sein sollte. Aber nicht mal diese Winzigkeiten wurden umgesetzt.

Die schleswig-holsteinischen Grünen verlangten 1998 den Weiterbetrieb des AKW Krümmel (es war kurzfristig aus technischen Gründen abgeschaltet worden), sonst platze die rot-grüne Kieler Koalition.[246] Krümmel war durch eine auffällig hohe Rate an leukämiekranken Kindern und Jugendlichen in der Umgebung des Atomkraftwerks ins Gerede gekommen. Noch 1987 hatten die Grünen verlangt: »Schleswig-Holstein muß das erste Bundesland werden«, das den sofortigen »Ausstieg aus der Atomenergie ernsthaft und konfliktbereit betreibt«. Man wolle keinen »Konflikt mit der Bundesregierung, den AKW-Betreibern und der Justiz« scheuen, um auch die »Betriebsgenehmigungen für die Atomkraftwerke Brokdorf, Krümmel und Brunsbüttel« zu widerrufen.[247] Sie laufen noch heute. Der Betrieb des AKW Krümmel wurde Anfang November 1998 wieder aufgenommen – unter der Verantwortung des grünen Umweltministers Rainder Steenblock und des damaligen grünen Energiestaatssekretärs Wilfried Voigt.[248]

Fischer gab den Ton vor, die Fischerchöre sangen im Bundestagswahlkampf 1998 nach. Er hatte begriffen, daß die Grünen in der Atomfrage die radikale Attitüde brauchten, um gewählt zu werden. Er tat furchtbar dynamisch: »Schnell«

und »sofort« wolle er den Ausstieg beginnen. Aber eine verbindliche Frist? Kein Wort! Auch im grünen »Sofortprogramm« keine »sofortige Stillegung« mehr.

Kurz vor dem alles entscheidenden Bundestagswahlkampf wurde die grüne Bundestagsabgeordnete Gila Altmann bei der großen Anti-Castor-Demonstration am 19. März 1998 in Ahaus auf dem Heimweg von Polizisten krankenhausreif geschlagen. Diagnose: Schädeltrauma ersten Grades. Verantwortlich: der neue Polizeipräsident von Münster, Hubert Wimber, ein Grüner. Altmann wurde offensichtlich dazu gebracht, den Fall nicht an die große Glocke zu hängen. Heute ist sie Staatssekretärin bei Umweltminister Jürgen Trittin. Als Altmann Anfang 2000 in Vertretung von Jürgen Trittin zum 25jährigen Jubiläum des Wyhler Anti-AKW-Widerstandes reiste, wurde sie während ihrer Rede, in der sie die Atompolitik der Grünen rechtfertigte, von AKW-GegnerInnen ausgebuht. Zynisch verteidigte sie sich damit, daß sie ja genug »Schmerzensgeld« bezöge, um sich so was anzuhören.

Mit Stillegungsfristen wurde nun, während des Bundestagswahlkampfes 1998, frei jongliert. Wer bot mehr? Rainer Baake, damals hessischer Staatssekretär, heute in gleicher Funktion im Umweltministerium, bot 14 Jahre. Er lud am 10. Mai 1998 ausgewählte VertreterInnen von Umweltverbänden zu einem Geheimtreffen in Frankfurt/Main, in der Hoffnung, sie auf realpolitischen Kurs zu bringen,[249] auf den künftigen rot-grünen Regierungskurs einzuschwören: Aufgabe der »sofortigen Stillegung«. Die Grünen scheiterten.

Bundesvorstandssprecherin Gunda Röstel hatte die Zeichen der Zeit nicht begriffen und plapperte von acht Jahren. Joseph Fischer und Bundesgeschäftsführerin Heide Rühle rügten Röstel via dpa wie ein Schulmädchen. Und ganz nebenbei forderten die Grünen im Wahlkampf Ökosteuer für Atomstrom. Als ob man etwas, das mensch wegen seiner Gefährlichkeit »sofort« abschaffen will, erst noch besteuert und eine staatliche Einkommensquelle

stabilisiert.[250] Fischer wollte plötzlich nur noch das schrott-
reife Atomkraftwerk Biblis A stillegen, das ihn als hessischer
Umweltminister nicht gekümmert hatte.

Bei den Grünen hatte Orwells »Neusprech« Einzug
gehalten. So wie Rot-Grün heute jede soziale Schweinerei
»Reform« nennt, hieß es nun nicht mehr »sofortige Stillegung aller Atomanlagen«, nicht mal mehr »Ausstieg in vier
Jahren«, sondern: Machen wir doch ein kleines »Ausstiegs-
gesetz«. Oder vielleicht nur einen »Einstieg in ein Aus-
stiegsgesetz«?

Fischer floskelte: »Ihn interessiere weniger [...], wann
das letzte Atomkraftwerk dichtgemacht wird, sondern vor
allem, wann mit dem Abschalten des ersten begonnen
wird.«[251] Ein Lehrsatz aus der Schule des Verwässerns. Das
freute die Energiewirtschaft und Bundeskanzler Schröder.
Der sagte: Wenn ich den Kernenergiegegnern deutlich
mache, daß der Ausstieg kommt, dann rückt die Frage nach
dem definitiven Ende in den Hintergrund. Das ist der Trick.

Und die Castor-Transporte? Und der Widerstand im
Wendland? Über Kandidaturen für den Bundestag wurden
BürgerinitiativlerInnen wie der langjährige Pressesprecher
der Bürgerinitiative Gorleben, Wolfgang Ehmke, eingebunden. Plötzlich wollte Ehmke nur noch vorsichtige Forderungen an die SPD stellen.[252] Man weiß ja, wie sensibel
Schröder ist. Ehmke: Es solle nicht zum »Crash« in den Koalitionsverhandlungen kommen.

Die Aufweichung der grünen Antiatomposition ließ sich
an allen Figuren verfolgen, die bei den Grünen blieben.
Ursula Schönberger, 1994 bis 1998 atompolitische Sprecherin der Bündnisgrünen im Bundestag, war noch 1996 für
»sofortigen« Ausstieg, aber vor der Bundestagswahl, am
9. Juli 1998, für eine Frist von acht Jahren.[253]

Auch Fischers persönlicher »Linker«, Jürgen Trittin, reiste
im Bundestagswahlkampf nach Gorleben. Eine Frist für den
Atomausstieg? Trittin: »So schnell wie möglich.« Zum Entsetzen seiner ZuhörerInnen verriet er: Sogar Atommüll-

transporte seien unter bestimmten Bedingungen möglich. Transporte nach Gorleben könne es nur geben, wenn sie auch sicher seien, notierte die *Elbe-Jeetzel-Zeitung* enttäuscht. Der Frage, ob ein Ausstieg – wann auch immer – gleichbedeutend sei mit dem Ende der Transporte ins Zwischenlager Gorleben, wich Trittin aus: »Der Druck auf Ahaus und Gorleben wird geringer werden.«[254]

Anderthalb Jahre später provozierte er offene Wut. »Die Rede von Bundesumweltminister Jürgen Trittin hat mich bestärkt, dieser Partei den Rücken zu kehren«, erklärte Marianne Fritzen, Grüne und alte Gorlebenkämpferin aus Lüchow auf dem Landesparteitag der niedersächsischen Grünen am 6. Februar 2000 in Celle.[255] Bauern aus dem Wendland waren mit ihren Traktoren zum Landesparteitag getuckert und hatten zwei Ferkel im Käfig präsentiert: Eines rot, das andere grün angemalt: »Der Trog ist derselbe, nur die Ferkel haben gewechselt.« Gastredner Trittin hatte behauptet: Nach einem Jahr sei die quälende Blockade in der Atompolitik zu Ende gegangen, weil es erstmals gemeinsame Beschlüsse der beiden Regierungsfraktionen gebe. Als er kritisiert wurde, rief er wütend in den Saal: »Hören wir doch auf, uns selbst zu belügen. Die außerparlamentarische Bewegung und die Grünen haben die Stillegung von Atomanlagen nicht erreicht.« Viele Delegierte pfiffen ihn aus. Der Leitantrag des Landesvorstandes – die Position Trittins zu unterstützen – fiel mit 90 gegen 54 Stimmen durch. Trittins KritikerInnen wären mit dem Abschalten von zwei Atomkraftwerken noch in dieser Legislaturperiode zufrieden gewesen, bei einer Laufzeit von 25 Jahren für alle anderen AKWs. Auch nur eine Variante der Modernisierung des Atomprogramms und keine Alternative.

Warum soll bei Jürgen Trittin nicht funktionieren, was auch den angeblich linken Ludger Volmer binnen weniger Tage nach dem rot-grünen Wahlsieg von 1998 zum Schweigen brachte? Das Amt. Die Staatspension auf höchstem materiellem Niveau. Die »Realos« gaben gern damit an:

Irgendein Restlinker wird aufmüpfig? »Wir schütten einfach Gold in seinen Rachen, das minimiert den Durchknallfaktor erheblich«, prahlten sie.

Die Kritik der Umweltverbände blieb opportunistisch. Heinz Laing, der atompolitische Sprecher von Greenpeace, bezeichnete es lediglich als »Schönheitsfehler«, daß SPD und Grüne sich nicht auf eine Frist geeinigt hätten.

1999, nach einigen Monaten rot-grüner Zänkereien, als Trittin vorgab, wie ein Löwe zu kämpfen, und als Bettvorleger landete, kam endlich für alle, die es sehen wollten, heraus, wie heruntergekommen die Grünen in der Atomfrage wirklich sind. Die Fristen purzelten. Schnell plapperte Fraktionssprecher Rezzo Schlauch, man könne auch über 20 Jahre sprechen.[256] Früh begann die Erpressung. RWE-Chef Dietmar Kuhnt verkündete treuherzig: »Wenn die Atomgespräche nicht zur Zufriedenheit der Industrie ausfielen, könne der Kanzler sein Prestigeprojekt ›Bündnis für Arbeit‹ auch gleich vergessen.«[257]

Auf dem Tisch lag dann das »Bubble-Konzept« als sogenanntes »Ausstiegskonzept«: Die Atommafia darf strahlen. Alle Reaktoren bekommen (unverbindliche) Basislaufzeiten. Falls ein AKW vor Ablauf dieser Zeit vom Netz genommen wird, kann die restliche Betriebslaufzeit einem anderen AKW zugeschlagen werden. Statt auszusteigen, dürfen die AKW-Betreiber mit diesen Betriebsjahren auch handeln.

Irgendeiner oder zwei der schrottreifen Reaktoren Biblis A, Obrigheim oder Stade werden bald ohnehin vom Netz genommen werden müssen. Vielleicht erlaubt Schröder den Grünen, ihren WählerInnen diese Selbstverständlichkeit als Heldentat zu verkaufen und mit einem Volksfest zu feiern? Dafür dürfen andere Atomkraftwerke länger laufen als vielleicht je geplant, hochprofitabel (weil die Kosten längst abgeschrieben sind) und hochgefährlich. Ein Ausstieg aus früheren grünen Positionen in den Atomeinstieg.

Dreißig Jahre »Basislaufzeit«, sagten die Grünen Anfang 2000. Fünfunddreißig Jahre, sagte die Energiewirtschaft und verlangte, daß nur die Zeit angerechnet werden darf, wenn das AKW auch läuft. Die Betriebsjahre werden jetzt in Strommengen gerechnet und können auf ein anderes AKW mit z. B. niedrigeren Betriebskosten übertragen werden. Solcherart Strommengentransfer kann dann auch noch als vermeintliche Stillegung eines AKWs verkauft werden. Da kommen schnell 40 und mehr Jahre zusammen, mit denen ordentlich gezockt und gebubbelt werden kann. Von einer so langen Laufzeit hat die Energiewirtschaft vor Rot-Grün nie zu träumen gewagt.

Schon heute ist klar: Am Ende des grünen »Ausstiegs« wird die Atomwirtschaft besser dastehen als vor Beginn der Anti-AKW-Bewegung der siebziger Jahre. »Weg mit dem Atomprogramm!« riefen die Grünen bei ihrer Gründung im Januar 1980. »Mehr Atomenergie!« und »Modernisierung des Atomprogramms« bedeuten ihre Regierungsbeteiligung.

Die Grünen wurden zur gefährlichsten Pro-Atom-Partei, weil sie die verlogenste sind. Unter der Fahne des Ausstiegs wird das Atomprogramm modernisiert. Die laufenden Atomkraftwerke werden von den Grünen akzeptiert. Trittin garantiert den AKW-Betreibern sogar »Betriebssicherheit bis zum Ausstieg«. Er fordert vom Atomkapital Zwischenlager innerhalb von 5 Jahren auf dem Gelände von Atomkraftwerken. Trittin schafft das dezentrale Endlager. Eine Lösung, nach der die Energiewirtschaft seit Jahrzehnten giert und die selbst das bisherige (Pro-)Atomgesetz untersagte. Er gibt damit ein rechtliches Faustpfand aus der Hand. Um angeblich auszusteigen, wird erst einmal ausgebaut. Das Vorhaben für ein zentrales Endlager in Gorleben bleibt in der Hinterhand, bis der Widerstand gespalten ist und falls ein russisches Endlager für alle ausfällt. Die Wiederaufarbeitung in Sellafield und in La Hague läuft weiter bis in die nächste Legislaturperiode und damit auch die Atomtransporte.

Große Teile der ach so atomfeindlichen grünen Energiespezialisten wollen nur noch gegen Castor-Transporte mobilisieren, »wenn der Ausstieg noch nicht geregelt ist«.

Den »Bubble-Plan« nannte Trittin ein »Ausstiegskonzept«. Somit ist mit dem Pro-Atom-Konsens vom Juni 2000, in grüner Logik, der Ausstieg geregelt und Atommülltransporte wären erlaubt. Wie jubelte die *taz* nach der Bundestagswahl 1998? »Das zentrale Projekt des Umweltschutzes, der Ausstieg aus der Kernenergie, ist bereits entschieden. Zur Debatte steht nicht mehr ob, sondern wann.«[258]

Die Grünen sprechen nicht mehr über die Gefahren neuer Atomreaktoren wie des Euroreaktors, den Siemens und der französische Konzern Framatome bauen. Beide Konzerne wollen demnächst fusionieren.

Kein aufklärerisches grünes Wort mehr gegen die für dieses Jahrhundert geplanten gefährlichen Atom*fusions*kraftwerke, die noch mehr radioaktiv strahlenden Atommüll liefern werden als die bisherigen Atom*spaltungs*kraftwerke. Deutschland hat bisher mindestens 2,5 Milliarden Mark für die Atomfusionsforschung verschleudert. Wie unter der CDU/FDP-Regierung wird auch unter Rot-Grün nur ein Bruchteil dieses Betrages in die Erforschung z. B. von Technologien für die billige Massenproduktion von erneuerbaren Energien gesteckt. Dazu kommen noch die Kosten für den durch die rot-grüne Bundesregierung fortgesetzten Bau des neuen Atomforschungsreaktors in Garching bei München, eines Bausteins auf dem Weg zur Atomfusion. Dieser Forschungsreaktor München II (FRM II) arbeitet mit waffentauglichem, hochangereichertem Uran.

Zerstört wird die ökonomisch unglaublich potente, technisch machbare, aber vor allem ökologisch, sozial wie demokratisch einzige Alternative, ein Mix aus regenerativen Energien: Solarthermik für die Wärmeversorgung; Solarphotovoltaik für die Stromversorgung; Wind, Wasser und Biomasse – auch für den Strombedarf.

Schon zu Zeiten der SPD/FDP-Bundesregierung kam 1976 unter Forschungsminister Hans Matthöfer eine Expertengruppe in einer umfangreichen Studie zum Ergebnis, daß allein mit Windenergie im Verbundnetz 1980 50 Prozent des Strombedarfs in Deutschland gedeckt werden könnte. Verantwortlich für die mehrtausendseitige Studie war ausgerechnet die Kernforschungsanlage Jülich! Der traditionsreiche Filz zwischen SPD und Energiewirtschaft verhinderte die ausführliche Information der Öffentlichkeit.

Vor der Gründung der Grünen hatte die Anti-AKW-Bewegung der siebziger Jahre mit aufklärerischen und militanten Mitteln wesentlichen Anteil daran, daß von über 90 geplanten Atomkraftwerken mehr als 70 verhindert wurden. Jedes einzelne der heute 19 AKWs ist zuviel. Jedes einzelne eine lauernde, bereits im störfallfreien »Normalbetrieb« eine krebserzeugende, schlafende Atombombe. »Atomprogramm ist Mordprogramm«, hieß es früher bei den Grünen. Heute zählt für die Grünen nicht mehr, daß Menschen durch radioaktive Niedrigstrahlung an Krebs oder Immunschwäche erkranken und sterben können. Auch über den möglichen AKW-Störfällen und einer jederzeit möglichen Atomkatastrophe liegt das Schweigen der PostenjägerInnen. Aus der sofortigen Stillegung aller Atomanlagen wurde der *Einstieg* zum Ausbau, auch durch Hermesbürgschaften für Atomkraftwerke in China, Argentinien und Litauen, die Rot-Grün beschlossen hat. Die Atomgeschäfte, die gegebenenfalls aus Steuergeldern finanziert werden, haben einen Wert von 340 Millionen Mark. Auf die Frage, woher die Abwendung der JungwählerInnen von den Grünen komme und was diese von anderen Parteien überhaupt noch unterscheide, antwortete Daniel Cohn-Bendit im September 1999: »Wenn wir Grüne zum Beispiel von Menschenrechten reden, dann sagen wir: An China verkaufen wir kein Atomkraftwerk. Das sagt ein normaler Politiker nicht.«[259] Eine kleine Lektion über die Halbwertszeit grüner Sprüche.

Was sind schon Tod und Unglück, wenn die Gier nach Anerkennung durch die Herrschenden und nach Bereicherung treibt? Die Grünen liegen vor der Atomwirtschaft so tief auf den Knien, daß man ihnen bequem in den Arsch treten kann.

## ». . . bis sich das gesunde Volksempfinden realpolitisch Bahn bricht«

## Die Finanzintrige der »Realos« und der Sturz des linken Bundesvorstands 1988

1984, 1985, 1986, 1987 – stets scheiterten die »Realos« mit ihrem Versuch, linke Mehrheiten auf Bundesversammlungen zu brechen und die mehrheitlich linken Bundesvorstände zu stürzen. Den Landesverband Hessen hatten sie »gesäubert«, und auch in anderen Landesverbänden, wie Baden-Württemberg, Bayern und Niedersachsen, wurden die Linken nach und nach aus allen entscheidenden Positionen verdrängt.

Nur beim Wunsch, sich die Gesamtpartei zu unterwerfen, das Programm zu verwässern, die basisdemokratischen Strukturen zu zerbröseln, holten sie sich auf Bundesversammlungen jahrelang blutige Nasen. Die Grünen blieben bedingungslose AKW-GegnerInnen. Noch wollten sie raus aus der NATO und verlangten offene Grenzen. Sie spotteten über das staatliche Gewaltmonopol, wollten den Kapitalismus abschaffen und waren überzeugt, daß Frauen über Kinderkriegen und Abtreibung selbst bestimmen sollten.

Führende »Realos« sahen sich frustriert nach anderen Jobs um. Es kam für sie noch schlimmer.

Bis zu den Bundestagswahlen 1987 gab es in ARD und ZDF die »Elefantenrunde«, in der die Vorsitzenden der im Bundestag vertretenen Parteien drei Tage vor der Wahl Grundsätzliches debattierten. Nach einigem innerparteilichen Gerangel – die »Realos« in der Bundestagsfraktion wollten die Grünen durch Otto Schily vertreten sehen – setzte die Partei ihr Recht auf Entscheidung durch, und der Bundesvorstand wählte mich mit Unterstützung des Bundeshauptausschusses. Damals beherrschten die – mehrheitlich realpolitischen – Abgeordneten zwar weitgehend die Darstellung der Partei in den Medien, aber noch nicht die Bundespartei.

Elefantenrunde, 23. Januar 1987. Die Moderatoren – Reinhard Appel (ZDF) und Martin Schulze (ARD) – gebärdeten sich staatstragend und benahmen sich so, daß Horst Tomayer später auf einer Pressekonferenz des ZDF Appel beschimpfte: »Für Ihr Benehmen in der ›Elefantenrunde‹, besonders gegenüber Frau Ditfurth, da hätten Sie bei mir in der Familie a Watschn gekriegt. Ich hätte Ihnen links und rechts eine gescheuert«.[260] Auch die anderen Beteiligten – Strauß, Kohl, Rau und Bangemann – waren eine einzige Freude. Kein Vergleich zu heutigen Polit-Talk-Shows, in denen nicht vorhandene grundsätzliche politische Unterschiede auch nicht mehr gesucht werden. Ich hatte mich auf alle möglichen Themen (wie Atom- und Sicherheitsstaat, 35-Stunden-Woche, Aussperrungsverbot und Nationalismus) und auf ein extrem feindliches Umfeld vorbereitet. Das war gut so.

Die Grünen erreichten 8,3 Prozent, das bis heute beste Ergebnis bei einer Bundestagswahl: die Antwort auf die »verdreckte politische Kultur« in der Bundesrepublik, sagte Rainer Trampert, in der die etablierten Parteien darum wetteiferten, wer »am besten die Nationalhymne singen« kann.[261] Einige Medien gaben zu, daß die Grünen am

26. Januar 1987 auch durch diese »Elefantenrunde« Wahlprozente gewonnen hatten.[262]

Am 4. Februar 1987 wurde Thomas Ebermann zum Fraktionsvorsitzenden gewählt (»Ausdruck des Wunsches meiner Freunde nach Pluralität«[263]). Otto Schily verlor mit 20 zu 21 Stimmen. Die fünf anderen Vorstandsmitglieder waren allesamt »Realos«, dennoch veranstalteten die Fischerchöre ein Riesengeschrei. Schily geißelte die Wahl als »exzessiven Pluralismus« [!] und »schädlich« für die Partei.[264] Zur Wiederwahl Helmut Kohls hatte sich Schily freundlicher geäußert.[265] Die *Bild*-Zeitung betitelte einen Bericht ihrer Reporterin Doris Köpf: »Die grüne Zerreißprobe: Darf man mit der SPD gehen? Darf man Strommasten ansägen? Darf man mit *Bild* sprechen?«[266] Die heutige Kanzlergattin sollte später noch einen Auftritt bekommen.

Ein paar Tage später warf der hessische Ministerpräsident Börner Joseph Fischer aus der Regierung. Selbst die dogmatischsten »Realos« konnten nach den hessischen Ereignissen niemandem mehr weismachen, die SPD wolle ernsthaft aus der Atomenergie aussteigen.[267] Uns lag an der Bundespartei. Wir machten der hessischen »Realo«-Mehrheit ein Angebot, indem wir der SPD sagten: Wir sind »bereit zur Zusammenarbeit mit anderen Parteien, wenn es dafür eine inhaltliche Grundlage gibt. Die Palette geht von Opposition, punktueller Zusammenarbeit bis hin zu verschiedenen Tolerierungsmodellen einer SPD-Minderheitsregierung. Eine Koalition mit der SPD«[268] schlossen wir aus.

Aber die hessischen »Realos« zockten wieder einmal durch. Im Februar beseitigten sie die Rotation[269] und den Minderheitenschutz, dem sie selbst ihren Aufstieg verdankten. Cohn-Bendit, der zu Unrecht als Vertreter von Minderheitenrechten galt, gehörte zu den Hardlinern, die bei den Grünen die Rechte von Minderheiten beseitigten und autoritäre Strukturen beförderten. Vor der Aufstellung der hessischen Liste zur Landtagswahl 1987 in Hessen wurde Cohn-Bendit von der *taz* gefragt, ob Minderheiten der Partei auf der Landesliste repräsentiert sein sollen: »Natürlich sollen sie repräsentiert sein. Nur, da stellt sich ein grundsätzliches Problem. Zwischen uns existiert hier ein so großes Mißtrauen, daß man sich in der entscheidenden Frage nicht sicher ist.« Weitschweifig schildert er dann das Problem, was passiere, falls eine Koalition nur eine Stimme Mehrheit habe und ein als Landtagsabgeordneter gewählter »Fundi« seine Zustimmung verweigere. Jan Kuhnert erklärte daraufhin deutlich, »daß unser Verständnis des Vertretens von Minderheitsauffassungen heißt, daß wir die Mehrheitsbeschlüsse der Partei achten müssen. An unserer Stimme darf nicht die Mehrheit im Parlament umgekippt werden. Konkret: Sollte es an der einen Stimme liegen, müssen wir den Mehrheitsbeschluß mittragen.« Aber Cohn-Bendit verlangte Kadavergehorsam, verbrämt mit verlogener Moral: »Wenn ein Fundi weiß, daß die überwiegende Mehrheit der Landesversammlung für eine Koalition ist, dann soll er nicht kandidieren, um nicht in die moralische Bredouille zu kommen.«[270] Wer anders dachte als die »Realos« sollte aus moralischen Gründen gar nicht erst kandidieren. Ein innerparteilicher Radikalenerlaß: Weder Manfred Zieran[271] noch Manon Tuckfeld noch irgendein/e andere/r Linke/r kam auf einen der 20 Landeslistenplätze.

Die sozialen Bewegungen wurden schwächer, die Beziehungen des linken Flügels der Grünen zu ihnen war noch weitgehend intakt. »Unerklärbare und widrige Umstände« ließen die Personalausweise aller Bundesvorstandsmitglieder in die Waschmaschinen geraten. Die Einführung des »fälschungssicheren« und maschinenlesbaren Personalausweises stand am 1. April bevor.[272] In Hanau flog die radioaktive Verseuchung von ArbeiterInnen in den Atomanlagen auf. Immer stärker und planvoller wurde in den Medien von den Linken das Bild der humorlosen, fanatischer DogmatikerInnen gemalt. Das *ZEITmagazin* nannte mich einen »entsagungsvollen Revolutionskommissar« in »ungebügelter Bluse«.[273] Der Autor, ein ehemaliger Genosse aus dem

Sozialistischen Büro, hatte Spaß am Nachplappern von Fischers Beleidigungen wie »Sadomasochistin« und »radikal-bürokratische Ablagebolschewistin«.

In Hessen kamen CDU und FDP an die Regierung. Die »Realos« sagten den Linken den Kampf an: Wieder einmal wollten sie den Bundesvorstand auf koalitionsfreundliche Linie bringen. Antje Vollmer rief in der *taz* zum Kampf gegen den Bundesvorstand auf: »Boykottiert das Hauptquartier!«[274] In vielen deutschen Städten organisierte der Bundesvorstand Demonstrationen gegen Atomenergie und gegen die angedrohten »Antiterrorgesetze«. An den Ostermärschen nahmen Hunderttausende teil.[275] Bundesvorstandssprecher Lukas Beckmann erklärte, die Grünen müßten auch mit der CDU koalieren können.[276] Dafür bekam er selbst von einigen »Realos« verbale Prügel. Bald darauf betonte er, er wolle im Mai 1987 nicht erneut kandidieren, weil seine »vermittelnde Rolle« (!) im Bundesvorstand nicht gefragt sei.[277]

Mit Christian Schmidt, Regina Michalik und mir wurden am 9. und 10. Mai 1987 in Duisburg erstmalig *drei* Linke zu SprecherInnen (Bundesvorsitzenden) gewählt. Ich hatte noch einmal kandidiert. Die Mehrheit der Partei wollte einen Ausgleich zur Bundestagsfraktion, die in der Öffentlichkeit mehrheitlich von »Realos« repräsentiert wurde, die zudem immer kaltschnäuziger gegen Parteibeschlüsse verstießen. Von acht Beisitzern waren drei »Realos«.

Christian Schmidt sah sich in der Nachfolge von Rainer Trampert, der satzungsgemäß nicht mehr kandidieren konnte. Schmidt verlangte, die Grünen sollten »das staatliche Gewaltmonopol immer wieder in Frage stellen«, zum Beispiel mit Haus- und Betriebsbesetzungen und Blockaden. Die Bundesversammlung schloß sich dem Bundesvorstand an und rief zum Boykott der Volkszählung auf. »Aufforderung zum Rechtsbruch«, stöhnten die »Realos« im Gleichklang mit der *Welt*.[278]

Am Tag nach der Bundesversammlung, am 11. Mai 1987,

veröffentlichte *Der Spiegel* ein sogenanntes Porträt von mir.[279] Man konnte den Erfolg meiner Teilnahme an der TV-»Elefantenrunde« nicht ignorieren: »An diesem Abend wurde sie zum Star.«[280] Auf dem Titelbild des *Spiegels* hielt ich ein grünes Transparent mit der Aufschrift »Atomkraft – Nein danke«. Der Halsausschnitt meines T-Shirts war so retuschiert worden, daß der Eindruck entstehen konnte, unter dem Transparent sei ich nackt. Über meinem Kopf prangte die Schlagzeile »Grüne Verführung. Mit Jutta Ditfurth auf radikalem Kurs«. Eine linke Frau ist weder Intellektuelle noch Theoretikerin, noch Strategin, sondern »Verführerin«. Eine sexistische Manipulation durch das Altherrenmagazin *Der Spiegel,* undenkbar bei einem etablierten, männlichen Politiker.

Die *Spiegel*-Texte im selben Heft waren eine haßerfüllte Kampfansage: Der »Schmerz der ›Realos‹ [...] hat einen Namen: Jutta Ditfurth«; eine »Radikalbolschewikin« in »düsterer« Kleidung«, die »Domina« der Grünen. *Der Spiegel* fand Kronzeugen. »Sie ist dogmatisch, unnachsichtig und geht über Leichen, so Albert Sellner, ein alter Mit-Kämpfer aus Bürgerinitiativ-Zeiten«. »Mit-Kämpfer« sollte suggerieren, daß Sellner mich gut kannte. Wer war Sellner? Nie »Mitkämpfer«, nie in einer Bürgerinitiative, dafür Redakteur des *Pflasterstrands,* wo er unter dem Pseudonym »Emil Nichtsnutz« seit Jahren gegen linke Grüne hetzte. Ein Jahr zuvor hatte Sellner seine »Zukunftsperspektiven« für die Grünen offengelegt: »konsequente Oppositionspolitik von Schily bis Schoppe, von Mechtersheimer bis Trude Unruh (Graue Panther)«.[281] Schily ist heute bei der SPD. Der »konsequente Oppositionspolitiker« Alfred Mechtersheimer organisiert heute die rechtsextreme Deutschland-Bewegung. Von Frau Schoppe und Frau Unruh wollen wir schweigen.

*Der Spiegel* »recherchierte« für sein »Porträt« ausschließlich in »Realo«-Kreisen. Niemand, der mich wirklich kannte, mit dem ich zusammengearbeitet hatte oder befreundet war oder der mir auch nur neutral gegenüberstand, wurde befragt. Die *Spiegel*-Redakteure Paul Lersch und Tina Stadlmeyr kamen zum Alibi-Interview vorbei. Banale Fragen. Lieblingsfarbe? Gründe fürs Fahrradfahren? Otto Schily hingegen wurde politisch interviewt. Die Ditfurth? Oh, die »gefährdet« »das Schicksal der Partei«, habe »verheerende politische Positionen«, sei »feindselig und fanatisch«. Das sogenannte Porträt diente nur dem Zweck, Werkzeug bereitzulegen, um mich, stellvertretend für die grüne Linke und die KoalitionsgegnerInnen, politisch zu schlachten. So entstanden zehn Seiten Schlamm. Ich begegne noch heute dem Medienbild von mir, das damals verzeichnet wurde.

Der damalige *Spiegel*-Chefredakteur Erich Böhme, im Februar 2000 unfähig, Jörg Haider in seiner Talk-Show in die Mangel zu nehmen,[282] kommentierte 1987 mit Schaum vorm Mund: »Die Fundi-Truppe ikonenhaft-kultisch angeführt von der manischen Verweigerin Jutta Ditfurth. Sie und ihre eiskalte Riege [...] gewinnen neuerdings jedes Messerstechen mit Realos und Realissimos. Sie muten ihrer Wählerschaft ein erbarmungsloses Massaker in den eigenen Reihen zu, Bartholomäusnacht en suite.« Aber jeder zehnte Wähler wähle – verdammt noch mal – grün, trotz des »zähnefletschenden Sprechertrios«, zeterte Böhme.

Das war ausnahmsweise sogar der *taz* zuviel: »Fundi-Hetzschrift« und »untergürtelige Ditfurth-Titelstory«.[283] Sogar ein »Realo« schrieb dem *Spiegel:* »[...] der Kommentar von Erich Böhme sprengt den Rahmen, [... er] benutzt Begriffe aus dem ›Wörterbuch des Unmenschen‹ [...], oder wie soll man es werten, wenn bei einer demokratischen Wahl von ›Bartholomäusnacht‹ die Rede ist? (Zur Erinnerung: Dort [in Paris, 1572; J. D.] wurde ein Teil des protestantischen Adels von Katholiken ermordet.) [...] Im Kommentar manifestiert sich eine [...] blutrünstige, haßerfüllte Sprache, die eher Rückschlüsse auf die Denkgewohnheiten des Verfassers erlaubt.«[284]

Die Volkszählung 1987 wurde erfolgreich boykottiert. Die GegnerInnen der Grünen, so wie sie damals waren, von *Spiegel* bis Schily, hatten begonnen, uns Andersdenkende mit Begriffen aus der Psychiatrie zu diffamieren. Otto Schily hatte sich vom Volkszählungsboykottbeschluß der Partei distanziert und mir »wahnhaft verzerrte Wahrnehmung«[285] vorgeworfen. Innenminister Zimmermann (CSU) blieb bei der alten Hammermethode und verglich VolkszählungsgegnerInnen mit der RAF.

Nach der Bundesvorstandswahl vom Mai 1987 erklärten die »Realos« der Parteimehrheit den Krieg. Zum erstenmal hielten realpolitische VertreterInnen der Fraktion (Joseph Fischer, Otto Schily, Hubert Kleinert, Christa Vennegerts) eine Strömungskonferenz in Bonn ab, auf der sie faktisch zum Sturz des Bundesvorstandes und zur endgültigen Schlacht aufriefen.[286] Joseph Fischer wollte die Grünen binnen zweier Jahre zu einer realpolitischen Partei machen.[287]

Nicht einmal drei Wochen nach seiner Wahl schrieb der neu gewählte Bundesvorsitzende Christian Schmidt, er habe es in seiner »über zwanzigjährigen politischen ›Karriere‹, davon 16 Jahre in der SPD [...] noch nie erlebt, daß derart verzerrend und diffamierend über mich berichtet wird wie jetzt, nach der Duisburger BDK. Und das Schlimmste daran ist, die meisten Anwürfe kommen aus der eigenen Partei.«[288] Es sollte noch härter kommen.

Im Oktober des Jahres jährte sich der »Deutsche Herbst« zum zehnten Mal. Ich gab eine Pressemeldung heraus: »Eine Amnestie der politischen Gefangenen ist überfällig. [...] zehn Jahre nach dem deutschen Herbst, der Zeit voller Terror gegen die Anti-AKW-Bewegung und gegen alle, die der herrschenden Politik Widerstand leisten, ist der Zeitpunkt nicht für ›Gnade‹, sondern für Gerechtigkeit.« Ich erwähnte den juristischen Umgang mit alten Nazis und der IG Farben in Auflösung, denen permanent »Gnade« gewährt wurde. Ich kritisierte »den falschen Weg« der RAF. Kritisierte auch die Kronzeugenregelung und die Sonderbestrafung von solchen Gefangenen, die sich ihr verweigern. Schrieb: »Dieser Staat brauchte und braucht wieder *fast* nichts so sehnsüchtig wie den ›Terror‹, den *Schrecken*. Er braucht ihn, um von seiner eigenen tagtäglichen Gewalt abzulenken. Von der Bombe in Celle, die der Geheimdienst in Abstimmung mit der CDU-Landesregierung und der SPD/FDP-Bundesregierung 1978 legte. Ablenkung von der Gewalt gegen Asylsuchende, die mit mehr und mehr ›Erfolg‹ in ihre Folterländer zurückgeschickt werden. [...] Gewalt in psychiatrischen Krankenhäusern und Gefängnissen [...], strukturelle Gewalt wie Arbeitslosigkeit, Verdrängung der täglichen Gewalt gegen Mensch und Natur [...], weil in diesem Land Glück und Gesundheit immer noch Profitinteressen unterzuordnen sind.« Man wolle »mit der Jagd nach angeblichen Terroristen begründen, weshalb demokratische Rechte und Freiheiten in Mengen ruiniert werden«.

FDP-Chef Bangemann verkündete, das Land befinde sich im »Kriegszustand« und die Bekämpfung des Terrorismus sei die »Schicksalsfrage der Nation«. BKA-Chef Boge erklärte fast zeitgleich, es gäbe etwa 28 international gesuchte Terroristen mit einem direkten Umfeld von 200 Personen. Ich antwortete: »Wenn ich mir da diesen ›Kriegszustand‹ zwischen 28 bzw. 200 gegen 60 Millionen ansehe, wird mir schlagartig klar, wofür wir die neuen Unsicherheitsgesetze, Volksaushorchung, Polizeiaufrüstung und Zerstörung demokratischer Freiheiten brauchen.«[289]

Alle bundesdeutschen Spießer und Rechten heulten auf. Die Fraktions-»Realos« würgten zehn Tage, bis sie den »Schlamm, der [...] von sämtlichen Spießbürgern dieser Republik auf die Ditfurth geworfen wurde, küßten«[290]. Sie warfen mir das »Fehlen eines *positiv* entwickelten Staatsverständnisses« vor. Etwas, was der Staat in den Siebzigern selbst von den Opfern seines Radikalenerlasses nicht zu verlangen gewagt hatte. »[...] wer, wie die Vorstandssprecherin Jutta Ditfurth, nicht willig ist, sich mit den Repräsentanten der politischen Mehrheit restlos gemein zu machen«, kommentierte der *ak,* »wird gnadenlos der öffentlichen Hetze ausgeliefert [...]. ›Mescalero‹ grüßt von ferne [...], es beginnt der deutsche Herbst der grünen Partei, der vor allem sehr deutsch ist. Vergleiche mit der Göttinger ›Mescalero-Affäre‹ vor zehn Jahren drängen sich geradezu auf [...]. Heute sind es die selbsternannten grünen Staatsanwälte, die in vorauseilender Staatstreue die Inquisition gleich selbst in die Hand nehmen [...]. Das staatliche Gewaltmonopol muß endlich anerkannt werden, fordert Otto Schily schon lange, und noch nie bekam er dafür so viel Beifall wie im deutschen Herbst 1987.«[291]

Christian Schmidt spottete, daß es gelungen sei, »erfolgreich die deutsche Spießbürgerlichkeit« zu provozieren. Es gab unglaublich viel Solidarität. Viele hatten ihre Vergangenheit nicht vergessen und ihren politischen Verstand nicht im Opportunismus ersäuft. Schmidt: Auch noch »zehn Jahre nach Stammheim funktioniert der Mechanismus, daß jede Person, die die RAF-Terroristen als Menschen behandelt und nicht als Bestien, wie es die Staatsdoktrin vorschreibt, sich dem Verdacht ausgesetzt sieht, deren ›5. Kolonne‹ zu sein. Und ebenso gehört es immer noch zu einer ›ausgewogenen Stellungnahme‹, Bekenntnisse zu ›diesem unseren Staat‹ und seiner Anti-Terror-Politik auch dann abzuliefern, wenn sie nicht einmal mehr die Fassade rechtsstaatlicher Politik wahrt (so Otto Schily 1977).«[292] Eine Fraktionsminderheit schickte ein solidarisch-kritisches Minderheitsvotum.[293] CDU, SPD und FDP geiferten quer durch die Bundesrepublik. Allein die Schlagzeilen würden ein Buch füllen.

Viele KünstlerInnen waren solidarisch, »Die Drei Tornados« regelrecht weitsichtig: »Jutta muß gehen! Denn staatstragend, wie sie sein wollen, müssen die Grünen beweisen, daß sie in ihrer Partei das sein können, was der deutsche Michel von seinen Politikern fordert – ausgrenzen, absägen, bestrafen. Die Grünen brauchen deshalb niemanden ›so sehnsüchtig wie Jutta D.‹. Wen sonst sollte man denn in zehn Jahren amnestieren? [...] Endlich kriegt Jutta eine hinter die Löffel, wenn sie andeuten will, die GSG 9 wäre die Staats-RAF. Wo doch gerade die militanten, aufmüpfigen Söhne und Töchter der 68er reumütig in den Schoß von Vater Staat und Mutter Süssmuth zurückkehren sollen. Wir sind für radikale Säuberung der Partei, denn in der Geschichte ist noch jede politische Kraft auf ihrem Weg zum Erfolg durch solche Reinigungsbäder gegangen: kein Fortschritt ohne Hexenverbrennung und Röhmputsch. Wir sind für die radikale Säuberung der Partei, bis nur noch Otto von Schily als Reichskanzler übrigbleibt [...].«[294]

Ausgerechnet mein Heimatblatt *Der Spiegel* gestand ein: »Gänzlich untergegangen ist im Unionsgetöse, daß Jutta Ditfurth schon in ihrer Erklärung den ›falschen politischen Weg‹ der Terroristen abgelehnt hatte. Vor dem Hauptausschuß sprach sie sogar von der ›falschen RAF-Ideologie und ihrer mörderischen Praxis‹. Der CDU-Abgeordnete Karl Miltner aber redete ungerührt vom ›ungeheuerlichen Versuch der Rechtfertigung von Mord und anderen Kapitalverbrechen‹.«[295]

Die Repressionen zogen an. Für den Volkszählungsboykott, den die ganze Partei beschlossen hatte und den ich als Parteivorsitzende aktiv zu vertreten hatte, wurde ich im Oktober 1987 vor Gericht zitiert und bestraft. Auch das Verteidigungsministerium und das Wehrbereichskommando IV der Bundeswehr ließen uns – die alte Fraktion der Grünen im Römer und FreundInnen aus Bürgerinitiativen – juristisch verfolgen, weil wir drei Jahre zuvor die Sprengkammern in der Frankfurter Friedensbrücke zugemauert hatten. Sie warfen uns vor, die Wehrbereitschaft der Bundesrepublik Deutschland gefährdet zu haben.

Der gesellschaftliche Rollback wirkte in die Grünen hinein. Auch die linken Feministinnen gerieten unter Druck. Mit einem stockkonservativen »Müttermanifest« versuchten ökolibertäre und »Reala«-Frauen auch in der Frauenpo-

152

litik SPD- und CDU-Kompatibilität zu erreichen. Eine Position der Grünen war: Weg mit dem § 218! Sexuelle Selbstbestimmung der Frau. Da flippte Kardinal Ratzinger aus und hetzte, die Grünen wollten »ungeborene Kinder« noch im neunten Monat abtreiben. Des Kardinals Anschuldigung traf tief ins Mark derjenigen Grünen, die um ihre Reputierlichkeit fürchteten. Schnellstens beeilte sich ein gewisser Joseph Fischer, vor laufenden Fernsehkameras am Rand des Katholikentages zu erklären: Der Beschluß seiner Partei, den § 218 zu streichen, verletze die Gefühle der Menschen und müsse neu diskutiert werden. Der ewige Katholik klagte: Der Beschluß sei »kaltgefaßt«.[296] Was ist ein warm gefaßter Beschluß? »Kalt« sind vermutlich die hartherzigen Frauen, die es wagen, über ihr Leben selbst zu bestimmen und dabei Klein-Joschka erschrecken.

In immer kürzeren Abständen attackierten die »Realos« den Bundesvorstand und drohten mit Spaltung. Sie konnten immer sicherer sein, daß die Medien zu beinahe 100 Prozent hinter ihnen standen. Schließlich waren die »Realos« die Garanten der Integration früherer Oppositioneller. Je entschlossener die Medien waren, nicht mehr über den Inhalt von Auseinandersetzungen zu berichten, sondern vorzugeben, es handele sich um undurchschaubare, persönliche Animositäten, desto schwankender – das war die Absicht – wurde auch der politisch unsichere, unerfahrenere und der bürgerliche Teil der Parteibasis. Wie sollte mensch all »den Streit in Bonn« seinen NachbarInnen oder ArbeitskollegInnen erklären?

Die »Realos« wollten den Eindruck erwecken, die Partei sei in einem desolaten Zustand und nur sie könnten sie retten. Sie produzierten einen Konflikt nach dem anderen. Manfred Zieran: Es war ein »Zermürbungskampf«, mit dem Ziel, die »ÖkosozialistInnen und RadikalökologInnen aus der Partei rauszudrängen«.[297]

Eine Krisenkonferenz im Dezember 1987 brachte kein von den »Realos« gewünschtes Ergebnis. Die Aufregung der »Realos« über eine Strommastbesetzung (beim AKW Neckarwestheim im März 1988), an der ich mit Anti-AKW-FreundInnen teilnahm, brachte uns anderenorts Sympathien. Viele bürgerliche Mitglieder der Anti-AKW-Bewegung, etwa um Wackersdorf, hatten auch keine Probleme mit Sachbeschädigungen wie dem Strommastensägen, aber die bürgerlichen Medien verlangten von den Grünen »die Distanzierung von der Gewalt«. Die »Realos« beugten sich eilfertig.

Auf der Bundesversammlung in Ludwigshafen vom 26. bis 27. März 1988 beschloß die Partei Kampagnen gegen die Tagungen von Internationalem Währungsfonds (IWF) und Weltwirtschaftsgipfel, gegen den Paragraphen 218, gegen den Bayer-Konzern wegen seiner IG-Farben-Vergangenheit und gegen die Atomenergie. Wieder wurden Linke in den Bundesvorstand gewählt. Der »Realo«-Hardliner Jo Müller, mit dem der langjährige, allseits geschätzte Bundesschatzmeister Hermann Schulz aus dem Amt gehebelt werden sollte, fiel durch. Müller gehörte, unabhängig von seiner politischen Orientierung, nicht eben zu den vertrauenerweckenden Gestalten in der Partei.

Nur zehn Wochen später folgte die Rache der »Realos«. Denn sie hatten wirklich alles versucht. Fast alles. Führende »Realos« sahen sich bereits nach anderen Jobs um. Für Fischer soll das erwähnte Angebot des *Spiegel* vorgelegen haben. Wir spotteten: Jetzt fehlt bloß noch eine Intrige in Sachen Sex oder Geld. Sie entschieden sich für Geld.

Die Intrige, die scheinbar nur dem linken Bundesvorstand, in Wirklichkeit aber den Grünen (wenn auch nicht mehr linkes Projekt] das Kreuz brechen sollte, begann im März 1988. Zwei Opportunisten lieferten den »Realos« die Vorlage und machten sich zu nützlichen Idioten. Die beiden Frankfurter Grünen Milan Horacek und Walter Oswalt waren, nachdem sich die »Realo«-Spontis in Hessen die Mehrheit erputscht hatten, von den Linken zu den »Realos«

»übergelaufen«. Beide waren Mitglieder der ersten Fraktion der Grünen im Römer gewesen. Oswalt hatte sich danach vergeblich als journalistischer Enthüller versucht. Und Horacek war bei seinen neuen realpolitischen Freunden noch nicht akzeptiert. Sie legten den »Realos« ein stinkendes Geschenk vor die Füße, indem sie behaupteten, die Bundesvorstandssprecherin Jutta Ditfurth und Manfred Zieran, ihr enger politischer Freund, hätten Geld aus einem Prozeßhilfefonds veruntreut.

Horacek suchte Ende März 1987 Bundesschatzmeister Hermann Schulz auf und drohte: Ditfurth solle innerhalb der nächsten Tage zurücktreten, sonst würde die Presse informiert. Eine auf den ersten Blick sonderbare Konfrontation. Schulz, von Haus aus kein Linker, hatte RadikalökologInnen und ÖkosozialistInnen im Bundesvorstand schätzengelernt und, wir hatten uns mit ihm angefreundet. Horacek hatte aus Opportunismus die Seiten gewechselt und versuchte nun, seinen alten Freund Schulz unter Druck zu setzen. Die Drohung: Distanziere dich von den Linken, dann lassen wir dich in Ruhe!

Mit Oswalt hatte es schon in der Römerfraktion Probleme gegeben. Seine konservative Familie sah seine Zusammenarbeit mit Linken nicht gern. Oswalt verlangte beispielsweise, daß wir die Hoechst AG im Stadtparlament nicht mehr angriffen, weil das die Auftragslage seines Vaters, eines Architekten, verschlechtere.

Worum ging es? Die Hoechst AG hatte Anfang 1985 Strafanzeige gegen die erste Fraktion der Grünen im Römer (1981–1985) gestellt. Unter der Parole »Hoechst tötet« hatten wir uns seit Jahren mit der Politik des Chemiemultis auseinandergesetzt, von der Pharmapolitik in der »Dritten Welt« bis zu krebserzeugenden Arbeitsbedingungen und Naturzerstörung. Wir hatten Studien und Analysen angefertigt, mit Hoechst-ArbeiterInnen, -Angestellten und Hoechst-Opfern in aller Welt gesprochen, den Konzernvorstand auf Aktionärsversammlungen mit peinlichen

Fragen konfrontiert und, den Main in Booten entlangschippernd, Aktionen gegen illegale Gifteinleitungen unternommen.

Ein Riesenprozeß drohte. Ein Weltkonzern gegen sechs Leute. Mit teuren Gutachten und hohen Prozeßkosten konnte die Hoechst AG uns lebenslang finanziell ruinieren.

Der Bundesvorstand der Grünen unterstützte – wie immer in solchen Fällen – aus seinem Aktionsfonds die Angeklagten. Wir hatten es schwer, vom Bundesvorstand Geld für den Rechtshilfefonds und die Prozeßvorbereitung zu bekommen: Meine BundesvorstandskollegInnen wollten jeden Verdacht, ich würde bevorzugt, vermeiden. So entschied das Gremium spät, am 20. April 1986, verringerte die beantragten Mittel von 55 000 auf 40 000 Mark und zahlte lediglich 20 000 Mark aus. Die sechs Angeklagten – Fritz Jantschke, Wolfgang Dorow, Walter Zoubek, Walter Oswalt, Manfred Zieran und ich – entschieden einstimmig, daß Manfred Zieran die Hauptarbeit der Prozeßvorbereitung übernehmen sollte. Alle anderen hatten keine Zeit, kein Interesse, sich die Arbeit aufzuhalsen, oder andere berufliche Verpflichtungen.

Zieran hatte den Prozeß inhaltlich vorzubereiten und die Kontakte zwischen Angeklagten und Anwälten zu koordinieren. Für diesen immensen zeitlichen Aufwand bekam er 550 Mark monatlich. Für 16 Monate 8 800 Mark, mehr Geld war nicht da. Der Rest war Ehrenamt. Dafür recherchierte Zieran fast zwei Jahre in Deutschland und in anderen Teilen der Welt über die Politik des Hoechst-Konzerns. Auf diese Weise entstand das vermutlich umfangreichste kritische Archiv über die Umwelt- und die Sozialpolitik des Chemiekonzerns. Eine »hervorragende Arbeit«, mit der es gelungen sei, »einem milliardenschweren Chemiegiganten die Lust an einem Prozeß gegen UmweltschützerInnen zu verleiden«, meinte der grüne Bundesgeschäftsführer Eberhard Walde.

Denn wir hatten Erfolg: Die Hoechst AG zog ihre Anzeige im Sommer 1986 zurück, die Staatsanwaltschaft stellte das Verfahren ein. Das Hoechst-Prozeß-Konto wurde im November 1987 abgerechnet und mit Oswalts Zustimmung aufgelöst. Inzwischen gab es einen grünen Umweltminister in Hessen (seit Dezember 1985), und der Chemiemulti machte nur die besten Erfahrungen mit den neuen weich-gespülten Grünen. Ein Prozeß gegen uns – die Erfahrung hatte die Polizei bereits gemacht – drohte hingegen zu einem Tribunal *gegen* die Hoechst AG zu werden.

Bundesschatzmeister Schulz wehrte sich gegen die Erpressung von Horacek und Oswalt. Er erklärte öffentlich, daß die Mittel rechtmäßig und zweckbestimmt verwendet worden waren. Aber wer geglaubt hatte, daß es um die Wahrheit ging, war naiv. An vorderster Front hetzten von jetzt an die Blätter, die das größte Interesse daran hatten, aus den Grünen eine koalitionsfähige Partei zu machen: *Der Spiegel,* die *Frankfurter Rundschau,* die *taz* und der *Pflasterstrand.* Fischer konnte sich auf den alten Sponti-Filz verlassen. Die *taz*-Redakteurin und Frankfurter Sponti-Frau Heide Platen übernahm den Auftrag: »Grüner Krach ums Geld. Ehemaliger Römer-Grüner wirft Jutta Ditfurth und Manfred Zieran Unterschlagung vor. Geld war für Prozeß gegen Hoechst AG bestimmt, der nie stattfand. Die funda-mentalistische grüne Frankfurter Galionsfigur Manfred Zieran soll [...] 8 800 Mark [...] in die eigene Tasche gesteckt haben«. (14. April 1988)[298]

Das war die Zielrichtung für die nächsten neun Monate: »Ditfurth-Freund« Manfred Zieran war in Hessen von Anfang an der entschiedenste Widersacher Fischers. Über ihn sollte die Bundesvorstandssprecherin Ditfurth und über sie der verhaßte linke Bundesvorstand gestürzt werden. Zieran war außerdem langjähriges Mitglied des »Bundes-hauptausschusses« (BHA), des höchsten Parteigremiums zwischen den Bundesparteitagen. Und er war neben Jür-gen Reents, Jan Kuhnert u. a., Vertreter der Linken in der

Programmkommission von 1979/1980 gewesen, deren (ehrenamtliche) Arbeit die Gründung der Grünen erst ermöglicht hatte. Jenes grüne Bundesprogramm von 1980 gilt (theoretisch) noch im Jahr 2000.

Am nächsten Tag, dem 15. April 1988, freute sich die *taz*[299]: Die Sache »zieht Kreise«. »Zahlreiche Medien« hätten sich mit dem »Fall« befaßt. Ab jetzt veröffentlichte die *taz* bis zu vier Texte täglich (!) über die »Finanzaffäre«. Mit dabei auch *taz*-Redakteur Klaus-Peter Klingelschmitt, der später als grüner Gemeinderat mit der CDU koalierte, sowie Klaus Hartung, der sich mit schlecht geschriebenen »Fundi«-Haßtexten die Aufnahme in die *Zeit* erschleimte.

Aus 8 800 Mark bei der *taz* wurden »10 000 Mark«[300] bei der *Frankfurter Rundschau*. Aus dem rot-grünen Parteiblatt quoll der blanke Haß: »Der ständig und penetrant politische Moral predigende Zieran, dieser scheinheilige Nordend-St. Just« (Lokalausgabe), »dieser St. Just der Grünen« (Deutschlandausgabe). Und: Der grüne Bundesvorstand habe »auf Wunsch der Zieran-Freundin Jutta Ditfurth 20 000 Mark nach Frankfurt« geschickt.[301]

Fischer wurde immer gereizter. In Hessen standen die Kommunalwahlen im Frühjahr 1989 bevor. Im Frankfurter Römer gab es noch immer eine linke Minderheit in der grünen Fraktion, welche die »Realos« loswerden wollten. Auf Kreisversammlungen im April und Juni 1988, sechs Jahre nach dem Beginn des Putsches, kämpften wir, in Hessen längst eine Minderheit, um die letzten grünen Programmpunkte. Wir blieben nur noch in der Partei, weil es auf Bundesebene noch linke Mehrheiten gab. Der Anpassungsprozeß der grünen Landesverbände war äußerst ungleichzeitig, und so auch die Erfahrungen der Linken. Seit 1983 versuchten wir einen bundesweiten linken Zusammenhang zu organisieren, was u. a. daran scheiterte, daß Linke in anderen Landesverbänden noch lange stabile Mehrheiten hatten. Diese Ungleichzeitigkeit veranlaßte einige nichthessische Linke zur Fehleinschätzung ihrer Lage.

Das Niveau sank. Fischer drohte Andersdenkenden gern Prügel an, z. B. Manfred Zieran. Cohn-Bendit wirbelte mit seinen Fäusten in die gleiche Richtung, bis ihm einer in den Arm fiel. So sah sie aus, die Eroberung der »Lufthoheit über den Stammtischen« (Fischer). Die Finanzintrige half: Von nun an kam in Frankfurt und in Hessen kein Linker jemals mehr auf eine Wahlliste der Grünen.

Der Bundesvorstand hatte schon im April 1988, nach den ersten Unterstellungen finanzieller Unregelmäßigkeiten, eine unabhängige Untersuchungskommission eingerichtet. Aber an der Aufklärung hatten die »Realos« kein Interesse. Die Fischer-Gang wollte die Sache schüren, aufblasen und in der Hand haben. Aber selbst im realpolitischen Kreisverband Frankfurt war eine Verurteilung von Zieran und Ditfurth nicht einfach durchsetzbar. So wurde eines Abends eilig Joseph Fischer herbeitelefoniert, dem es gelang, seine realpolitische Basis auf Kurs zu bringen: Fischers Erzfeind Zieran sollte vor das hessische Landesschiedsgericht gezerrt werden. Ziel: Parteiausschluß oder wenigstens Funktionsverbot. Das Parteigericht war zwar weder zuständig noch satzungsgemäß besetzt. Die Vorwürfe hatten sich in Luft aufgelöst. Aber was scherte das Fischer und seine Gang?

Bei der Staatsanwaltschaft beim Landgericht Frankfurt ging eine anonyme Anzeige gegen Zieran ein. Der übergab der Behörde alle Unterlagen. Schon die Eröffnung eines Ermittlungsverfahrens wurde am 1. August 1988 abgelehnt, keine Grundlage für den geringsten Verdacht. Tom Koenigs, der heute im Kosovo für law and order sorgt, giftete später in der *taz:* Damit seien die Vorwürfe gegen Zieran »nicht widerlegt«.[302] Es wurde übrigens nie eine Sitzung des hessischen Landesschiedsgerichtes der Grünen einberufen. Die Sache sollte nur die Arbeit der unabhängigen – und zuständigen – Kommissionen und Gremien behindern und den Verdacht und das Mißtrauen gegen innerparteiliche GegnerInnen schüren.

Im Juni 1988 übernahm *Der Spiegel* die Vorlage von

»Realos« und *taz* und zündete die nächste Stufe der Intrige. Rechtzeitig zum Perspektivenkongreß der Grünen, am Samstag, dem 11. Juni 1988, meldete *Der Spiegel* via dpa, was er am Montag, den 13. Juni veröffentlichen würde: »Grüne/Finanzen: Einmalig schweinisch«. Die dpa übernahm die Meldung, ohne sie zu prüfen, und titelte: »Der Spiegel: Finanzskandal bei den Grünen«[303]. Eine Welle von Schmähungen und Verleumdungen ergoß sich über uns, im Fernsehen, im Radio, in den Printmedien: vom *Schwarzwälder Boten* bis zur *FAZ*, vom *Bayernkurier* bis zur *taz*, mehrere prallvolle Ordner in meinem Archiv. Endlich schien die Zeit gekommen, den rebellischen linken Grünen den Hals zu brechen.

Auf dem Perspektivenkongreß am 11. und 12. Juni 1988 sollten die VertreterInnen der verschiedenen Strömungen ihre Analysen, Strategien und Perspektiven zur Diskussion stellen. Außer dem Dogma »Koalition mit der SPD« und dem Nachplappern des gesellschaftlichen Mainstreams hatten die »Realos« nichts zu bieten. Sie legten ein pathetisches »Manifest« unter dem Motto »Realpolitik oder Tod« vor: »Sein oder Nichtsein«. Sie plädierten für einen (ökologischen) Kapitalismus, sprachen von der »Trennung von den Fundis«, und Fischer plädierte für eine neue »grüne FDP«. (Ich hatte ihm wenige Jahre zuvor vorgeworfen, daß das seine heimliche Strategie sei, und Fischer hatte ›die bösartige fundamentalistische Unterstellung‹ empört zurückgewiesen.) Der neue grüne Idealtyp sei, verkündeten die »Realos«, passend zum Yuppiezeitgeist, der »konsumfreundliche Citoyen 2000«. Das sollte helfen, die übriggebliebenen emanzipatorischen Werte der sechziger und siebziger Jahre zu knacken. Die »Realos« hatten für den Kongreß eine »Entscheidungsschlacht« vorbereitet und fielen bei der grünen Basis kläglich durch. Bundesvorstandssprecher Christian Schmidt kommentierte trocken: Für niemanden sonst habe der Perspektivenkongreß einen »so hohen Lernwert« gehabt wie für die »Realos«.

Zwar mußte dpa vier Tage nach ihrer Meldung unsere Gegendarstellung drucken. Aber Hunderte von Zeitungen hatten die Falschmeldung gedruckt. Nicht eine einzige druckte die Richtigstellung. Wir wehrten uns sofort, noch am 13. Juni, am Tag des Erscheinens des *Spiegels,* mit einer Pressekonferenz. Typisch für viele MedienvertreterInnen war Hans Linketscher, Radio-Reporter des Hessischen Rundfunks (HR). Sein Sender fragte ihn *vor* unserer Pressekonferenz: »Haben Sie den Eindruck, daß es verwischt werden soll?« Linketscher: »Ja, ich glaube schon. Denn eigentlich hätte es ja der in sich zerstrittenen Partei leichtfallen müssen, die im *Spiegel* aufgestellten Behauptungen zu widerlegen [...] Für mich sind die vom *Spiegel* geschilderten Fälle durchaus glaubwürdig [...] weil sie alle irgendwo sehr menschlich sind.« Wo Rauch ist, ist auch Feuer – oder so ähnlich. Nur sehr wenige Medien heulten nicht mit den Hyänen. Die *Deutsche Tagespost* etwa fragte, ob die »Enthüllung« des *Spiegels* nicht als »Mittel im Kampf der rivalisierenden Flügel der Grünen gegeneinander« diene, und attestierte dem *Spiegel*-Kronzeugen Beckmann »Beihilfe zum Enthüllungsjournalismus [...] nicht um politischer Sauberkeit willen.[304]

Beinahe täglich erschienen in der *Frankfurter Rundschau* Artikel zum angeblichen »Finanzskandal«. Wir wehrten uns auch juristisch. Die Zeitung fing sich eine der ungewöhnlichsten Gegendarstellungen der Mediengeschichte ein. Ein Gericht zwang die *Frankfurter Rundschau,* die fette falsche Schlagzeile »Zieran fälschte Bundesvorstands-Beschluß«[305] ebenso groß und fett mit einer Schlagzeile zu berichtigen: »Zieran fälschte *keinen* Bundesvorstands-Beschluß«[306]. Es erschienen ehrabschneiderische fünfspaltige *taz*-Schlagzeilen wie »Fälschte Ditfurth Vorstandsbeschluß?«[307] Eine Frage, die sich die *taz* umgehend selbst beantwortete, ohne die Beschuldigten zu fragen: »Text von Vorstandsbeschluß zur Prozeß-Finanzierung wurde manipuliert.«[308] Ein Angestellter der Grünen-Bundesgeschäftsstelle hatte versehentlich zwei Papiere falsch zusammengeheftet. Christian Schmidt:

»Weder Jutta [Ditfurth] noch Manfred Zieran waren daran in irgendeiner Weise beteiligt. Sie waren im Gegenteil die ersten, die bei der Bundesvorstandssitzung am 6. Juni klarstellten, daß eine falsche Vorlage verschickt worden ist. [...] Der verantwortliche *taz*-Redakteur hätte diese Sachlage mit einem einzigen Anruf bei uns recherchieren können. Das war nicht beabsichtigt. Es hätte ja auch die passende Headline, zwei Tage vor dem Perspektivenkongreß der Grünen versaut. Darum geht es aber: Den Haß auf die ›Fundamentalistin‹ schüren, jetzt auch mit gezielter Kriminalisierung, bis sich das gesunde Volksempfinden realpolitisch Bahn bricht. Die politische Diffamierung des BuVo [Bundesvorstand] durch *taz* und andere war schwer erträglich. Was Ihr jetzt macht, widert mich nur noch an.«[309]

Zwei Monate nach Beginn der Intrige überschritten meine Ausgaben für Gegendarstellungen 10 000 Mark. Ich war verschuldet. Ich verdiente seit 1987 – zuvor war die Vorstandsarbeit ehrenamtlich – als Parteivorsitzende 1850 Mark netto monatlich.[310] Ich mußte den juristischen Widerstand aufgeben. Das freute meine GegnerInnen.

Eine Journalistin war besonders begierig, dem linken Bundesvorstand eins auszuwischen: Doris Köpf, heute die Gattin von Bundeskanzler Schröder. Als *Bild*-Reporterin hatte sie sich vom *Bild*-Zeitungsboykott der Grünen beleidigt gefühlt. Ich hatte einmal vergeblich versucht, ihr zu erklären, weshalb die Grünen *Bild* boykottierten: beispielsweise wegen der Hetze, die 1968 in Berlin zum Attentat auf Rudi Dutschke geführt hatte, an dessen Folgen er am 24. Dezember 1979 gestorben war. Köpf hatte selbstverständlich freien Zugang zur grünen Bundesversammlung, und sie konnte am Pressetisch jedes gewünschte Papier erhalten. Kurz: Solange sie bei *Bild* arbeite, bekomme sie von uns lediglich keine Post. Köpf begriff nichts, nahm alles persönlich, stimulierte den »männlichen Beschützerinstinkt« einiger gestandener Kollegen, ließ diese eine wütende Erklärung unterschreiben, in der den Grünen nicht weniger als die Bedrohung der Pressefreiheit vorgeworfen wurde. 1988 arbeitete Doris Köpf nicht mehr bei *Bild,* sondern beim Kölner *Express* und titelte prompt nach der Falschmeldung der *Frankfurter Rundschau:* »Griff Ditfurth-Freund in die Grünen-Kasse?«[311] Auch am 15. 6. 1988 floß ihr die Feder über, und am 16. 6. 1988 meldete sie: »Grünen-Gelder: Jutta Ditfurth hat gelogen!«, um sich prompt eine Gegendarstellung einzufangen. Danach wurde sie vorsichtiger.

Die *Spiegel*-Schlagzeilen hatten ihren eigenen Charme: »Grüne/Finanzen: Einmalig schweinisch«[312] – »Grüne: In die Honigtöpfchen«[313] – »Grüne: Kollektive Paranoia«[314] – »Alle durchgeknallt«[315]. *Der Spiegel* behauptete, im Bundesvorstand gebe es Veruntreuung, Bereicherung, Bestechung, Barschecks ohne Beleg. Die »Realos« traten als die entrüsteten StellvertreterInnen einer veröffentlichten Meinung auf, die – von ihnen selbst mit Munition versorgt – ihre machtpolitischen Ziele unterstützte. Zwischen dem Frankfurter Büro des *Spiegels* und der grünen Landtagsfraktion in Wiesbaden herrschte eine rege Reisetätigkeit. Dort hatte Fischers Kumpel Bernd Messinger, der frühere Sponti-AStA-Chef in Frankfurt/Main, »die Koordinierung dieser Aktion übernommen«[316]. Mit dabei auch Georg Dick. Dick ist heute Ministerialdirektor Fischers im Auswärtigen Amt. Messinger wurde erst Landtagsvizepräsident[317] in Wiesbaden, heute ist er Redakteur im Presseamt der Stadt Frankfurt. Es hat sich für Fischers Friends immer gelohnt.

Auch Cohn-Bendit durfte nicht fehlen. Er giftete: »Grüne Funktionäre, die auf Spiegel-Berichte mit Dementis und Medienbeschimpfungen ›vor sich hin barscheln‹, zeigten nur, daß es ihnen an Souveränität und Argumenten mangele« *(Pflasterstrand)*[318]. Der Barschel-Vergleich gefiel Klaus Hartung *(taz)*: Die »grüne Parteispitze« reihe sich »nahtlos in die Skandalchronik der Altparteien ein«. Sie habe »begonnen [...] die Parteistruktur [...] in ein System mafioser Abhängigkeit zu bringen« und klammere sich »mit der verzweifelten Energie eines Barzel oder Barschel an die Ämter« deshalb »muß die Partei reagieren«[319]. In einer Hausmitteilung des *Spiegel* hieß es bald darauf: »Daniel Cohn-Bendit im ›Pflasterstrand‹: grüne Funktionäre, die auf Spiegel-Berichte mit Dementis und Medienbeschimpfungen ›vor sich hin barscheln‹«.[320] »Wer uns vergleicht mit Flick und Barschel, was Fischer, Cohn-Bendit, andere gemacht haben«, erwiderte Christian Schmidt, der betreibt »eine Politik der persönlichen Vernichtung innerparteilicher Gegner«.[321]

Die »Realos« brauchten die Finanzintrige wirklich dringend. Sie hatten einiges zu verbergen – wirkliche Finanzskandale: Nicht nur den Diätenskandal, wie wir später sehen werden. In der hessischen Landeskasse gab es ein Defizit von 500 000 Mark. In der Kasse der »Realo«-Grünen in Nordrhein-Westfalen fehlten 100 000 Mark, nicht einbringbare Außenstände: 350 000 Mark. Dazu: Diebstähle und Scheckfälschung. Man fand Bierdeckel, auf denen 100 Mark für »Fressen und Saufen« quittiert worden waren: gezeichnet »OberOberOberwilly«.[322]

Die Intrige hatte ihren Höhepunkt noch längst nicht erreicht. *Der Spiegel* behauptete, der Bundesvorstand habe Geld veruntreut, sich bereichert, in die Parteikasse gegriffen, Angestellte bestochen und Beschlüsse gefälscht. Das Hamburger Herrenmagazin stützte sich z. B. auf den »Realo« Klaus Stawitzki aus Marl als Beweis dafür, daß »Teile des grünen Bundesvorstandes die propagierte lückenlose Aufklärung der Vorwürfe über Finanzmanipulationen gar nicht wünschen«.[323] Der Bauunternehmer Stawitzki wurde von der Polizei per Haftbefehl gesucht, die Staatsanwaltschaft warf ihm vor, einem Zuhälterring anzugehören.[324] Die Grünen waren die reinste Kronzeugenpartei geworden: Jo Müller, Heide Rühle, Antje Vollmer, Joseph Fischer, Rezzo Schlauch, Otto Schily, Daniel Cohn-Bendit – und Lukas Beckmann. Beckmann war einer der übelsten.

1987, nach der »Elefantenrunde« und der erfolgreichen

Bundestagswahl, hatte mir das US-Außenministerium mitteilen lassen, es wolle mich »näher kennenlernen«. Ich gewann den Eindruck einer – meinerseits äußerst unerwünschten – Kontaktaufnahme von seiten der CIA. Es war zudem die Zeit der Präsidentschaft von Ronald Reagan, des Widerstands gegen sein militärisches Weltraumprojekt SDI und gegen die militärischen US-Interventionen in Nicaragua und El Salvador. Ich lehnte ab. So nutzte »man« meine Vortragsreise durch die USA im Sommer desselben Jahres. Bei meinem Vortrag an der John-Hopkins-University in Washington, D.C., referierte ich vor einem sonderbaren Publikum: Unter ihnen VertreterInnen der Deutschland-Abteilung der CIA, von NATO- und US-Militär, republikanischen Think-tanks und des State Department. Ich hielt meinen Vortrag über deutsche Innen- und Außenpolitik, setzte mich mit der Außenpolitik der USA auseinander und griff die NATO an. Es wurde ein turbulenter Abend. Einige Offiziere verließen wutschnaubend den Saal. Später brüllte mich ein hoher Offizier an, der lange eine führende militärische Funktion in der Bundesrepublik gehabt hatte: ohne die Zustimmung der USA hätte es die Grünen nie gegeben! Obgleich der Abend im offenen Konflikt endete, wurde mir angeboten, eine Analyse meiner Partei zu erstellen. Ich sagte nein. Um mich zu überreden, nannte »man« mir Namen – dabei klopfte mein Gesprächspartner auf seine Aktentasche und verwies auf entsprechende Briefe –, wer bereits solche Studien gemacht bzw. angeboten hatte. Einer, sagte er, sei Lukas Beckmann, der andere der heutige deutsche Innenminister Otto Schily.

Beckmann, der den Anthroposophen nahesteht, betrieb seit Gründung der Grünen am liebsten Geheimpolitik und versuchte Angestellte um sich zu sammeln, die er beherrschen kann. Als Bundesgeschäftsführer der Partei machte er aus der Bundesgeschäftsstelle einen Hort abgesperrter Türen, versteckter Akten und undurchsichtiger und hierarchischer Arbeitsbedingungen. Was immer Beckmann sich leistet, wie ein Fettauge schwimmt er stets oben. Wenn die

Gefahr besteht, daß seine Aktivitäten ins Licht des Interesses rücken, zieht er sich zurück und lauert. Er ist einer der unaufrichtigsten Menschen, die ich je kennengelernt habe. Als er im Mai 1987 nicht mehr als Bundesvorstandssprecher kandidierte – er wäre nicht mehr gewählt worden –, enthielt seine Abschiedsrede eine versteckte Drohung: »Ich glaube, daß es überhaupt keine Alternative dazu gibt, daß wir zur innerparteilichen Dialogfähigkeit zurückfinden. [...] Einheit in der Vielfalt ist für mich eine geistige Anleitung zum Handeln«.[325] Von Beckmanns Gesülze blieb wie so oft nichts als nacktes Machtinteresse und steinaltes politisches Intrigantentum. Auf einem Treffen der Gruppe Aufbruch '88 übersetzte er die »Einheit in der Vielfalt«: »Der Bundesvorstand muß weg!« Heute ist Beckmann Geschäftsführer der grünen Bundestagsfraktion und Mitglied im Vorstand der grünnahen Heinrich-Böll-Stiftung. Er hat Zugriff auf die Akten der Fraktion, spielt mit bei der Vergabe der Millionenbeträge der Stiftung und herrscht wie eine Krake über das grüne Parteiarchiv (!) einschließlich des Petra-Kelly-Archivs. In wessen Interesse? Wer weiß.

Noch waren die Grünen, mit vielen Widersprüchen und mit harten Gegenströmungen, eine mehrheitlich linke Partei. Die sozialen Bewegungen wurden schwächer, der Druck der bürgerlichen Medien auf die Grünen nahm zu und entfaltete hier und dort seine unterwerfende Wirkung. Der Pressesprecher des Bundesvorstandes, Michael Schroeren, heute Sprecher von Umweltminister Trittin, stellte entsetzt fest, daß viele bereit waren, »Selbstjustiz zu üben und die jedem Beschuldigten zustehende Unschuldsvermutung für den Bundesvorstand der eigenen Partei nicht gelten zu lassen«. Das galt auch für realpolitische Rechtsanwälte wie den heutigen Bundestagsfraktionsvorsitzenden Rezzo Schlauch. Der zeigte sich »heftig erbost«, daß der Bundesvorstand es wagte, den Finanzlügen zu widersprechen: »Die wiegeln ab wie andere«.[326] Welch furchtbarer Anwalt, der keine Unschuldsvermutung kennt und kein Recht auf Verteidigung.

Die unabhängige grüne Untersuchungskommission widerlegte in ihrem Abschlußbericht am 13. Oktober 1988 sämtliche Vorwürfe der persönlichen Bereicherung, Veruntreuung, des »gnadenlos freien Belegewesens« usw. Das Wirtschaftsprüfungsbüro Wielgos, von uns gleichfalls sofort mit der Überprüfung sämtlicher Vorwürfe beauftragt, legte seinen Abschlußbericht am 14. November 1988 vor. Kernaussage: »die Buchhaltung« sei »nicht zu beanstanden«. *Spiegel*-Kronzeuge Beckmann legte ein Dossier an und wartete genau bis zu dem Tag, an dem die Untersuchungskommission der Partei ihren Abschlußbericht der Öffentlichkeit vorstellte. Statt ausführlich über die Aufklärung der Intrige zu berichten, spielte die *taz* ein schmutziges Spiel und veröffentlichte statt dessen Beckmanns »Geheimakte« auf zwei Seiten.[327] Das ZDF interviewte Antje Vollmer und Lukas Beckmann. Andere Medien verhielten sich ähnlich. Alle Vorwürfe waren in sich zusammengebrochen. Aber möglichst niemand sollte davon erfahren.

Wenige Wochen vor der grünen Bundesversammlung vom 2. bis 4. Dezember 1988 in Karlsruhe hatte sich der vermeintliche »Finanzskandal« in Luft aufgelöst. Die »Realos« kamen in Bedrängnis. Sie mußten sich etwas Neues einfallen lassen. Sie zeterten, die »politische Kultur« der Grünen sei durch den Bundesvorstand geschädigt worden, weil der sich gewehrt hatte und das alles den Grünen eine schlechte Presse gebracht habe. Aus dem Mund von Heide Rühle, einer »Reala« aus dem Umfeld von Fritz Kuhn, die für ihre Dreckarbeit später mit dem Job der Bundesgeschäftsführerin und 1999 mit dem einer hochbezahlten Europaabgeordneten bezahlt wurde, erfuhren wir die nächsten Pläne: »Das Wesentliche [...] ist das Vorgehen des Bundesvorstandes mit diesen *Spiegel*-Vorwürfen [...], die Untersuchung der politischen Umgangsformen des BuVo«. Sie verriet den Plan: Der Bundesvorstand solle »für die ganzen Sachen die Verantwortung [...] auf der nächsten Bundesdelegiertenkonferenz« übernehmen, also zurücktreten, weil es ihm nicht gelungen sei, die Debatte in den Medien zu beenden,[328] wo sie von den grünen KronzeugInnen und denjenigen, die die Grünen endlich auf kapitalfreundlichem und staatstragendem Kurs sehen wollten, ständig geschürt wurden. Noch im Juni hatte Rühle den Bundesvorstand gelobt: »[...] ich habe überhaupt den Eindruck, daß es nicht stimmt, daß ihr euch einmauert, sondern daß ihr relativ viel beitragt, daß die Sache aufgeklärt wird.« Da fehlten ihr offensichtlich noch Anweisungen – oder Angebote. Bundesvorstandssprecher Christian Schmidt traf den Nagel auf den Kopf: »Dieselben Leute, die im Juni gesagt haben: Alles ganz schlimm, nur die Spitze des Eisberges, ganz tiefer Sumpf, die sagen jetzt, wo die Ergebnisse vorliegen: Das [daß etwas an den Vorwürfen dran ist,] haben wir nie erwartet, aber wie damit umgegangen wurde, das ist der Skandal.« Schmidt forderte, »endlich politisch zu begründen«[329], wenn man einen anderen Vorstand haben wolle.

Joseph Fischer forderte den Bundesvorstand über die Presse zum Rücktritt auf. Auf der Bundesversammlung im Dezember mied er das Mikrophon, denn er mußte vorsichtig sein und die offene Schmutzarbeit von anderen »Realos« erledigen lassen. Die Bundespartei mißtraute ihm noch. Er hatte in Hessen den Minderheitenschutz beseitigt. Hatte erst kürzlich die Forderung nach sofortiger Stillegung aller Atomanlagen als »irreal« bezeichnet. Der Landesverband Nordrhein-Westfalen hatte ihn daraufhin aufgefordert, die Partei zu verlassen.[330]

Seit neun Monaten lief die Finanzintrige. Es gab viele grüne Gemeinderäte, deren Selbstbewußtsein gegen die ständigen Angriffe nicht ausreichte und die verlernt – oder kein Interesse – hatten, »Sand im Getriebe« zu sein, die reputierlich werden wollten, sich in den parlamentarischen Strukturen eingepuppt hatten. Medien und »Realos« lockten: Stürzt den Bundesvorstand, dann seid ihr den ewigen Streit los und endlich »seriös«! Die zehnmonatige Intrige hatte Teile der Partei zermürbt. Und wir Linken waren monatelang viel zu sehr – aber notgedrungen – mit unserer Verteidigung beschäftigt und hatten zu wenig Kraft für die inhaltliche Arbeit, für Aktionen und Bündnisse, die immer unsere Stärke waren.

Die letzte Schlacht bei den Grünen begann. Die zuständigen Parteigremien hatten die Finanzintrige für erledigt befunden. Im ersten Akt hievten VertreterInnen der einflußreichsten »Realo«-Zirkel – die Arbeitsteilung vereinbart hatten – die Intrige auf die Tagesordnung der Bundesversammlung im Dezember 1988 in Karlsruhe. Heide Rühle gab wider besseres Wissen vor, die Sache sei noch nicht geklärt. Die Delegierten wollten noch nicht so recht mitziehen. Es brauchte Fritz Kuhn. Seine Spezialität ist das Heucheln und Schwallen. Es geht, rief er den Delegierten in gespielter Entrüstung zu, um die »Wiedergewinnung unserer Glaubwürdigkeit« und um die »politische Kultur in unserer Partei«. Fischers Fritz war sehr besorgt: Dem Bundesvorstand, »so wie er sich als verfolgt fühlt«, sei nicht mehr zuzutrauen, »die schwierige Arbeit eines Europawahlkampfes zu machen«.

Habt ein »positives Staatsverständnis«, dann kriegt Ihr ganz viel gesellschaftliche Anerkennung – diese Botschaft hatte in den vergangenen Monaten verheerende Schäden in biederen grünen Köpfen angerichtet. Viele waren inzwischen Bürgermeister, Gemeinderäte, Mitglieder in Gremien von Sparkassen und Vorständen von Kleintierzuchtvereinen – man stelle sich so viel gefährdete Reputierlichkeit vor! Michael Pfeffer, ein bayerischer »Realo« aus der dritten Reihe, überbrachte die klassische Botschaft des deutschen Spießers: »Es bleibt immer etwas hängen, das ist eine politische Weisheit, die sehr alt ist.« Schlußfolgerung: »Der bayrische Landesvorstand habe sich [...] für den Rücktritt des Bundesvorstands ausgesprochen«. So kamen Anträge auf Rücktritt des Bundesvorstandes nachträglich (und satzungswidrig) auf die Tagesordnung.

Nun mußte nur noch verhindert werden, daß alle »Angeklagten« reden dürfen. Damit hatten die Realos die besten Erfahrungen gemacht. Die Hauptrolle im dritten Akt übernahm der Bundestagsabgeordnete Gerald Häfner aus Lindau, Anthroposoph und Waldorflehrer. Der hatte eine bemerkenswerte Auffassung von Demokratie: »Die Bundesvorstandsmitglieder mit einem gesonderten Rederecht zu versehen ist überhaupt nicht mehr demokratisch.« Für die grüne Partei »geht es ganz eminent um das [...] Wiedergewinnen unserer Glaubwürdigkeit«. Daß es nicht um ein Privileg für Vorstandsmitglieder, sondern um das Recht von Angeprangerten ging, sich gegen bald zehn Monate währende Angriffe zu verteidigen, die hier wieder aufgekocht werden sollten, verschwand hinter dem Geschwätz. – Saubermann Häfner, der sich auch im Rechts(Innen)ausschuß des deutschen Bundestages für mehr starken Staat einsetzte, wurde 1998 nicht mehr für die bayerische Liste zum Bundestag aufgestellt, weil er mehrfach beim Klauen, unter anderem von Unterhosen, erwischt und zweimal bestraft worden war.[331] – Susanne Nöcker, eine hessische »Reala« aus der zweiten Reihe, klimperte auf der gleichen Klaviatur und beschwor die Delegierten, ein »freies Spiel der freien RednerInnen« zuzulassen. »Frei« klingt immer gut. So viel Ärger in den Zeitungen. Jetzt wollen wir alle mal reden. Eine knappe Mehrheit der Versammlung verweigerte das Rederecht für alle Angeklagten.

Irgendwann an diesem Freitagabend, dem 2. Dezember 1988, war für uns das Maß übervoll. Christian Schmidt geißelte den verlogensten Satz in der ganzen Auseinandersetzung, daß sich nämlich grüne Finanzen nicht zum Strömungsstreit eignen: »Genau das Gegenteil ist der Fall.« Er faßte noch einmal zusammen: Alle Vorwürfe waren als falsche Behauptungen entlarvt worden. Inzwischen belegten fünf unabhängige Untersuchungen, daß nichts vertuscht worden ist. Er stellte für den Bundesvorstand die Vertrauensfrage. 186 Delegierte sprachen dem Bundesvorstand das Vertrauen aus, 214 erklärten uns ihr Mißtrauen. Die

Mehrheit von 28 Stimmen war nur mit den Stimmen derjenigen möglich, die sich »Linkes Forum« nannten, sich längst realpolitisiert hatten und nur darauf warteten, sich den Fischerchören als handzahme neue linke Strömung anzubieten. Eine Spätfolge des Deals waren 1998 der Staatsministerposten für Ludger Volmer und der Ministerposten für Jürgen Trittin.

Wir traten sofort zurück. Die »Realos« brachen in schenkelklatschendes Jubelgebrüll aus. Otto Schily tönte: Das war »notwendig und unausweichlich zur Überwindung der Krise der Partei«.[332] Wenige Monate später trat er in die SPD ein, um zum dritten Mal in den Bundestag einzuziehen, was ihm bei den Grünen aus basisdemokratischen Gründen nicht erlaubt war.

Einer stellte sich mit einer persönlichen Erklärung vor den Parteitag. Hermann Schulz, der Schatzmeister der Partei, war tief verletzt: »Ich möchte mich hier von euch als Parteimitglied verabschieden.« Er kam nicht von den Linken und hatte es »immer am fruchtbarsten empfunden, wenn man gerade mit politisch Fernerstehenden politisch zusammenarbeiten muß«. Eigentlich stehe er dem Aufbruch [von Antje Vollmer] näher als den Linken, aber dem Aufbruch glaube er »nicht mehr«. Nach allem, was er jetzt erlebt habe, sei er »politisch solidarisch mit den Linken in der Partei«. »Diese Partei soll so weitermachen, wie sie will. Sie braucht Menschen wie mich nicht mehr [...], die Schäbigkeit und auch die objektive Verlogenheit, die zu diesem Rücktritt des Bundesvorstandes geführt hat«, sei eine »Verletzung«, die er »innerhalb dieser Partei« nicht aushalten könne.[333] – »Wenn sie nur mit offenem Visier antreten würden«, sagte er an anderer Stelle oft.

Am Montag *nach* der Bundesversammlung druckte *Der Spiegel* unsere Gegendarstellung, die er wochenlang verschleppt hatte. Im Oktober 1989, zehn Monate nach unserem Rücktritt, sprach uns auch noch das Gutachten der Firma »Treuarbeit« (Kosten 50 000 Mark) frei: »Genugtuung für Ditfurth [...]. Ist der einstige umstrittene Bundes-vorstand der Grünen unter Führung von Jutta Ditfurth, Christian Schmidt und Regina Michalik zu Unrecht gestürzt worden?« fragte der *Weser-Kurier*.[334] »Nach der Vorlage des Ergebnisses einer Überprüfung der Buchführung des Vermögensverwaltungsvereins der Partei durch das Düs-seldorfer Wirtschaftsprüfungsunternehmen »Treuarbeit« dränge sich diese Frage auf.[335] Die an der Intrige beteiligten Blätter versteckten die Meldung,[336] die *Frankfurter Rund-schau* z. B. in einem Artikel über grüne Finanzen und Mit-gliedszahlen: »Unterschlagungen oder Selbstbereicherun-gen von Angestellten oder Bundesvorstandsmitgliedern wurden von der ›Treuarbeit‹ nicht festgestellt«, sagte der neue Bundesschatzmeister Vogel.[337]

Der neue Bundesvorstand lehnte es dennoch ab, Her-mann Schulz öffentlich zu rehabilitieren. Perfide veröffent-lichten seine Gegner statt dessen erneut falsche Vorwürfe in der *taz*. Schwerer konnte man Schulz nicht verletzen. Er zog sich tief verletzt und verbittert zurück. Er hatte acht Jahre lang *ehrenamtlich* als Schatzmeister für die Grünen gearbeitet, private und berufliche Interessen für sie zurück-gestellt. Die Grünen waren sein Lebensprojekt geworden. Nun sah er seinen guten Ruf von den »Realos« aus Macht-gier zerstört.

Bei den Grünen gab es keine linken Mehrheiten mehr. Die *taz* konnte ein Jahr später, im Dezember 1989 ohne Risiko zugeben: »Persönliche Bereicherungen wurden nicht festgestellt«. »Die Affäre« habe »das Instrumen-tarium« der Partei »um das Mittel der Intrige« bereichert. »Ob der alte Vorstand ›einfach schuld‹ [...] war, war bereits damals auch für jene nebensächlich, die diese Kam-pagne betrieben. [...] Der ›Skandal‹ markiert den end-gültigen Abschied von der liebenswerten Chaotik der Gründerjahre und manövrierte die fundamentalisti-schen und radikalsozialistischen Positionen ins Partei-Ab-seits«[338], so Gerd Nowakowski. Selbstverständlich findet mensch diesen Text heute in keiner *taz*-Broschüre über die Grünen.

Hermann Schulz wurde im Frühjahr 1990 ins Krankenhaus eingeliefert. Er starb am 9. April 1990, 16 Monate nach seinem Rücktritt, viel zu früh, an einem alten Lungenleiden. In der Jackentasche des Toten fand seine Frau Ute Dokumente über die Finanzintrige. Hermann Schulz war 63 Jahre alt, das jüngste seiner 7 Kinder war 3 Jahre.

Im September 1990 stellte – als letzte Prüfungsinstanz – die Staatsanwaltschaft Bonn ein Verfahren wegen Tatverdachts auf Steuerhinterziehung ein.

# Exkurs: **Joseph Fischer und das Geld**

Ein richtiger Finanzskandal spielte sich 1988 in der Bundestagsfraktion ab: Alle grünen Bundestagsabgeordneten hatten sich vor ihrer Wahl verpflichtet, von ihren Diäten und der Aufwandsentschädigung (damals zusammen rund 14 000 Mark monatlich) etwa 6 000 Mark monatlich an den Ökofonds abzuführen. Dies beruhte auf einem politischen Versprechen der Grünen an die sozialen Bewegungen. Die Grünen sahen sich – am Anfang – als eine basisdemokratische Partei, deren Abgeordnete sich nicht bereichern wollten. Sie hatten sich von ihrer Gründung an verpflichtet, Projekte dieser neuen sozialen Bewegungen zu finanzieren. Das entsprach dem politischen Selbstverständnis und grüner Programmatik. Die Opposition außerhalb der Parlamente sollte gestärkt werden, wo immer möglich, weil nur von hier und nicht aus den Parlamenten der Widerstand, der politische Druck, die *soziale Gegenmacht* kommen konnte, die diese Gesellschaft verändern würde. Die Finanzierung dieser Opposition war also kein Almosen, das die Partei von oben herab gewähren konnte oder auch nicht, sondern entsprach unserem politischen Interesse und, daraus folgend, Parteitagsbeschlüssen.

Außerdem waren die Grünen durch die Unterstützung und die Solidarität dieser Bewegungen in das Parlament gekommen und hatten auch ihnen den plötzlichen Wohlstand zu verdanken.

Die meisten linken Abgeordneten hielten sich daran, die meisten »Realo«-Abgeordneten nicht. »Manche rafften so über vier Jahre fast ein Einfamilienhaus zusammen«, sagte die frühere Abgeordnete Ellen Olms (AL Westberlin). Dem Ökofonds, dessen Beirat nach spezifischen Kriterien die Gelder an sinnvolle Projekte verteilte, fehlten allein 1988 etwa 1,5 Millionen Mark an nicht abgeführten Diäten.

Im Wirtschaftsprüfungsbericht von 1988 ist verzeichnet, daß der Ökosozialist Thomas Ebermann 71 308,39 Mark spendete – beschlußgemäß. Auch die linke Feministin Verena Krieger hielt sich, wie die meisten linken Abgeordneten, an die Beschlüsse und litt dennoch keinen Mangel: »Obwohl ich zu denjenigen gehörte, die – weil keine Ausnahmeregelungen geltend gemacht werden konnten – am allermeisten abgeben mußten, blieb mir in meiner MdB [Mitglied des Bundestages; J. D.]-Zeit ein sattes Einkommen.«[339] Antje Vollmer genügte das Geld, das sie behalten konnte, offensichtlich nicht. Sie führte 1988 nur 29 287,81 Mark ab. Bereichert hat sich auch Hubert (»Hubsi«) Kleinert, Propagandist des »Öko-Kapitalismus« – so war das wohl gemeint – und parlamentarischer Geschäftsführer der Fraktion.[340] Zum verbleibenden Einkommen kamen (und kommen) für alle Abgeordneten eine ungezählte Anzahl an geldwerten Vorteilen: Gratisreisen mit der Deutschen Bahn, Freiflüge, Dienstwagen, Einladungen vielerlei Art, Ehren- und andere Eintrittskarten, viele kostenlose Medien und nicht zuletzt – für den einfachen Bundestagsabgeordneten – die Pensionsberechtigung nach sechs Jahren.

Auf ihrer Sitzung am 2. und 3. September 1988 lehnte die grüne Bundestagsfraktion mit 13 gegen sieben Stimmen die Offenlegung der Höhe der Spenden ab. Die linken Abgeordneten Ellen Olms, Regula Bott, Thomas Ebermann, Uwe Hüser, Angelika Beer (damals Linke, heute Militärlobbyistin) und Verena Krieger protestierten beim Bundeshauptausschuß (BHA) der Grünen, dem höchsten Parteigremium zwischen den Bundesversammlungen (inzwischen aufgelöst), gegen diesen Geheimhaltungsbeschluß. Joseph Fischer war für Geheimhaltung. Er wußte, warum.

Was machte die Fraktion? Damit konkrete Geldbeträge nicht in der Öffentlichkeit bekannt wurden – nicht einmal der Parteivorstand, der die Einhaltung der Beschlüsse zu kontrollieren hatte, sollte sie kennen –, wurde die entsprechende Liste erst einmal, »so lange es irgend möglich war« hinausgezögert. Als dann der Druck von Seiten des linken Bundesvorstandes und aus der Partei zu groß wurde, ließ Fraktionsgeschäftsführer Michael Vesper, heute Minister in der rot-grünen Koalition in Düsseldorf und verständlicherweise wachsweich in der Kommentierung sozialdemokratischer Korruptionsfälle, Namen und Zahlen auf rotes, nicht kopierfähiges Papier drucken, auf einer Fraktionssitzung an die Abgeordneten verteilen und sofort nach der Sitzung wieder einsammeln.[341] Der Bundesvorstand der Grünen erhielt keine Kopie. (Ich habe nie verstanden, warum nicht eine/r unserer linken FreundInnen in der Fraktion, ein rotes Blatt fest in der Hand, auf schnellen Beinen den Fraktionssaal Richtung Öffentlichkeit verlassen hat!)

Joseph Fischer, der 1983 in den Bundestag einzog, hatte, bevor er im Dezember 1985 zum erstenmal Minister in Hessen wurde, in nur zwei Jahren einen sechsstelligen Betrag zurückbehalten. Alle Aufforderungen des Bundesvorstandes hatten nichts genützt. In einer Nacht vor der Pressekonferenz, auf der Bundesvorstandssprecher Rainer Trampert und ich – nach Beschlußlage der Partei – drohten, die Tatsache öffentlich zu machen, schob Fischer einen Scheck über den Tisch. Und die Zinsen für das auf diese Weise privatisierte Kapital, das Fischer gewiß nicht im Sparstrumpf aufbewahrt hatte? Ich erinnere mich nicht, daß zu meiner Vorstandszeit auch nur eine müde Zinsmark von ihm in die Kasse der Partei bzw. des Ökofonds geflossen wäre.

Auch danach war Fischer voller Raffgier. Die *Frankfurter Allgemeine Zeitung* meldete 1990: »Der frühere hessische Umweltminister [...] hat zugegeben, nach seiner nur knapp vierzehnmonatigen Amtszeit [Dezember 1985 – Februar 1987] eine Abfindung in sechsstelliger Höhe kassiert zu haben«, ein Übergangsgeld, vom Gesetzgeber gedacht als »eine Überbrückung [...] im politischen Geschäft, das oft mit persönlich-materieller Unwägbarkeit verbunden ist«. Bei Fischer war nichts unwägbar. Seine Landung nach dem Rausschmiß war außerordentlich weich. Er bekam »ungefähr« 130 000 Mark Übergangsgeld, »welche Summe genau herausgekommen sei, wisse er nicht mehr« *(FAZ)*. Ist ja auch ein zu vernachlässigender Betrag. Er wurde zusätzlich umgehend Fraktionsvorsitzender im Hessischen Landtag und bezog Diäten in doppelter (!) Höhe.[342]

Nicht der *taz,* nicht der *Frankfurter Rundschau,* sondern der *Frankfurter Allgemeinen Zeitung* fiel ein gewisser Widerspruch zu Äußerungen des Abgeordneten Fischer vom Oktober 1988 auf. Da wünschte sich Fischer scheinheilig ein neues Abgeordnetengesetz, das »auf Privilegien verzichten«, die Einkünfte der Abgeordneten offenlegen (hat Fischer nie getan) und die steuerfreie Aufwandsentschädigung senken sollte.[343]

1983 hatte der neue Abgeordnete Fischer geschrieben: »Wie steht es mit der Freiheit der Gewissensentscheidung eines Abgeordneten des deutschen Volkes, wenn sich dahinter Pfründe von 16 000,- Mark und mehr im Monat verbergen, die letztlich ein zentralisierter Parteiapparat von oben garantiert? Wen vertreten solche Abgeordnete eigentlich, wenn sie formal ihr Mandat zwar einer Stimmenmehrheit verdanken, die ihnen jedoch allein eine manipulative Werbung, ein Parteiapparat, Verbands- und einflußreiche Privatinteressen verschafft haben?«[344] Er hat sich die Fragen inzwischen beantwortet. Was interessiert ihn sein Geschwätz von gestern?

Aus dem »Übersetzer von Edel-Pornos«[345] wurde ein Anhänger der Haute Couture. Kaum hatte Fischer 40 Kilo verloren, »klopfte er bei mir an und bat um ästhetischen Rat«, verriet der Modemacher Nino Cerruti der italienischen Zeitung *La Stampa*.[346] Fischer ließ sich »an der vornehmen Place de la Madeleine« in Paris in Cerrutis Boutique von oben bis unten neu einkleiden.

Fischer suchte sich noch andere Ratgeber: Moritz Hunzinger, »PR Zampano«, »zwei Handys, ein Fax im dicken Mercedes, lauter ach so wichtige Menschen um sich herum«[347], war der nächste. Hunzinger ist CDU-Mitglied und, sagt der Journalist Gero Gemballa, »verbandelt mit [...] Joschka Fischer, dem Hunzinger sicher Ratschläge bei der Wahl seiner Italo-Anzüge erteilt«. Gemballa: »Hunzinger berät weniger die Großen als die Gernegroßen.«[348]

Moritz Hunzinger vertritt die Kanzlei des Dr. Dr. Herbert Batliner (Vaduz, Liechtenstein) in Deutschland. Ein Repräsentant dieser Kanzlei, Hans Gassner, war, auf noch undurchsichtige Weise, gemeinsam mit dem Rechtsagenten Oswald Bühler (Mauren, Liechtenstein) in die Affäre um die hessischen CDU-Spendengelder verwickelt. Der ehemalige Schatzmeister der CDU in Hessen und Frankfurt, Casimir Prinz Wittgenstein, nannte beide, Bühler und Gassner, im Dezember 1999 als diejenigen, die als Testamentsvollstrecker die Vermächtnisse von Juden in Übersee als angebliche Quellen des illegalen CDU-Geldes angegeben hatten. Der Koordinierungsrat der Gesellschaft für christlich-jüdische Zusammenarbeit warf der CDU vor, »das altbekannte antisemitische Klischee des jüdischen Kapitals in schamloser Doppelbödigkeit neu instrumentalisiert« zu haben.[349] Wittgenstein gab dann zu, daß »die Anwälte mir zuliebe gelogen« hätten.[350]

Fischer findet stets noch andere Möglichkeiten, seine Einnahmen zu erhöhen. »Ohne den Einsatz und die Popularität Joschka Fischers wären diese Gelder nicht in die Parteikasse geflossen«, zitierte die *Frankfurter Allgemeine Zeitung*[351] im November 1999 den Schatzmeister der Frankfurter Grünen Harry Knittel: »Dank Fischers Kontakten zu Vertretern der Wirtschaft kam eine für Grünen-Verhältnisse außerordentlich hohe Summe zustande«, nämlich »rund 103 000 Mark«.[352] Auch Bundesschatzmeister Dietmar Strehl freute sich und nannte Fischer einen »geldwerten Vorteil«. Er könne »gut damit leben, daß die Spenden, die Fischer eintreibt, nicht nur der Partei, sondern auch ihm [Fischer] selbst zugute kommen. Wie Strehl dieser Zeitung bestätigte, reduziert Fischer nämlich den persönlichen Betrag, den die Mandatsträger an die Bundespartei abführen müssen, durch die Vermittlung der Spenden. Anders ausgedrückt: Dank spendierfreudiger Unternehmer hat Fischer privat mehr Geld zur Verfügung.«[353] Geld aus der Wirtschaft für Fischer – mit einem kleinen Umweg.

Bundestagsabgeordnete bekommen 253 070 Mark im Jahr (Diäten und Aufwandsentschädigung), ein Parlamentarischer Staatssekretär 310 245 Mark, ein Bundesminister 337 061 Mark jährlich.[354] Die linken Zeiten sind vorbei: Heute müssen grüne Abgeordnete, Staatssekretäre und Minister nichts mehr abführen, sie dürfen. Die Rechtsentwicklung der Partei, der Auszug der linken Grünen, brachte den grünen Bundestagsabgeordneten schon vor der Bundestagswahl 1998 ein *jährliches* Plus von rund 35 000 Mark. Ein nie öffentlich ausgesprochener Grund, die Partei von basisdemokratischen Elementen zu säubern. Bis zur Bundesversammlung der Grünen im März 2000 sollten die grünen Abgeordneten im Jahr nur noch 35 172 Mark abführen (heute wird eine freiwillige Abführung in Höhe von 2 000 Mark monatlich *empfohlen*).

Spenden über 20 000 Mark, so verlangt es das Gesetz, müssen in den Rechenschaftsberichten der Parteien verzeichnet sein. Im grünen Rechenschaftsbericht 1998 taucht Fischer nicht als Spender auf. Er konnte seine Spende unter 20 000 Mark drücken, »zum einen, so Strehl, aufgrund von Unterhaltsverpflichtungen gegenüber zwei Kindern aus seiner zweiten Ehe, andererseits wegen der von ihm geworbenen Spenden. [...] Es werde eben anerkannt, so Dietmar Strehl, wenn der Fischer kommt und sagt: ›Ich habe mit dem Hunzinger [!] gesprochen, der gibt euch 10 000 Mark für meinen Wahlkampf dazu.‹ Das Endergebnis müsse stimmen: ›Wir wollen das Geld. Ob das nun so kommt oder anders, ist uns eigentlich egal.‹«[355]

So kann sich einer vom Kapital ein Zusatzeinkommen finanzieren lassen. Verblüffend wenige Zeitungen griffen dies auf. *Die Woche* verteidigte Fischer umgehend. Da werden die gesammelten Spenden plötzlich zur rührenden »Wiedergutmachung« an die Partei für ganz legal einbehaltene Diäten.[356] Der *stern*[357] fragte: »Sie sollen Spenden gesammelt...«. Fischer unterbrach schroff: »Falsch! Wir haben im Bundestagswahlkampf Spenden für die Grünen bekommen. Für mich ist die Regel klar: Es geht nur streng nach Gesetz – gegen Quittung, nicht in bar, alles wird verbucht und ausgewiesen [...].« *stern*: »Jedenfalls sollen Sie wegen der Spenden Ihre Abführungen an die Partei gedrückt haben.« Fischer im klassischen Außenministersprech: »Ich habe nach Maßgabe meiner Möglichkeiten die Solidaritätsverpflichtung gegenüber meiner Partei immer erfüllt. Ich habe viel gespendet, immer freiwillig, immer aus meinem versteuerten Einkommen. Das wird auch in Zukunft so sein. Allerdings werde ich mich für meine Partei nicht verschulden. 1997 und 1998 hatte ich ausschließlich private Gründe [zur Einbehaltung von Geld, das er hätte abführen müssen], die ich der Diätenkommission meiner Partei offengelegt habe und die diese akzeptiert hat.«

Nehmen wir diesen typischen Satz aus Fischers Bluffsprache einmal auseinander: »*Ich habe nach Maßgabe meiner Möglichkeiten...*« Schwammig! Wie sehen diese »Möglichkeiten« aus? Er nennt sie nicht, er definiert sie offenbar nur für sich. »*Die Solidaritätsverpflichtung gegenüber meiner Partei immer erfüllt*«. Erstens handelt es sich nicht um eine Solidaritätsverpflichtung, sondern das Abführen von Diäten war seit Gründung der Grünen eine Bedingung, zu deren Einhaltung sich diejenigen verpflichtet haben, die durch die Grünen zu Mandaten, Ämtern und Posten kommen. Zweitens heißt Solidarität: sich loyal gegenüber Inhalten zu verhalten. Fischer hat keine Ahnung, was das ist. Drittens sind abzuführende Gelder von Fischer – mindestens während meiner Amtszeit als Bundesvorsitzende – mit jahrelanger Verspätung, auf viel Druck hin und erst nach der Drohung, die Sache öffentlich zu machen, bezahlt worden. Fischer hat ein eigenartiges Verhältnis zur Wahrheit: »*Ich habe viel gespendet, immer freiwillig [!], immer aus meinem versteuerten Einkommen. Das wird auch in Zukunft so sein.*« Der letztere Satz ist eine Drohung, und es geschieht den Grünen recht. »*Allerdings werde ich mich für meine Partei nicht verschulden. 1997 und 1998 hatte ich ausschließlich private Gründe, die ich der Diätenkommission meiner Partei offengelegt habe und die diese akzeptiert hat.*« Wenn der Vorsitzende einer Fraktion im Deutschen Bundestages mit 232 740 Mark im Jahr und einem prallen Sack geldwerter Vorteile nicht auskommt, weil er zu teure »private Gründe« hat, ist das sein Problem. Es sollte einer Partei, die sich einmal Demokratisierung und Transparenz auf die Fahne geschrieben hatte, völlig wurscht sein, für welche Luxusgüter Herr Fischer Schulden macht. 1998 waren die Grünen in der Krise. Nach Informationen von InsiderInnen setzte Fischer mal wieder die Diätenkommission unter Druck und erpreßte die Partei mächtig mit seiner Bedeutung für die Bundestagswahlen 1998.

Übrigens: Die *Frankfurter Allgemeine Zeitung* hat bis heute weder eine Richtigstellung noch eine Gegendarstellung Fischers drucken müssen.[358]

Fischer ist seit rund 18 Jahren entweder Landtags- oder

Bundestagsabgeordneter, dabei fast immer Fraktionsvorsitzender, wenn er nicht gerade Landes- oder Bundesminister ist. Er hat mehrfach Übergangsgelder kassiert. Seine absolute Illoyalität gegenüber Inhalten und sein Opportunismus haben ihm mehrere Millionen Mark eingebracht. Andere mögen den genauen Betrag ausrechnen.

Anfang 2000 erregte die Spendenaffäre der CDU, zu Recht, großes Aufsehen. Auch die anders dimensionierten Affären in Niedersachsen (Glogowski) und in Nordrhein-Westfalen (Schleußer, Rau und etwas früher Hombach) waren in der Diskussion. Mich wundert nicht, daß die »legale« Form der Korruption in der Politik kein Thema ist. Sie ist allüberall.

Die rot-grüne Regierung führte 1999 Krieg gegen Jugoslawien, ohne bestochen worden zu sein. Es ist überhaupt nicht nötig, die rot-grüne Regierung durch illegale Zuwendungen zu bestechen. Die legale Korruption, besonders auch die intellektuelle, der Reiz und die Befriedigung, Teil einer besonderen Herrschaftselite zu sein – was sich auch in materiellen und immateriellen Statussymbolen ausdrückt –, reicht in der Regel zur Einbindung in die Interessen eines Mensch und Natur verachtenden Herrschaftssystems. Die Voraussetzung ist lediglich ein deformiertes Wertesystem des Individuums und die entsprechende Gelegenheit. Manchmal wechselt die Reihenfolge. Diese Einbindung wird noch verstärkt, wenn soziale und demokratische Kontrollen durch die strukturellen Filter von Volks- bzw. Eliteparteien ausgeschaltet werden. Dazu gehören auch Elemente wie die Delegation durch Delegierte, der Vorstand im Vorstand, die Ausschaltung der Kontrolle der Fraktion durch die Partei, aber auch das Verbot des imperativen Mandats von Abgeordneten und die Ausschaltung von Konkurrenz und Opposition z. B. durch das Verbot der angeblich verfassungswidrigen KPD von 1956 durch das Bundesverfassungsgericht.

# 8

## »Mit der scharfen Pisse des Rassismus gedüngt«

### Schwarz-Grün, Braun-Grün

Das Schauspiel Frankfurt/Main lud am 20. Februar 2000 zum Anti-Haider-Tag und präsentierte Fachleute: zum Beispiel den österreichischen Publizisten Günther Nenning. Der nannte die Haider-KritikerInnen einen »Hysteriker-Pulk«, der mit »blanker Ignoranz« über Österreich hergefallen sei.[359] Nenning hatte Haider schon 1993 gegen die »Meute der Haider-Hasser« verteidigt.[360] »Meute nennt man gemeinhin eine Gruppe von Hunden, die einen wehrlosen Hasen jagt«, hatte die *Frankfurter Rundschau* geantwortet.[361] Manche Dinge sind Nenning nicht gleichgültig: »Das Nationale war immer ein wichtiger Bestandteil der europäischen Politik. Warum soll es das nicht wieder sein?« schrieb er 1992 in der rechtsextremen Zeitung *Junge Freiheit*.[362]

Der zweite Anti-Haider-Fachmann war von ähnlichem Kaliber. Jörg Haider sei »Spitzenpolitiker im Club der gnadenlosen Opportunisten«, nörgelte Daniel Cohn-Bendit. Er kennt sich da aus. Vergleicht mensch die Streckenlängen der Anpassung, die Cohn-Bendit oder sein Kumpel Fischer zurückgelegt haben – und sehen wir ausnahmsweise vom Inhalt einmal ab –, ist Haider gegen die beiden Grünen ein Waisenknabe. Joseph Fischer »ist eigentlich ein Musterbeispiel dafür, daß Domestifikation klappt«[363], sagte Wiens Exbürgermeister Helmut Zilk (SPÖ). Für ehemalige Linke mag das zutreffen, für moderne Faschisten nicht.

Bald nach dem Sturz des linken Bundesvorstandes (1988) waren die Grünen endgültig sozialdemokratisiert. Aber damit war die Rechtswendung noch längst nicht beendet. Der sächsische Ministerpräsident Kurt Biedenkopf (CDU) wiederholte 1998 einen Arbeitsauftrag: Die SPD tue der CDU einen Gefallen, indem sie die Grünen domestiziere. In vier Jahren seien die dann eine ökologisch-liberale bürgerliche Partei, mit der die Christdemokraten »in absehbarer Zeit« Koalitionen eingehen könnten.[364] Es geht viel schneller!

Die Annäherung läuft seit Jahren. Noch 1989 beschloß ein CDU-Parteitag[365]: »Die CDU lehnt jede Vereinbarung über eine politische Zusammenarbeit und jede Koalition mit links- und rechtsradikalen Parteien wie z. B. den Kommunisten, *den Grünen/Alternative Liste*, den Republikanern [...] ab.« (Hervorhebung J. D.) Da sagte der Bonner CSU-Landesgruppenchef Wolfgang Bötsch schon mal: »Der Fischer und der Kleinert – das sind die einzigen vernünftigen Burschen bei den Grünen.«[366] Drei Jahre später war die Zusammenarbeit mit den Grünen möglich: »Die CDU lehnt jede Vereinbarung über eine politische Zusammenarbeit und jede Koalition mit links- und rechtsradikalen Parteien ab, wie z. B. mit der PDS, DVU, den Republikanern oder ähnlichen Gruppierungen.«[367] Seitdem hagelte es schwarz-grüne Bekenntnisse. Christian Wulff (CDU-Landesvorsitzender Niedersachsen): »Schwarz-Grün ist kein Tabu mehr.«[368] 1995 stellte Antje Vollmer Heiner Geißlers Buch vor: Es sei eine »Ehre«, dieses Buch zu präsentieren. Der Mann habe keine Angst, fürchte die Isolation nicht, sei »wirklich frei«, ein »waghalsiger Vordenker«, ein »Reformer«. Mensch könnte fast glauben, da lebte einer verarmt und gesellschaftlich marginalisiert, tapfer abweichende Meinungen formulierend, mit jedem Satz tollkühn den Knast riskierend. Bald danach – hilfst du mir, helf ich dir – durfte Heiner Geißler Joseph Fischers Buch über die deutsche Außenpolitik vorstellen. Denn Geißler, so Prinzipienexperte Fischer, sei »ein Mann von Grundsätzen«.[369] 2000 war es längst entschieden. Ole von Beust: »Manche Grünen sagen, daß für sie eine Zusammenarbeit mit der CDU denkbar ist. Deshalb gilt auch für uns das Tabu nicht mehr.« Peter Müller: »Grundsätzlich müssen alle demokratischen Parteien untereinander koalitionsfähig sein. Das gilt auch für die Grünen. [...] Unüberwindbare Hindernisse sehe ich grundsätzlich nicht.«[370]

Seit Jahren gibt es an vielen Orten schwarz-grüne Bündnisse. Dort wird eingeübt, was auf Bundesebene eines Tages möglich sein soll. Klaus-Peter Klingelschmitt, Autor des *Pflasterstrands* und der *taz,* journalistisch verwickelt in die Finanzintrige von 1988, ist selbst ein Grüner. Seine Grün-Alternative Liste in Bischofsheim (GALB) bei Frankfurt/Main einigte sich mit der CDU auf ein schwarz-grünes Bündnis. Klingelschmitt, Gemeindevorstandsmitglied der GALB, sagte, mit der »liberal-moderaten« CDU gebe es weit mehr Übereinstimmung als mit den »Betonköpfen« von der SPD.[371]

In München konnte ein Knallrechter vor den Kommunalwahlen von 1988 hetzen, was er wollte. CSU-Mann Stützle z. B. geiferte über die »zu niedrige Geburtenrate bei den Deutschen« und die zu »hohe Vermehrungsrate bei Ausländern«. Zur Belohnung wurde er mit den Stimmen der Grünen zum Sozialreferenten, und die rafften sich das Müllreferat. Paßt.

Ralf Fücks, ehemaliger KBW-Mann und Vorstandssprecher der grünnahen Heinrich-Böll-Stiftung, wollte gegen den bisherigen klassisch sozialdemokratischen Umverteilungsgedanken »eine Umverteilung von Chancen, sein Leben selbst in die Hand zu nehmen« setzen. Die Bündnisgrünen »müssen das Gespräch sowohl mit den NGOs [Non-Governmental-Organisations] wie mit den Industrie- und Handelskammern suchen«.[372] Die Tarifforderungen der Gewerkschaften seien »anachronistisch«, der Dialog mit der Wirtschaft sei angesagt.[373]

AKW-GegnerInnen erinnern sich an Fücks, weil er uns als KBW-Funktionär in den siebziger Jahren der Fortschritts- und der Technikfeindlichkeit beschuldigte. Er war später Umweltsenator in Bremen, schon dort offen für die CDU (»Ich bin für Lockerungsübungen gegenüber traditionellen Lagerbildungen rechts – links«[374]) und half in einer Ampelkoalition, den Sozialabbau durchzusetzen. Fücks' Fraktion wollte es der neofaschistischen DVU »ersparen«, wie die Grünen früher »an den Rand gedrängt zu werden«, und stimmte für ein Zählverfahren in den Ausschüssen der Bremer Bürgerschaft, das den DVU-Abgeordneten und NPD-Mitglied Karl-Heinz Vorsatz zum Sprecher der Kulturdeputation machte, zuständig unter anderem für die Arbeit mit ausländischen Jugendlichen.[375] Als Joseph Fischer mit Auschwitz noch *gegen* und nicht *für* deutsche Truppen auf dem Balkan argumentierte, sah Fücks die Grünen schon an der Seite der NATO. Die strategische Frage für die Grünen sei nur noch, ob sie sich künftig »eher sozialdemokratisch oder eher ökolibertär«, eher rot-grün oder eher schwarz-grün präsentieren.[376]

In Nordrhein-Westfalen sind Dutzende von Rathäusern seit Jahren schwarz-grün gefärbt. Der stellvertretende Ministerpräsident Michael Vesper hat schon lange »keinen ideologischen Vorbehalt [mehr] gegenüber der CDU«.[377] Vor Helmut Kohls Haustür, in Ludwigshafen, bildete sich 1991 eine schwarz-grün-gelbe »Schwampel«. »Vernünftig«, lobte Landrat Ernst Bartholomé (CDU). »Gerade menschlich geht es wirklich gut«, schmeichelte sein Stellvertreter Willi Tatge (Die Grünen). »In der Asylfrage haben wir der CDU klargemacht, sie solle die Klappe halten und keine Stammtischparolen dreschen«, prahlte er. Im Gegenzug jaulten die Grünen nicht auf, wenn Flüchtlinge abgeschoben wurden.[378] Hauptsache, die interne schwarz-grüne Kommunikation ist »menschlich«.

Früher verlangten die Grünen »offene Grenzen für alle«. Sie wußten noch, daß deutsches Kapital die »Dritte Welt« ausplündert, dort soziale Milieus und Arbeitsplätze zerstört und ökologische Katstrophen produziert. Aber mit dem Asylrecht haben es die Grünen ohnehin nicht mehr. Der grüne Regierungspräsident von Gießen, Hartmut Bäumer: »Der alte Artikel 16 führte dazu, daß wir die Massen nicht aufnehmen konnten. Wir hatten Wahnsinnskonflikte mit der einheimischen Bevölkerung.«[379] Kein Wunder also, daß nicht einmal das mangelhafte Asylrecht vor 1993, gegen dessen Abschaffung SozialdemokratInnen und Grüne so lautstark protestiert hatten, von Rot-Grün nach 1998 wieder eingeführt worden ist.

Der Nachwuchs in Hessen ist nicht besser. Seit 1995 trafen sich »Jungparlamentarier von Grünen und Christdemokraten [. . .] alle paar Monate zur ›Pizza-Connection‹ beim Bonner Edelitaliener Sassella«. Der Klüngel um den neokonservativen Familienpolitiker Matthias Berninger (Grüne) geht in Berlin weiter. Pizza-Mann Norbert Röttgen (CDU) will die jungen Sozialdemokraten nicht dabei haben: »Dann wäre es ja nicht mehr die Pizza-Connection.«[380]

In Sachsen wünschte sich der grüne Landesvorstandssprecher Heiko Weigel eine Koalition mit der CDU.[381] »Wenn es soweit ist«, wollte Werner Schulz, für die sächsischen Grünen im Bundestag und deren parlamentarischer Geschäftsführer, eine Koalition mit der CDU »ernsthaft prüfen«.[382] Seine Partei solle sich für eine schwarze-grüne Koalition nach der Landtagswahl 1994 bewußt offen halten, denn es sei »wünschenswert, daß in Deutschland das im voraus festgelegte Schema fester Partnerschaftsbeziehungen durchbrochen wird«. Biedenkopf brauche »grüne

Schubkraft«, damit seine Ideen vom Papier in die Praxis übergehen.[383] Die Grünen als Helfershelfer für CDU-Politik. Wer immer noch nicht überzeugt war, dem drohte Schulz mit einer Art übergeordnetem Notstand: Nur Schwarz-Grün könne eine große Koalition verhindern.[384] Die Ausrede werden wir noch öfter hören.

Joseph Fischer, bei dem morgen nie gilt, was er gestern noch zu seinem Grundsatz erklärt hat, hielt sich alles offen. Schwarz-Grün in den Ländern komme in Frage, wenn es »für unsere Wähler nachvollziehbar« sei. Er half, die innere Struktur der Grünen autoritär und CDU-kompatibel zu gestalten. Prompt hörte er 1998 bei den Grünen »einen Schrei nach Führung«.

Was Rot-Grün bedeutete und wie nah Rot-Grün Schwarz-Grün steht, konnte mensch in Frankfurt beobachten. Das niederschmetterndste Lob kam von den Banken: Commerzbanker stellten fest, daß unter Rot-Grün in der Kommune »mehr Offenheit gegenüber den Interessen der Banken [herrsche] als vorher«.[385] Tom Koenigs, der Neffe eines früheren Präsidenten der Frankfurter Börse und Sohn eines Bankiers, der selbst eine Banklehre absolviert hat, war eine Art Heimatvertriebener. Normalerweise ist mir gleichgültig, wo eine/r herkommt. Dafür kann keine/r was. Wichtig ist, was sie oder er aus sich macht, wie jemand sich mit seiner Herkunft auseinandersetzt und welche Konsequenzen für sein eigenes Leben eine/r daraus zieht. Koenigs ist ein klassischer Rück-Fall. Mitglied des Revolutionären Kampfes, der Fischer-Gang, stets Fischers Mann in der zweiten Reihe, Fachmann für Bürokratisches, Finanzen und die Maßregelung der eigenen Leute, ehemaliger tyrannischer und unsozialer Stadtkämmerer und Umweltdezernent der rot-grünen Koalition in Frankfurt/Main.

Koenigs ließ sich bei der Durchsetzung eines rabiaten Sparhaushaltes von einem – dafür freigestellten – Banker der Deutschen Bank beraten, der zudem noch CDU-Mitglied war. Vor dem Industrieausschuß der Frankfurter Handelskammer machte der Bankierssohn einen guten Eindruck, meldete die *Zeit* die Ankunft des Heimkehrers.[386]

Erinnern Sie sich? Rot-grüne Regierungen sollten einmal ökologische und soziale Reformen durchsetzen, die angeblich mit der bösen »Verweigerungspolitik« von »FundamentalistInnen« nicht zu haben sein würden. Das war die Zeit, in der »Reform« noch keine Androhung von Sozialabbau bedeutete, sondern Maßnahmen versprach, die die soziale Lage der Menschen verbessern würden. Nicht die kleinsten Reförmchen sind zu sehen. Im Gegenteil: Was CDU und FDP nicht wagten – aus Angst vor zu lauten sozialen Protesten –, zog Rot-Grün in Frankfurt durch: ein knallhartes Sparprogramm gegen Jugendzentren und soziale Projekte. Koenigs »Geheimrezept für die Haushaltssanierung« hieß »Marktwirtschaft, Effizienz und Privatisierung«.

Heute, durch Fischers Beziehungen ist Koenigs UN-Beauftragter für die Zivilverwaltung im Kosovo. Gedanklich hat Reserveoffizier Tom Koenigs die Republik Kosovo dem Staat Jugoslawien schon enteignet. Jugoslawien sei eine »Illusion«, die nur noch aus Montenegro, das aus der Gemeinschaft herauswill, und Serbien« bestehe. Der ehemalige APO-Mann nutzt den Kosovo als staatsautoritäres Experimentierfeld. Er registriert Fingerabdrücke und Fotos der gesamten Bevölkerung: »Das ist eben der Stand der Technik. Wenn die internationale Gemeinschaft 35 Millionen Dollar für die Registrierung bezahlt, dann erwartet sie dafür jede mögliche Verbrechensprävention.« Er hält es für vernünftig, »die Kraftfahrzeug-Anmeldung gleich mit einem Interpol-Fahndungsabgleich zu koppeln«, denn dann »bekommt vielleicht doch mancher Deutsche seinen Mercedes wieder«. Wir wissen ja, wie die Kosovo-Albaner so sind. Jetzt kennen wir jedenfalls das Ziel grüner Zivilverwaltung in einem vom Krieg zerschundenen Land.[387]

Immer war es eine Forderung der Ökologie- und der Anti-AKW-Bewegung – und Programm der Grünen – gewesen, daß Städte und Gemeinden selbst über ihre Energieversorgung verfügen sollten, um auf umweltfreundliche, sozial verträgliche Energiequellen umstellen zu können. In Frankfurt/Main hat Rot-Grün – zu Tom Koenigs Zeiten – die Energieversorgung für die nächsten 20 Jahre zu etwa 50 Prozent dem Atommulti PreussenElektra übertragen.

Wir dürfen nicht zu hartherzig urteilen. Es geht schließlich um Gefühle und um Familienzusammenführung, um die Rückkehr von Söhnen und Töchtern in den warmen Schoß privilegierter gesellschaftlicher und familiärer Verhältnisse, aus denen sie einstmals geflohen waren, weil sie bessere Pläne für ihr Leben hatten. Privates wurde politisch, als der grüne Bundestagsfraktionsvorsitzende Rezzo Schlauch schwärmte: »In Familien, wo die Eltern seit jeher CDU wählen, stehen die Kinder oft den Grünen nahe. Wenn das am Küchentisch zusammengeht, müßte es doch auch in der Politik funktionieren.«[388] Zeiten der Versöhnung mit den Verhältnissen. »Kohl hat sozusagen die Grünen voll anerkannt. Die Eltern entdecken, wer ihre Kinder sind«[389], lobte die Familienbetreuerin *Zeit*. Es kam zu tränenreichen Wiedervereinigungen in Wirtschafts- und Bankenkreisen, denn »einige aus dem Großbürgertum möchten sich mit ihren Kindern und Enkeln versöhnen. [...] Der SPD haftet nach dem Empfinden mancher zu viel ›Schweißgeruch‹ an«[390], verriet ein Frankfurter »CDU-Spitzenpolitiker«. Wie kleinlich, da mit sozialer Verelendung der Opfer dieser Familienfeier und mit unversöhnlichen gesellschaftlichen Widersprüchen zu argumentieren.

Schwarz-grüne Koalitionen gab es längst auch an Universitäten, etwa 1996 in Gießen bei der Abwahl des linken AStA. Da nahm sich der RCDS die grüne Unigruppe zum Bündnispartner, und Unigrün stimmte dankbar für RCDS-Anträge, in denen eine »Überprüfung« der Arbeit des Flüchtlingsrates und der von Wildwasser (einer Organisation gegen den sexuellen Mißbrauch von Kindern) nach Effizienzkriterien verlangt wurde, als sei deren Arbeit auf solche Weise meßbar.[391]

Die Trennung von Amt und Mandat ist bei den Grünen weitgehend aufgehoben (z. B. im Parteirat und in etlichen Landesverbänden). Aber noch können Abgeordnete keine Bundesvorsitzenden werden. Der frühere baden-württembergische Landtagsfraktionsvorsitzende Fritz Kuhn gab inzwischen – wie die Berliner Landtagsfraktionsvorsitzende Renate Künast (wie Kuhn eine Personalempfehlung Fischers) – sein Landtagsmandat auf, weil er zu einem der beiden Bundesvorsitzenden gewählt wurde. Ein Sprungbrett für höhere Weihen.

Fischers Fritz ist seit den achtziger Jahren ein Protagonist von Schwarz-Grün. Sein andauernder Versuch, die »Öffnung gegenüber wertkonservativen Strömungen durchzusetzen«[392], veranlaßte ihn z. B. 1987, meine Wahl als Bundestagskandidatin[393] zu verhindern – nicht durch offene Diskussion, sondern durch Lügereien und Intrigen, wie es seine Art ist. Statt dessen unterstützte er Dora Flinners Kandidatur. Regelrecht begeistert war Kuhn von einem weiteren Kandidaten: dem deutschnationalen Alfred Mechtersheimer. Flinner und Mechtersheimer zogen 1987 für die baden-württembergischen Grünen in den Bundestag. Flinner fiel unangenehm auf, weil sie Homosexualität für eine Krankheit hielt und Frauen Abtreibungen untersagen wollte. Mechtersheimer ist heute Führer der rechtsextremen Deutschland-Bewegung, in der »jede Gruppe, jede Partei Platz hat, die aus nationaler Verantwortung handelt«[394], denn »das deutsche Volk [ist] an seiner Seele krank«[395]. Mechtersheimer, den Fritz Kuhn linken KandidatInnen vorzog, pflegt ein weites Netz rechtsextremer und neofaschistischer Kontakte.

Bald nach der Bundestagswahl 1987 schlug Kuhn eine punktuelle Zusammenarbeit mit der CDU vor.[396] Vor der baden-württembergischen Landtagswahl 1988 setzte er sich für »wechselnde Mehrheiten«[397] ein und sprach mit dem damaligen Ministerpräsidenten Lothar Späth (CDU) über eine »punktuelle« Zusammenarbeit.[398]

Kuhns »Realo«-Freunden paßte das taktisch noch nicht in den Kram, vor allem, wenn es zu öffentlich geschah. Als der *Wiener* Hubert Kleinert 1991 fragte: »Frau Ditfurth wirft den Grünen in Baden-Württemberg vor, auf eine Koalition mit der CDU hinzuarbeiten«, nahm es Kleinert mit der Wahrheit nicht so genau: » Eine Mehrheit für einen solchen Kurs gab es nicht. Mit der *heute* real existierenden CDU kann man keine Koalition machen.« (1991)[399] Für unbefangene LeserInnen mag das wie ein Nein klingen. Aber mensch muß bei Figuren wie Kleinert immer auf Sprachtricksereien achten: Eine *Mehrheit* gab es noch nicht. Das widerspricht der Aussage, die Südwest-Grünen würden »auf eine Koalition mit der CDU hinarbeiten«, so wenig wie Kleinerts Behauptung, keine »Koalition« (!) mit »der *heute* real existierenden CDU« anzustreben. Ein Jahr später flog die Lüge auf. Da führten die baden-württembergischen Grünen unter Fritz Kuhn Sondierungsgespräche mit der CDU für eine Koalition.[400] Ihr Hauptzweck war, die Parteibasis der Grünen an den Gedanken zu gewöhnen.

1994 verlangte Kuhn, daß die Grünen eine »Volkspartei neuen Typs« würden und schlecht beraten seien, »wenn sie sich nur als linkes Beiboot der SPD orten würden«.[401] *Die Woche* erkannte 1996: »In Baden-Württemberg stehen die Grünen Teilen der CDU näher als der SPD.«[402] Im April 1997 lud Kuhn den CDU-Ministerpräsidenten Erwin Teufel als Redner auf den grünen Parteitag ein.[403a] Nach der Bundestagswahl von 1998 wirkte auch Kuhn massiv auf einen CDU-nahen Kurs des Sozialabbaus hin. Der ehemalige Arbeitsminister Norbert Blüm (CDU) warf Rot-Grün vor, »mit einem rentenpolitischen Tornado das System zu verwüsten«.[403b] Die *Frankfurter Rundschau* fühlte sich im März 1999 bei Kuhns Rentenreformvorschlägen an die FDP »erinnert« und fragte: »Sind da die Grünen noch als Grüne erkennbar?« Kuhn: »Das erinnert nicht an die FDP, weil die FDP anders als wir kein soziales Gewissen hat.«[404] Die größten sozialen Schweinereien sind also erlaubt, wenn ein bißchen »Gewissen« im Spiel ist.

Kuhn hoffte stets auf die »CDU nach Kohl, vielleicht bricht da was auf.«[405] Für die Zwischenzeit ließ sich Kuhn von Fischer zum Nachfolger für die innergrünen Domestizierungsprozesse auswählen. Auf dem Leipziger Parteitag im Dezember 1998 demonstrierte er »eindrücklich, wer nach dem Entschweben Fischers ins Auswärtige Amt die Führung innehat: Zwei Tage lang saß er unbeweglich in der ersten Reihe und signalisierte bei den komplizierten Abstimmungsgängen seinen Realos, wann sie ihre Stimmkarte heben sollten. Weil der kleinwüchsige Kuhn aber von hinten so schlecht zu sehen war, hob eine Parteifreundin auf dem Podium immer ihre Karte, wenn Kuhn das Zeichen gab.«[406]

Fischer rief seinen Fritz gern und oft nach Berlin – auch auf Kosten des baden-württembergischen Landtags –, und zwar so, daß ihn die Medien wahrnahmen, gewissermaßen eine andauernde öffentliche Bewerbung. Als Lafontaine im März 1999 seine Ämter niederlegte, kam Kuhn »vermutlich vor allem ins Kanzleramt, damit er bemerkt würde. An der Koalitionsrunde nahm er nämlich nicht teil. [...] Fischer und Schlauch hatten wieder einmal ihren Lieblingsjoker plaziert, nachdem vorangegangene Versuche dieser Art schiefgegangen waren. [...] Das Geschäft der Inszenierung beherrsche Kuhn, hieß es [...] in der Parteizentrale.«[407] »Wenige Akteure in den Reihen der Bündnisgrünen« wurden »so oft in Verbindung mit neuen Posten gebracht [...] wie Fritz Kuhn. Mal sollte der Vorsitzende der Stuttgarter Landtagsfraktion Koordinator im Bundeskanzleramt werden, mal Staatssekretär bei Hans Eichel.«[408]

»Im Streit um den Kosovo-Krieg« marschierten Fritz Kuhn und seine »Realos« »auf der ganzen Linie« und mit brachialen Mittel durch.[409] So billigte der Landesparteitag der Grünen Baden-Württembergs im Frühjahr 1999 mit 125 gegen 84 Stimmen den Krieg gegen Jugoslawien und »lehnte Forderungen nach einem einseitigen befristeten Stop der militärischen Operationen ab«.[410] Als sich Kuhn im

April 1999 zum x-ten Mal zum Vorsitzenden der Landtagsfraktion wählen ließ (innerparteiliche Demokratie und
Rotation existieren nicht mehr), verpaßten ihm fünf von 19
Landtagsabgeordneten mit einer Nein-Stimme ein Denk-
zettelchen, wobei offenblieb, ob sie die Zustimmung zum
Krieg schlimmer fanden oder Kuhns tyrannisches Gebah-
ren. Der »egozentrische und selbstverliebte« Kuhn, der
»verletzend im Umgang mit Kollegen« ist »und dabei selbst
für Kritik kaum empfänglich«, war so beleidigt, daß er sich
»erst nach einer Bedenkzeit entschließen« wollte, »seine
Wiederwahl anzunehmen«.[411]

Kuhn, der »seinen Ehrgeiz, endlich selbst zu gestalten,
kaum noch übertünchen«[412] kann, hat die »schwere Schlap-
pe«[413] der Grünen bei der Kommunalwahl in Baden-Württemberg am 24. Oktober 1999 mitzuverantworten. Die
Grünen verloren 70 000 WählerInnen.[414] Landesweit fielen
die Grünen bei den Gemeinderäten von 5,7 Prozent auf 4,7
Prozent und verloren ein Drittel der Kreistagsmandate: 151
(1999) statt 225 (1994).[415] Eine »klare Niederlage« wie Lan-
deschef Andreas Braun zugab.[416] Eine Beule für die ehrgei-
zigen Pläne Kuhns. Also setzte sich der »Kommunikationsexperte« ans Telefon, denn »Politik in der Demokratie ist
Kommunikation mit den Wählern«[417], sagte Kuhn. Diese
Art der Kommunikation ist Selbstzweck und in gewisser
Weise inhaltsleer. Joachim Hirsch: »Abgekoppelt von den
realen Interessen einer sozial immer stärker fragmentier-
ten Gesellschaft, orientiert an selbstgeschaffenen Sach-
zwängen und den Privatbedürfnissen einer sich verselb-
ständigenden ›politischen Klasse‹, gerät Politik damit zur
medialen Inszenierung, gerinnt zum bloßen Diskurs und
unterwirft sich damit zugleich immer stärker den Funkti-
onsmechanismen einer kommerzialisierten Kultur- und
Massenkommunikationsindustrie.«[418]

Damit Fritz Kuhn die peinliche Empfehlung Fischers –
Kuhn zum Parteivorsitzenden zu wählen – nicht schade-
te, spielte er vor den Bundesvorstandswahlen ein bißchen

Theater. Er verkündete, die derzeitige Rolle Fischers sei gefährlich für die innerparteiliche Demokratie: »Einen virtuellen und heimlichen Vorsitzenden darf es nicht länger geben. Ich wäre nicht bereit, einen heimlichen Parteichef Fischer vor, hinter oder über mir zu tolerieren.«[419] Wow! Mensch kann sich so richtig vorstellen, wie Fischer und sein Fritz diesen gewaltigen Emanzipationsakt in einem Berliner Edelrestaurant gemeinsam ausgetüftelt haben. Aus taktischen Gründen und um den Koalitionspartner und einen Teil der WählerInnen nicht vor den Kopf zu stoßen, wird über Schwarz-Grün nicht laut geredet. Dennoch hat auch Kuhn »diese politische Option doch niemals völlig aufgegeben«[420].

Die Wahl Fritz Kuhns zu einem von zwei Parteivorsitzenden bedeutet, daß sich die inneren Machtzirkel der Grünen aus Angst vor dem Tod für den Selbstmord entschieden haben. Sie wissen nicht, was aus Rot-Grün wird. So bereiten sie für die nächste Bundestagswahl auch die Option für Schwarz-Grün vor. Dafür brauchen sie auch einen wie Fritz Kuhn. Seine Wahl war eine strategische Entscheidung.

Schwarz-Grün hat braun-grüne Flecken.

Die baden-württembergischen Grünen brachten 1996 einen Parlamentsantrag zur Einrichtung einer Enquetekommission im Landtag ein (zur Neuordnung der Rundfunklandschaft im Südwesten). Sie freuten sich über die Unterstützung durch die rechtsextremen Republikaner. Fraktionssprecher Rudi Hoogvliet verteidigte die schwarzbraun-grüne Kooperation. Es sei »erfreulich«, daß der Antrag Mehrheiten gefunden hat, wer dabei geholfen habe, sei »eigentlich egal«.[421] 1999 wählten die Leonberger Grünen (Baden-Württemberg) das NPD-Mitglied Ferry Kohlmann auf einen aussichtsreichen Listenplatz. Es kam nur heraus, weil die NPD ihren Erfolg herausposaunte.[422] Das Gedankengut des Kandidaten war nicht weiter aufgefallen. Vielleicht trug dazu bei, daß Kohlmann Abiturient an einer Stuttgarter Waldorfschule war. Der Kandidat sah keinen Widerspruch zwischen der Mitgliedschaft in einer rechtsextremen Partei und den Grünen, zumal er in ökologischer Hinsicht die Positionen der Grünen vertrete. Es ist unbekannt, ob Kohlmann einem Appell der Zentralstelle der Vereinten Rechten gefolgt war: »Alle nationalen Aktivisten sind ab sofort aufgerufen, in die Partei ›Die Grünen‹ einzusickern, um die Partei auf nationalen Kurs zu bringen.«[423]

Aus Baden-Württemberg kommen viele schwarz-grüne Pläne für eine triste Zukunft der Grünen. Der überangepaßte Cem Özdemir, Bundestagsabgeordneter, will die restlichen Halblinken aus der grünen »Mittelstandspartei« vertreiben. Er hat mit 40 Abgeordneten und Funktionsträgern ein Papier unterschrieben, in dem eine »teilweise Auswechslung der Mitgliedschaft« verlangt wurde. Ihm sind immer noch zu viele Andersdenkende in der Partei. Gesäubert werden solle etwa durch Ausschlußverfahren gegen grüne Mitglieder, die es gewagt hatten – wegen des Krieges – Auftrittsverbote für Joseph Fischer zu verlangen.

In einer Serie über die Grünen in der *Neuen Revue* (1999) schrieb ich, um zu bebildern, wie unendlich weit die heutigen Grünen von den Gründungsgrünen von 1980 entfernt sind: »Eine Petra Kelly hätte nicht verstanden, weshalb Cem Özdemir ein fusselfreies gelacktes Outfit wichtiger ist als die Dritte Welt.« Wenige Tage später holte ich mir im Restaurant des Frankfurter »Ökohauses« etwas zu trinken. Da stand plötzlich Özdemir neben mir und giftete: »Ich bin der, dem die Dritte Welt egal ist.« So eine Vorlage! »Ich weiß«, antwortete ich, drehte mich wieder zur Theke, auf meinen Milchkaffee wartend. Özdemir daraufhin laut und abfällig zu einer Gruppe von Jungmännern: »Das ist die Ditfurth, eine vornehme Frau von deutschem Adel.« Junge, Junge, wenn das dein Problem ist, dachte ich, noch ein Wort, und ich adoptiere dich.

Solche Figuren sind die »Zukunft« der Grünen. Die aalglatte, antisoziale *next generation* der Grünen hat noch nicht einmal die Utopie eines anderen humaneren Lebens, die sie verraten könnte.

»Eine neue Mittelstandspartei«, sagt Özdemir, sollen die Grünen werden, »denn warum sollten Grüne nicht auch für moderne Unternehmer wählbar sein, ein Hort des politischen Liberalismus, der sich mit den Namen Joschka Fischer, Kuhn, Schlauch und anderen verbindet.« Keine auch nur reformistische Partei, sondern: »Wir Grünen müssen das Erbe von Theodor Heuss antreten.« Was kümmert's ihn, daß Heuss als Reichstagsabgeordneter Hitlers Ermächtigungsgesetz zugestimmt und damit geholfen hat, Hitler und die NSDAP auf legalem Weg an die Macht zu bringen? »Ist mit politischem Liberalismus heute noch ein Blumentopf zu gewinnen?« fragte die *Badische Zeitung* skeptisch. Özdemir: »Ich bitte Sie! Schauen Sie sich diese gigantische Popularität von Fischer an. Er verkörpert diesen Liberalismus. Wenn da Gräben klaffen zu dem miesen Image seiner Partei, dann macht nicht Fischer was falsch, sondern die Partei.« Wer so schleimt, hat was vor. »Das heißt, Sie wollen auch bündnisfähig im bürgerlichen Lager werden?« Özdemir: »Im Bund haben wir uns klar für Rot-Grün entschieden. Aber mit einer reformierten Union in einem Bundesland kann ich mir ein Bündnis vorstellen.«[424]

Der Pakt zwischen den »Realos« und Antje Vollmers Aufbruch '88 und dazu die Stimmen von weichgespülten Linken ergaben im Dezember 1988 die knappe Mehrheit für den Sturz des linken Bundesvorstandes. Wollte Antje Vollmer in den achtziger Jahren immer gern 1968 eine wichtige Rolle in der APO gespielt haben, woran sich keiner der wirklich Beteiligten erinnerte, wechselte sie, als es opportun wurde, das Gesinnungshemd: »Ich weiß, daß '68 zwar wichtig war, aber doch nur eine Episode. Die zweite Gründung der Bundesrepublik war eben nicht 1968 gewesen, sondern 1989.«[425]

Vollmer kam aus dem Umfeld der national orientierten KPD/AO, der Liga gegen den Imperialismus der siebziger Jahre. Der Häuptling dieser KPD/AO war Christian Semler, heute graue Eminenz in der *taz*. Was sie an linken Überzeugungen gehabt haben mag, leugnet sie heute. Das Nationale blieb und drängt von Zeit und Zeit in der Vizepräsidentin des Deutschen Bundestages nach oben. Manchem deutschen *Zeit*-Genossen trieb sie das Wasser in die Augen: »Eine ›Leichtigkeit des Seins‹ ausgerechnet in dem seltenen Moment, staunt Antje Vollmer, ein schönes Wort zu der großen Transformation. Sie bezieht das auch auf den noblen Abgang des Kanzlers. Er habe die Republik nicht mit einem schlechten Gewissen belastet.«[426] Schlechtes Gewissen? Weil jemand abgewählt wurde? Nein, Deutschland darf kein schlechtes Gewissen haben. Mit der »Wiedervereinigung« entdeckte Vollmer den »Stolz auf eine nationale und politisch kulturelle Identität trotz aller historischen Lasten«, die sie »fördern« wolle.[427] So nahm sie keinen Anstoß, als ihr Mitarbeiter Bernd Ulrich 1990 dem deutschen Volk empfahl, endlich aus dem Schatten Hitlers herauszutreten: »Irgendwann aber im Verlauf der letzten 40 Jahre wurde, was human war – nämlich ein ganzes Volk in Haftung zu nehmen –, reaktionär.«[428] Überall wuseln sie herum, die kleinen Walsers. Überall entdeckte Vollmer das Deutsche. »Wer den deutschen Fußballern in diesen Tagen zuschaut, der verliert – wie auch ich – irgendwie die Angst vor den Deutschen.« (1990)[429] Franz Beckenbauer übersetzte: »Wir sind die Nummer eins in der Welt. [...] Wir sind über Jahre nicht mehr zu besiegen. Es tut mir leid für den Rest der Welt, aber es ist so.«[430] Na ja. Als erste (!) sprach Vollmer 1990 im Bundestag »von der neuen Rolle Deutschlands als Weltmacht«, für die die Grünen »das neue geistige Band« zu liefern hätten.[431] Wolfgang Schäuble belohnte Antje Vollmer 1994, indem er ihr zum lukrativen Posten der Bundestagsvizepräsidentin verhalf.

Läßt die grüne Bundestagsvizepräsidentin ihren Rassismus raus, hört sich das so an: »Vielleicht liegt dem Mißtrauen breiter Teile der Bevölkerung gegen das multikulturelle Konzept die vage Völkererinnerung zugrunde, daß – historisch gesehen – die einheimischen Kulturen den Einwandernden in der Regel unterlagen.« Was ist eine »Völkererinnerung«? Ein genetischer Defekt? Stehen die Hunnen vor den Toren Berlins? Ein Nazi, der ein Flüchtlingsheim angreift, drückt sich nicht so barock aus. Der übersetzt Vollmers Text in »Überfremdung« und »Bastardisierung«, und dann fliegen Baseballschläger und Brandsätze. Die Brand-Sätze der Schreibtischtäterin Vollmer werden nicht geworfen, sie werden gedruckt.[432]

Rassistische Ideologie enthält den Haß auf die Utopie der Gleichheit der Menschen. Auf einem Symposium der *Zeit* zu Ehren Helmut Schmidts biederte sich Vollmer dem an, was sie für die Elite hält, deren Mitglied die Kleinbürgerin so sehr zu sein begehrte: »In der Bundesrepublik haben wir [!] das Experiment der Egalität bis zum Äußersten getrieben. Das hat mit der Sozialdemokratie zu tun, die ein bürgerliches Bewußtsein per Programm gar nicht erzeugen wollte [...], wir brauchen eigentlich ein politisches Bürgertum. [...] Zu dieser bürgerlichen Kultur gehört, daß man etwas nicht nur hat, sondern daß einer auch weiß, daß sich daraus bestimmte Aufgaben und Verantwortlichkeiten gegenüber dem Gemeinwesen ergeben. Man darf also nicht nur die Führung haben wollen, man muß auch Schulen gründen, Universitäten gründen, für ein Theater zuständig sein. Und man muß, wenn *das Vaterland in Not ist* [...], eben wissen, daß das einen etwas angeht.«[433] (Hervorhebung J. D.)

Die Vaterlandsverteidigerin Vollmer half, die Linken aus den Grünen zu drängen, und wurde von der Fischer-Gang – was eine gewisse Ironie birgt, weil der erzkatholische Fischer die sehr protestantische Vollmer nicht ausstehen konnte – 1994 mit einem Spitzenplatz auf der hessischen Landesliste belohnt.

Nach rechts hingegen übte Vollmer stets beispiellose »Toleranz«: Am 8. Oktober 1996 verteidigte sie in der Talk-Show »Boulevard Bio« den Top-Scientologen Gottfried

Helnwein: Er sei ein »gehetztes Wild«, das von »hysterischen Sektenjägern« gejagt würde, die den mit ihr befreundeten Maler um seine Existenz bringen wollten. Vollmer war nicht naiv. Vier Monate vorher, am 20. Juni 1996, hatte das Oberlandesgericht Frankfurt/Main (AZ 16 U 163/95) nach einem aufsehenerregenden Prozeß über den Maler Helnwein geurteilt: »Gottfried Helnwein ist Scientologe. Er bekennt sich jedenfalls zu dieser Organisation. Dies ergibt sich aus zahlreichen Umständen«[434].

Jahrelang hatte Helnwein bestritten, Scientologe zu sein, und attackierte jeden, der es behauptete, als Verleumder. Vermutlich ist Helnwein der am längsten wirkende Scientology-Propagandist im deutschen Sprachraum. Sein Foto[435] und seine verheerenden Werbesprüche zieren die Werbematerialien der inhumanen, demokratiefeindlichen Organisation, deren »Religion« für Karriere, Privilegien und Reichtum ihrer prominenten Mitglieder sorgt. In Scientology-Werbematerialien wurde Helnwein zitiert: »Scientology ist der größte Durchbruch in der Geschichte der Erforschung menschlichen Denkens und Verhaltens. L. Ron Hubbards Erkenntnisse und Methoden […] sind auch heute noch ihrer Zeit weit voraus.«[436] Und: »Scientology hat bei mir eine Bewußtseinsexplosion ausgelöst.«[437] Möglicherweise eher eine Explosion in der Kasse: Helnwein soll der Sekte zwischen 1972 und 1995 etwa 1,6 Millionen Mark gespendet haben.[438] Das fiel ihm gewiß nicht schwer. Die Investition lohnte sich. Für Hunderttausende, wenn nicht Millionen Mark, kaufen ihm Scientology-MillionärInnen seine Gemälde ab.

Nordhausen und Billerbeck belegen: »Der Mann mit dem Stirnband war zwanzig Jahre lang der wichtigste Werbeträger der Organisation in Deutschland«[439], »wenn es jemals einen deutschen Scientology-Prominenten gab, dann Gottfried Helnwein.«[440] Helnwein kondolierte mit anderen Künstlern zum Tode des Sektengründers Ron Hubbard in einer ganzseitigen Todesanzeige in der *Frankfurter Allgemeinen Zeitung:* »Hubbard hat nicht nur Künstler inspi-

riert, sondern auch das Leben vieler Menschen bereichert.«[441]

1997 enthüllte Peter Reichelt, der ehemalige Berater des
Künstlers, »daß Helnwein viele Jahre lang unerkannt mit
dem Scientology-Geheimdienst OSA zusammenarbeitete
[. . .], drei seiner vier Kinder in ein Internat der Sekte oder zu
ihrer paramilitärischen Elitetruppe Sea Org in Clearwater
(USA) steckte, wo sie schärfsten militärischen Drill erdulden
müssen.« Helnwein unterstützte auch die Scientology-
Tarnorganisationen Narconon. Antje Vollmers Freund
Helnwein besitzt seit 1988 ein Haus in Clearwater, nur fünf
Minuten vom Sektenhauptquartier FLAG entfernt. Dort ließen sich auch andere Scientology-Prominente nieder, unter
ihnen Lisa Marie Presley. Hinter den Glitzerfassaden von
Scientology herrscht Terror, nicht gegen die prominenten
Scientology-WerbeträgerInnen natürlich. Es gibt Straflager
für unbotmäßige Jünger. Menschen starben. Die Behörden
ermittelten.[442]

Antje Vollmer war verärgert über die Entscheidung des
Deutschen Bundestages, eine Sektenkommission einzurichten, und tauchte in der Kommission ausgerechnet dann
auf, als es um Scientology ging.[443]

Frau Vollmer hat viele sonderbare Freunde. Kaum hatten
10 000 Linke und BasisdemokratInnen wegen der zuneh-
menden Rechtsentwicklung der Grünen die Partei verlassen, »warb« Vollmer »dafür, daß ›es unsere Sache ist‹, den
›Bruch‹ mit den Wertkonservativen aus der ÖDP, die sich
Anfang der 80er Jahre von den Grünen abgespalten hat-
ten, ›wieder zu kitten‹«[444]. »Abgespalten« hatten sich
»Anfang der 80er Jahre« viele Ökorechte und Ökofaschi-
sten um Herbert Gruhl und Baldur Springmann. Gruhl war
Ende der achtziger Jahre selbst die rechte ÖDP noch nicht
rechts genug. Er tummelte sich in Kreisen von Neonazis und
Rechtsextremen und trat auf ihren Veranstaltungen auf.
Die ÖDP vergötterte ihn noch lange nach seinem Ausstieg.
In ihre Texte und Programme floß Gruhls Ideologie.

Als Jürgen Trittin in Niedersachsen Minister einer rot-grünen Landesregierung war, empfing Herbert Gruhl im Oktober 1991 aus der Hand von Monika Griefahn, der ehemaligen Greenpeace-Funktionärin und damaligen niedersächsischen SPD-Umweltministerin, das Bundesverdienstkreuz. Erinnern wir uns: Gruhl wollte gegen die »zu vielen« Menschen in der »Dritten Welt« notfalls die Atombombe einsetzen *(Himmelfahrt ins Nichts)*. Die rosa-grüne Landesregierung war gewarnt worden.[445] Gruhl sei für seine Verdienste um den Umweltschutz ausgezeichnet worden, nicht für seine Arbeit in irgendwelchen Parteien, verteidigte eine Sprecherin des Umweltministeriums die Ordensverleihung. Als wäre »Umweltschutz« eine unpolitische, über allen Wolken schwebende Kategorie. Die Ideologie einer unpolitischen, sich nur um Tiere und Pflanzen kümmernden, von allen sozialen und ökonomischen Gewaltverhältnissen unbeeinträchtigten Naturschutzpolitik hat dazu beigetragen, Ökologie zur Okkupation durch ökofaschistische Positionen vorzubereiten.

Von der grünen Regierungspartei war kein Protest gegen die Ehrung des Ökofaschisten zu hören. Auch nicht vom »linken« Minister Jürgen Trittin. Es war ihnen offensichtlich egal, daß Rot-Grün mit Herbert Gruhl einen Autor der rechtsextremen Zeitschriften *Mut, Nation Europa, Wir selbst* und *Junge Freiheit* geehrt hatte.

Kaum verließen die Linken, RadikalökologInnen, ÖkosozialistInnen und FeministInnen Anfang der neunziger Jahre die Grünen wurde das Vakuum durch rechte Grüne aufgefüllt. Die ehemalige linke Conny Jürgens, grünalternative Bürgerschaftsabgeordnete in Hamburg, lud dazu ein: »Es geht darum, alle ökologischen Kräfte zu bündeln. Dazu gehört auch die ÖDP.«[446] Und: »Solche Schlagwörter wie Antifaschismus dürfen keine Rolle mehr spielen.«[447]

Für die Grün-Alternative Liste (GAL) Hamburg, vormals ein ökosozialistischer Landesverband, saßen seit der Wahl von 1991[448] mindestens zwei Mitglieder des rechten Grünen Forums – das enge Kontakte zur ÖDP hielt – in der Hamburger Bürgerschaft: Conny Jürgens und Martin Schmidt. »In mehreren Bezirken sind ÖDP-Mitglieder Mitglieder der Fraktion der grünen Bezirksversammlungen beziehungsweise ihrer Ausschüsse (Altona, Harburg, Wandsbek). Die Mitarbeit der ÖDP-Mitglieder ist normaler Alltag unserer politischen Arbeit«, sagte Peter Schwanewilms, Kreisvorstandsmitglied der Grünen Altona.[449] Nach der umstrittenen Vereinigung des ÖDP-nahen Grünen Forums mit der GAL Hamburg im April 1991 (im gleichen Monat trat ich aus den Grünen aus) jubelte die *taz:* »Innerhalb weniger Wochen wurde aus einer starr dogmatischen, ja fast reaktionären Fundi-Festung ein normaler grüner Landesverband [...], das ist kein Rechtsruck, sondern neue Vielfalt. [...] Es ist bewundernswert, wie sie den neu eingeschlagenen Weg konsequent zu Ende geht.«[450] Kein »Rechtsruck«? »Vielfalt«?

»Konsequent« ging der »neu eingeschlagene Weg« nach rechts. Der grüne Hamburger Bürgerschaftsabgeordnete Martin Schmidt, der sich eine Zusammenarbeit mit der CDU vorstellen konnte,[451] heizte die Atmosphäre rassistisch und antisemitisch auf, als er nicht nebenbei, sondern für das Programm der Hamburger Grünen formulierte: »Was soll aus Hamburg werden? [...] Die schönen Tage von Aranjuez sind jetzt vorbei: Hamburg wird nach allen Regeln der ökonomischen und politischen Entwicklung in den nächsten Jahren eine führende Stellung in Mittel- und Osteuropa einnehmen. Hamburg wird auch, als prosperierende Großstadt, ein vorzügliches Ziel für Einwanderer aus dem Osten werden. Juden, Zigeuner, deutsche Ossis und Russen aller Arten werden uns auf den Straßen begegnen. [...] Hamburg muß die Auswanderung von jungen Menschen in den Ostteil Deutschlands und nach Osteuropa fördern. Ostdeutschland und Osteuropa sind nicht zu reformieren ohne neue Menschen aus dem Westen.«[452] Die »Lebensraum«-Suche des »hochwertigen« Westeuropäers auf grün-alternativ formuliert. Im Osten und aus dem Osten nur »Minder-wertige«.

Ich las Martin Schmidts Äußerungen der grünen Bundes-versammlung in Neumünster im April 1991 vor (wo ich anschließend aus der Partei austrat). Die »Realos« buhten mich aus, nicht etwa den anwesenden Verfasser des rassisti-schen Textes. Die Zeitschrift *Wiener* fragte Hubert Kleinert, ob es »Ökofaschismus bei Teilen der Grünen« gäbe? Klei-nert: »Mit solchen Vorwürfen sollte Frau Ditfurth vorsichtig sein! [...] zu behaupten, daß die Hamburger GAL faschisti-sches Gedankengut propagiert, das ist eine Verbalinjurie und durch die Realität überhaupt nicht gedeckt. [...] Mich erinnert diese Art der Denunziation immer an unseligste Traditionen des Stalinismus.«[453] Was einem nicht gefällt, ist stalinistisch, eine eigenartige historische Lektion.

Keiner derjenigen »Realos«, die sich selbst eine Zeit-lang noch als Linke betrachteten, hat sich jemals von rechts-extremen, rassistischen oder antisemitischen Äußerun-gen ihrer grün-rechten BündnispartnerInnen distanziert. In Hessen – siehe der Kerschgens-Fischer-Pakt von 1982/1983 – brauchten sie die Grün-Rechten, um Mehrheiten gegen die Linken zu bekommen. Der Erfolg blieb nicht aus, die Methode wurde chronisch. Die früheren Sponti-»Rea-los« wurden ihren BündnispartnerInnen zum Verwechseln ähnlich. Heute sind die haarfeinen Grenzen zwischen »Rea-los« und Grün-Rechten gänzlich überwunden.

Immer häufiger versöhnten sich Grüne mit Braun-Grü-nen. Antje Vollmers Ruf nach »Kitt« wurde z. B. auch in Bay-ern gehört. Schon 1995 rühmte die ökorechte ÖDP, es gebe 40 Bündnisse mit den Grünen. Der bayerische Landesver-band der Grünen ist braun-grün gefleckt wie ein Tarnan-zug. Eine grüne Stadträtin in Starnberg stimmte schon 1990 für den Republikaner Ernst Röhm (einen Großneffen von SA-Röhm) als Umweltreferenten. Die grüne Fraktion im Schwabinger Stadtteilparlament (München) hielt im Herbst 1991 einen Republikaner für einen geeigneten Ausländerbeauftragten. Im Kreistag von Mühldorf/Inn schlossen die Grünen Ende 1991 eine Listengemeinschaft mit den Republikanern.[454] Aber auch bei den Brandenburger Kommunalwahlen am 5. Dezember 1993 gingen Bündnis 90/Die Grünen im Dahme-Spreewald-Kreis (Königs Wusterhausen, Lübben, Luckau) eine Listenverbindung mit dem Neuen Forum und der ÖDP ein. Helmut Donath (Bündnis 90/Die Grünen, Luckau): »Es gibt in dem ÖDP-Programm keine Punkte, die Bündnis 90/Die Grünen und das Neue Forum nicht mittragen können.«[455]

1999 schlug die Parteispitze der bayerischen Grünen in Gestalt von Margarete Bause und Jerzy Montag der bayerischen ÖDP in einem Schreiben vom 26. Oktober 1999 vor, »gemeinsam die Möglichkeiten für künftige Wahlbündnisse auszuloten.«[456] Die grüne Landtagsabgeordnete Ruth Paulig hatte ein Jahr zuvor angekündigt: »Bei einer großen inhaltlichen Schnittmenge würde ich eine gemeinsame Liste mit der ÖDP bei der Landtagswahl 2003 nicht ausschließen.«[457]

Große inhaltliche Übereinstimmung? Da waren mal harte Differenzen: Die ÖDP wollte die Frauen zwingen, jede Schwangerschaft auszutragen. Die Grünen wollten – lang ist's her –, daß jede Frau selbst bestimmen kann, ob sie Kinder will, wann und wie viele. ÖDP-Gründer Herbert Gruhl forderte einen »Einwanderungsstop aus ökologischen Gründen«, denn da sie hier frören und folglich viel heizten, belasteten Ausländer die deutsche Umwelt mehr als die Deutschen.[458] Die Grünen dagegen sprachen über die kapitalistische Weltwirtschaft, die Ursachen von Flucht und Asyl und wollten offene Grenzen. Die Grünen waren PazifistInnen und AntimilitaristInnen. Die ÖDP hatte kein Problem mit Rüstungsexporten innerhalb der NATO.

Bause und Montag luden die ÖDP-Spitze zu einem »offenen und ehrlichen Gespräch« ein, bei dem »ohne Vorbedingungen Trennendes und Gemeinsames« erörtert werden sollten. Mit Bezug auf Ausländer- und Asylpolitik, Familien-

und Frauenpolitik, Rechts- und Sicherheitspolitik »wagen wir die Prognose: die Unterschiede zwischen Bündnis 90/ Die Grünen und ÖDP sind heute bei weitem nicht mehr so groß, wie sie scheinen und als liebgewonnene gegenseitige Vorurteile sorgsam gepflegt werden.«[459] Das ist ein ziemlich scheußliches – aber wahrheitsgemäßes – Eingeständnis.

Der bayerische ÖDP-Chef Bernhard Suttner hält sich nicht für den »optimalen Repräsentanten«[460] eines ÖDP-Grünen-Bündnisses und war noch nicht so begeistert von einem »Zusammenschluß mit den auf dem absteigenden Ast befindlichen Grünen und der parlamentarisch auch nicht so rasant erfolgreichen ÖDP«[461]. Das Angebot wurde abgelehnt. Erst einmal. Aber der einflußreiche oberfränkische ÖDP-Vorsitzende Andreas Becker, Bamberger Stadtrat, sieht »eine starke Strömung für ein Wahlbündnis mit den Grünen«[462]. Alles eine Frage der Zeit. Die nächsten Landtagswahlen sind 2003.

Es wimmelt bei den Grünen von EsoterikerInnen aller Art. Die Esoterik wird gebraucht, um die Köpfe von Millionen Menschen für eine autoritäre Gesellschaft zuzurichten. Wer sich nur noch mit sich selbst beschäftigt, Ausbeutung und Elend mit »Karma« rechtfertigt, Eliten anbetet, Sozialdarwinismus, höhere Wesen, naturgesetzliche Ordnungen und den Kosmos vergöttert, bekämpft alles, womit der Mensch sich von Ungleichheit, Ausbeutung und Fremdbestimmung befreien könnte. Esoterische und faschistische Ideologie sind nicht identisch, überschneiden sich aber in vielen Elementen, wie ich in meinen Büchern *Feuer in die Herzen* und *Entspannt in die Barbarei* nachgewiesen habe.[463] Esoterik ist ein breiter Pfad, auf dem antidemokratisches, antisemitisches und faschistisches Denken ins Bürgertum einzog und einzieht.

Als ich Ende der achtziger Jahre bei den Grünen immer häufiger auf Esoterik-, Spiritualismus- und New Age-AnhängerInnen stieß, begann ich mich mit diesem Gedankengut auseinanderzusetzen. Der germanisch-völkisch denkende Baldur Springmann, Mitgründer der Grünen und noch 1980 ausgetreten, bekam NachfolgerInnen in modernem Gewand. Wir erinnern uns an Petra Kelly und ihre religiöse Besessenheit für den Dalai Lama, die so weit ging, daß sie heulend mit Parteiaustritt drohte, wenn mensch ihr in der Bewertung der Situation in Tibet nicht folgte.

Für Irene Fröhlich, die grüne Landtagsfraktionsvorsitzende in Schleswig-Holstein, hat »Spiritualität viel mit meiner Politik zu tun«, sie bekannte einen ausgeprägten Hang zur Esoterik.[464] Eine andere grüne Esoterikerin ist die ehemalige Bundesvorsitzende und heutige grüne Hamburger Wissenschafts(!)senatorin Krista Sager. Sie eröffnete im September 1999 den First World Qi Gong Congress. Der Kongreß sollte Punkt 9 Uhr eröffnet werden »denn genau um diese Zeit, so altchinesische Berechnungen, würden große kosmische Energien auf Hamburg niedergehen«. Das Programm? »Es geht auch ein bißchen um Kornkreise und Nostradamus«. Das *Hamburger Abendblatt* befragte Sager etwas kritisch. Sie wich aus, verteidigte alles, redete von »Respekt« »vor Erfahrungswissen anderer Kulturen«. »Bestimmte Körperübungen« könnten »bestimmte Wirkungen erzielen« (klar, ohne Fortbewegung kein Muskelkater). »Außerdem haben wir nicht nur eine aufklärerische, sondern auch eine christliche Tradition.« Sager weiter: »Bei Qi Gong handelt es sich um Erfahrungswissen. Auch Akupunktur basiert auf alten Erfahrungen. Außerdem haben viele seriöse Menschen sich ernsthaft mit dem I Ging befaßt.« Nur, »erklären kann ich Ihnen das nicht. Aber Hamburg ist das Tor zur Welt – warum sollte es nicht auch das Tor zum Himmel sein?«[465]

Nach Sagers Eröffnungsrede konnte man sich für 75 Mark die »schlechten Energien« aus den Haarspitzen schneiden lassen. Fünf Qi-Gong-Meister liefen brüllend durchs Publikum und wedelten mit Armen und Beinen das Qi unter die Leute. Einen krebskranken Mann ließ mensch in Ekstase jauchzen. In zweitägigen Workshops für 200 Mark konnte mensch sich zum Qi-Gong-Lehrer ausbilden lassen. – Kein Mensch würde sein Auto einem Kfz-Mechaniker anvertrauen, der nur zwei Tage gelernt hat.

Ob in den Schriften von Rudolf Bahros Guru Sri Aurobindo oder in den braunen Machwerken des Jan Udo Holey (Pseudonym: Jan van Helsing) – esoterische AntisemitInnen geben Jüdinnen und Juden die Schuld an der Shoa. Das Amtsgericht Mannheim verbot im April 1996 die Verbreitung und den Vertrieb von Helsings Büchern (*Geheimgesellschaften* I und II) wegen »Volksverhetzung« und des »Gebrauchs von Kennzeichen verfassungswidriger Organisationen« und verfügte einen bundesweiten Beschlagnahmebeschluß. Helsings Vertriebsleiter war Uli Heerd, damals Vorsitzender des grünen Ortsverbandes Peiting (Bayern). Er behauptete, nichts vom Gerichtsurteil zu wissen, und bot die antisemitische Hetzschrift weiter an.[466] 1998 wurde er vom Schongauer Amtsgericht freigesprochen, weil das Gericht ihm die zweifelsfreie Absicht, die Helsing-Bücher zu vertreiben, nicht nachweisen konnte. Der Richter hielt aber in der Urteilsbegründung fest, daß Heerd »durch Werbemaßnahmen die Bücher toleriert habe«.[467] Stolz ließ sich Heerd mit Helsings Bücher fotografieren. Nur Werbung, keine Vertriebsabsicht.

Immer wieder gab es Versuche von Nazis, die Grünen zu unterwandern. 1985 mußten wir (Bundesvorstand und Bundeshauptausschuß) den Landesverband der Grünen in Berlin (West) auflösen: Neonazis vom neofaschistischen Witiko-Bund, rechtsextreme Neuheiden und Junge Nationaldemokraten hatten den Landesverband fest im Griff.[468] Die schwarz-grünen Ökolibertären, die Mitglied des grünen Landesverbandes gewesen waren, weil sie nicht der damals linken Alternativen Liste Berlin (West) angehören wollten, gaben zu, »einem schwerwiegenden Verdacht nicht rechtzeitig und entschieden genug nachgegangen zu sein« (Thomas Schmid).[469]

Vielen esoterischen, völkischen und rechtsanarchistischen Strömungen ist gemein, daß sich ihre AnhängerInnen auf die antisemitische und kapitalismusverträgliche Wirtschaftstheorie von Silvio Gesell (1862–1930) beziehen. Mit der Gesellschen Ideologie habe ich mich in *Entspannt in die Barbarei*[470] ausführlich auseinandergesetzt. Hier nur Stichworte. Gesells Gedankenwelt beherrscht ein gruseliges Menschenbild: Rassismen und Schwärmerei für den hochgezüchteten, »hochwertigen« Menschen und tiefste Verachtung für den abgearbeiteten Industriearbeiter. »Freiland« sollte an zuchtbereite und »hochwertige« Frauen nach Zahl ihrer Kinder vergeben werden, die völkische Fruchtbarkeit wird gleichsam an die Scholle geklebt. Ausbeutung und Naturzerstörung abzuschaffen war nie Gesells Anliegen. Der Kaufmann wollte den Zins mindern, damit mehr Geld in Umlauf kommt und seine Waren schneller umschlagen.

Nach 1945 kam Gesells »Freiwirtschaftslehre« z. B. in der Freisozialen Union (FSU) unter, einer rechtsextremen Partei. Sie diente z. B. Dr. Max Otto Bruker und Georg Otto als Kaderschmiede. Oberstudienrat Otto aus Hildesheim wurde FSU-Mitglied, 1969 FSU-Bundestagskandidat, von 1978 bis 1979 GLU-Landesvorsitzender in Niedersachsen, 1979 Europakandidat der SPV Die Grünen, später Ratsherr der Grünen in Hildesheim. Die Gesellianer bei den Grünen breiteten sich allmählich aus. Im Kreisverband Harburg-Land wurde jahrelang mit Texten des Gesell-Jüngers Yoshito Otani geschult. Otani stellte die Vernichtung der Jüdinnen und Juden in KZs und die Gaskammern von Auschwitz in Frage. Er leugnete die Kriegsschuld der Deutschen und schob selbst die Schuld für den Ersten Weltkrieg »jüdischen Bankhäusern« unter. Er bezog sich auf die widerwärtigsten antisemitischen Fälschungen, die sogenannten Protokolle der Weisen von Zion. Diese gelten als Erfindung des zaristischen russischen Geheimdienstes Ochrana. Die erste deutsche Übersetzung von 1922 – da war die Fälschung bereits nachgewiesen – wurde bis 1938 22 mal aufgelegt. Der NSDAP lieferten die »Protokolle« Material für antisemitische Hetze und für Kriegspropaganda.[471] Als 1986 Kritik am Kreisverband Harburg-Land aufkam, machte der »Realo« Helmut Lippelt, Bundestagsabgeordneter aus Hannover, die KritikerInnen lächerlich. Er bot demjenigen eine Kiste Sekt, der ihm »eine faschistoide Stelle« in Otanis »Mythos« nachweisen könne.[472]

Mit dem Kreisverband Harburg-Land konnte eine Feministin noch ganz andere Erfahrungen machen: Als ich 1988 in einem Interview[473], ohne das übliche »leider« einzufügen und mich vor irgendwem zu rechtfertigen, sagte: »Ich bin sechsunddreißig, da finde ich zwei Abtreibungen auf ein lustvolles, knapp zwanzigjähriges Geschlechtsleben relativ wenig«, randalierten nicht nur katholische Bistumsblätter und Boulevardmedien. Etliche »Realos« drängte es, durch Distanzierungen ihre Reputierlichkeit unter Beweis zu stellen. Unter ihnen der Kreistagsfraktionsvorsitzende Georg M. Fruck aus Hollenstedt im Kreisverband Harburg-Land. Er verlangte, Ditfurth gehöre »in Vorbeugehaft, damit sie in den nächsten Jahren nicht noch mehr Leben zerstört«.[474] Knast bis zu den Wechseljahren. Früher in Deutschland hieß das »Schutzhaft«.

Ganze Arbeitskreise wurden bei den Grünen eingerichtet, die der Verbreitung der Gesellschen Ideologie dienten. Viele dürften heute noch bestehen. Die Grünen in Nordrhein-Westfalen leisteten sich eine Landes-Arbeits-Gemeinschaft Wirtschaft mit einem AK Geld und Banken in Düsseldorf, der nur aus Gesell-DebattiererInnen zu bestehen schien. In Baden-Württemberg drang Gesells Ideologie bis ins Wirtschaftsprogramm und auch bei den Grünen in Sachsen-Anhalt wurde dem Sozialdarwinisten Gesell gehuldigt.[475]

Einer der bekanntesten grünen Gesell-AnhängerInnen ist Helmut Creutz aus Aachen. Auch er hielt Kontakte zu rechtsextremen Organisationen, nicht nur dem Weltbund zum Schutz des Lebens (WSL).[476] Creutz veröffentlichte regelmäßig im *Gesundheitsberater,* der Zeitschrift von Max Otto Bruker, jener »Scharnierstelle zwischen Ökologie- und Naturkostbewegung auf der einen und Neonazi-Szene auf der anderen Seite«[477]. Creutz verschaffte Margrit Kennedy ein Erweckungserlebnis: »Durch Helmut Creutz habe ich [Gesells Botschaft] in einer halben Stunde begriffen«.[478] Kennedy ist Architektin und Professorin an der Universität Hannover. Yoshito Otani arbeitet an ihren Texten mit. Diese Texte von Kennedy gehören zum Lehrstoff z. B. der Universität Zürich.

Einer der agilsten Propagandisten der Freiwirtschaftslehre ist derzeit Hermann Benjes. Er war jahrelang grünes Kreistagsmitglied in Darmstadt-Dieburg. Heute ist er Bundesvorsitzender der rechtsextremen FSU.[479] Er ist Gast bei Tauschring-Veranstaltungen und in Einrichtungen der Evangelischen Kirche, reist durch die Lande und verkündet antisemitische Botschaften. Tamara Schaaf von der Ökologischen Linken hat ihm aufmerksam zugehört[480]: Geld soll nicht gehortet, sondern ab und zu beschlagnahmt werden. Zu diesem Zweck bekommen Geldscheine Farben. Rein zufällig wählte Benjes gelb als Farbe des Geldes, gelb wie die Farbe der stigmatisierenden Judenringe und der Judenkappen unter Kaiser Karl V. im 16. Jahrhundert, gelb wie der Judenstern der Nazis.[481] Diese gelben Scheine könnten, sagte Benjes, per Lotterie ungültig gemacht werden, um »aus den Rattenlöchern der Schmarotzer [!; J. D.] herausgeholt« zu werden, als Strafe fürs Horten. »Israel kümmert sich einen Dreck um die Palästinenser«, sagte Benjes, weil Israel von jüdischem Kapital Amerikas abhängig sei. »In Amerika« gehören »die größten Banken den Juden«. »Jüdische Familien« wie die Rothschilds haben das »Kapital«, darum kann »Israel Geld in Waffen stecken«. Die Gesellsche Freiwirtschaft wär' »gut für Araber, weil dann Frieden herrschen würde«, weil es das jüdische Kapital nicht gäbe. »Die Wahrheit« wird doch »heute noch gesagt werden« dürfen! Den Begriff der »Zinsknechtschaft«

haben zwar die Nazis aufgenommen, aber der »Jude Blumenthal«, der »beste Freund« von Gesell hat ihn zum erstenmal verwendet. (Für den Antisemiten haben die Juden selbst schuld am Antisemitismus.) Benjes, der Tapfere, »ist der einzige, der das Wort in Deutschland ausspricht«. Benjes würde vermutlich bestreiten, Antisemit zu sein. Der Antisemitismus ergießt sich dummerweise einfach so aus seinem Mund, wenn er ihn nur aufmacht.

1999 schlossen Bündnis 90/Die Grünen drei Rechtsextreme aus der Partei aus: Irmgard Kohlhepp, Mitbegründerin der Alternativen Liste Westberlin, Bernhard Heldt und Rudolf Sauer. Alle drei sind AnhängerInnen Silvio Gesells. Kohlhepp war Mitglied der KPD/AO, Heldt und Sauer waren bei den rechtsextremen Republikanern. Heldt (»Die Gefährdung der deutschen [...] Kultur ist natürlich nicht von der Hand zu weisen.«[482]) flog lediglich wegen säumiger Mitgliedsbeitragszahlungen raus. Sauer hatte dem Exbundespräsidenten Roman Herzog im Internet empfohlen, »nach Auschwitz« zu gehen und sich dort »sühnevergasen« zu lassen,[483] dort habe es keine Gaskammern – »zumindest nicht mit Zyklon B« – gegeben.[484] Das deutsche Volk habe gemäß Gottes Willen das jüdische als auserwähltes Volk abgelöst.[485] Kohlhepp hatte keine Probleme mit Sauer: Wir können »nicht einseitig rechts oder links sein«, in der Politik haben »die Rechten sowohl wie die Linken Ideen [...], die man verwirklichen könnte«.[486]

Die drei trafen sich im Interforum Oranienburg e. V./ Arbeitskreis Franz Oppenheimer, 1990 gegründet, um die Ideologien von Rudolf Steiner, Silvio Gesell und Franz Oppenheimer zu verbreiten. Auf Veranstaltungen traten u. a. die grünen Gesellianer Georg Otto und Tristan Abromeit auf. Als Schirmherr half Rudolf Bahro. Im Frühjahr 1998 gründeten Heldt und Kohlhepp die Association Liberal Sociale Ordnung (ALSO), die sich gleichfalls an Gesell orientierte, und luden Referenten aus dem rechtsradikalen Spektrum auf ihre Gründungsveranstaltung.[487] Kohlhepp verbreitet Texte von Horst Mahler, in denen dieser »die Bedrohung der Menschheit nicht nur auf den Kapitalismus konzentriert, sondern diesen noch dazu von einem Judaismus herleitet, der wiederum von dem alttestamentarischen Rachegott Israels herrührt«[488].

Ein anderer Guru rechter Grüner ist Rudolf Steiner und seine Anthroposophie, eine okkulte, rassistische, antirationale Ideologie, die auch die Waldorf- und Rudolf-Steiner-Schulen durchdringt.[489] Seit ihrer Gründung gab es bei den Grünen viele AnthroposophInnen, vor allem im Süden. Zu ihnen gehör(t)en zum Beispiel der ehemalige Bundestagsabgeordnete Gerald Häfner und Otto Schily, heute sozialdemokratischer Innenminister. Manche halten Schily noch immer für einen Radikaldemokraten, weil er einmal Gudrun Ensslin verteidigt hat. Deshalb sind sie erstaunt über seine barbarische Härte gegen Flüchtlinge und Abschiebehäftlinge. Zum einen geht Rot-Grün ebenso unmenschlich und rassistisch mit Flüchtlingen und AsylbewerberInnen um wie die Kohl-Regierung. Der größte Abschiebeknast der BRD steht in Büren, im rot-grün regierten Nordrhein-Westfalen. Dort wehren sich Flüchtlinge immer wieder mit Revolten und Hungerstreiks gegen die unmenschliche Haft und gegen Verhältnisse, die Folter einschließen.

Die meisten Porträts von Schily gehen am Kern seiner Persönlichkeit vorbei. Vera Gaserow (Frankfurter Rundschau)[490] z. B. mißversteht ihn, wenn sie schreibt: »Schily ist ein Kosmopolit, aufgeklärter Weltbürger durch und durch. Ein eingefleischter Europäer, dem Xenophobie so widerwärtig ist wie schlechte Tischmanieren.«[491] Gaserow kennt sich nicht gut aus mit den Variationen des Rassismus in der Oberschicht. Widerwärtiger als ein Rassist mit guten Tischmanieren ist für den deutschen Außenminister ein schmuddeliger, ungebildeter »Schübling«, der sich beim Verladen ins Flugzeug mit unmanierlichen Rangeleien und Gebrüll wehrt und auf eine Art und Weise zu Tode kommt, die das deutsche Image schädigt. Der »aufgeklärte Weltbürger«

Schily ist keiner, sondern ein Rassist und zutiefst davon überzeugt, Angehöriger einer Elite zu sein.

»Auch auf anderen Feldern der inneren Sicherheit seien gemeinsam Fortschritte erzielt worden. Als Beispiel nannte Schily das Gesetz zur Gendatei, die Reform des Bundesgrenzschutzes, die Änderung des Gesetzes über das Bundeskriminalamt und die Verschärfung des Sexualstrafrechtes. Daß sein Vorgänger im Amt, Kanther (CDU), damit ›die Verhandlungen mit unserem Koalitionspartner erheblich erleichtert‹ habe, müsse Kanther nicht stören, sagte Schily.«[492] »Schily bescheinigte Kanther, er habe hohen Respekt vor dessen politischen Leistungen, auch dort, wo abweichende Auffassungen bestünden.«[493]

Wäre ihm Xenophobie »widerwärtig«, würde sich Schily nicht selbst in die Fußstapfen des früheren Law-and-Order-Innenministers – und Schwarzgeldkünstlers – Manfred Kanther (CDU) stellen. Schily: »Das Argument: Das hat Herr Kanther auch gesagt, interessiert mich nicht. Erstens schätze ich Herrn Kanther, und zweitens stimmt es nicht.«[494]

Schily hatte kurz nach seinem Amtsantritt erklärt, die »Grenze der Belastbarkeit« durch Zuwanderung sei »überschritten«. Er stellte »das deutsche Asylrecht vorauseilend zur europäischen Disposition« und verkündete, »97 Prozent aller Asylbewerber seien nicht ›asylwürdig‹«. Als die Kritik an ihm zu laut wurde – da war der rassistische Schaden angerichtet und Völkische und Nazis konnten sich nun auch auf den »ersten sozialdemokratischen Innenminister« berufen –, ersetzte er die »Wirtschaftsflüchtlinge« durch »Armutsflüchtlinge«. KritikerInnen beleidigte er als das »Empörungspotential, das wir nun einmal haben«.

»Der politisch Verfolgte«, schrieb Gaserow, »das ist für ihn nach wie vor der deutsche Intellektuelle, der jüdische Akademiker, der vor den Nazis über die Pyrenäen flieht, am besten mit einem Romanmanuskript oder einer Partitur im Koffer. Der angolanische Asylbeweber mit den verfilzten Rasta-Locken, die Roma-Frau, die ihr genaues Geburtsdatum nicht kennt, geschweige denn das kleine Latinum – Schily verdammt sie nicht, aber er findet keinen humanitären Impuls, warum er sich ausgerechnet dieser Schmuddelkinder der Weltgeschichte annehmen sollte, wo er doch schon ganz anderen Menschen lieber aus dem Weg gehen möchte.«[495] Er verdammt sie nicht, obwohl er 97 Prozent rassistisch diskriminiert? Er »findet keinen humanitären Impuls«? Was für ein zarter Ausdruck für hundsordinären rassistischen Antihumanismus. Wie viele andere sucht (und findet einiges) auch Gaserow den Rassismus vorwiegend im Kleinbürgertum und erliegt dem diskreten Charme der Großbourgeoisie.

Im August 1999 veröffentlichte UNICEF eine Studie, »wonach Heranwachsende von der restriktiven deutschen Asylpraxis ›in besonderer Weise betroffen‹ sind«. Im September 1999 beantragte der Bundestag, die BRD solle endlich ihre ausländerrechtlichen Vorbehalte gegen die Kinderrechtskonvention zurücknehmen. Kurz vor Weihnachten 1999 forderte der SPD-Parteitag dasselbe und mußte sich von Schily belehren lassen, man könne auch beschließen, daß jeden Tag die Sonne aufgeht. Im Januar 2000 plädierte der Bundesfachverband »Unbegleitete Minderjährige Flüchtlinge« eindringlich dafür, Kinder aus dem sogenannten Flughafenverfahren herauszunehmen. Schily interessiert das alles nicht. Nach wie vor werden 16jährige Asylsuchende wie Erwachsene behandelt und ins umstrittene Flughafenasylverfahren gedrängt. Jugendliche ohne Papiere müssen sich einer entwürdigenden »Inaugenscheinnahme« in Jugendämtern unterziehen, an deren Ende oft das geschätzte Alter 16 steht. Unbegleitete Flüchtlingskinder haben nur eine befristete Duldung, eingeschränkten Zugang zu Schulen und keinen Anspruch auf gesundheitliche Vorsorge. »Den Umgang mit Flüchtlingskindern finden fast alle entwürdigend, nur der Minister nicht.«[496] Schily: »Ich muß in aller Nüchternheit darauf hinweisen, ich bin nicht der Weihnachtsmann.«

Er »versteht es als große Auszeichnung, als der erste sozialdemokratische Innenminister einer traditionsreichen Partei zu fungieren« und stapft in den Fußstapfen Gustav Noskes einher. Er überholt Kanther und Haider rechts, weil er das individuell einklagbare Recht auf Asyl gänzlich abschaffen und die EU-Festung endgültig absperren will, indem er Asyl nur noch als Gnadenrecht der jeweils Herrschenden gewährt.

Seine Auffassung vom Wesen des Rechtsstaats gehe stets vom Individuum und dessen Freiheitsrechten aus, dozierte Schily früher, erinnerte sich die *Frankfurter Allgemeine Zeitung.* Heute kollidiere »das Individualitätscredo unausweichlich mit dem staatlichen Verfolgungswillen«, wenn es beispielsweise um den großen Lauschangriff geht.[497] Schily, Bruder im Geiste von Noske und Kanther, ist besoffen vom autoritären Staat.

Den besonderen rassistischen Dünkel des Otto Schily wird mensch nur verstehen können, wenn sein anthroposophischer Hintergrund und das zutiefst elitäre und rassistische Menschenbild der Anthroposophie begriffen wird. Otto Schilys Eltern waren Anthroposophen. Schily behauptete zwar: »Ich selbst bin kein Anthroposoph, aber ein Mitglied der Anthroposophischen Gesellschaft. Ihre Gedankengänge sind mir nicht unsympathisch. Sie gehen von einem ganz anderen Menschenbild und Weltverständnis aus.«[498] Aber kennt mensch die anthroposophische Szene, ist kaum zu glauben, daß einer ohne Anthroposoph zu sein, Mitglied der Anthroposophischen Gesellschaft werden kann.

Der Rassismus, der Antisemitismus, der Okkultismus, der Antirationalismus und Antiintellektualismus der Steinerschen Anthroposophie und der Waldorfpädagogik sind an anderer Stelle ausführlich untersucht worden.[499] Die Anthroposophie entstammt der reaktionären Theosophie des 19. Jahrhunderts. Sie enthielt stets den Antisemitismus: der jüdische Einfluß negativ-zersetzend, die Juden die

Weltherrschaft anstrebend, das Christentum vom Semitischen herrührend, die Juden ausgetrocknet und verdorrt, die germanischen Arier von einer »jüdisch-bolschewistischen Weltverschwörung« betroffen. Wie Afrikaner und Indianer stünden die Juden auf der Entwicklungsstufe von Tieren.[500] Die Anthroposophie »war ein Element der ›völkischen Revolution‹«, sagte der US-amerikanische Historiker George Mosse,[501] »die dazu beitrug, die Deutschen zu jenen willigen Vollstreckern zu formen, auf die sich der NS-Faschismus stützen konnte«[502]. Das Steinersche Wahnsystem fließt im Auftrag des Meisters in den »geheimen Lehrplan« der Waldorfschulen, wo es jährlich 65 000 Kinder erreicht.

Die anthroposophische »Wurzelrassenlehre« ist tief von einem elitären und rassistischen Menschenbild durchdrungen: Die Menschheit ist hierarchisch in sieben Wurzelrassen mit jeweils sieben Unterrassen aufgeteilt. Die fünfte und bislang höchste Wurzelrasse sind die »Arier«. Erst sie haben »die vollständige Ausprägung der denkenden Kraft mit allem, was dazugehört«.[503] Den Mongolen als vermeintlich minderwertigerer Unterrasse gesteht Steiner ein bißchen »Denkkraft« zu, hauptsächlich aber einen »unmittelbaren naiven Glauben«[504]. Rudolf Steiner stigmatisierte Menschen aus Afrika als triebhafte, nicht zum Denken befähigte Lebewesen, zwar sind sie irgendwie Menschen, »weil ja der Mensch immer ein Mensch ist, selbst wenn er ein Schwarzer ist«, aber ihr Hirn sei minderwertig, »das Hinterhirn besonders ausgebildet. Das geht durch das Rückenmark«. Der »Neger« habe »ein starkes Triebleben, Instinktleben«, sein »ganzer Stoffwechsel [geht] so vor sich, wie wenn er in seinem Innern von der Sonne selber gekocht würde«, weil es in Afrika doch so heiß ist. Wir »armen Europäer haben das Denkleben, das im Kopf sitzt«. Und die Indianer sind eigentlich »Neger«, die »nach dem Westen auswandern«, wo sie weniger »Licht und Wärme aufnehmen wie in ihrem Afrika. [...] Daher werden sie kupferrot«.

Die UreinwohnerInnen starben nicht an Hunger, Versklavung und kolonialem Massenmord, sondern »an ihrer eigenen Natur, die zu wenig Licht und Wärme bekommt«.[505] Steiner vergleicht die amerikanischen Indigenas mit Affen und bezeichnete sie als »dekadente Abzweigung«[506] von der Evolution. Was Wunder, daß der Europäer gewissermaßen zur Eroberung der Neuen Welt gezwungen ist: »Die weiße Rasse ist die zukünftige, ist die am Geiste schaffende Rasse.«[507] Aber selbst innerhalb der »weißen Rasse«[508] gibt es nach Steiner Menschen unterschiedlichen Werts. Die Südeuropäer stehen unter den Germanen. Letzteren schreibt Steiner für die nächsten 1500 Jahre die spirituelle Führung zu.[509] Die SüdeuropäerInnen jedoch gehören zu den »untergehenden romanischen Völkern Europas«, wobei die Franzosen »das am wenigsten fähige Element« seien.[510]

Als Anfang der neunziger Jahre einige Linke, unter ihnen die AutorIn, den rassistisch-antisemitischen Charakter der Anthroposophie öffentlich machten, reagierte die anthroposophische Sekte äußerst aggressiv, nur eine Minderheit für eine kurze Zeit schuldbewußt. Inzwischen haben sich die Reihen wieder steinerfest geschlossen. Neuerdings betreiben anthroposophische Wissenschaftler am neu gegründeten »Institut für Evolutionsbiologie und Morphologie« der anthroposophischen Universität Witten/Herdecke »Rassen«kunde. (Die Leitung der Universität hat Otto Schilys Bruder Konrad Schily.) Einer der Wissenschaftler, Klaus-Peter Endres, hat von 1989 bis 1991 im Auftrag der Pädagogischen Forschungsstelle beim Bund der freien Waldorfschulen »Rassenforschung« betrieben, finanziert wurde das Projekt unter anderem von der Anthroposophischen Gesellschaft, deren Mitglied Bundesinnenminister Schily war und vermutlich noch ist. An Geld herrscht in Witten kaum Mangel. Die Idee der Eliteförderung – ganz im Geist des Antidemokraten Rudolf Steiner – an der dortigen privaten Universität gefällt einigen sehr: Neben dem Land Nordrhein-Westfalen finanzieren die Alfred-Krupp-von-Bohlen-und-Halbach-Stiftung, die Bertelsmann-Stiftung, die BMW AG sowie der Daimler-Benz-Fonds[511] die Einrichtung.

Wo immer AnthroposophInnen im Bundestag oder dessen Umfeld kritisiert werden, ist Otto Schily zu ihrer Verteidigung zur Stelle. Als der Bundestag 1996 auf Antrag der SPD-Fraktion eine Enquetekommission »Sogenannte Sekten und Psychogruppen« einrichtete, stand nicht nur Antje Vollmer auf der Matte, als es um Scientology ging. Auch der SPD-Abgeordnete Schily reagierte sauer[512]: Die Anthroposophie sei »keine Religionsgemeinschaft, sondern der Versuch einer Erweiterung der Erkenntnisse, aufbauend auf der Naturwissenschaft, und sie hat keinen antirationalen Charakter«. Wie rational ist die Steinersche Evolutionslehre, in der »vereinfacht ausgedrückt – der Affe vom Menschen abstammt«[513]? Welche »Erkenntnisse« werden »erweitert«, wenn Waldorflehrer behaupten, es habe in Auschwitz keine Gaskammern gegeben?[514]

Es gab einmal eine grüne Flüchtlingspolitik, die antirassistisch und demokratisch war. Die Bundestagsabgeordnete Ellen Olms aus Berlin (West) rotierte – wie vereinbart. Sie machte von 1987 bis 1989 antirassistische Flüchtlingspolitik im Bundestag – wie vereinbart. Während Otto Schily in der Bundestagsfraktion Pfauenräder schlug und heimlich mit Peter Glotz über seinen Übertritt in die SPD verhandelte, kümmerte sich Olms um Flüchtlinge. Eine 35jährige Frau aus Afghanistan war dort, unter der Terrorherrschaft der Mujaheddin, vom Tod bedroht. Sie hatte »Ehebruch« begangen und sollte gesteinigt werden. Sie war einen weiten Weg geflohen. Ihr Asylgesuch wurde in Deutschland abgelehnt. Sie sollte von Berlin über Frankfurt und Zürich nach Afghanistan abgeschoben werden. Ellen Olms flog mit, wie so oft, und versuchte noch in Zürich, die Abschiebung zu verhindern. Die Frau wurde mit Gewalt in ein Flugzeug nach Afghanistan umgeladen, damit sie gar nicht erst schweizerischen Boden betreten und Asyl beantragen konnte. Niemand hat je wieder von ihr gehört – sowenig wie von einer rot-grünen Flüchtlingspolitik, die mensch human nennen könnte.

# Exkurs: **Daniel Cohn-Bendit. Die Betriebsnudel für die herrschenden Verhältnisse**

Im Mai 68 entstand der Mythos, Daniel Cohn-Bendit, »das Rumpelstilzchen«, das »herumspringen und schreien« durfte (Cohn-Bendit über Cohn-Bendit),[515] sei ein Revolutionär. Er trug »Glitzernagellack«, was »die Jugendlichen« angeblich »toll« fanden, und flehte einen Reporter an: »Schreib bitte auch, daß ich als einziger noch ganz unheimlich lange Haare habe.«[516]

Lack und Haare sind ab.

Heute holt sich Cohn-Bendit »von Zeit zu Zeit selbst ein Körbchen« »Belon-Austern« aus Frankreich »und hat schon einmal auf einen Schlag fünf Dutzend der Perlenviecher geschlürft«[517]. Auch »die Idealverbindung des schwarzen Johannisbeerweins mit weißem Burgunder« für den Cocktail Kir Royal blieb dem »neuen Danton« *(Stuttgarter Zeitung)*[518] »nicht verborgen«[519]. »Der wohngemeinschaftsgeplagte Alt-Sponti« (»Ich hasse das Moralische der Körnerfresser«[520]) frönte »in einer geräumigen Altbauwohnung den Freuden [...] denen er sich bisher versagen mußte. Schöner wohnen ist jetzt angesagt, und dies im extremsten Sinne des Wortes.«[521] Es sei ihm gegönnt.

Cohn-Bendit steht für viele frühere Linke. Er sei hier als besonders skurriles Beispiel aufgeführt. Ihn lieben vor allem die, die früher (ein bißchen) links waren und denen er als Alibi für die eigene Anpassung dient. Er liefert Sprüche in Talk-Shows, ist aber keine ernsthafte Bedrohung fürs Establishment. So loben sie ihn nieder, und er durchschaut es nicht. Cohn-Bendit sei »rhetorisch hoch begabt« *(Süddeutsche Zeitung),* ein »Großmeister des Wortes« *(natur)* mit einem »messerscharfen Verstand« *(Zeit),* also »ohne Zweifel ein brillanter Denker« *(Frankfurter Neue Presse). Die Zeit* pflegte sogar Verbindungen zum Jenseits: Cohn-Bendit »hat die legendäre ›Danton-Stimme‹«. »Ein Vergleich, auf den der Redakteur nach intensivem Abhören von O-Tönen aus der Zeit der Französischen Revolution [1789] gekommen sein muß« *(Titanic).* Oft sind es alte Kumpel aus Frankfurter Sponti-Kreisen, die ihn in Medien feiern dürfen. Eine Hand wäscht die andere.

Der »virtuose Rhetoriker«[522] (Ex-*Pflasterstrand*-Redakteur Matthias Horx in der *Zeit*) macht sich gern tiefgründige Gedanken. Über Finanzen: »Ich habe mich immer mit der Mentalität meines Bankkontos befaßt. [...] Bank und Gras, das paßt zusammen.«[523] Über soziale Probleme: »Alle Menschen müssen was zu essen haben. Das ist erst mal richtig. Nur, das ist die Voraussetzung für eine Gesellschaft, die keiner von uns aushalten wird, so formuliert.«[524] Und immer wieder gern über denjenigen Menschen, den er am meisten schätzt: »Ich brauch' das. Das ist eine Mischung aus politischem Sendungsbewußtsein und Narzißmus. 30 Photographien, das ist wie ein Trip«.[525]

Schwarz-grüne Koalitionen konnte sich Cohn-Bendit (»Ich bin der militanteste Antikommunist, den es hier in der Bundesrepublik gibt«)[526] schon lange vorstellen, »ein Zusammengehen mit der CDU, nicht gleich mit Kohl, aber mit

Biedenkopf und Süssmuth, oder mit der FDP Gerhart Baums ist genauso möglich wie mit der SPD«, und »eine Koalition zwischen SPD und CDU« hielt er »auch nicht für eine Katastrophe«.[527] Nun, Kohl ist weg. Es ist soweit.

Der Exanarchist wurde zum staatstragenden Prototyp. Er lobte den früheren CSU-Entwicklungshilfeminister – »Herr Spranger hat in Menschenrechtsfragen manchmal sogar ganz gute Sachen gemacht« (1996)[528] – und sehnt sich nach einem »Wirtschaftsminister mit der Weitsicht von Ludwig Erhard« (1999)[529].

Jahrelang – möglicherweise bis heute – kooperierte der Staatstragende in der anarchistischen Maske mit dem Verfassungsschutz. Schon im Oktober 1985 stellte sich in einem Hinterhof der *Pflasterstrand*-Redaktion ein »Herr Benz vom Bundesamt für Verfassungsschutz« vor, der Kontakt »zu ausgestiegenen oder aussteigewilligen RAF-Mitgliedern« suchte.[530] Cohn-Bendits *Pflasterstrand* half und druckte z. B. 1987 ein Interview mit dem Bundesamt für Verfassungsschutz ab.[531] Mit »Herrn Benz« fuhr Cohn-Bendit nach Paris, um mit dem versteckt lebenden Hans-Joachim Klein (»Klein-Klein«) über das Aussteigerprogramm zu reden. Klein war 1975 am Überfall auf eine Konferenz der erdölexportierenden Länder (OPEC) in Wien beteiligt gewesen. Drei Menschen starben. Seitdem wurde nach ihm gefahndet. 1998 wurde Klein in Frankreich verhaftet und an Deutschland ausgeliefert. Seitdem redet er und nennt Namen.

»Jeder Mensch hat in sich Angst vor Fremden«, sagte Cohn-Bendit. »Meine Freundin und ich haben [in Jamaica] ein bißchen gekifft und waren auf dem Trip. Ein schwarzer Freund hat währenddessen mit einem Messer etwas geschnitten – was uns dann furchtbare Angst einjagte. Wir dachten, der schwarze Mann will uns was tun. Das war wirklich eine rassistische Angst.«[532] Er hat »genau solche Ängste vor den Fremden« wie andere gute Deutsche auch.[533] Jeder Mensch hat »Angst vor Fremden«? Kinder, die mit fremd aussehenden Menschen konfrontiert werden und durch ihre Erziehung nicht verbogen sind, zeigen meistens Neugier, keine Angst. Fremdenhaß gleichsam genetisch zu rechtfertigen ist eine so dumme wie beliebte Ausrede.

1989 wurde Daniel Cohn-Bendit Dezernent für Multikulturelle Angelegenheiten in Frankfurt/Main. Ein Jahr später verkündete er »neue Wege« in Sachen Asyl, Einwanderung und beim Umgang mit Roma und Sinti. Elisabeth Kiderlen, einer ehemaligen *Pflasterstrand*-Redakteurin, nun Redakteurin der *Hamburger Rundschau,* vertraute er an: »Man muß ihnen Asyl gewähren. Gleichzeitig ist ihre Lebensweise in seßhaften Gesellschaften wie der unseren schwer zu integrieren. Die Sinti und Roma haben ein anderes Verhältnis zum Eigentum, zur Autorität des Staates«.[534] Eine sonderbare Äußerung für einen ehemaligen Anarchisten. Am besten werden die lästigen Fremden »auf 15 Länder verteilt, das sind dann 8000 pro Land. Das ist dann kein Problem mehr.«

Kiderlen: »Rassismus gegen die Roma entzündet sich auch an dem Vorwurf der Bettelei, des Diebstahls.« Cohn-Bendit: »Das fällt beides unter die Rubrik ›Lebensstil‹. [...] Sie müssen zumindest halb-seßhaft werden [...], aber das dauert. Auch Roma müssen sich an die hiesigen Gesetze halten, sonst gehen wir einer Katastrophe entgegen.«[535] Alle Roma sind gleich, sind Bettler und Diebe. Das ist ihr »Lebensstil«. Was das in der Praxis des Stadtrates bedeutete, sollte sich bald zeigen.

»Frankfurt war der Beginn einer Blutspur«, sagte ein überlebender Roma. Im August 1937 wurden in Frankfurt/Main die ersten Roma und Sinti aus ihren Häusern und Wohnungen verschleppt und in der Dieselstraße in Containern interniert, bevor die Nazis sie in die Konzentrationslager schickten. Etwa 500 000 Roma und Sinti wurden in Europa ermordet. Nach dem Zweiten Weltkrieg konnten die NS-Ärzte Eva Justin und Robert Ritter in Frankfurt als Mediziner und Gerichtsgutachter weiterarbeiten. Ritter hatte – mit Justin – im NS-Faschismus dazu beigetragen, daß 24 000 »Zigeuner« »zwangssterilisiert, in Konzentrationslager verschleppt, medizinischen Versuchen unterworfen, zu Zwangsarbeit gezwungen und ermordet wurden.«[536]

1983 deckten wir – die erste Fraktion der Grünen im Römer – auf, daß im rechtsmedizinischen Zentrum der Universitätsklinik Frankfurt/Main Roma gegen ihren Willen Röntgenstrahlen ausgesetzt und nach wie vor ihre persönlichsten Daten gesammelt wurden.[537] 1991 wurde darüber hinaus öffentlich, daß das Sozialamt der Stadt Frankfurt Sinti und Roma erfaßte. Zusätzlich wurde entdeckt, daß Cohn-Bendits neues Amt für Multikulturelle Angelegenheiten eine Studie über Sinti und Roma vorbereitete.

Gleichgültig, ob sie seit Generationen und Jahrzehnten in Frankfurt lebten, welche Ausbildung sie hatten, ob sie auf der Durchreise waren oder als Flüchtlinge kamen – wie im NS-Faschismus wurden sie in einen einzigen rassistischen Bluttopf geworfen, als seien sie eine fest umrissene soziale Gruppe. Cohn-Bendits Multikulti-Amt bat in einem Brief 17 städtische Behörden um ausführliche persönliche Informationen über Roma und Sinti, darunter Ämter und Abteilungen, zuständig für Reisegewerbe- und Marktangelegenheiten, Straßenhandel, Ausländer und Prostitution, wie das bei »Zigeunern« angeblich naheliegt. Zu den Problemen, die »bewältigt« werden sollten und die durch die Art der Fragen unterstellt wurden, gehörten prompt auch »bettelnde Kinder/Kleinkriminalität«.

Viele, unter ihnen die Rechtsanwältinnen Elisabeth Link und Ulrike Lopau, protestierten gegen die »Grünen, die bei der Volkszählung vehement die eigenen persönlichen Daten gewahrt haben wollten« und nun »ihre Mitarbeiter zum Sammeln von persönlichen Daten« auf den Weg schickten, von Sinti und Roma, die »in Hinblick auf den Schutz ihrer Daten weitaus empfindsamer sind als die Bürger der Mehrheitsbevölkerung«, denn »die Sondererfassungen im Dritten Reich« seien die Voraussetzungen für die

225

»Verschleppung von Sinti und Roma [...] in die Vernichtungslager« gewesen. »Es dürfte dem Amt für Multikulturelles schwerfallen, diesen Bürgern klarzumachen, daß im Römer jetzt ›die besseren Menschen‹ sitzen, die in Personalunion als Datenerheber, Datenschützer und Datensammler selbstredend, weil ›gut und unrassistisch‹, das Nichtstattfinden eines Rechtsmißbrauches der Daten von Sinti und Roma garantieren.« Das Amt für Multikulturelles habe anscheinend »das Gefühl für Takt, Menschlichkeit und Sensibilität für die Verletzbarkeit der Opfer des nationalsozialistischen Rassenwahns« vergessen.

Die Reaktionen übertrafen den Vorwurf. Irene Khateeb, eine Sprecherin Cohn-Bendits, warf den Roma (!) pikiert Rassismus vor. Stadtrat Cohn-Bendit antwortete den Anwältinnen sarkastisch, »daß sie mich als Kind von Opfern des nationalsozialistischen Rassenwahns aufgeklärt haben, daß man eine besondere Menschlichkeit und Sensibilität an den Tag legen sollte. Ich bitte die Frauen Rechtsanwältinnen Link und Lopau, für mich eine Arbeitsgruppe einzurichten mit der Überschrift ›Wie gehen Kinder nationalsozialistischer Opfer mit dem nationalsozialistischen Rassenwahn um?‹ Sie sollten mir sagen, wann und wo ich mich zu befinden habe, um [...] Nachhilfestunde zu erhalten.« Weil er ein Kind von verfolgten Juden ist, hält Daniel Cohn-Bendit Kritik an seiner Person für tabu. Er nimmt für sich eine Art Gnade der automatisch antifaschistischen Geburt in Anspruch.

Die Sozialdemokratin Frolinde Balser, Vorsitzende der Frankfurter Gesellschaft für Christlich-Jüdische Zusammenarbeit e. V., schrieb an den grünen Dezernenten: Der »Vorwurf, daß Sie ›rassistische Klischeebilder verwenden‹, [ist] nur allzu berechtigt«. Sie bat ihn, »sich mehr mit den Schicksalen und den heutigen Umständen der Sinti und Roma vertraut zu machen, damit Ihnen künftig solche unentschuldbaren Fehler nicht mehr unterlaufen. [...] Es ist sehr erfreulich, daß gerade Mitglieder der jüdischen Gemeinde in Frankfurt sich um die Sinti und Roma kümmern. Vielleicht können Sie das in Zukunft auch als eine Ihrer Aufgaben ansehen und sich angemessen dabei verhalten.«

Der Multikulti-Stadtrat geriet in Bedrängnis und versuchte sich vor dem Parlament zu rechtfertigen: Die Studie seines Amtes könne nicht rassistisch sein, weil eine Sinteza an ihrer Durchführung beteiligt sei. Ein dummes Alibi, das zudem aufflog, als Cohn-Bendit zugeben mußte, daß »die Verantwortung für die entstandenen Mißverständnisse [...] alleine in unserem Amt [liegt]. Frau Spitta [die Sinteza] hat den Inhalt unseres Briefes [an die Behörden und Abteilungen] weder verfaßt noch ihn gekannt.« Das Multikultur-Amt mußte die Studie zurückziehen, Cohn-Bendit sich für den »Mangel an Sensibilität« entschuldigen.

Er hat nichts daraus gelernt. 1992 erschien *Heimat Babylon* von Daniel Cohn-Bendit und Thomas Schmid, dessen *Revolutionärer Kampf* hinaus in *Die Welt* führte. Im Buch fand sich folgende Passage: »Wo Juden auftauchen, werden sie in aller Regel schnell zu troublemakers, die fast ausschließlich als Last und Zumutung erscheinen und die in der Tat insofern asozial oder genauer: nicht-sozial sind, als sie nicht erkennen lassen, daß sie zu der Gesellschaft, in der sie leben, Zugang finden wollen [...]. [wir haben] zwar keine Wahl, als diese ungebetenen und in der Tat provozierenden Gäste aufzunehmen, aber aufgrund ihrer Lebensweise werden sie ständig Anstoß erregen und damit z. B. die öffentliche Diskussion um das Asyl negativ beeinflussen. Das öffentliche Klima würde vergiftet.«[538]

In ähnlicher Manier kamen die antisemitischen Tiraden gegen die Ostjuden und Ostjüdinnen daher, wie sie nach dem Ende des Ersten Weltkriegs in Deutschland kursierten und Auschwitz vorbereiten halfen. Quer durch alle politischen Lager und Klassen wurde den OstjüdInnen ein primitives kulturelles Niveau und asoziales Verhalten unterstellt: Man könne sie in die deutsche Gesellschaft nicht integrieren. Ich habe – einer Idee Kurt Holls[539] folgend – eine Kleinigkeit geändert: Ich habe »Juden« eingesetzt, wo in *Heimat Babylon* »Roma« steht.

Cohn-Bendit und Schmid fuhren fort: »In einem Frankfurter Stadtteil mit eher traditioneller Struktur konnte ein deutscher Eigenheimbesitzer, der arbeitslos geworden war, die Raten für sein Haus nicht mehr bezahlen, und die Familie, die gute Kontakte zur Nachbarschaft unterhalten hatte, mußte ausziehen. Die deutschen Anwohner [...] hatten vertraute Nachbarn verloren, nun wurden ihnen gänzlich fremde vor die Nase gesetzt. Es lag für die Nachbarn nahe, in dem einen eine Ungerechtigkeit, in dem anderen eine Strafe zu sehen – zumal die Romafamilie nicht die geringsten Anstrengungen unternahm, mit den Anwohnern ins Benehmen zu kommen. Jeden Morgen fuhr statt dessen ein Kleinbus vor, der die ganze Familie abholte, zu Unternehmungen, über die die wildesten und (möglicherweise gar nicht so falschen) Vermutungen in der Straße kursierten.«[540]

Wenn es um das grün-alternative Bürgertum geht, zeigt sich Cohn-Bendit gern tolerant: »Alle Lebensformen, die sich die Menschen auswählen, sind legitim.«[541] Das gilt nicht für Roma. Daß sich die zitierten Roma nicht um die Gunst ihrer Nachbarn bemühen, nicht daherkommen wie eine ordentliche deutsche Kleinfamilie, gerät ihnen zum Verbrechen. Rassistische Phantasien verdichten sich zu »möglicherweise gar nicht so falschen« Vermutungen. Wir wissen ja, wie »Zigeuner« so sind. Und daß an der Arbeitslosigkeit des deutschen Nachbarn nicht die Roma-Nachbarn, sondern der Arbeitgeber bzw. die Gläubigerbank Schuld sein könnte? Da ist es doch für den deutschen Untertan viel leichter, die Schuld auf Schwächere zu schieben.

Kurt Holl beschrieb, wie die osteuropäischen Roma das rassistisch-antisemitische Stereotyp des Ostjuden ersetzen. Daß die Kinder der »ca. 60 000 osteuropäischen Roma, die seit 25 Jahren in der BRD als Gastarbeiter leben, in kleinbürgerlichen Verhältnissen wie irgendeine türkische Familie, [...] inzwischen als Ingenieure, Journalisten, Sozialpädagogen arbeiten, könnte Cohn-Bendit wissen, wenn er ihr Vertrauen hätte: Aber so verstecken sie sich auch vor ihm als Jugoslawen, Polen, Albaner, Türken [...]. Sie wissen, daß, wenn solche ›Experten‹ wie er über sie kommen, sie wieder alles verlieren werden.«[542]

Erneut und vergeblich forderte der Verband deutscher Sinti und Roma die grüne Fraktion im Frankfurter Römer auf, »zu den offen diskriminierenden und versteckt rassistischen Äußerungen ihres ehrenamtlichen Stadtrats Daniel Cohn-Bendit« in *Heimat Babylon* »Stellung zu beziehen. [...] Wenn einzelne Sinti oder Roma ›trouble‹ machen, zum Beispiel eine Straftat begehen, so hat dies der einzelne zu verantworten. Pauschalierungen sind auf jeden Fall unzulässig«.[543]

Cohn-Bendits Rassismus hatte sich aufmerksamen Beobachtern angekündigt. Im *Pflasterstrand* pries der Herausgeber und Dezernent für Multikulturelle Angelegenheiten 1990 »die Vision einer faszinierenden, aber auch darwinistischen multikulturellen Gesellschaft« seines Autors Dan Nitescu. Der setze »auf eine zügellose Marktwirtschaft, die allen Menschen aus aller Herren Ländern die Chance geben soll, sich die soziale Stufenleiter hochzukämpfen. Auf der Strecke bleibt in seinem Entwurf das alte Ideal der sozialen Gerechtigkeit.« Macht nichts, so etwas gehört »auch zum multikulturellen Prozeß«.[544]

Dan Nitescu durfte seine rassistischen Klischees seitenlang im *Pflasterstrand* ausbreiten, über »Asylanten« und »Zigeuner«, die »nicht schreiben« können, aber »buchstäblich im Geld« schwammen. Der »faszinierende« Sozialdarwinist verteufelte »hohe Tarifabschlüsse« in den USA, weil sich so die von Weißen dominierten Gewerkschaften »die Konkurrenz der Schwarzen vom Leibe [...] halten.« Cohn-Bendit: »Ich weiß, daß viele meiner linken Freunde sich darüber ereifern: Aha, du plädierst dafür, daß die Asylbewerber die beschissenste Arbeit machen, du plädierst dafür, daß sie schlecht bezahlte Arbeit machen. Dann sage ich: Ich bin nicht der liebe Gott. Ich kann nicht gewerkschaftliche Forderungen für jeden Asylbewerber und jede Asylbewerberin vertreten.«[545]

Politische Einmischung zugunsten der diskriminierten und vielfach ausgebeuteten MigrantInnen lehnte *Pflasterstrand*-Autor Nitescu ab, denn »jeder Versuch, das Einkommen dieser ärmeren Gruppen mit politischen Mitteln zu heben, würde den Neuankömmlingen jede Möglichkeit nehmen, einen Job zu finden – und durch niedrigere Löhne ihr Handicap gegenüber einheimischen Kollegen wettzumachen.« Logik: Ausbeutung und Lohn-Dumping sind antirassistisch. Für die Deutschen böte sich »die Chance einer vielversprechenden Karriere – sie können als Vorarbeiter eine leitende Funktion übernehmen«. Fazit: »Wir müssen wieder lernen, mit Armut zu leben, ohne gleich in Ohnmacht zu fallen, wenn wir sie zu Gesicht bekommen.«[546]

*Pflasterstrand*-Autor Gerd Koenen verriet im selben Heft das Konzept des Dezernenten Cohn-Bendit: »Eine multiethnische und multikulturelle Gesellschaft kann überhaupt nicht anders entstehen als mit der scharfen Pisse des Rassismus gedüngt.« Die MigrantInnen seien darauf eingestellt, »auf eine Masse rassistischer, religiöser und kultureller Ressentiments [zu] stoßen. [...] Sie sind überhaupt darauf eingestellt, sich durchzukämpfen. Worauf sie oft nicht eingestellt sind, ist eine karitative Sozialpolitik, die sie notfalls jahrelang alimentiert, nur um ihren vitalen Betätigungsdrang herunterzudämpfen; ist ein gewerkschaftlicher Schutz vor Ausbeutung, vor der sie gar nicht geschützt werden wollen.« In der ehemaligen DDR, so Koenen 1990, entfalte sich demnächst eine Art multikulturelle Vision: »Für polnische Gastarbeiter, italienische Eisverkäufer, persische Teppichhändler und türkische Dönerbudenbesitzer wird sich mit dem Ende der sozialistischen Monokultur östlich der Elbe dann ein neues, großes Pionierland auftun.

Genau wie hier, wird die multikulturelle Gesellschaft auch drüben aus haltbaren Ingredienzen gebacken sein: aus Eigennutz, Schweiß und Sex.«[547]

So sehen sie aus, die Phantasien des grün-alternativen Stammtischbruders über den Nutzen der Fremden. Aus »Eigennutz, Schweiß und Sex« wurden Erniedrigungen, rassistische Anschläge und »nationalbefreite Zonen«.

Cohn-Bendit war 1991 der erste bekannte grüne Politiker, der öffentlich die Demontage des Asylrechts vorbereiten half: »Ich wäre bereit, eine Diskussion über die Neuformulierung des Artikels 16 zu führen.«[548] Ein Signal, daß nun auch die Grünen zur Demontage dieses Menschenrechts bereit waren. 1993 wurde das Asylrecht von der CDU/FDP-Regierung – unter Mitwirkung von SozialdemokratInnen – so stark eingeschränkt, daß es seitdem kaum noch existiert. Joseph Fischer protestierte zum Schein dagegen: »Das heutige Asylrecht ist ein Monstrum. Es wurde von den Konservativen mit Hilfe der SPD zu einem Asylabschreckungsrecht. Es war eine der schwersten Niederlagen der demokratischen Linken in den vergangenen vier Jahren.«[549] Kaum war Rot-Grün 1998 im Amt, waren Fischer and his friends ganz zufrieden mit dem »Asylabschreckungsrecht«. Es wird verschärft, nicht humanisiert.

Das bundesdeutsche Asylrecht war als Antwort auf die Situation der NS-Verfolgten entstanden. Im Mittelpunkt sollte der von Hunger, Folter und Bürgerkrieg bedrohte Mensch stehen, dem eine neue demokratische Bundesrepublik Asyl gewähren wollte.

Nicht die Lage der Flüchtlinge, sondern ihre ökonomische Nützlichkeit, ihre Verwertbarkeit für das grün-alternative Bürgertum, interessiert einen wie Cohn-Bendit: »Die meisten Asylbewerber sind Menschen, die eine irrsinnige Energie haben [...], und diese Energie würden sie unheimlich produktiv einsetzen, hier in dieser Gesellschaft, sie würden viele Arbeiten machen.« (1989)[550] Nur zu viele Kinder, die nicht deutsch sprechen, sollen sie nicht mitbringen.

Menschenfreund Cohn-Bendit: »Die Aufnahme von Flüchtlingen und deren Kindern bedeutet beispielsweise Flüchtlingskinder in unseren Schulen. Jeder, der ehrlich ist, auch
Grüne, weiß, daß natürlich das Niveau, die Entwicklung der
Schulen davon abhängt, wie gut die Menschen Deutsch
können oder nicht.«[551] Daß vielleicht mehr LehrerInnen für
kleinere Klassen und Sprachunterricht eingestellt werden
könnten, fällt ihm nicht ein.

Stark und gesund müssen sie sein, die Fremden (und
Informatiker sein, um eine Greencard zu bekommen): »Die
Stadt Frankfurt hat einen Bedarf an Arbeitskräften, der
nicht mehr gedeckt wird durch die deutsche Bevölkerung.
[...] Allein in Frankfurt suchen wir Hunderte als Pflegepersonal für Krankenhäuser [...] Dabei ließen sich Ausländer in
sechs Monaten als Hilfspfleger ausbilden.« Tolle Aussicht
für PatientInnen, wenn qualifiziertes Pflegepersonal durch
angelerntes ersetzt wird.

Cohn-Bendit will sie alle erfassen und sortieren: »Wir
brauchen ein Einwanderungsgesetz, damit könnte die Bundesrepublik beispielsweise festlegen, wie viele Arbeitskräf-
te hereingelassen werden. [...] Die Bundesrepublik, am
besten ganz Europa, müßte sich zur Einwanderungsregion
erklären. Eine Einwanderungsbehörde bestimmt dann,
welchen Bedarf es in der Bundesrepublik – oder in Europa –
gibt. Die Zahl sollte zusammen mit den Arbeitsämtern festgelegt werden. [...] Das entscheidende für mich ist, daß die
Einwanderungsbehörde auch Außenstellen hat in Afrika,
in Asien, in Osteuropa usw. Dort können nur Einwande-
rungsanträge gestellt werden. Diesen Menschen muß aber
klargemacht werden, daß, wer einen Asylantrag gestellt
hat und abgelehnt wird, keinen Einwanderungsantrag
mehr stellen darf.« Pech gehabt, Mann aus Ghana und Frau
aus Vietnam. Und wenn eine Quote von vielleicht 100 000
Einwanderern im Mai eines Jahres erfüllt ist? fragte *Der
Spiegel*. Cohn-Bendit, satt und zufrieden: »Ja, da ist erst
mal zu für Einwanderung« (1991).[552]

»Das Asylrecht ist eine Reaktion auf die politische Verfolgung im Nationalsozialismus gewesen. Dürfen wir so etwas verkümmern lassen?« wollte *Der Spiegel* wissen. Cohn-Bendits Antwort: »Auch wenn das jetzt vielleicht viele schockieren wird: Ich möchte die Debatte um Flüchtlinge ein wenig aus der deutschen Geschichte herauslösen.« *Der Spiegel:* »Also – Schlußstrich unter die historische Verantwortung der Deutschen?« Cohn-Bendit: »In 50 Jahren ist der Schlußstrich eh gezogen, schon biologisch.«[553]

Menschenrechte sind für den Rassisten Cohn-Bendit teilbar. Sie gelten nicht für jeden Menschen. Für vertriebene Kosovo-AlbanerInnen ja. Für vertriebene SerbInnen nicht. Immer wieder gab es Menschen, die in seinen Augen mehr wert waren als andere. Cohn-Bendit war seit Anfang der neunziger Jahre für militärische Interventionen auf dem Balkan gewesen. Seine fast schon gierige Kriegsbereitschaft war auch rassistisch unterfüttert, was er unwillentlich verriet, als er im Oktober 1993 auf einer grünen Bundesversammlung wütend in den Saal brüllte, man müsse Truppen nach Bosnien schicken, denn die bosnischen Muslime seien Teil der europäischen Kultur, sind »Menschen von *unserem Blut*«.[554]

»Die Linken haben es immer mit Auschwitz«,[555] maulte Daniel Cohn-Bendit 1990. Einer seiner wichtigsten Berater ist sein Bruder Gabriel Cohn-Bendit, der 1992 für die französische Génération écologie kandidierte. Das gab Krach und Rücktrittsforderungen, weil Gabriel in den siebziger Jahren »die Existenz von Gaskammern während der Nazi-Diktatur bestritten haben« *(taz)* soll. Gabriel Cohn-Bendit dementierte, er habe »sich seinerzeit lediglich dafür eingesetzt [...], daß in einer freien Gesellschaft keinem Menschen ein Maulkorb umgehängt werden dürfe – auch dann nicht, wenn etwa der Historiker Faurisson die Existenz der Gaskammern leugnen sollte.«[556] Die Kinder von NS-Verfolgten können leider genauso dumm, rechts oder rassistisch sein wie jede/r andere auch.

Hartnäckiger als viele andere betreibt Daniel Cohn-Bendit die Relativierung der Shoa. Wo immer es ihm in das politische Geschäft paßt, liegt ihm »Auschwitz« als Vergleich für Nichtvergleichbares nah. Als Grund für einen Krieg gegen Jugoslawien z. B. schien ihm Auschwitz nützlich: »Wenn Juden in Bosnien leben würden, dann hätte es eine internationale Intervention gegeben, weil es Auschwitz gab«. (1993)[557] Er verglich die Situation der im belagerten Gorazde eingeschlossenen Menschen mit der der Juden im Warschauer Ghetto und forderte eine militärische Intervention (1994).[558] Die Vertreibung Hunderttausender SerbInnen aus der Krajina kümmerte ihn nicht.

Als Verteidigungsminister Scharping und Außenminister Fischer die Situation im Kosovo mit Auschwitz verglichen, die Existenz von Konzentrationslagern behaupteten und Slobodan Milosevic mit Hitler gleichsetzten, unterdrückten dieselben Medien, die diese Vergleiche druckten, die Proteste u. a. der Überlebenden von Auschwitz. Die *Frankfurter Rundschau* druckte deren Argumente »Gegen eine neue Art der Auschwitz-Lüge« erst, als sie 38 000 Mark für eine ganzseitige Anzeige erhalten hatte.[559] Daniel Cohn-Bendit mußte demselben Blatt nichts bezahlen, als er sich über die Auschwitz-Überlebenden am nächsten Tag empören durfte: »Ungeheuerlich«.[560] Fünf Jahre vor Martin Walsers Rede von der »Auschwitzkeule«, 1994, verlangte »Rumpelstilzchen«: »Wenn also Walser und andere erklären, daß Deutschland nicht permanent in antifaschistischer Zwangsquarantäne gehalten werden dürfe, dann stimme ich zu.«[561]

Fehlt die Toleranz gegenüber Roma, ökonomisch unbrauchbaren EinwandererInnen und Auschwitz-Überlebenden auf der einen Seite, ist sie gegenüber Rechten im Übermaß vorhanden. 1992 half Daniel Cohn-Bendit die NPD gesellschaftsfähiger zu machen. Der Dezernent für Multikulturelle Angelegenheiten lud Vertreter der Frankfurter NPD »in aller Stille« zum Gespräch in sein Amt.[562] Er könne sich auch öffentliche Gespräche mit der Nazi-Partei vorstellen, verkündete Cohn-Bendit.[563] Prompt begrüßte die Frankfurter NPD diese neue Einladung.[564]

Toleranz und Solidarität empfand »der rote Dany« auch für die rechtsextreme Zeitung *Junge Freiheit,* in der alles schrieb, »was in der rechtsradikalen Szene Rang und Namen hat«[565]. Nachdem ein Brandanschlag die Druckerei der *Jungen Freiheit* getroffen hatte, solidarisierte sich Cohn-Bendit gemeinsam mit Herbert Fleissner, Peter Gauweiler, Alfred Mechtersheimer, Thomas Schmid und anderen in einer Anzeige mit ihr; die Kontaktadresse lautete: Hamburger Kreis c/o *Junge Freiheit,* Postfach, 14414 Potsdam.[566]

Die rechtsextreme Zeitschrift *Mut* warb damit, daß ihr u. a. Daniel Cohn-Bendit ein Interview gegeben hatte.[567] Herausgeber von *Mut* ist der frühere NPD-Bundestagskandidat Bernhard-Christian Wintzek.[568] Das Blatt, 1964 in Neonazi-Kreisen gegründet, wurde 1979 von der Bundesprüfstelle für jugendgefährdende Schriften wegen »Rassenhasses« auf den Index gesetzt. Die Funktion von *Mut* ist seit etwa 1982, Verbindungen zwischen neofaschistischen und (national-)konservativen Kreisen herzustellen.[569]

Der grüne Europaabgeordnete Cohn-Bendit ließ sich von *Mut* elf Seiten lang befragen. Er plapperte über seine Träume, Hoffnungen und die 68er. Warum hatte er damals mitgemacht? »Ich habe an der gesellschaftlichen Atmosphäre zwar persönlich nicht gelitten – sie hat mich einfach gestört. [...] Auch der Vietnamkrieg vertrug sich nicht mit meinem Verständnis von Demokratie.« Aber heute hat sich »die Gesellschaft [...] positiv entwickelt«. Sind denn mit dem Ende des kommunistischen Systems nicht »zugleich auch die Schwächen des kapitalistischen Systems krasser hervorgetreten?« will *Mut* wissen. Nun ja, »die soziale Marktwirtschaft« ist »auch kein perfektes Modell«, gab Rumpelstilzchen zu. Dem *Spiegel* konnte er die Frage »Wer ist denn heutzutage schon links und wer rechts?«[570] kaum noch beantworten: »Für mich zum Beispiel ist jeder, der gegen eine Militärintervention in Bosnien ist, rechts.«[571] Links und rechts? Sowieso alles egal, denn – da war er sich mit dem rechten Philosophen Günther Rohrmoser einig, mit dem heute auch der zum Neonazi gewandelte Ex-RAF-Anwalt Horst Mahler paktiert: »Die linken Utopien sind genauso im Arsch wie die rechten.«[572]

Zu *Mut* sagte Cohn-Bendit: »›Rechts‹ ist für mich Egoismus, übersteigerte moralische Zwangsvorstellungen, ein übertriebenes Staatsbewußtsein. Rechts ist, vieles durch Autorität von oben lösen zu wollen.« Das war's? Kein Rassismus, keine Feindlichkeit gegenüber der Arbeiterbewegung. Keine Verherrlichung von Herrschaftsverhältnissen. Kein Haß auf Emanzipation und auf die Utopie der sozialen Gleichheit? Ist ein Krieg nicht auch der Versuch, »vieles durch Autorität von oben lösen zu wollen«?

1997 ließ Fischers Kumpan Ralph »kein Weichei« Scheffler die rechtsextreme Dark-Wave-Gruppe »Death in June« in der Frankfurter »Batschkapp« auftreten.[573] Vier Jahre zuvor half Daniel Cohn-Bendit, die »Böhsen Onkelz« gesellschaftsfähig zu machen. Ende der siebziger Jahre gegründet, waren die »Böhsen Onkelz« rasch die Musikgruppe der Skinhead-Szene geworden. Sie verbreiteten fremdenfeindliche und rassistische Texte und distanzierten sich zum Schein, wenn die Kritik geschäftsschädigend wurde. Sie verlegten sich auf Andeutungen zwischen den Zeilen und auf Anspielungen auf frühere Texte, die vom braunen Anhang sofort verstanden wurden. Der anerkannte Kommunikationsexperte in Sachen NPD, Daniel Cohn-Bendit, lud die »Böhsen Onkelz« zu einer gemeinsamen Pressekonferenz in die Fraktionsräume der Frankfurter Grünen im Römer. Eine kleine medienwirksame Provokation für ihn, eine Schaufel Gesellschaftsfähigkeit für die Band.[574]

Als Betriebsnudel für die herrschenden Verhältnisse tritt Cohn-Bendit auch im Europa-Parlament auf. Er nutzt schwülstige Worte, – »wichtiger ist mir persönlich etwas ganz anderes, nämlich ein europäischer Verfassungspatriotismus [...] Ich bin davon überzeugt, daß der europäische Gedanke eine der letzten Utopien ist, wofür es sich zu kämpfen lohnt.«[575] Seine Utopie hat wenig mit Freiheit, sozialer Gleichheit und wahrhaftiger sozialer Emanzipation für alle Menschen zu tun. Außerdem muß sie offensichtlich notfalls mit Atomwaffen verteidigt werden: »Ich fände es hirnverbrannt, alle Atomwaffen einseitig zu verschrotten.«[576]

Was macht der »europäische Verfassungspatriot« in Straßburg? »Es ist doch das Superscharfe an dem Europa-Parlament, daß man viel machen kann, aber wenig muß, weil die Bedingungen so floating sind«, prahlte »Dany le rouge«. Und als ihn Franco Foraci (taz) fragte: »Habe ich da eben richtig verstanden: Wer gegen Europa ist, ist also lustfeindlich?« antwortete der »Großmeister des Wortes« allen Ernstes: »Ja, das auf alle Fälle. Schauen Sie sich doch diejenigen, die gegen Europa argumentieren, an! Strahlt Stoiber etwa Erotik aus?« Er läßt sich gern unterhalten, z. B. wenn der »linksradikale italienische Abgeordnete Camapana von Anfang bis Ende auf Latein« spricht, und der »liberal-konservative [!] Otto von Habsburg [...] ihm aus dem Stegreif in derselben Sprache« antwortet.[577]

Der linke französische Europa-Abgeordnete Alain Krivine[578], ein Aktivist der Mai-Revolte von 1968 in Paris, beobachtete den grünen Europarlamentarier: »Daniel Cohn-Bendit ist zunächst und vor allem ein Politik-Schauspieler. [...] Der Cohn-Bendit von heute teilt mit dem von '68 nur noch seine Frechheit und seine Sprache. [...] Seine Haltung zu sozialen Problemen ist eher die eines Liberalen. Das betrifft auch alle Fragen, bei denen die Ökologen eigentlich präsent sein sollten, wie etwa den IWF, die WTO etc. Am Ende ist er abwesend bei allen großen Problemen.« Französische WählerInnen hätten ihn gewählt, »weil sie nicht wissen, was aus ihm geworden ist, die denken, damit für die Ideale von '68 zu stimmen. Andere wiederum geben ihm ihre Stimme, weil er für sie '68 gerade nicht mehr verkörpert. [...] Auf Dauer aber wird er das nicht durchhalten können.«[579]

Auch in Frankreich wird die Kritik an Cohn-Bendit schärfer, nachdem er sich als Neoliberaler, als besessen von Privatisierungen aller Art – von der Telekommunikation bis zur Finanzierung von Schulen – und als Gegner eines humanen Asylrechts enthüllt hat. Mehr und mehr wird er von kritischen Köpfen als einer betrachtet, der zwar radikale Sprüche pflegt und ein paar ganz Rechte atmosphärisch provoziert, aber nie so weit geht, daß er die herrschende Ordnung in Frage stellt. Serge Halimi ist zuzustimmen, wenn er schreibt: »Es kommt auch vor, daß ebenso, wie die Werbefachleute die Themen des Protests oder der Rebellion zu kommerziellen Zwecken wiederverwerten, ehemalige Rebellen ihr [...] Profil nutzen, um in die neuen Kleider der Herrschaft zu schlüpfen. [...] Der Marktteilnehmer verkauft Rebellion, der Rebell lobt den Markt, ihr Zusammenstoß resümiert die Ideenwelt.«[580]

Murray Bookchin, der heute 79jährige US-amerikanische soziale Öko-Anarchist, war früher mit Cohn-Bendit befreundet. Er kritisiert, daß Cohn-Bendit während der 68er Ereignisse in Paris seiner politischen Verantwortung nicht gerecht wurde: »Warum trug er nicht dazu bei, daß es eine Leitung gab – und Führung ist notwendig –, um eine dauerhafte Bewegung oder sogar eine Organisation für die Zeit danach zu schaffen? [...] ein schwerwiegender Fehler!« Bookchin bekam eine Antwort, als Cohn-Bendit in einem Interview in einer US-amerikanischen Zeitschrift (1993/1994) klagte: »Mitte Mai [1968] fühlte ich mich sehr allein. Die Bewegung verlor ihren Witz [!]. Die, die mir nahestanden, erzählten mir, daß ich eine historische Verantwortung hätte. Zu viele identifizierten sich mit mir und erwarteten zu viel von mir. Mit dem Generalstreik bekamen die revolutionären Gruppen das Sagen. Ich bekam Angst. Irgendwas passierte. Ich kann sagen, daß mich meine Ausweisung gerettet hat.«[581] Cohn-Bendit: »Als wir '68 mit der Macht konfrontiert waren, mit der Polizei, spielten wir, die Böseren zu sein. Es war die spielerische Seite der Dinge.«[582]

Bookchin: »Mit anderen Worten, Cohn-Bendit spielte nur ein Spiel, aber er verlor die Kontrolle, er bekam Angst und war froh, ausgewiesen zu werden! Berühmt unter dem Namen der Rote Dany, verlor er die Nerven angesichts von etwas, das aussah wie eine revolutionäre Erhebung. Wenn er doch bloß Angst vor seiner eigenen Kapitulation gegenüber den Institutionen des Kapitalismus hätte. Es ist tragisch, daß der Rote Dany, der '68 vor seiner Verantwortung geflohen ist, heute, im Jahr 2000, sich und seine Karriere in den Institutionen der existierenden gesellschaftlichen Ordnung betreibt und ihr Apologet geworden ist.«[583]

Technisch ausgewiesen werden konnte Cohn-Bendit im Mai 68 übrigens nur, weil er »auf dem Höhepunkt der Revolte« Frankreich verließ, »um in einem drittklassigen Western zu schauspielern«.[584] An dieser Rolle hat sich nichts Wesentliches geändert.

# 9

# Kleineres Übel, größeres Elend

## Die Grünen, weder eine ökologische noch eine soziale Partei

Es ist ein Mythos, daß die ökologische Frage zuerst von Konservativen und erst in den siebziger Jahren von Linken aufgegriffen wurde. Es gab bei der Linken immer einen Minderheitenflügel, der verstand, daß die soziale Frage mit der ökologischen Frage untrennbar verbunden ist. Die Grünen stützten sich, vor ihrem Niedergang, auf eine linke ökologische Tradition, die sie jedoch kaum kannten.

Die Mehrheit der sozialdemokratischen und der leninistischen Linken glaubte an den bruchlosen, linearen Fortschritt von Wissenschaft und Technologie und ignorierte die ökologische Frage.[585] Mensch unterstellte, Wissenschaft und Technologie seien wertfrei und könnten so, wie sie im Kapitalismus entwickelt würden, in die erhoffte sozialistische Gesellschaft mitgenommen werden. Diese traditionslinke Fortschrittsgläubigkeit umfaßte zeitweise sogar Vorstellungen von Eugenik. Der Mehrheitssozialdemokrat Karl Kautsky – politischer Gegner der revolutionären Rosa

Luxemburg – schwärmte 1910: »Ein neues Geschlecht wird entstehen, stark, schön und lebensfreudig, wie die Helden der griechischen Heroenzeit, wie die germanischen Recken der Völkerwanderung.«[586] Die zutreffende Kritik an den gesundheitsschädigenden Arbeits- und Wohnverhältnissen des Proletariats verbanden SozialdemokratInnen wie Kautsky mit der Vorstellung eines »sozialistischen Zuchtwahlprinzips« für den Menschen.[587] Die Verherrlichung von Fortschritt, die nicht nach dem Charakter dieses Fortschritts fragte, führte – wie die Ignoranz der Naturfrage – zu einem rassistischen und biologistischen Bild vom Menschen. Dieses Bild setzt sich heute, erneut unterstützt von technokratischen und reformistischen Linken, mit Hilfe der Gentechnik durch.

Technologie und Wissenschaft sind nicht wertfrei. Sie entwickeln sich nicht nach vorgegebenem Muster bzw. nicht nach vorgegebenen Naturgesetzen. Über ihre Entwicklungsrichtung und ihre Qualität wird andauernd neu entschieden, an Dutzenden, Hunderten, Millionen von Entscheidungsweichen. Wie entschieden wird, hängt vor allem von ökonomischen Interessen ab.

Ob technologische und wissenschaftliche Erkenntnisse human und naturverträglich eingesetzt werden können, hängt auch von den konkreten gesellschaftlichen Verhältnissen ab, in denen sie entwickelt werden: Weil Technologie und Wissenschaft durch die konkrete kapitalistische Produktionsweise so entwickelt und deformiert wurden, daß sie maximalen Profit bringen, können sie oft nicht für humane und ökologische Zwecke eingesetzt werden. Andere Produkte oder Verfahren verhalten sich gesellschaftlich so neutral, daß sie in eine menschliche Gesellschaft »mitzunehmen« wären. Wieder andere Technologien wirken unter jeder denkbaren gesellschaftlichen Voraussetzung gegen Mensch und Natur, weil sie in ihrem Wesen inhuman und antiökologisch sind. Es sind Destruktivkräfte. Zu ihnen gehört die Atomtechnologie, die in allen gesellschaftlichen Verhältnissen nur Unheil anrichten.[588] Oder die Gentechnologie, deren Selektionsdynamik und deren sich selbst vermehrendes Risiko diese zu einer Destruktionskraft macht.

Profit ist unabänderlich die innere Triebkraft der kapitalistischen Produktionsweise. Das wird von ManagerInnen von Banken und Konzernen seltener bestritten als von ehemaligen Linken, die zu staatstragenden Figuren wurden. Profit schaffen bedeutet, daß sich das Kapital menschliche Arbeitskraft und Naturressourcen – die beiden einzigen »Springquellen allen Reichtums« (Karl Marx) – möglichst billig unterwerfen und dafür die passenden Verwertungsbedingungen schaffen muß. Das schließt Konkurrenz, Kampf und Niederlagen unter den Kapitalfraktionen nicht aus.

Wer behauptet, der Kapitalismus sei zu einer humanen, ökologischen Gesellschaft »umzubauen«, ist naiv oder lügt. Er ist nicht reformierbar. Seine sozialen und ökologischen Katastrophen sind manchmal, in den Zentren des Kapitalismus, zu mildern, wenn der soziale Druck groß genug ist. Dafür schlägt das Kapital in anderen Teilen der Welt dann um so härter zu.

Der Kapitalismus ist enorm wandlungsfähig und wie kein anderes Gesellschaftssystem vor ihm in der Lage, andere Herrschafts- und Unterdrückungsformen in sich aufzunehmen. Das Patriarchat hat lange vor dem Kapitalismus existiert. Kapitalismus und Patriarchat aber haben sich zu einem patriarchal-kapitalistischen Herrschaftssystem verschmolzen. (Deshalb führt die Abschaffung des Patriarchats eventuell zwar über den Kapitalismus hinaus, setzt dessen Abschaffung aber voraus.) Diese Wandlungsfähigkeit des Kapitalismus wirkt wie eine Modernisierung und schließt ein, daß er schubweise Teile der Opposition integriert und sich auch auf diese Weise erneuert.

Es macht die Lage von ökologischen Linken nicht besser, daß Staaten, die als sozialistisch galten, in der Frage der

Entfaltung der Produktivkräfte keinen eigenständigen, sozialistischen Kurs einschlugen. Ich möchte nicht entscheiden, welche sozialen und materiellen Möglichkeiten die Sowjetunion wirklich hatte, nach der Oktoberrevolution von 1917 bei der Entwicklung von Technik und Wissenschaft den kapitalistischen Weg nicht nachzuahmen. Die Botschaft der sowjetischen Führer war: Überholen wir den Kapitalismus mit seiner eigenen Logik. Holen wir ihn wenigstens damit ein.

Schon der Zar wollte Flüsse umleiten. Stalin wollte, daß Flüsse rückwärts fließen: Unendliche Wassermassen sollten aus den Nordmeeren in den trockenen, mittelasiatischen Süden geleitet werden. Gletscher sollten geschmolzen, neue Flußläufe mit Atombomben (!) aus der Erde gesprengt werden. Auch deutsche Sozialisten wie Ernst Bloch schwärmten Ende der fünfziger Jahre von der Radioaktivität, welche die Wüsten verschwinden lassen und die Antarktis in eine Riviera verwandeln würde.[589]

Aber es gab bei der Linken immer auch eine Minderheit, die den humanen Charakter wissenschaftlicher und technologischer Entwicklungen hinterfragte. Der deutsche Kommunist Friedrich Wolf und der US-amerikanische soziale Anarchist Murray Bookchin etwa können sich auf Karl Marx und Friedrich Engels berufen.

Über abgeholzte Wälder in Griechenland und Italien schrieb Engels 1883: »Und so werden wir bei jedem Schritt daran erinnert, daß wir keineswegs die Natur beherrschen, wie ein Eroberer ein fremdes Volk beherrscht, wie jemand, der außer der Natur steht – sondern daß wir mit Fleisch und Blut und Hirn ihr angehören und mitten in ihr stehn und daß unsre ganze Herrschaft über sie darin besteht, im Vorzug vor allen andern Geschöpfen ihre Gesetze erkennen und richtig anwenden zu können.«[590]

Karl Marx schrieb 1844, noch einmal rund 40 Jahre früher: »Der Mensch lebt von der Natur, heißt: Die Natur ist sein Leib, mit dem er in beständigem Prozeß bleiben muß, um nicht zu sterben. Daß das physische und geistige Leben des Menschen mit der Natur zusammenhängt, hat keinen anderen Sinn, als daß die Natur mit sich selbst zusammenhängt, denn der Mensch ist ein Teil der Natur.«[591] »Jeder Fortschritt«, schrieb Marx an anderer Stelle, »ist nicht nur ein Fortschritt in der Kunst, den Arbeiter, sondern zugleich in der Kunst, den Boden zu berauben, jeder Fortschritt in Steigerung seiner Fruchtbarkeit [...] zugleich ein Fortschritt im Ruin der dauernden Quellen dieser Fruchtbarkeit. [...] Die kapitalistische Produktion entwickelt daher nur die Technik und Kombination des gesellschaftlichen Produktionsprozesses, indem sie zugleich *die Springquellen allen Reichtums untergräbt: die Erde und den Arbeiter.*«[592] (Hervorhebung J. D.)

Das beliebteste Plakat der Grünen in den achtziger Jahren trug die Zeile: »Wir haben die Erde nur von unseren Kindern geborgt.« In seinem bedeutendsten Werk, dem *Kapital* – zur Zeit nicht unbedingt populär –, schrieb Marx: »Selbst eine ganze Gesellschaft, eine Nation, ja alle gleichzeitigen Gesellschaften zusammengenommen, sind nicht Eigentümer der Erde. Sie sind nur ihre Besitzer, ihre Nutznießer, und haben sie als boni patres familias [gute Familienväter] den nachfolgenden Generationen verbessert zu hinterlassen.«[593] Es illustriert das intellektuelle Niedrigmaß der Grünen, wenn der Bundestagsabgeordnete Berninger meint: »Der Leitsatz [...], wir haben die Erde von unseren Kindern geborgt [...], transportiert zu viel Moralität und hat zu wenig mit der Lebenswirklichkeit zu tun.«[594]

Murray Bookchin wurde 1921 in New York als Sohn jüdisch-russischer EinwandererInnen geboren. Seine sozialrevolutionäre Großmutter war nach der gescheiterten Revolution von 1905/1906 aus Rußland geflohen. Bookchin wuchs in der Bronx auf, zwischen EinwandererInnen aus allen Ländern Europas, Linken und Rechten, Religiösen und Atheisten. Nicht weit lagen Parks und Farmen. Während des Spanischen Bürgerkriegs schloß er sich der kommunistischen Jugend an. Während Stalins Schauprozessen näherte er sich den Trotzkisten und wurde später zum Anarchisten. Er war Stahlarbeiter, Soldat und schließlich Universitätsprofessor in New York und Mitarbeiter in einer Vielzahl von linken Bewegungen.

Nach dem Zweiten Weltkrieg jagte eine Fortschrittseuphorie durch die USA. Bookchin: »Man versprach uns Gratisstrom aus Atomkraftwerken. Pestizide sollten alle Moskitos vernichten. Besprühe das Baby mit DDT, und es gibt nie wieder Malaria und Gelbfieber.« Autobahnen zerstörten die Natur. Sümpfe wurden ausgetrocknet. Die Stadt wucherte und stank nach Abgasen. Ende der vierziger Jahre untersuchte das Delaney-Committee des US-Kongresses Chemikalien in Lebensmittel. Bookchin hörte zu und las sich durch dicke Studien: »Meine marxistische Ausbildung ließ mich begreifen, daß es eine ökologische Katastrophe geben könnte, wenn der Kapitalismus hemmungslos wuchs.«

Er schrieb 1952 einen grundlegenden Aufsatz[595] über die Gefahren durch die Chemisierung der Landwirtschaft, über Pestizide, über die Zerstörung des Bodens, über chemisch angereicherte Nahrung, die Krebs erzeugen könnte. Der Text erschien in Deutschland unter dem Titel *Lebensgefährliche Lebensmittel: Sind unsere Nahrungsmittel noch Lebensmittel?* (1953)[596], wo er ein großer Erfolg wurde. Fast einhundert Medien rezensierten ihn. Bookchin wandte sich auch anderen großen Themen zu: Atombombentests, McCarthy-Ära, Korea-Krieg, Atomenergie und »Konsum, Konsum, Konsum [...]. Es mußte einfach eine kulturelle Veränderung geben, eine Neue Linke, die sich aus vielen Quellen einer breiten Unzufriedenheit speiste: Langeweile, die Leere der kapitalistischen Gesellschaft, Entfremdung und Ökologie«. 1954 schrieb er das Flugblatt »Stop the Bomb!«[597] Der radioaktive Fallout sollte endlich ernst genommen werden, die Atombombenfrage auch zur Umweltfrage werden.

Die sechziger Jahre waren in den USA die Zeit der Beatniks, der Bürgerrechtsbewegung, der Frauenbewegung. Im April 1962, sechs Monate vor Rachel Carsons berühmtem *Silent Spring (Stummer Frühling)*, erschien Bookchins Buch *Our Synthetic Environment*[598] *(Unsere synthetische Umwelt)*, gegen Atomkraftwerke, gegen Umweltchemikalien und gegen die Zerstörung der Städte. Carsons Buch wurde zum Bestseller. Bookchins Buch nicht, aber es fand in Wissenschaftszeitschriften eine begeisterte Aufnahme, auch in Großbritannien (1963)[599] und in Deutschland (1977)[600]. Bookchin befeuerte die aufkommende Ökologiedebatte in linken und bürgerlichen Kreisen auch mit »Ecology and Revolutionary Thought« (1964)[601], dem ersten radikalökologischen Manifest.

Der deutsche Jude Friedrich Wolf[602], geboren 1888, war Arzt und Dramatiker. Als Pazifist und Arzt nahm er am Ersten Weltkrieg teil. War Arbeiter- und Soldatenrat in der Novemberrevolution. Als Stadtarzt, der der USPD nahestand, kämpfte er 1920 in Remscheid gegen die Freikorps. Er beteiligte sich am Öko-Experiment im Barkenhoff (Worpswede). 1928 wurde er in Stuttgart Mitglied der KPD[603] und wenig später weltberühmt für »Cyankali – §218«, sein Theaterstück gegen den Abtreibungsparagraphen. Als er zusammen mit der Ärztin Else Jacubowitz (geborene Kienle) 1931 beschuldigt wurde, sich durch gewerbsmäßige Abtreibung an mehr als 1 000 Frauen bereichert zu haben, und beide ÄrztInnen inhaftiert wurden, entstand eine Massenbewegung, die in kürzester Zeit im ganzen Land Hunderttausende Menschen auf die Straße trieb und Wolf und Jacubowitz aus dem Gefängnis holte.[604]

Wolfs zentrales Anliegen als Arzt war die Verbesserung der Lebens- und die Arbeitsverhältnisse der ArbeiterInnen, die die Menschen krank machten und ihre Lebenszeit verkürzten. Er sah den Zusammenhang zwischen gesunder

Luft, Wasser sowie der Ernährung der Menschen einerseits und ihren Krankheiten andererseits. Wolf entwarf Konzepte für »Volksgesundheitsschulen«[605], richtete als einer der ersten in Remscheid eine ständige schulärztliche Betreuung aller Kinder ein. Mütterberatung, Säuglings- und Kleinkinderfürsorge wurden »zum beachteten Musterbeispiel«.[606] Er verlangte Luft-, Sonnen- und Planschbäder: »Her mit den städtischen Neckar-Freibädern fürs Volk! [...] Was im Hydepark in London, am Gesundbrunnen in Berlin, im Margaretenpark in Budapest möglich, soll auch in Stuttgart angängig sein! Wir brauchen keine Repräsentativparks, keine Fassadenbrunnen wie den vor der Oper. Flacht dort das Becken ab und laßt unsere Kinder darin planschen! [...] Das ist die beste Tuberkulosenfürsorge und Krüppelverhütung, der beste Gesundheitsschutz [...], Freibäder fürs Volk!«[607] Sein Buch *Die Natur als Arzt und Helfer* wurde zur »Hausbibel der Gesundheit [...] für die Arbeiterklasse«[608].

Der Arzt Wolf war ein vielseitiger und ungewöhnlich kreativer ökologischer Kommunist: Sein Drama *Professor Mamlock* (1935), die Geschichte eines jüdischen Klinikleiters, den die Nazis in den Tod treiben, wurde eines der meistgespielten Theaterstücke des deutschen Exils. Millionen Soldaten der Anti-Hitler-Armeen sahen den Film. 1939 wurde Wolf in Frankreich – wo er im Exil lebte – von den Nazis in das Konzentrationslager Le Vernet verschleppt. 1941 gelang ihm die Flucht nach Moskau. Er siedelte 1945 in die DDR um und wurde 1950 ihr erster Botschafter in Polen.

Bei den Grünen kannten nur wenige diese linken ökologischen Wurzeln. Sie hätten – z. B. von Marx, Engels, Wolf und Bookchin – lernen können, daß die ökologische und die soziale Situation, in der die Menschen leben, untrennbar miteinander verbunden sind. (Und einige Linke hätten begreifen können, daß die ökologische Frage nicht notwendigerweise reaktionär und systemversöhnend sein muß.) Die Grünen von heute setzen sich nicht mehr mit den

Verursachern der Ausbeutung und der Erniedrigung des Menschen und der Zerstörung der Natur auseinander. Was den Menschen krank macht, ihn demütigt und ihm seine Perspektiven raubt, ist nicht mehr ihr Thema. Neben der Rückführung früheren Protestpotentials in die herrschenden Verhältnisse ist ihre zweite Funktion die von Innovationstrotteln: dem Kapital bei der Verbesserung seiner Verwertungsbedingungen zu helfen und diesen Absturz als »ökologische Modernisierung« und »Innovationsfähigkeit« zu verkaufen.

Der Meeresspiegel steigt, und die Ozeane werden täglich um 220 000 Tonnen Fisch leerer. Das Klima spielt verrückt. Hitzewellen, Tornados und Überflutungen wie in Mosambik quälen vor allem die Ärmsten. 1,3 Milliarden Menschen haben keinen Zugang zu sauberem Trinkwasser. Binnen einer Generation werden zwei Drittel der Menschheit von akuter Wassernot bedroht sein. Das hat Folgen für das ganze Leben: Die Mühsal, Wasser zu beschaffen, raubt Kindern – meist Mädchen – oft jede Aussicht, lesen und schreiben zu lernen. Binnenmeere wie der Aralsee trocknen aus und schrumpfen, spalten sich in versalzene, gifttriefende Lachen. An jedem einzelnen Tag verschwinden 55 000 Hektar tropischer Regenwald und 20 000 Hektar fruchtbaren Ackerlandes. Täglich heizen weitere 60 Millionen Tonnen Kohlendioxid das Treibhausklima an. Wüsten breiten sich in alle Himmelsrichtungen aus, von Nordwestafrika bis nach Ostasien, von der Sahelzone bis nach Spanien und sogar nach Griechenland. Jeden Tag sterben 100 bis 200 Tier- und Pflanzenarten aus. Unerforscht gehen natürliche Ressourcen verloren, deren möglichen Nutzen zur Bekämpfung von Krankheiten wir noch nicht einmal kennen. Elf Prozent aller Vogelarten, 24 Prozent der Säugetiere, 34 Prozent aller Fische sind vom Aussterben bedroht. Gifte, die beispielsweise in Südostasien produziert werden, verteilen sich mit den Luftströmen rund um den Globus. Ein brauner Drecknebel, Aerosole, die feinste Teilchen Schadstoffe aus industriellen Verbrennungen tragen, bedeckt im Ausmaß von 100 Millionen Quadratkilometern den nördlichen Indischen Ozean, eine Fläche so groß wie die USA. Kohlenmonoxidgas, Schwefeldioxid und organische Gase steigen über der Wasserfläche in eine Höhe von 3 Kilometern auf, absorbieren rund 10 Prozent der Sonnenstrahlung, stören den Lebenszyklus der Meeresorganismen und beeinträchtigen die Photosynthese. »Während der Dow Jones steigt«, sagt Lester Brown, der Direktor des World Watch Institute Washington, »geht es mit der Gesundheit der Erde bergab.«[609]

In der Bundesrepublik stirbt etwa jeder dritte bis vierte Mensch an Krebs. Bis zu 32 Millionen EinwohnerInnen sind AllergikerInnen. Viele Menschen leiden an chronischen Krankheiten, die ihre soziale Lage verschärfen. Die pure Existenz dieser weltweiten kapitalistischen Wirtschafts- und Gesellschaftsordnung verletzt tagtäglich alle Menschenrechte, die Würde des Menschen, seine Gesundheit und sein Recht auf soziale Gleichheit und auf Freiheit. Die Grünen hatten sich einmal vorgenommen, sich radikal mit der kapitalistischen Produktionsweise auseinanderzusetzen. Sie versagen vollständig.

Irgendeine Natur wird es immer geben. Aber eine, in der alle Menschen gesund und glücklich leben können, nicht unbedingt. Saubere Luft, sauberes Wasser, sauberer Boden, eine unzählbare Vielfalt von Tieren und Pflanzen und gesunde Nahrungsmittel gehören zu den ökologischen Voraussetzungen von Gesundheit als einem »sozialen Begriff« (Ernst Bloch). Als die Grünen noch – in widersprüchlicher Weise – fortschrittlich waren, verstanden sie den Zusammenhang zwischen der ökologischen und der sozialen Frage. Es gab wertkonservative Grüne, die lernten, daß sie die Natur nicht gegen die Menschen würden retten können, und linke Grüne, die begriffen, daß die Rettung einer dem Menschen verträglichen Natur keine biologische, sondern eine soziale Frage ist.

Als Linke aus liberal-konservativ-ökologischem Elternhaus habe ich in diesen grünen Auseinandersetzungen innerhalb der Linken und zwischen den sozialistischen sowie kommunistischen Strömungen und den bürgerlich-konservativen viel gelernt. Die heutigen Grünen würden nicht einmal mehr begreifen, worüber wir uns damals gestritten haben. Sie verstehen jetzt unter Ökologie Hermes-Bürgschaften für Atomkraftwerke in China.

Um die Zerstörung der Natur zu stoppen, wäre es nützlich, gäbe es in der Bundesrepublik Deutschland, einem der kapitalistischen Zentren, eine kämpferische linke ökologische und soziale Bewegung und an ihrer Seite eine emanzipatorische ökologische Partei. Beides existiert nicht. Die realexistierende Ökologiebewegung ist nur in Teilen links: Da gibt es ökofaschistische, ökorechte und kapitalabhängige Personen, Gruppen und Verbände.

An ihren Versprechungen kann mensch Rot-Grün kaum messen. Im inhaltsleeren Bundestagswahlkampf wurde kaum etwas versprochen. Selbst die braven, rot-grünnahen bürgerlichen Umweltverbände sind enttäuscht: Die rot-grüne Umweltpolitik sei »mutlos und enttäuschend«, sagte NABU-Präsident Jochen Flasbarth.[610] Angelika Zahrnt, die Vorsitzende des BUND, trat 1999 verärgert aus der SPD aus. Der Kanzler verstehe sich »als oberster Lobbyist der Auto- und Stromkonzerne«.[611] Schon 1998 war sie empört: »So viel Kontinuität mit der alten Regierung hätte ich wirklich nicht erwartet. Die überzogenen Ausbaupläne bei den Verkehrsprojekten Deutsche Einheit oder Fernstraßen in den neuen Ländern werden einfach beibehalten.«[612] Die Greenpeace-Geschäftsführerin Brigitte Behrens fand die rot-grüne Umweltpolitik kaum besser als die der Kohl-Regierung.[613] Im März 2000 monierte der konservative Umweltrat »erhebliche Defizite im Naturschutz«: »Der Zustand von Natur und Landschaft sei besorgniserregend und Deutschland ›weit davon entfernt, seinen gemeinschaftsrechtlichen Pflichten zum Schutz von Arten und Lebensräumen nachzukommen«». Der Flächenfraß durch Siedlungs- und Straßenbau betrage jährlich 120 Hektar, das Problem Waldschäden sei lange nicht gelöst.[614]

Bis heute gibt es kein Bundesklagerecht für Umweltverbände. Es gibt keine Novelle für das Bundesnaturschutzgesetz, die Anfang 2000 offiziell vorgelegt werden sollte. Wo immer die Grünen in die sogenannte Verantwortung gerieten, segneten sie alle großen umweltzerstörenden Projekte ab. Nie haben sie eine Koalition riskiert, nie ihre Staatsämter.

Viele Grüne – nicht nur Joseph Fischer – haben schon vor Jahren die Seiten gewechselt. Ruth Hammerbacher, »Reala« aus Niedersachsen, bei der Finanzintrige mit dabei und anschließend Bundesvorstandssprecherin, ließ sich eine Zeitlang von der Gentechnik-Firma »Kleinwanzlebener Saatzucht AG«, an der die Hoechst AG und Schering beteiligt waren, bezahlen. Ihr Job: in sogenannten Mediationsverfahren kritische Leute aus Bürgerinitiativen und grünen Kreisverbänden befrieden. Tagessatz bis zu 2000 Mark.

Eine Wurzel der hessischen Grünen ist der Kampf gegen die Startbahn West. Kaum waren die Linken aus allen Positionen gedrängt, nahm Daniel Cohn-Bendit im Aufsichtsrat der Flughafenaktiengesellschaft (FAG) Platz. Wegen der zu erwartenden sozialen und ökologischen Konflikte beim weiteren Ausbau des Flughafens schlug Joseph Fischer, zeitweise Vertreter des Landes Hessen im FAG-Aufsichtsrat, 1992 die Privatisierung des Frankfurter Flughafens vor.[615] Konsequent ökologisch. Seit den Kommunalwahlen von 1989 »bejahen« die Grünen »die Bedeutung und Funktion des Frankfurter Flughafens. [...] ein Kapazitätsgewinn durch räumliche Umbaumaßnahmen erscheint sinnvoll«.[616] Bei den kommenden Auseinandersetzungen um den weiteren Ausbau des Frankfurter Flughafens stehen die Grünen nur scheinbar auf der Seite des Widerstandes. Schon auf ihrer Landesversammlung im Juni 1998 haben die hessischen Grünen beschlossen, den Ausbau der Kapazitäten des Frankfurter Flughafens nicht mehr grundsätzlich zu bekämpfen. Die Forderung nach Begrenzung der Zahl der Flugbewegungen wurde abgelehnt. Tom Koenigs, damals Landesvorsitzender und Frankfurter Umweltdezernent: »Die Begrenzung auf 300 000 Flugbewegungen hieße Einschränkung der Aktivitäten um 20 Prozent und damit auch Arbeitsplatzabbau.«[617]

Eine der wertvollsten und schönsten wilden Naturregionen, möglich geworden durch die Grenze zur früheren DDR am Fluß Wakenitz bei Lübeck, wird durch eine Autobahnbrücke zerstört, Teil der A 20.[618] Die schleswig-holsteinischen Grünen stimmten zu.

Auch in Hamburg gingen die Grünen vor der SPD in die Knie und stimmten »aus Angst, als Arbeitsplatzverhinderer dazustehen, zu, ein einzigartiges Süßwasserwatt teilweise zuzuschütten: das Mühlenberger Loch, wo die DASA den Riesenflieger Airbus A3XX bauen will. Und das, obwohl die Hansestadt für die erhoffte Ansiedlung Subventionen versprechen mußte, die sie im Leben nicht an Steuern wieder reinholt«.[619] In Nordrhein-Westfalen gab die grüne Umweltministerin Bärbel Höhn klein bei und schluckte – neben dem Ausbau von Ahaus und Gronau – Garzweiler II.[620a] Im Jahr 2000 ging die Unterwerfung weiter. Ob Betonierung durch den Neubau von Autobahnen oder nächtlicher Lärmterror durch Flugzeuge – für die Fortsetzung der Koalition (2000–2005), für Macht und Geld ist alles recht.[620b]

Die SPD verschachert die Berliner Wasserbetriebe. Noch ist »der deutsche Wassermarkt fest in der Hand von rund 6 600 kommunalen Unternehmen«. Weil die Kommunen Geld sparen müssen, geraten sie unter den Druck der Konzerne, die Konzerne lockt die Monopolstruktur mit ihren Extraprofiten durch hohe Wasserpreise. Die Privatisierung der Versorgung mit dem knappen Gut Wasser wird die Preise noch höher treiben und die Qualität senken.

Die alten Filzstrukturen zwischen Kommunen und Energiekonzernen erweisen sich als nützlich. Die RWE versucht in der Eifel eines der größten Trinkwassergebiete Deutschlands unter ihre Kontrolle zu bekommen. Die VEBA giert nach Wasser im Ruhrgebiet. Die private Monopolisierung des Berliner Trinkwassers soll Nachweis und Türöffner für vergleichbare Geschäfte z. B. in Osteuropa sein.[621]

Die Bonner Konferenz vom November 1999, eine Folgekonferenz des Weltklimagipfels, enttäuschte die »Entwicklungsländer«.[622] Selbst der mit dem Kapital verfilzte WWF (World Wide Fund for Nature) warf den TeilnehmerInnen eine »schizophrene Politik« vor. »Einerseits würden sie die Schlupflöcher im Klimaabkommen erweitern« und »wichen allen politischen Fragen aus. Andererseits stimmten alle Minister zu, daß jetzt endlich und schnell etwas getan werden muß.«[623] »Sämtliche politische Streitpunkte [blieben] ungelöst«, aber Trittin war zufrieden.[624] Schon den Klimagipfel von Buenos Aires (1998) hatte er als Erfolg bezeichnet und war zurückgerudert, nachdem er sich von den Umweltverbänden eine verbale Ohrfeige eingefangen hatte.[625]

Der »Bundeskanzler aller Autos« Schröder hat einen grünen Partner, der dem Autokapital ebenfalls nur Freude bereitet. Dem Klimaschutz droht »inmitten von Auto- und Flugzeugabgasen« der »Erstickungstod«, kritisierten Greenpeace und der Verkehrsclub Deutschland (VCD). Ohne Veränderung der Politik würden »im Jahre 2020 rund 241 Millionen Tonnen $CO_2$ durch den Transport freigesetzt werden, gut ein Viertel mehr als 1995«. Werden die Nebenwirkungen des Flugverkehrs in $CO_2$ umgerechnet, ergibt sich eine Gesamtemission von 317 Millionen Tonnen im Jahr 2020 (plus 46 Prozent im Vergleich zu 1995).[626] Neben Industrieanlagen und Kraft- und Heizwerken ist das Auto der schlimmste Klimazerstörer und nicht der Garant von »Emanzipation« oder »Freiheit« (Rezzo Schlauch, Joseph Fischer).

Jürgen Trittin mußte im Juni 1999 auf Geheiß des Kanzlers in der EU-Umweltministerkonferenz »den Willen des

VW-Vorstandsvorsitzenden Ferdinand Piëch vollstrecken und seine Zustimmung zur EU-Altautorichtlinie zurückziehen«.[627] Der dänische Umweltminister Svend Auken »nannte die deutsche Haltung schändlich. Er habe noch nie erlebt, daß ein multinationaler Konzern wie Volkswagen solchen Druck auf eine Regierung ausüben könne.«[628] (Die Betonung liegt hier auf »noch nie erlebt«.) Die Elektroschrottverordnung endete wie die Altautorichtlinie: Lautstarkes Gezeter aus der Wirtschaft, und aus der Rezzo-»Benzin«-Schlauch-Partei ward nie wieder von ihr gehört.[629]

Zwischen 3 200 und 4 400 Menschen sterben pro Jahr an der Ozonbelastung. Das Heidelberger Umwelt- und Prognose-Institut (UPI) hat nach umfassenden Berechnungen festgestellt, daß die Gesundheitsschädigungen bei 90 bis 120 Mikrogramm Ozon beginnen. UPI-Chef Dieter Teufel bezeichnete den geltenden Warnwert von 180 Mikrogramm Ozon je Kubikmeter Luft als »idiotisch«. Es sei »ein schwerer, vielleicht sogar tödlicher Fehler«, die Gefährlichkeit von Ozon zu unterschätzen. Erst ab 180 Mikrogramm wird die Bevölkerung gewarnt. Aber Kinder leiden bereits ab 90 Mikrogramm an einer eingeschränkten Lungenfunktion.[630] Ein schüchterner Versuch, und schon landete Trittins Versuch, die Sommer-Smog-Verordnung zu novellieren, im März 1999 im Papierkorb. Bundeskanzler Schröder geißelte die Vorlage »als für die Wirtschaft schädlich«.[631] Seit dem 1. 1. 2000 gibt es keine Sommersmogverordnung, genauso wie es bis heute kein Tempolimit gibt.

»Tempo 100 wird es nicht geben«[632], verkündete der damalige Verkehrsminister Franz Müntefering (SPD) schon 1999; er will überhaupt keine Begrenzung: »Es wird [...] ein flächendeckendes Tempolimit auf den deutschen Straßen nicht geben.« Die Verkehrspolitik der CDU/CSU-FDP-Bundesregierung, die Luftvergiftung und Gesundheitsschädigung, wird fortgesetzt. Im Investitionsprogramm 1999 bis 2002 werden »die entscheidenden und in erheblichem

Maß zerstörerischen Verkehrsprojekte der Ära Kohl/Krause/Wissmann fortgeschrieben«.[633]

Und die Alternativen? Die Privatisierung der Deutschen Bahn bleibt bestehen, samt ihrer Orientierung an Geschäftsreisenden, während die Mehrheit der Bahnreisenden schlechter behandelt wird: Abbau von Strecken, besonders in den Regionen, Überfüllung, hohe Preise, schlechte Verbindungen. Rot-Grün treibt den Aus- und Neubau von Autobahnen und Bundesstraßen mit ca. 18,3 Milliarden Mark voran, 22 Prozent mehr als für den Aus- und Neubau der Schienenwege (rund 15 Milliarden Mark).[634]

*taz:* »Von einer Gleichstellung von Schiene und Straße, wie sie im Koalitionsvertrag festgeschrieben wurde«, könne keine Rede sein. Für den Unterhalt von Straßen in den Jahren 1999 bis 2002 sollen rund 32 Milliarden Mark ausgegeben werden, für die Schiene nur 29 Milliarden. Darin enthalten seien auch noch Buchungstricks: »So wurden die Investitionen für die Kreuzungen von Straße und Schiene in Höhe von 800 Millionen Mark kurzerhand vom Straßen- auf den Schienenetat umgebucht.«[635] Es sei »kein einziges Straßenbauprojekt gestrichen« worden, erklärte der zweite rot-grüne Bundesverkehrsminister Klimmt (SPD). Was stört es ihn, daß rund 70 Prozent der Menschen sich durch Autolärm und rund 50 Prozent durch Fluglärm beeinträchtigt fühlen?[636]

Etwa 20 000 Tonnen krebserregende Rußpartikel stoßen die Lkws in Deutschland jährlich aus.[637] Teile der Wirtschaft haben ihre Lagerhaltung auf die Straße verlegt. Waren werden erst dann geliefert, wenn sie gebraucht werden (»just in time«). Das verstopft die Autobahnen.[638] Täglich sterben fünf Menschen durch den Lkw-»Transportwahn«. Für die ökologischen und sozialen Schäden kommen die SteuerzahlerInnen auf, und die Profite der Konzerne steigen. »Allein die in Deutschland zugelassenen Lastwagen [...] produzieren rund zweieinhalbmal soviel Stickoxide und fast fünfmal soviel Ruß wie alle angemeldeten 52 Millionen Personenwagen zusammen – rund 20 000 Tonnen an

Rußpartikeln im Jahr. Dieselruß verursacht Krebs.« Die »Lkw-Invasion« steigt weiter an. »Die Transportleistung auf der Straße« hat in den vergangenen Jahren »um rund 100 Prozent zugenommen«. Den ehemaligen Bundesverkehrsminister Müntefering störte an dem all nur, daß er selbst gelegentlich im Stau steht.[639] Krebs, Gesundheitsschäden, Umweltbelastung waren und sind nicht sein Thema.

Aber Smog tötet. Die winzigen Smogpartikel aus Ruß, Feinstaub, Schwefelverbindungen und anderem können sich in menschlichen Lungen wesentlich schneller fortbewegen als bisher angenommen.[640] »Ein neues Dieselauto schleudert so viel krebserregende Stoffe aus seinem Auspuff wie 18 Wagen mit Benzinmotor.«[641] »Es gibt keine Verkehrswende«, verkündete Ulrich Schüller, der in Münteferings Ministerium die Grundsatzabteilung leitete. Es soll »in der Verkehrspolitik so weitergehen wie in den 16 Jahren unionsgeführter Regentschaft«.[642]

Chemikalien mit endokrinen Wirkungen stören »das komplizierte, fein austarierte hormonelle Regulationssystem bei Mensch und Tier«. Die biologische Bundesanstalt in Braunschweig geht verantwortungslos mit der Zulassung von Pestiziden um. »Erst zulassen, dann abwarten, was passiert«, schimpfte Albrecht Klein vom Umweltbundesamt. Trittin kümmert's nicht.[643] »Sind Pestizide erst einmal zugelassen, werden alle Hinweise auf schädliche Auswirkungen mit dem Hinweis auf das sicherste Zulassungssystem der Welt verworfen«, kritisierte Olaf Hustrup, Toxikologe an der Uni Oldenburg. In Deutschland sind viele Pflanzenschutzmittel auf dem Markt, die krebserregend wirken und die Fruchtbarkeit oder das Nervensystem von Menschen und Tieren schädigen können.[644]

Als es die Grünen noch gab, wußten wir, daß wir in die Produktion eingreifen mußten, um Ausbeutungsverhältnisse zu mildern und die Natur zu retten. Produktionsverbote und -umstellungen, Grenzwerte, Konversion waren – neben anderem – Elemente ökologischer Politik. Einer radikalöko logischen, antikapitalistischen ökologischen Politik, der einzigen, die auch Erfolg haben kann, stehen grüne Umweltminister heute verächtlich gegenüber. Er strebe »keine Verschärfung der Umweltstandards« an, erklärte der ehemals linke Jürgen Trittin, »das wäre die Fortsetzung der Umweltpolitik von gestern.«[645] So kommt mensch gar nicht erst in Konflikt mit dem Kapital und der SPD.

Die Grünen der achtziger Jahre lehnten die Gentechnik ab.[646] Sie konnten noch begründen, warum es gefährlich war, Lebensmittel oder Saatgut gentechnisch zu manipulieren, kannten noch die Gefahr eines sich selbst vermehrenden Risikos und warnten vor der Enteignung von Teilen des menschlichen Körpers durch Patentierung z. B. von Genen und der Selektion von Menschen. Wo immer die Grünen in Länderregierungen kamen, gaben sie ihre Ablehnung der Gentechnik auf. Zuerst in Hessen, sofort nachdem die »Realos« die Linken bei den Grünen verdrängt hatten: Schon 1984 erlaubte der grüne Regierungspräsident Hartmut Bäumer der Hoechst AG die erste gentechnische Anlage in Hessen. Die öffentliche Kontrolle gentechnischer Verfahren wurde eingeschränkt.

Rund 135 Unterzeichnerstaaten[647] einigten sich im Januar 1999 in Montreal auf ein »Protokoll über biologische Sicherheit«, es soll den Handel mit gentechnisch veränderten Organismen regeln. Was Andrea Fischer einen »historischen Moment«[648] und einen »großen Schritt«[649] nannte, hielt Die Zeit für einen »faulen Kompromiß«: »Doch der Sieg in Montreal ist teuer erkauft.« Erst zwei Jahre nach Inkrafttreten des Protokolls – noch ist überhaupt nichts unterschrieben – sollen gentechnisch veränderte Nahrungs- und Futtermittel gekennzeichnet werden, indem vage auf eventuell vorhandene gentechnisch veränderte Organismen hingewiesen wird.[650]

Die rot-grüne Bundesregierung hatte in ihrer Koalitionsvereinbarung versprochen, die »umweltschädliche Billigentsorgung« von Giftmüll unter Tage zu unterbinden.[651]

Aber Bundesumweltminister Jürgen Trittin läßt, wie die Kohl-Regierung, hochgiftigen Müll aus Verbrennungsanlagen in Bergwerken vergraben. 1999 erhielt z. B. die Deutsche Steinkohle AG »die Erlaubnis, im Schacht Altendorf-Ulfkotte, einem Steinkohlebergwerk in Nordrhein-Westfalen, 110 000 Tonnen«[652] Giftmüll abzulagern. Weil sein Ministerium den gefährlichen Stoff außerdem flugs in Wertstoff umdefinierte, können Bergwerke in Deutschland nun auch Giftmüll aus dem Ausland aufnehmen. In regulären Sondermülldeponien wäre die Müll»entsorgung« zehnmal teurer.

Nur wer von Ökologie nichts versteht, glaubt, daß es zu keiner Berührung der Giftstoffe mit dem Grundwasser kommen kann. Jürgen Trittin hat sich eine unsäglich dämliche Ausrede einfallen lassen. Die umweltverseuchende Billigentsorgung soll nach Auskunft seines Ministeriums »stillgelegte Gruben gegen Einsturzgefahr [...] sichern«.

Der Verrat an ökologischer Politik, die sehenden Auges geplante historische Niederlage in Sachen Rettung der Natur, fand ihre ideologische Rechtfertigung in einem Armutszeugnis namens »Thesen zur Erneuerung bündnisgrüner Umweltpolitik« (1999) der führenden grünen UmweltpolitikerInnen.[653] Die erfolgreiche Ökologiepolitik der achtziger Jahre, als die Grünen mit strategisch kluger, inhaltlich hochqualifizierter und aktionsreicher Politik das gesellschaftliche Feld bestimmten, wird darin verächtlich gemacht. Auszüge: »In manchen Bereichen sind aus klassischen ›Feindbildern‹ wie der chemischen Industrie Vorbilder geworden. [...] Eintreten für Umweltschutz ist heute weniger spektakulär. Und Rigorismus verspricht weniger Erfolg. [...] Die alte Umweltpolitik lebte vom Umweltskandal.« Wahnsinnige Erkenntnis: »Umweltpolitik ist heute Gesellschaftspolitik: Sie beeinflußt die wirtschaftliche Entwicklung und die Lebensqualität aller Menschen.« Aufschlußreiche Reihenfolge! Aber vor allem setzt »bündnisgrüne Umweltpolitik [...] stärker auf Dialog als auf Konflikt« und will »neue Allianzen schmieden«, der »Industrie«

helfen bei »Innovationsinvestitionen«, die natürlich »Arbeitsplätze« schaffen sollen. Die Ökosteuer – der Ablaßhandel, diese Methode der Umverteilung von unten nach oben – »war ein erster Schritt«. Das darf als Drohung verstanden werden, denn sich freizukaufen bedeutet ja, es wird weiter vergiftet und gemordet.

Statt in die Produktion einzugreifen, machen sich die Grünen zu Modernisierungsassistenten für das Kapital und wiederholen wie ein Mantra die »anstehende ökotechnische Innovationsoffensive zur Erneuerung der Energie-, Wasser- und Verkehrsinfrastruktur«. Sie seien »die Partei der zukunftsfähigen technischen Innovation«, sie hätten »auf dem Gebiet der Energie- und Wasserinfrastruktur, beim Verkehrswesen und in der Kommunikationsbranche solche Innovationen entschieden gefördert.«[654] Innovation bedeutet »Erneuerung«. Von was? In welche Richtung? In wessen Interesse? Die grüne »Innovation« der Energieinfrastruktur bedeutet z. B., daß die Grünen mit ihrem »Ausstieg«, der in Wahrheit ein Einstieg in die Modernisierung und in die Ausweitung des Atomprogramms ist, eine Grundlage für eine neue Infrastruktur des Atomkapitals schaffen, so daß es fit wird für die erste Hälfte des neuen Jahrhunderts.

Daß »Ressourceneffizienz«, »eine der wichtigsten Aufgaben der neuen Bundesregierung«, rein gar nichts mit dem Schutz der natürlichen Umwelt oder der Gesundheit von Menschen zu tun hat, wissen alle ÖkologInnen längst: Die effiziente Ressourcennutzung bei gleichzeitiger *Produktionssteigerung* erhöht den Profit und mindert die Belastung der Umwelt und der Gesundheit von Menschen keineswegs. Es wird einfach mehr produziert und verbraucht. Das ist keine ökologische Politik. Das ist keine soziale Politik. Das ist kapitalistische Effizienz und hilft, im Interesse des Profits, die Natur weiter zu zerstören. Mensch kann weder im »Konsens« mit der Atommafia aussteigen noch »im Dialog« mit dem Autokapital humane und umweltverträgliche Verkehrssysteme durchsetzen, solange die jetzigen Strukturen weiterhin große Gewinne versprechen.

Eine starke linke Ökologiebewegung wäre der rot-grünen Bundesregierung lästig wie eigenständige politische Subjekte, die sich der rot-grünen Modernisierungslogik nicht fügen. Aber die Rettung der Erde überträgt Rot-Grün den weltweit Mächtigsten: »Gesucht: Eine globale Perspektive für Ökologie ohne Armut. Eine internationale Jugend-Umweltorganisation könnte dabei helfen.«[655] Wir haben die Erde für unsere Kinder nur zerstört ...

Die Grünen der achtziger Jahre stritten über die »Zukunft der Arbeit«, verabschiedeten mit »Entgiftungs-programmen« Pläne zur Umstrukturierung der chemischen Industrie. Statt mit Konzernchefs hinter verschlossenen Türen zu schmusen, praktizierten wir Solidarität mit denen, die für bessere Gesundheitsbedingungen an ihren Arbeitsplätzen kämpften. Wir stellten uns mit einem Bein in den realpolitischen Sumpf, indem wir viel zu fleißig unsere technisch und ökonomisch machbaren Rezepte für den »Umbau der Industriegesellschaft« entwickelten. Dem trauern heute sogar frühere Gegner nach: »Der ›Umbau der Industriegesellschaft‹ wurde in Papieren und Parteitagsbeschlüssen vorbereitet. Nichts davon ist geblieben«, bemerkte Günter Bannas (*Frankfurter Allgemeine Zeitung*) über die neue rot-grüne Bundesregierung.[656]

Die sehr katholische Bundestagsabgeordnete Christa Nickels ist rot-grüne Bundesdrogenbeauftragte. Ihr »drogenpolitisches Ziel« ist das »suchtmittelfreie Leben«. Setzt sich ihr Gesetzesvorschlag durch, bedeutet das das Ende der akzeptierenden Drogenarbeit: In Fixerstuben können sich Drogenabhängige heute unter hygienischen Bedingungen einen Schuß setzen. Hätte der Plan der Exkrankenschwester Erfolg, würde die von ihr geforderte Zwangsmissionierung und Umverteilung der Mittel das Ende der Fixerstuben bedeuten.[657] Das »suchtmittelfreie Leben« bedeutet natürlich keineswegs die sofortige Stillegung sämtlicher Bierstammtische. Die Utopie der Abstinenz gilt – wie zu Zeiten rechtester CDU-Drogenpolitik – nur für gesellschaftlich stigmatisierte Drogen. Nickels Vorschlag beweist vor allem die gesundheitsschädigende Wirkung von Weihrauch.

Das Pharma- und das Medizintechnikkapital kann mit Bundesgesundheitsministerin Andrea Fischer zufrieden sein. Frau Fischer, die »Lieblingsgrüne« Guido Westerwelles, hat zu keinem Zeitpunkt die weltweit vergleichsweise extrem hohen Arzneimittelpreise in Frage gestellt, geschweige denn die Machtstellung und Marktaufteilung der Pharmakonzerne. Unter der grünen Ministerin, die so gern laut lacht, wenn ihr die Argumente ausgehen, werden die VertragsärztInnen gezwungen, unhaltbare Einsparungen bei PatientInnen durchzusetzen. Notwendige, wirksame, aber teure Medikamente werden Kranken vorenthalten – sofern Ärzte, sobald ihr Budget überschritten ist, die Arzneimittel nicht aus eigener Tasche bezahlen wollen. Physiotherapien z. B. werden sogar Schwerkranken und chronisch Kranken verweigert, was Leid und Einschränkung der Lebensfreude verursacht – und immense Kosten für die so auf später verschobenen gesundheitlichen Konsequenzen.

Die Krankenkassen lösen sich als »Solidargemeinschaften der Versicherten« selbst auf. Sie buhlen um die Gunst des wohlhabenden Bürgertums und werben damit, daß sie esoterische Schrott-Therapien bezahlen, während sie zur gleichen Zeit den Druck auf kranke Erwerbslose, Schwerkranke, Arme und Alte verschärfen. Unter Rot-Grün maßen die Kassen sich z. B. an, Ärzte unter Druck zu setzen und kranken Erwerbslosen das Ende ihrer Krankheit vorzuschreiben. Viele alte Menschen vegetieren in Pflege- und Altenheimen mangelernährt, unversorgt, mit wunder Haut und faulenden Gliedmaßen vor sich hin, weil Kosten für qualifiziertes Personal und für medizinische Hilfsmittel eingespart werden.

Das Gesundheitswesen für alle wird Stück für Stück zerschlagen. Rot-Grün, statt der Entwicklung den Kampf anzusagen, beschleunigt diese Zerstörung. Auch hier finden wir die Grünen als diejenigen, die unter Verwendung Orwellscher Sprachlügen der rasenden Schußfahrt in die Mehrklassen- und Armutsmedizin den Weg bereiten.

Auch die Überwachung der Patienten schreitet schneller voran als unter der CDU/FDP-Regierung. Der frühere Bundesgesundheitsminister Hans Seehofer (CSU) konnte die digitale Aufbereitung (Verschlüsselung) von Diagnosen und Patientendaten nicht durchsetzen. Dafür wurde eine grüne Ministerin gebraucht. Im August 1999 beschloß Frau Fischer, den ICD-10, den computerlesbaren Diagnoseschlüssel, einzuführen. Mit ihm wird der »gläserne Patient« möglich. Die DatenschützerInnen erfuhren von der Einführung des Codes aus dem Bundesanzeiger.

Als »Basisversorgung« kommt daher, was den kranken Menschen nicht mehr gesund macht. Und die noch immer positiv besetzten Begriffe »Eigenverantwortung« und »Selbsthilfe« (Andrea Fischer: »grüne Inhalte unserer Gesundheitspolitik«[658]) bedeuten, daß, wie im Fall der rot-grünen Rentendemontage, die Menschen, die ein geringes oder ein durchschnittliches Einkommen haben, gefälligst zusehen sollen, daß sie einen bald unbezahlbar hohen Anteil ihres Einkommens für notwendige Arzneimittel und Therapien und für private Zusatzversicherungen ausgeben.

Die leukämiekranke Raissa Gorbatschowa bekam sofort einen Platz für eine eventuelle Rückenmarkstransplantation in einem bundesdeutschen Krankenhaus – wie vermutlich auch jedes Mitglied der rot-grünen Bundesregierung. Für andere PatientInnen werden die Wartelisten für bestimmte Behandlungen zu Todeslisten. Ein Kassenpatient kann nicht mehr darauf vertrauen, das gegen seine Krankheit wirksamste Medikament zu bekommen. Das »Sterbenlassen« – ein besonders verlogener Begriff – von unheilbar Schwerstkranken in Krankenhäusern gehört mancherorts längst zur Routine. Menschen werden mehr und mehr selektiert, nach Einkommen, Lebensgewohnheiten, Alter und Nützlichkeit.

Rot-Grün hat dem Kapital niedrige Lohnnebenkosten versprochen. Also dürfen dessen Beitragsanteile für die Krankenversicherung nicht steigen. So verschiebt Rot-Grün die steigenden Kosten für eine immer schlechtere Versorgung – Stichwort »Eigenverantwortung« – auf die Versicherten. Gesundheit wird eine Frage des Geldes. Der Gesundheitszustand und die Lebenserwartung von Arm und Reich werden sich in Zukunft noch sichtbarer unterscheiden. Ärmere Menschen sterben früher. Das ist der Preis rot-grüner Gesundheitspolitik.

Die *taz* schrieb bei der Amtseinführung von Andrea Fischer: »Eine ehemalige Trotzkistin steht da vorne. Eine, deren Mutter bei der Caritas und deren Vater bei der CDU war. Die den lieben Gott beim Schwur nicht auslassen wollte und jetzt ziemlich genau da angekommen ist, wo ihre Eltern sie hinhaben wollten. Mit ›allem Respekt‹ trete sie an. Mit Dank für die ›faire Art der Amtsübergabe‹. Und mit dem Versprechen, ›dem vorbildlichen Führungsstil des Herrn Ministers Seehofer nachzufolgen‹.«[659]

Nachzufolgen? Gesundheitspolitisch hat Andrea Fischer Hans Seehofer längst rechts überholt.

Rot-Grün kam auch an die Regierung, weil 1998 nur 23 Prozent der Menschen in der West-BRD (1995: 39 Prozent) und nur 9 Prozent in der Ost-BRD »die wirtschaftlichen und sozialen Verhältnisse in der Bundesrepublik« als »gerecht« empfanden.[660] Selbst viele, die von rot-grünen Landesregierungen desillusioniert worden waren, hofften, in schlechter reformistischer Tradition, auf das »kleinere Übel«. Schlimmer als unter der CDU/FDP-Bundesregierung konnte es doch wohl nicht werden! Die trügerischen Hoffnungen auf Rot-Grün waren im sozialen Bereich riesig. Hier hielt sich gegen alle historische Erfahrung der Mythos, daß vor allem die Sozialdemokratie der Garant sozialer Gerechtigkeit sei.

Die Grünen hatten für alle, die es hören wollten, lange vor den Bundestagswahlen Signale an das Kapital gesandt. Joseph Fischer wies im September 1995 seine Fraktion an, die Standortdebatte positiv zu besetzen.[661] 1996 empfahl er eine Senkung des Spitzensteuersatzes von 53 auf 35 Prozent.[662]

Professor Otto Jacobs von der Universität Mannheim hat die Gewinne und die gezahlten Steuern der 30 größten deutschen Konzerne über einen Zeitraum von fünf Jahren untersucht: »Einige Unternehmen bewegen sich [...] auf die Nullsteuer zu. So lag die Allianz AG drei Jahre lang bei null Prozent. Bei Siemens und BMW ist es nicht viel anders. Es gibt auch Steuerkünstler wie Continental oder die Lufthansa: Sie bekamen mehr Steuern rückerstattet, als sie zahlten.«[663] Der Elektrokonzern Siemens zahlte im Geschäftsjahr 1993/94 in der BRD nur noch 100 Millionen Mark Steuern. »Im gleichen Jahr strich der Siemens-Konzern in Deutschland 190 Millionen Mark an staatlichen Forschungszuschüssen ein.«[664] 1992 war »die reale durchschnittliche Besteuerung von Unternehmensgewinnen auf 20,8 Prozent abgesunken und liegt heute weit unter 20 Prozent. Damit liegt Deutschland real an der Spitze der Niedrigsteuerländer. [...] Die Unternehmenssteuern machen schon jetzt nicht einmal 15 Prozent aller gezahlten Steuern aus. [...] Während sich die Lohnsteuer und die Mehrwertsteuer seit 1960 nominal etwa verdreißigfachten, hat sich die ›veranlagte Einkommenssteuer‹ (Steuer der Besserverdiener) nur verdoppelt und haben sich Gewerbe- und Körperschaftssteuer in etwa nur vervierfacht«, schrieb die IG-Medien-Zeitschrift *Forum.*[665]

Das Gejammer der Betuchten über zu hohe Steuern entlarvt sich schnell, sieht mensch sich die Zahlen an. Fast könnten wir die Regel aufstellen: Je reicher, desto weniger, je lohnabhängiger, desto (anteilig) mehr Steuern. »Zwischen 1992 und 1996 sank das Einkommensteuer-Aufkommen von 41,5 auf 14,4 Milliarden Mark – während die Lohnsteuerzahlungen stetig auf 253,5 Milliarden stiegen.«[666] Ob in Hamburgs Villenvierteln oder in Starnberg, überall ist es ähnlich wie in Bad Homburg im Taunus, wo die MillionärInnen aus dem Rhein-Main-Gebiet aufeinanderhocken. 1990 zahlten dort die Wohlhabenden und Reichen noch 439 Millionen Mark Einkommenssteuer. 1996 kassierte das Bad Homburger Finanzamt »von seinen Kunden unter dem Strich überhaupt keine Einkommenssteuer mehr. [...] Nichts. Sogar weniger als nichts, [es] mußte den armen Reichen noch 3 Millionen Mark zurückzahlen.«[667] Die weniger Wohlhabenden und die Armen können der Mehrwertsteuer (jährlich rund 260 Milliarden Mark), von der sie – gemessen an ihrem Einkommen – proportional das meiste tragen, nicht entkommen.

Was kümmert das »die neue Mitte«? Die grüne Abgeordnete Margareta Wolf erklärte schon 1996 einfühlsam, »die Besteuerung der Unternehmen [sei] an einem Punkt angelangt, wo mehr nicht geht«[668], und warnte davor, die Reichen zu verteufeln.[669] Die grüne Finanzexpertin Christine Scheel lobte die Verwässerung des Kündigungsschutzes.[670] Andrea Fischer verlangte ein »soziales Jahr für Rentner«.[671]

In den Koalitionsverhandlungen von 1998 übererfüllten die Grünen das für die ersehnte Regierungsfähigkeit notwendige Maß an Unterwerfung so sehr, daß Ingrid Matthäus-Maier – die für die SPD mit den Grünen verhandelte – spottete: »Das ist ja sehr schön, daß die Grünen uns rechts überholen wollen.«[672] Der Spitzensteuersatz von 53 Prozent wurde auf 48,5 Prozent gemindert. Die Steuerberatertochter Scheel nörgelte: »Meine Partei hätte den Spitzensteuersatz gern noch mehr gesenkt.«[673] Fritz Kuhn forderte Anfang 1999 in einem Grundsatzpapier, dem die Bundestagsfraktion mit großer Mehrheit zustimmte, die Senkung auf »47, besser 45« Prozent.[674] Das rot-grüne Kabinett beschloß Anfang 2000 weitere *Senkungen* des Spitzensteuersatzes: auf 47 Prozent (2003) und auf 45 Prozent (2005). Für die Zustimmung des Bundesrates senkte das rot-grüne Kabinett, auf vereinten Druck von PDS, CDU und FDP, den

Spitzensteuersatz ein weiteres Mal, nun auf 42 Prozent für das Jahr 2005. Scheel, Kuhn und Co. hatten Erfolg beim Raubzug für die Reichen.

Die Vermögenssteuer wollten die Grünen nicht wieder einführen, »obwohl dieses Vorhaben im Programm festgelegt ist«, staunte die *Frankfurter Allgemeine Zeitung*.[675] Das Krankengeld blieb gekürzt. Nur die Lohnfortzahlung wurde zurückgeholt, ein symbolisches Bonbon brauchte es zur Bindung der Gewerkschaftsmitglieder. Damit es nicht zu sozial zugeht, wünschte sich Margareta Wolf den Abbau des Kündigungsschutzes, die »Überprüfung« arbeitsrechtlicher Bestimmungen (staatliche Eingriffe seien nicht »zielkonform«), die Aushebelung der Ladenöffnungszeiten (für kleine Betriebe ohne jede Begrenzung, damit die Selbstausbeutung unter immensem Konkurrenzdruck auch klappt) und, nicht zuletzt, die Aushöhlung des Flächentarifvertrags. Mit solch schweinischen Vorschlägen wird eine wie Wolf heute bei den Grünen »wirtschaftspolitische Sprecherin«.[676]

Rot-grüne Steuerpolitik bedeutet für die großen Konzerne Extraprofite. Für die Armen zuerst ein paar Brosamen, später dann sogar Lohnraub, unter anderem dank einer neuen Steuer, der Ökosteuer. Die ist in Wirklichkeit eine Öko*mehrwert*steuer: Leute mit niedrigem Einkommen werden durch höhere Energiepreise proportional sehr viel härter belastet als Leute mit höherem Einkommen. Die Ökosteuer hat mit Ökologie nichts zu tun, und gerade die energiefressenden Industriebranchen wurden befreit. »Laut rot-grünem Subventionsbericht« vom August 1999 »enthält das Ökosteuergesetz Ausnahmetatbestände im Umfang von 4,9 Milliarden Mark, sämtlich ›Steuersubventionen im Sinne des Subventionsberichts‹, wie es in dem Regierungsdokument ausdrücklich heißt. Nicht weniger als ein Viertel aller Wohltaten, mit denen der Fiskus die gewerbliche Wirtschaft durch Ausnahmen in seinen Steuergesetzen beglückt, enthält ausgerechnet das Ökosteuergesetz.«[677] Während manche Konzerne völlig von der

Ökosteuer befreit worden sind, gilt das für im Nahverkehr eingesetzte Busse und die Dieselsteuer nicht.[678] Die sogenannte Ökosteuer steht für eine unsoziale Politik: soziale Auslese durch weitere Abgaben. Wer mehr besitzt, darf mit bündnisgrüner Zustimmung mehr Umwelt verseuchen.

Mehr Sorgen machen sich die Grünen um einflußreiche Lobbygruppen. Rot-Grün steht z. B. den Kirchen bei und erwägt, sagte die finanzpolitische Sprecherin Scheel, eine Veränderung der Bemessungsgrundlage für die Kirchensteuer, mit dem Ziel – durch eine Änderung der Steuerreform –, die Steuereinnahmen für die Kirchen zu vermehren.[679] Die Kirchen fühlten sich um Einnahmen bedroht, als Rot-Grün ein Steuergeschenk für mittelständische Betriebe beschloß, daß nämlich künftig die Gewerbesteuer von der Einkommenssteuer abgezogen werden könne. Sinkende Einkommenssteuereinnahmen aber lassen auch die Kirchensteuer sinken, die der Staat für die Kirchen einzieht. Nun soll die Kirchensteuer von Betrieben *vor* Abzug der Gewerbe- von der Einkommenssteuer errechnet werden.[680] Soviel zum Filz von Kirche und Staat.

Das kleinere Übel entpuppte sich als das größere Elend. An der Seite der Sozialdemokratie stolziert ein kleiner grüner Regierungspartner daher, der sich in einem Maße als skrupellos und asozial entpuppt, daß es selbst langjährige KritikerInnen überraschte.

Die Grünen wußten, daß sie den angeblichen »Kampf gegen die Arbeitslosigkeit« noch eine Weile im Mund führen mußten, um sich ein paar Mikrogramm von der FDP zu unterscheiden. Natürlich gibt es keinen rot-grünen Kampf gegen Arbeitslosigkeit. Der würde bedeuten, daß sich Rot-Grün in einen grundsätzlichen Konflikt mit dem Kapital begeben müßte. Statt dessen kämpft Rot-Grün gegen Erwerbslose und SozialhilfeempfängerInnen. Daß dieses fast reibungslos geschieht, liegt auch daran, daß die gewerkschaftliche Funktionärsschicht und ein großer Teil der Mitgliedschaft mit der SPD verfilzt ist. Daß die DGB-Gewerkschaften von Rot-Grün derartig billig einzukaufen waren, hat linke GewerkschafterInnen überrascht. Für ein bißchen höheres Kindergeld, für die Rücknahme einiger CDU/FDP-gemachter Verschlechterungen bei Schlechtwettergeld, Lohnfortzahlung und Kündigungsschutz war nicht nur die Zustimmung zu allen bisherigen sozialen Grausamkeiten zu haben, sondern auch die weitgehende Duldung des ersten deutschen Angriffskrieges seit dem Zweiten Weltkrieg. Da, wo es Proteste gab, blieben diese meist sehr zahm.

Grüne Demokratiepolitik bedeutet nicht nur: kein Recht auf Asyl. Auch das Staatsbürgerschaftsrecht ist eine triste Veranstaltung, es gilt nur für eine ausgewählte kleine Gruppe, deren politische Gesinnung und materielle Lage geprüft und für gut befunden wurde.

Rolf Gössner, Rechtsanwalt, Publizist und Geheimdienstkritiker, urteilte im Januar 1999: »Bereits heute steht fest: Unter Rot-Grün wird es weder einen Einstieg in die geheimdienstfreie Gesellschaft noch einen Ausstieg aus dem autoritären Sicherheitsstaat geben.«[681] Es ist keine rot-grüne Rede mehr von der Abschaffung der Geheimdienste – früher eine originäre Forderung der Grünen. Hans-Christian Ströbele, Bundestagsabgeordneter der Grünen, gestand ein: »Wir haben uns entschlossen, in die Regierung zu gehen, obgleich diese Forderung nicht umgesetzt wird.«[682] Die Geheimdienste sind unter Rot-Grün nicht nur von den Haushaltssparmaßnahmen ausgenommen, sie legen sogar zu.[683] Ihre Haushalte haben insgesamt ein Volumen von mehr als einer Milliarde Mark, und die Dienste haben etwa 10 000 Festangestellte. Es würde mich nicht wundern, wenn unter Rot-Grün Linke mehr als zuvor bespitzelt würden. Die Polizei wird nicht demokratisiert. Weder die kasernierte Bereitschaftspolizei noch die rambomäßigen Sondereinheiten werden abgeschafft. Der große Lauschangriff, dem die SPD zu Zeiten Kohls zugestimmt hatte, bleibt. Keine Abschaffung der »Antiterror«-Paragraphen« und der Schleierfahndung. Nicht ein einziges demokratiefeindliches Repressionsinstrument wurde zurückgenommen. Gössner: Rot-Grün setzt »weiterhin in hohem Maße auf Repression«.[684] Statt aus dem autoritären Sicherheitsstaat auszusteigen, gestaltet Rot-Grün dessen Strukturen und Arbeitsweisen effektiver.[685]

In seinem Klassiker *Transformation der Demokratie* (1968) beschrieb Johannes Agnoli[686] die Herausbildung eines autoritären Rechtsstaates. Heute, sagte er, ist diese Theorie »ad acta zu legen«. Der Prozeß der Rückbildung demokratischer Staaten, Institutionen und Parteien in vor- und antidemokratische Formen ist abgeschlossen.[687]

Dieser radikale Verelendungs- und Zwangslebensapparat braucht umfassende Kontrolle. So werden immer mehr Innenstädte videoüberwacht. Immer mehr Chipkarten, mit Speicherungen, zu denen der Überwachungsstaat Zugang hat, erleichtern anscheinend das Leben, ob im Job, an der Uni, in der Straßenbahn, beim Einkaufen oder im Internet. Hinter dezentral auftretender, aber zentral vernetzter High-Technik verbirgt sich eine lautlose, sich allmählich schließende Überwachung und Kontrolle des Alltags. Ein ID-Code verschafft dem Staat im Bereich der Sozialversicherung und der Gesundheitsversorgung das totale soziale Profil des Individuums. Soziale und demokratische Menschenrechte, informationelles Selbstbestimmungsrecht – was ist das?

Die Diktatur auf Abruf finden wir auch auf europäischer Ebene. Wieder einmal wurden die Befugnisse der EU-Polizeibehörde Europol erweitert. »Seit dem 1. Juli 1999 darf sie Intimdaten von Bürgern speichern, auch über deren Sexualverhalten. Die Löschung dieser Daten ist vor Gericht nicht durchsetzbar. Die Beamten genießen außerdem eine umfassende Immunität.«[688] Hat irgend jemand ein Wort des Widerstandes gegen den neuen »Enfopool«-Plan der EU gehört? Der beinhaltet, ein totales Überwachungs- und Abhörsystem über Europa und den Rest der Welt zu spannen, das jeden Austausch von Informationen erfassen soll.[689] Es ist ein Teil derjenigen diktatorischen Maßnahmen, der auch dazu dient, die von jeder Partizipation am gesellschaftlichen Reichtum, an Ausbildung und Information ausgegrenzten Millionen und Milliarden von Menschen mit jeder dafür notwendigen Gewalt unter Kontrolle zu halten.

Parallel zur Preisgabe radikaldemokratischer Politik zerfielen die Strukturen der grünen Partei. Die basisdemokratischen Prinzipien hießen einmal Rotation, Diätenbegrenzung, Transparenz von Entscheidungen und prinzipielle Öffentlichkeit von Sitzungen und Versammlungen der Partei und ihrer Gremien, imperatives Mandat und die Trennung von Amt und Mandat. Es gibt sie nicht mehr, außer dem kläglichen Rest, daß Abgeordnete (noch) nicht Parteivorsitzende werden dürfen. So spiegelt der innere Niedergang den politischen wieder. Die Grünen eine basis- und radikaldemokratische Partei? Es war einmal. Bei solch tapferen VerteidigerInnen der Demokratie kann sie sich ausbreiten, die Diktatur auf Abruf.


Von der Utopie sozialer Gleichheit[690] und Freiheit blieb weder bei der SPD noch bei den Grünen auch nur ein kümmerlicher Rest. Beide Werte sind sogar aus den Sonntagsreden verschwunden. Der Kontrast zur rot-grünen Realität wäre wohl eine zu offensichtliche Provokation. Von der Freiheit von Ausbeutung und von Herrschaft spricht kein Rot-Grüner mehr. Die Utopie einer Gesellschaft, in der niemand mehr diskriminiert wird, niemand mehr unterdrückt, in der keine ökonomische Konkurrenz »VerliererInnen« produziert, erzeugt Haß bei Rot-Grün – gegenüber denjenigen, die daran erinnern, nicht gegenüber denjenigen, die Unfreiheit und Ungleichheit verschulden.

Die meisten Menschen arbeiten abhängig und nicht frei. Sie arbeiten in Strukturen und unter Bedingungen, die sie sich nicht ausgesucht haben. Sie identifizieren sich sogar mit dem Interesse ihres »Arbeitgebers«, als sei das »Standortinteresse« des Kapitals ihr ureigenes. Konkurrenzdruck und die Angst, den Arbeitsplatz zu verlieren, lassen Menschen immer mehr Energie und Kreativität in ihre Erwerbsarbeit stecken. Die Lohnarbeit ersetzt das eigentliche Leben. Die Freizeit ist kein kleines »Reich der Freiheit« mehr, sondern der Maschinenraum, in dem mensch sich für den täglichen Leistungsterror dressiert.

Ein großer Teil der Bevölkerung wird in unserer Gesellschaft für die Profitmaximierung der kapitalistischen Produktion nicht mehr gebraucht (ganz zu schweigen von Milliarden Menschen in anderen Teilen der Welt). Offiziell gibt es rund vier Millionen Erwerbslose in Deutschland. Etwa sieben Millionen Menschen leben nach offiziellen Angaben an der Armutsgrenze. Wir können beide Zahlen mindestens verdoppeln. Mensch redet den Menschen ein, es liege in ihrer »Eigenverantwortung«, sich aus der Misere zu befreien. Mensch läßt Erwerbslose gegen hohe Gebühr »Tschakka!«[691] schreien, Anpassungskurse durchlaufen, rät zur Gratissklavenarbeit, um sich wohlmeinende »Arbeitgeber« zu sichern. Wenn sie es trotzdem nicht schaffen, ist es ihre Schuld. Ich vergaß, ein bißchen Demütigung wurde zurückgenommen: ArbeitslosenhilfeempfängerInnen müssen sich jetzt nicht mehr alle drei Monate beim Arbeitsamt melden, wenn sie ihre Stütze nicht verlieren wollen. Das wurde lästig – den Angestellten des Arbeitsamtes.

Rot-Grün kürzte direkte und indirekte Unterstützungen für Erwerbslose so effizient,[692] daß vermutlich in den ersten zwei Regierungsjahren zwölf Milliarden Mark eingespart werden. Von irgend etwas müssen die Senkungen des Spitzensteuersatzes und der Unternehmenssteuer ja bezahlt werden. Die Ökomehrwertsteuer reicht da nicht aus. Gegen Arbeitslosigkeit zu kämpfen heißt für die Bündnisgrünen nicht mehr antikapitalistischer Widerstand, sondern salbungsvolle Attitüde, Zwangsarbeit und miese untertariflich bezahlte Jobs für andere. Das sozial durchgeknallte Alternativbürgertum vergißt die »revolutionären« Sprüche von gestern und schafft sich ein Heer von »working poors«, arbeitenden Armen. Menschen, die – wie in den USA – zwei Fulltimejobs brauchen, um sich und ihren Kindern eine bescheidene Existenz zu ermöglichen. Rot-Grün darf sich auf eine große Auswahl an billigem Dienstpersonal freuen. Wie hieß es im *Pflasterstrand*? »Wir müssen wieder lernen, mit Armut zu leben, ohne gleich in Ohnmacht zu fallen, wenn wir sie zu Gesicht bekommen.«[693]

Den Grünen gehen die sozialen Grausamkeiten nicht aus. In ihrer Schublade liegt der Plan für eine »Grundsicherung«. Die Grünen haben in den achtziger Jahren einmal ein Grundeinkommen von 1500 Mark gefordert. Rechnet man die Inflationsrate zurück, hätte das damals ein einigermaßen würdiges Leben erlaubt. Heute planen die Grünen die Abschaffung des Arbeitslosengeldes, der Arbeitslosenhilfe und der Sozialhilfe zugunsten einer Hungerrente namens Grundsicherung in Höhe von 800 Mark monatlich. Millionenfache Verarmung würde die Folge sein.

Die Kürzung von Sozialleistungen und Niedriglohnarbeit unter dem Existenzminimum gehen bei Rot-Grün Hand in Hand. Im Schröder-Blair-Papier von 1999 wurde bemängelt, daß noch »allzu oft Rechte höher bewertet würden als Pflichten« und »Teilzeitarbeit und geringfügige Arbeit besser sind als gar keine Arbeit«. So richtete Rot-Grün das Arbeitsförderungsgesetz zu einem Zwangsgesetz für Niedriglohnarbeit aus.

Rot-Grün forciert die grundgesetzwidrige Praxis der Kohl-Regierung, die Beseitigung des Berufs- und Qualifikationsschutzes, indem sie die Sozial- und Arbeitslosenhilfe senkt. Das Arbeitsamt wird mehr und mehr zu einer Vermittlungsstelle für Zwangsarbeit. Artikel 12 des Grundgesetzes garantiert nicht nur das Recht auf freie »Berufs-« und »Arbeitsplatzwahl«, sondern verbietet unmißverständlich Zwangsarbeit: »Niemand darf zu einer bestimmten Arbeit gezwungen werden [...].« Auch die allgemeine

Erklärung der Menschenrechte vom 10. Dezember 1948 der Vereinten Nationen garantiert in Artikel 23 das Recht auf »freie Berufswahl« und auf »angemessene und befriedigende Arbeitsbedingungen«.

Es ist ein reaktionäres rot-grünes Bündnis. »Der Mix aus Steuererleichterungen, Zuwendungen für Familien und Strafaktionen gegen ›Sozialschmarotzer‹« könnte »durchaus dafür sorgen [...], die werktätigen Stützen der Gesellschaft im Bündnis zu halten«, kommentierte Ralf Schröder.[694]

Es ist unvorstellbar, daß ein dermaßen brutaler Verelendungsprozeß unter der alten Bundesregierung ebenso geräuschlos über die Bühne gegangen wäre. Für die Zerschlagung erkämpfter sozialer Rechte brauchte das Kapital eine rot-grüne Regierung. Hätten CDU und FDP so zugeschlagen wie Rot-Grün, wäre eine Welle von Streiks über das Land gerollt, und die Gewerkschaften wären in Sternmärschen nach Berlin marschiert.

In gewisser Weise haben wir ein janusköpfiges Ein-Parteien-System wie in den USA: Prokapitalistisch sind sie alle. In Zeiten großer gesellschaftlicher Proteste sowie in denen der größten sozialen Grausamkeiten muß die vermeintlich fortschrittliche Partei (oder Koalition) ran – um Revolten zu befrieden und soziale Bewegungen zu spalten.

Wie im Falle des Kriegs gegen Jugoslawien hatten die kleinen Grünen auch in der Sozialpolitik für einen kurzen historischen Moment eine Sonderrolle. Mit Begriffen aus dem Alternativsprech (»Eigenverantwortung«, »Selbstbestimmung« usw.) sollen sie dem alternativen Bürgertum den Verzicht auf die sozialen Rechte und Freiheiten *anderer* abringen. Sogleich nach der Bundestagswahl erklärte der Bundestagsabgeordnete Oswald Metzger, ein früherer linksradikaler Freak aus dem Schwäbischen, das asoziale grüne Programm: »Wir müssen mit einer Blut-, Schweiß- und Tränen-Geschichte starten und auch an Tabubereiche wie Einsparungen bei sozialen Leistungen herangehen«.[695]

Die Grünen maulten, als die SPD (nur) die letzten Renten-kürzungen der Kohl-Regierung zurücknahm – von 64 zu-rück auf 70 Prozent. Rot-Grün werde die Renten später erneut kürzen. Auch die frühere Trotzkistin Andrea Fischer hielt eine Absenkung des Rentenniveaus auf 65 Prozent für »möglich«.[696]

Die grüne Bundestagsabgeordnete Katrin Göring–Eckardt hatte das Rentenalter von 65 auf 70 Jahre herauf-setzen wollen. Nach Wahlverlusten jammerte sie: Wir haben unsere Inhalte »nicht richtig rübergebracht«.[697] So was nennen sie »Kommunikationsprobleme«. O doch. Die Menschen haben verstanden, daß sie sich kaputtarbeiten und viele von ihnen sterben sollen, bevor sie das Rentenal-ter erreicht haben.

Wer weiß schon , daß die Rente seit 1977 bereits real um etwa ein Drittel gesunken ist. Die heutige sogenannte Eck-rente beläuft sich netto auf 24 157 Mark jährlich. Ohne die Kürzungen der Einheitspartei CDU/SPD/FDP seit den siebzi-ger Jahren – heute sind die Grünen dabei – würde sie bei 35 456 Mark liegen.[698a]

Eine Spezialität der ehemaligen Alternativpartei ist es, negativ besetzte Begriffe in scheinbar positive Formulie-rungen umzudeuten. So wurde der Krieg gegen Jugoslawi-en zur »humanitären Intervention«. Jede soziale Schweine-rei nennt Rot-Grün »Reform«. Mit »Selbstverantwortung« meint Rot-Grün, daß wir kein Recht auf eine staatliche Ren-te haben, die uns im Alter ein würdiges Leben garantiert. Rot-Grün handelt dabei wie ein Agent der privaten Versi-cherungswirtschaft. Die Diäten und die Staatspensionen sind gewissermaßen ihre Provision.

Dabei wollen die »Metzger des Sozialstaats« (Heiner Möller) auch bloß geliebt werden. »Ich glaube, Theo Wai-gel schätzt mich als seriösen Kritiker«, prahlte Oswald Metzger 1995. Metzgers Botschaft von 1996: Um den »Fak-tor Arbeit vor allem bei den Lohnnebenkosten« zu entla-sten, »müssen und werden [wir] in den kommenden Jahren einen Wohlstandsverzicht leisten, der alle trifft. Der Wohl-standsabbau dürfte 5 bis 10 Prozent betragen«.[698b] »Der *alle* trifft.« Der grüne Begriff von Gleichheit. Arme und Reiche werden gleichermaßen getroffen. Oder: »Am neuen Markt kann jeder mitspielen, wenn er etwas Kleingeld oder eine gute Idee hat«,[699] hieß es in einem Editorial des *stern*. Nur zwei Tropfen aus dem Meer des täglichen Irrsinns.

Dem »Oswald von Lambsdorff«[700] (*Focus*) ist der deutsche Arbeiter zu faul: »Es ist aus Wettbewerbsgründen auf Dauer nicht hinnehmbar, wenn die Mitarbeiter von Daimler-Benz durchschnittlich wegen Krankheit an 27 Arbeitstagen im Jahr fehlen. [...] Im Ausland und bei den deutschen Kleinbetrieben betragen die Fehltage deutlich unter zehn pro Jahr.« So empfiehlt er – ausgerechnet – Japan. Was für ein humanes Vorbild! Kaum Urlaub, kaum Krankheit, dafür Streßtod.

Vor wenigen Jahren schrieben Jürgen Schrempp, heute Chef von Daimler-Chrysler, Siegmar Mosdorf (zur Belohnung heute Staatssekretär im Bundeswirtschaftsministerium) und Gerhard Schröder, mensch müsse »von Asien lernen«, »die asiatische Herausforderung annehmen«, die »asiatische Mentalität« habe sich »der westlichen bisher als überlegen erwiesen«, Ausbildungsgänge müßten »asienbezogener« sein[701]. Schrempp, Schröder und Co.: »Was noch vor wenigen Jahren als Zumutung für deutschen Arbeiterstolz empfunden worden wäre, nämlich das ständige Bemühen eines jeden Arbeiters um verbesserte Produktion, ist jetzt [...] eine werksübliche Arbeitsauflage.«[702] Die vollkommene Unterwerfung unter die Interessen des Kapitals. Das Individuum ist nichts. Der Standort ist alles.

Die innovativen DemonteurInnen des restlichen Sozialstaates dürfen sich darüber freuen, daß ihnen viele Medien als Propagandaabteilungen dienen – oder ist es umgekehrt? Das Haßwort des deutschen Spießers vom »Sozialschmarotzer« fällt in jeder zweiten Talk-Show.

Ziel der rot-grünen Propagandaoffensive ist die systematische Zwangsmobilisierung der Arbeitskraft. Alle Arbeitsfähigen sollen dazu gebracht werden, sich unter unwürdigen Verhältnissen zu verdingen. Die Interessen der Menschen, ihre Qualifikationen und selbstbestimmten Perspektiven spielen keine Rolle mehr. Der staatliche Zwangsapparat wird – auch im Gesundheitswesen – ausgebaut. Bundeskanzler Schröder: »Wer zumutbare Arbeit ablehnt, der muß mit Konsequenzen rechnen.«[703] Die Waffe, mit der die betroffenen Menschen zu entwürdigender Arbeit gezwungen werden sollen, ist die Androhung noch größeren Elends. Die Menschenwürde bleibt abgeschafft, Grundrechtsfragmente werden nur bei Wohlverhalten gewährt. Es ist eine rot-grüne Politik der Demütigung, der Spaltung und der Entsolidarisierung, die die bundesdeutsche Gesellschaft zu einer noch inhumaneren machen wird. Der Ausgang ist offen.

Wo blieb das schöne Recht auf Faulheit, die menschliche Pflicht, unwürdige Arbeit zu verweigern, das Recht auf freie Berufswahl? Wer über Rot-Grün staunt, hielt seit Jahren Augen und Ohren geschlossen. Zum Beispiel ließ die grüne Bürgermeisterin Gabriele Steffen 1994 in Tübingen öffentliche Plätze von Wohnsitzlosen und Drogenabhängigen mit Polizeigewalt säubern.[704]

Rot-Grün dereguliert in allen Bereichen. »Warum leisten sich die Theater so viele festangestellte Schauspieler und Regisseure?« wetterte Daniel Cohn-Bendit. »Sie plädieren für die Rückkehr zum Frühkapitalismus. Die Künstler werden nur nach Bedarf angeheuert und danach wieder auf die Straße gesetzt«, erwiderte *Der Spiegel.* Aber nein, antwortete Cohn-Bendit, »es geht doch nur um etwas mehr Beweglichkeit«. *Der Spiegel:* »Mit anderen Worten: um Arbeitslosigkeit für Schauspieler, Techniker und Bühnenarbeiter.« Cohn-Bendit: »Kulturbeamte im Schwitzkasten der ÖTV können ja auch zu Provinzialismus führen.«[705]

In Frankfurt/Main konnte mensch nach 1989 beobachten, wieviel Elend Rot-Grün bedeutet. Ein Banker half dem grünen Kämmerer prüfen, »welche Vermögenswerte der Stadt Frankfurt – Immobilien, Wohnungsbaugesellschaften und Industriebeteiligungen – sich verkaufen lassen. [...] Die Industrie- und Bankenbosse gehen zu den neuen Grünen auf Kuschelkurs. Die Grünen kuscheln gern mit. [...] In Frankfurt schaut Koenigs bei den feinsten Adressen vorbei. [...] Mehrfach hat er sich mit Alt-Bankier Hermann Josef Abs getroffen« und »war zum Antrittsbesuch bei Deutsche-Bank-Chef Hilmar Kopper«.[706] Koenigs zeigte kein bißchen Scham beim Treffen mit dem früheren Nazi-Freund Abs, einer Stütze des »Dritten Reichs«.

Durch ihren Berater hatte die Deutsche Bank im rotgrünen Frankfurt einen noch *direkteren* Zugriff auf die Kommunalpolitik als gewöhnlich. Es gab Zwangsarbeit für aufmüpfige Sozialhilfeempfänger und ein brutales Sparprogramm. Die kommunale Energieversorgung wurde, wie erwähnt, an den Atommulti PreußenElektra AG (Preag), eine Tochter der VEBA, verscherbelt.[707] Kommunaler Grund und Boden wurde verkauft und damit die zukünftigen Planungsmöglichkeiten der Stadt. Mit Hochhäusern, die ohne die Zustimmung der Grünen in diesem Ausmaß nicht möglich gewesen wäre, wurden Bodenspekulation, Mieten, Verkehr und Lärm auf die Spitze getrieben, die Frischluftzufuhr für die Innenstadt abgeschnitten.

Die einen werden Zwangsmaßnahmen und diktatorischen Kontrollen unterworfen, die Erinnerungen an den NS-Terrorstaat wachrufen. Den anderen, deutschen Banken und Versicherungen, machte Rot-Grün Ende Dezember 1999 »ein milliardenschweres Steuergeschenk«: »Gewinne aus der Veräußerung von Anteilen, die eine Kapitalgesellschaft an einer anderen Kapitalgesellschaft hält, sind nicht steuerpflichtig«[708], so die rot-grüne Steuerreform. Das bedeutet: Banken und Konzerne können Unternehmensanteile verkaufen und zahlen dafür null Steuern. Innerhalb weniger Stunden nach Bekanntwerden »schossen die Aktienkurse von Dresdner und Deutscher Bank, von Allianz und Münchner Rückversicherung in die Höhe. Plus 10, plus 11, plus 15 Prozent«, die Werte »explodierten förmlich«, die Regierung »huldigte [...] plötzlich dem Shareholder-Value«.[709] Es war, »als fallen Weihnachten und Ostern auf einen Tag«, jubelten Banker.[710] Vertreter der Allianz hatten sich stets beschwert, daß sie bei Veräußerungen von Beteiligungen 58 Prozent Steuern zahlen müßten. Allianz-Chef Henning Schulte-Noelle hatte »nur« einen Steuersatz von 20 Prozent – wie in Frankreich – verlangt. Sie hatten nicht erwartet, daß der »Abgabensatz gleich auf Null« gesenkt werden würde.

Ein paar Rosinchen fielen bei der »Steuerreform« auch für KleinaktionärInnen ab: gewisse Steuererleichterungen für Spekulationsgewinne beim Verkauf von Aktien binnen 12 Monaten. Prompt kommentierte der grüne Abgeordnete Klaus Müller: »Wenn breite Bevölkerungsschichten davon profitieren, ist ein wohlverstandenes, langfristiges Shareholder-Value-Denken okay.«[711] Sind grüne Abgeordnete voller Ahnungslosigkeit über ökonomische Zusammenhänge – z. B. den von Börsenspekulation, Arbeitslosigkeit und Naturzerstörung – oder voll von skrupellosem Bereicherungsinteresse? Die Zeiten sind mies: Ebenjener Klaus Müller wurde im April 2000 grüner Umweltminister in Schleswig-Holstein.

»Uns als zweite Generation interessiert es nicht, wie ihr euren Frieden mit der sozialen Marktwirtschaft gemacht habt. Hauptsache, es ist so«, schrieben Matthias Berninger, Czem Özdemir und Katrin Göring–Eckardt an die erste Generation der »Realos«.[712] – Krieg den Hütten, Friede den Palästen.

# 10

# Die grünen Flakhelfer einer inhumanen neuen Weltordnung

## Joseph Fischers Außenpolitik, die Grünen und die NATO

Der Außenminister der Bundesrepublik Deutschland ist zu allem fähig, wenn es seiner Karriere dient.

Thomas Ebermann sagte 1988 in einem *stern*-Gespräch mit Joseph Fischer, wann er aus der Partei »abhauen würde«: »Wenn das eine Partei werden sollte, die in der NATO [...] integriert ist [...]. Wenn das eine Partei ist, die die jetzigen wirtschaftlichen Verhältnisse bewahren will. Wenn das eine Partei ist, die alle Gedanken des zivilen Ungehorsams durch die Akzeptanz des staatlichen Gewaltmonopols ersetzt.« Dröhnend selbstgefällig antwortete Fischer: Damit sei klar, »daß Ebermann uns nicht abhauen wird, weil er ein Bild von den Grünen zeichnet, bei dem ich auch Reißaus nehmen würde.«[713]

Auch früheren Fischer-Gegnern aus der CDU fiel auf, daß Fischer »das grüne Idealbeispiel einer darstellungsorientierten Politikerklasse« à la Möllemann sei, deren »bloße Darstellungsorientiertheit [...] in reinem Opportunismus«

ende. Alexander Gauland (CDU)[714]: »Überzeugungen im klassischen Sinn kann ich auch bei ihm nicht mehr ausmachen.«[715] Als sich Fischer 1992 mit seinem Buch *Die Linke nach dem Sozialismus* auch offiziell von der Linken[716] verabschiedete (die gesamte »Dritte Welt« handelt Fischer darin mit ein paar Seiten ab), fragte Rezensent Gauland: »Was sollen wir eigentlich von der Urteilsfähigkeit eines Politikers« halten, »der dem verdutzten Publikum nunmehr die Positionen des politischen Gegners als neueste Einsichten anpreist«?[717]

In den achtziger Jahren hatten Joseph Fischers außenpolitische Vorstellungen einen korrupten Charakter. 1985 lobte er die blockunabhängige Politik Chinas, baggerte sich an die chinesische Botschaft heran, »labte« sich »an vielen Gängen der fernöstlichen Küche« und arbeitete »zielstrebig auf eine Einladung« nach China »hin«, beobachtete *Der Spiegel.* Der kleinen China-Delegation gehörte auch Kumpel »Hubsi« Kleinert an. »Die wenigen Gespräche« mit Vertretern aus der Politik, verriet *Der Spiegel,* »ließen den Grünen genug Zeit für ausgiebiges Sightseeing. Sie besuchten den Himmelstempel und den Kaiserpalast in Peking, die Ming-Gräber und die Große Mauer. Die Chinesen, die gar nicht so recht wußten, was sie mit ihren Gästen anfangen sollten, sorgten zuvorkommend auch für leichte Kost. Akrobatik-Shows, Pandabären, Bootsfahrten, Zauberer, kein Wunder, daß Fischer beim Bummel durch Schanghai Kleinert auf die Schulter klopfte: ›Wir haben die schönste Fraktionsreise der letzten zwei Jahre an Land gezogen.‹« Die Grünen waren so sehr »bemüht, ihren Gastgebern zu gefallen, daß sie alle heiklen Themen aussparten: kein Wort über die Unterdrückung jeglicher Opposition in China, über Zensur und politische Gefangene. ›Das hätte‹, entschuldigte Fischer, ›nirgends gepaßt.‹«[718] Es paßt ihm bis heute nirgends – außer wenn er eine Kriegsbegründung braucht.

Joseph »Wilhelm« Fischer wurde 1998 Außenminister und verkündete im Stile Kaiser Wilhelms II.: Ich kenne keine grüne, ich kenne nur noch deutsche Außenpolitik. »Die Außenpolitik Deutschlands« habe sich »durch die neue Bundesregierung [. . .] in ihrem Kern« nicht verändert, lobte denn auch die *Frankfurter Allgemeine Zeitung:* »Bundeskanzler Schröder und sein Außenminister Fischer beherzigen – ihrem Kontinuitätsversprechen folgend – die Prinzipien außenpolitischen Handelns, wie sie Kohl in Erz gegossen hatte.«[719] Angesichts einer Welt, in der die materielle Ungleichheit weiter und weiter aufreißt, wäre viel zu tun. Elmar Altvater: »Das reichste Fünftel der Weltbevölkerung hat heute 70mal mehr als das ärmste Fünftel; vor 30 Jahren lag das Verhältnis bei 30 zu 1 und im vorigen Jahrhundert bei weniger als 10 zu 1.«[720]

Es gab einmal die Grünen. In unserem ersten Programm (1980) wollten wir, daß sofort begonnen würde, die Militärbündnisse NATO und Warschauer Pakt aufzulösen, »einseitig« abzurüsten und die Bundeswehr abzubauen. Im »Friedensmanifest« (1981) lehnten wir den Einsatz der Bundeswehr sogar für den Fall ab, daß die Bundesrepublik militärisch angegriffen werden würde, und vertraten statt dessen ein aktives gewaltfreies Konzept: »soziale Verteidigung«. 1983[721] beschlossen wir konsequenterweise »die Auflösung der beiden Militärblöcke NATO und Warschauer Pakt. Wir müssen raus aus der NATO.« Diese Position war Konsens und verbreitete sich in der Friedensbewegung. Auch in Dänemark und Italien, Belgien und Griechenland, Spanien und den Niederlanden gab es starke Friedens- und Anti-NATO-Bewegungen.

Zur Überraschung aller, die ihn kennen, behauptete Fischer, als er Außenminister geworden war: »Ich war weder gegen die USA noch gegen die NATO. Ich gehörte zu jener Handvoll, die 1985 [er meint wahrscheinlich 1986; J. D.] auf dem Parteitag der Grünen gegen den ›Raus aus der NATO‹-Beschluß stimmte.«[722] Niemand hat es gesehen, aber es lassen sich heute gewiß ein paar Fischer's Friends finden, die ihm das, wie gewünscht, bestätigen.

Zur Bundestagswahl 1987 unterstrichen die Grünen ihre Forderungen: »Wir wollen, daß die Bundesrepublik sich der militarisierten Außenpolitik von NATO und der USA entzieht und aus der NATO austritt.« Und: »Wir müssen raus aus der NATO, weil es mit der NATO keinen Frieden geben kann und die Schwächung, Desintegration und schließliche Aufhebung dieses Bündnisses unabdingbar ist, um Frieden zu schaffen. Die NATO ist nicht reformierbar.«[723]

Die WählerInnen wählten die Grünen – auch wegen ihrer radikalen Anti-NATO-Haltung – mit dem bis dahin höchsten Ergebnis von 8,3 Prozent in den Bundestag. Inzwischen hatten die »Realos« begonnen, hinter dem Rücken der Partei mit der SPD zu kungeln und immer heftiger am grünen Antimilitarismus zu sägen. Die Bundestagsabgeordnete Petra Kelly mißtraute den »Realos« zutiefst: »Die NATO ist für die Realos plötzlich fast ein Friedensbündnis. Das bedeutet die Preisgabe gewaltfreier Politik.«[724] Fischer verstieg sich 1987 sogar zu einem Angebot an die nationale Rechte: Sie verzichten auf die Forderung nach Wiedervereinigung, dafür bestehen die Grünen nicht mehr darauf, aus der NATO auszutreten.[725]

Daniel Cohn-Bendit und Joseph Fischer inszenierten 1994 und 1995 eine Reihe von öffentlichen Schaukämpfen mit dem Ziel, die Grünen rechtzeitig mit den Bundestagswahlen 1998 in eine regierungsfähige – das heißt in Deutschland auch: militaristische – Partei zu verwandeln. Cohn-Bendit spielte, was er ist: den gewaltverliebten Kriegshetzer. Fischer spielte, was er *nicht* ist: den von moralischen Zweifeln gequälten Antimilitaristen. Ein Manöver zur Verschleierung eigener Absichten mit der Wirkung, Teilen des grünen WählerInnenpotentials den Weg zurück in die Anerkennung der herrschenden Verhältnisse zu ebnen.

Betrachtet mensch sich Fischers Argumente Anfang der neunziger Jahre gegen deutsche Kampfeinsätze auf dem Balkan, dann wird klar, daß seine Formulierungen, mit

Pathos und unter gespielten Qualen vorgeführt, auch gegensätzliche Positionen zuließen. Hundsordinärer Opportunismus mit einer Überdosis vermeintlicher »Menschenrechte«. Es bedurfte nur eines emotionalisierbaren Ereignisses, in dem er seinen erneuten Positionswechsel versenken konnte.

Cohn-Bendit war seit Beginn der bürgerkriegsähnlichen Auseinandersetzungen in Jugoslawien auch aus rassistischen Gründen für militärische Interventionen gewesen. Er schrie, wie erwähnt, auf einer Bundesversammlung der Grünen (Oktober 1993) ins Auditorium, man müsse Truppen nach Bosnien schicken, denn die bosnischen Muslime seien Teil der europäischen Kultur: »Menschen von *unserem Blut*«[726]! (Hervorhebung J. D.)

Den emotionalen Anlaß, den Fischer brauchte, lieferten ihm bosnische Serben, die im Juli 1995 die bosnischen UN-Schutzzonen Srebrenica und Zepa überrannten. Es ist möglich, daß es dabei ein Massaker gab. Es ist auch möglich, daß es ein Überfall mit Duldung britischer und US-amerikanischer Einheiten war. Bis heute weiß niemand genau, was dort wirklich geschehen ist. Fischer genügten die ungeklärten Ereignisse, um theatralisch seine erneute Positionsänderung anzukündigen: »Läuft die deutsche Linke jetzt nicht massiv Gefahr, ihre *moralische Seele* [Hervorhebung J. D.] zu verlieren, wenn sie sich, egal mit welchen Ausflüchten, vor diesem neuen Faschismus und seiner Politik der Gewalt wegduckt?«[727] Die grüne Klientel zeigte sich noch widerspenstig, also war auch Fischer noch nicht für den Einsatz von deutschen Truppen. Weder Cohn-Bendits noch Fischers »moralische Seele« regte sich aber, als wenig später, im August 1995, 100 000 bis 200 000 SerbInnen aus der kroatischen Krajina vertrieben wurden und als Hunderttausende SerbInnen nach dem Abkommen von Dayton aus Sarajevo (Bosnien-Herzegowina) verjagt wurden.

Schnell folgte die grüne Partei, Beschluß für Beschluß,

über Blauhelmeinsätze bis zum Krieg. 1995 schrieb ich: »Hat einer [bei den Grünen] noch Zweifel an der friedensstiftenden Wirkung von Krieg, wird er Schritt für Schritt in großdeutsche und nationale Logik eingebunden. Es gibt keine andere deutsche Partei, der es gegenwärtig vergleichbar erfolgreich gelingen könnte, einen skeptischen, ökologisch angehauchten und sozial noch nicht vollends skrupellosen Teil der Mittelschicht in die herrschende Politik einzubinden und mitzuziehen: heim ins Reich, notfalls in den Krieg.«[728] (Das mit dem »sozial noch nicht vollends skrupellosen Teil« nehme ich heute zurück.) Ich bin damals hart angegriffen und auch von Linken der Übertreibung beschuldigt worden.

Vier Jahre später, am 16. Oktober 1998, faßte der alte Bundestag mit Zustimmung der neu gewählten Abgeordneten einen Vorratsbeschluß, sich an eventuellen NATO-Luftangriffen gegen Jugoslawien zu beteiligen. Fischer empfahl den grünen Abgeordneten die Zustimmung. Nur neun von 48 Grünen stimmten dagegen. Ich kommentierte: »Von deutschem Boden kann wieder ein Krieg ausgehen. Die NATO hat eine rotgrüne Kriegsregierung auf Abruf.«[729] Auch dafür gab's Schmähungen. Fünf Monate später bombardierte Deutschland Jugoslawien.

Fischer verkleidete die Wahrheit wieder mit Theatralik und jammerte: »Fünfzehn Minuten blieben uns [am 12. Oktober 1998], um eine Frage von Krieg und Frieden zu entscheiden«.[730] Das ist natürlich auch nicht wahr. Entschieden – nur nicht laut erklärt – war die »Frage von Krieg und Frieden« schon bei einem Besuch von Fischer und Kanzlerkandidat Schröder in Washington gleich nach der Bundestagswahl. Im *International Herald Tribune* findet mensch eine vollständig andere Darstellung der Ereignisse: Am 9. Oktober 1998, sie waren noch nicht vereidigt, besuchten Gerhard Schröder, Joseph Fischer und Ludger Volmer Washington. Noch vor der Begegnung mit Bill Clinton erklärten Schröder und Fischer, daß sie bereit seien, die Politik der alten Regierung fortzusetzen – auch gegen Jugoslawien. Die deutsche Entscheidung zum NATO-Krieg wurde gleich nach dem Gespräch mit Clinton gefällt. Noch am selben Abend legitimierten die NATO-Botschafter in Brüssel den Krieg juristisch. Als am 12. Oktober der NATO-Rat zusammentrat, handelte es sich »nur noch um eine Formalität«.[731]

Wer sich die PDS anschaut, hat ein Déjà-vu-Erlebnis. Für den Niedergang der SPD war deren Zustimmung zu den Kriegskrediten für den Ersten Weltkrieg entscheidend. Für die Grünen hatte die Zustimmung zum Krieg gegen Jugoslawien (1999) einen ähnlichen Effekt: die Überschreitung der letzten Grenze in die vollständige Systemintegration. Die PDS marschiert nach einer ähnlichen Logik, nur noch schneller. Erst mal war sie noch gegen den Krieg von 1999 gegen Jugoslawien. Mit den Thesen für ein neues Parteiprogramm versuchten Parteivorstand und Bundestagsfraktion im Winter 1999/2000 vorbereitende Manöver, um bis 2002 kriegs- und damit regierungsfähig zu werden.

*Die Welt* kommentierte: »Die Anerkennung des Gewaltmonopols der UNO, verbunden mit dem Recht zu internationalen Militäreinsätzen [...], soll das Überleben der PDS sichern.«[732] Auch Wolfgang Gehrcke (PDS-Bundestagsfraktion) redet daher wie ein grüner »Realo« vom Anfang der neunziger Jahre: Die Fraktion wolle nun an die Stelle der bisherigen PDS-Forderung nach Abschaffung der NATO einen »Parallelismus« zwischen Stärkung der OSZE und gleichzeitigem »Rückbau der NATO« setzen. Schluß mit dem »Gefühlspazifismus«![733] Den ersetzt die PDS-Führung durch nationalen Konsens. Gregor Gysi: »Linke und Konservative haben in Deutschland zum ersten Mal seit Kriegsende eine *gemeinsame* Verantwortung. Das ist die Herstellung der inneren Einheit Deutschlands. Für die CDU geht es dabei vor allem um die nationale Frage, für uns um die soziale. Das ist eine Aufgabe nicht nur für ein Jahr. Aber sie darf auch kein ganzes Jahrhundert dauern.«[734] (Hervorhebung J. D.) *Gemeinsam* ist ihnen dann das National-Soziale? Ist es da nicht konsequent, sich auch eine Koalition mit der CDU vorzustellen? Lothar Bisky: »Irgendwann ja. Denn es ist auf längere Sicht eine Neuorientierung der Parteienlandschaft in der Bundesrepublik zu erwarten.«[735]

Erst einmal hat die PDS, auf ihrem Parteitag am 8. und 9. April 2000 in Münster, den Antrag des Parteivorstands – unterstützt von der PDS-Bundestagsfraktion –, künftig unter bestimmten Umständen Kampfeinsätze mit Zustimmung der UNO zu akzeptieren, abgelehnt. Der Anpassungsprozeß ist für einen Moment verzögert, aber nicht aufgehalten.

Dümmere JournalistInnen – oder solche, die ihr Publikum verarschen wollten – sorgten sich nach der Bundestagswahl 1998, ob Washington einen Ex-Revoluzzer als Außenminister akzeptieren würde. US-Medien machten sich über die deutschen Zweifel lustig. Eine Sprecherin des State Department erklärte: »Aber die Grünen sind für uns keine unbekannte Größe, und Fischer [ist] keine Überraschung«.[736] Man hatte Fischer längst durchleuchtet. Mit mir hatte man es – wie ich bereits geschildert habe[737] –, als ich Bundesvorstandssprecherin der Grünen war, auch versucht. Es war eine Sache der linken Überzeugung und der persönlichen Würde, sich dieser Anmaßung nicht zu unterwerfen.

Der US-Kongreß hatte rasch keine Bedenken mehr gegen Joseph Fischer. Ein so vollständig domestizierter Ex-Linker macht alles mit. Schon 1996 kam er in Washington »bei einer Begegnung mit Abgeordneten des außenpolitischen Ausschusses sehr gut an« (State Department).[738]

Die Grünen täuschen seit dem Massenexodus von Linken und BasisdemokratInnen Anfang der neunziger Jahre gern vor, daß es in ihren Reihen noch Linke gäbe. 1995 empfahl Ludger Volmer Fischer, sich eine Knarre anzuschaffen und damit nach Sarajevo zu marschieren.[739] 1997 rief er wegen Fischers zunehmender Kriegsbereitschaft zum Wahlboykott auf.[740] Ein Jahr später nahm Fischer Volmer als »Staats-minister in die Pflicht« und brachte ihn so »zum Schwei-gen«[741], lobte Fischers Hofbiografin Krause-Burger. Er nahm ihn am 9. Oktober mit nach Washington, wo Volmer sich auf das servilste vor Bill Clinton verneigte, der dem »politischen Gartenzwerg« (Johannes Agnoli) die Hand schüttelte.

Eine ebenso lächerliche Figur machte Angelika Beer. Jah-relang hatte sie »Raus aus der NATO« gefordert, noch 1990 unter der Parole »Nie wieder Deutschland« demonstriert, 1993 gewettert »Für den Frieden, kämpfen, das geht mit Waffen nicht!«[742] und bis zum Sommer 1998 gegen öffent-liche Bundeswehrgelöbnisse protestiert. Als die Linken die Partei verließen, blieb sie am Sessel kleben, schenkte Vertei-digungsminister Volker Rühe (CDU) selbstgemachte Mar-melade und mutierte zur Militaristin, die seit Juli 1999 an Bundeswehrgelöbnissen teilnimmt und inzwischen für »Frauen in die Bundeswehr« ist.[743]

Auch die ach so linke Menschenrechtsexpertin Claudia Roth kann wochenlang um einen zum Tode verurteilten Deutschen (!) in den USA weinen, die jugoslawischen Opfer der grünen Menschenrechtskrieger bleiben für sie Kollate-ralschäden. Der engagierte Journalist und ehemalige Black-Panther-Aktivist Mumia Abu Jamal sitzt in einer US-amerikanischen Todeszelle. Auch lautstarke rot-grüne Proteste gegen seine drohende staatliche Ermordung hat keiner gehört.

Kaum in der Regierung, akzeptierten die Grünen Krisen-reaktionskräfte, NH-90-Kampfhubschrauber, Eurofighter und Großraum-Militärtransporter. Die rot-grünen Koaliti-onsvereinbarungen erlauben sogar Rüstungsexporte.

Fischer lehnte im Sommer 1999 im Bundessicherheitsrat die Verschärfung der Rüstungsexport-Richtlinien ab. Er stimmte der Lieferung von sechs Minensuchbooten an die Türkei zu.[744] Für ein bißchen grüne Imagepflege stimmte Fischer im Oktober 1999 der Lieferung eines Testpanzers

Leopard II an die Türkei im Bundessicherheitsrat nicht zu.[745] Alles Taktik. Die Mehrheit im Gremium war klar. Fischer kam zur Sitzung, »um überstimmt zu werden«, es war »ein kalkulierter Konflikt«, verriet ein Sozialdemokrat.[746]

Ein Vetorecht gegen Rüstungsexporte, wie es FDP-Außenminister in der CDU/FPD-Koalition hatten, nimmt der grüne Außenminister nicht für sich in Anspruch. Die Koalition gefährden? Aber nein! Zerstümmelte Körper hin, zerfetzte Menschen her – keiner kann von ihm verlangen, sein Amt zu riskieren. Gegen ein paar »Fortschritte« in der Menschenrechtsfrage wird die Türkei eines Tages ihre 1000 Leopard-II-Panzer schon bekommen – und gewiß zum Straßenbau einsetzen.

1994 war Fischer – wie der damalige Verteidigungsminister Volker Rühe (CDU) – noch gegen den Einsatz von deutschen Kampftruppen auf dem Balkan, weil dort einst die deutsche Wehrmacht mörderisch gewütet hatte: »Ich bin der festen Überzeugung [!], daß deutsche Soldaten dort, wo im Zweiten Weltkrieg die Hitler-Soldateska gewütet hat, den Konflikt anheizen und nicht deeskalieren würden. [...] eines ist für mich jedenfalls klar: Wo deutsche Soldaten im Zweiten Weltkrieg gewütet haben, darf es keine Einsätze geben.«[747] Als ahnte er seine Kehrtwende von morgen, formulierte Fischer im selben Jahr: »Für die Zukunft sehe ich die erhebliche Gefahr, daß die Bundesregierung, Koalition und Generalität nach den Gesetzen der Salamitaktik Anlässe suchen und Anlässe schaffen werden, um die Barrieren abzuräumen, die es gegenüber der Außenpolitik des vereinigten Deutschland noch gibt. *Als Vehikel dienen dabei die Menschenrechts- und Humanitätsfragen.*«[748] (Hervorhebung J. D.)

Fischer beschrieb damit exakt die Taktik, mit der er 1999 den ersten Krieg der Bundesrepublik Deutschland nach 1945 betreiben sollte.

Seit Jahren hatten Vertreter des Auswärtigen Amtes die

Grünen auf ihren Parteitagen beobachtet, Texte analysiert, den Abgang der Linken mit Freude beobachtet und in einer wachsenden Zahl von »Hintergrundgesprächen« die möglichen künftigen Regierungsmitglieder geprüft. Blitzschnell wurde der neue Außenminister Fischer und sein kleiner Beraterstab nach der Bundestagswahl 1998 von den Strukturen des Auswärtigen Amtes verschluckt.

Mit Fischer kam Georg Dick alias Trino Gordo *(Pflasterstrand)*. Dick, erfahrener Schmutzarbeiter für Fischer und vermutlich beteiligt an der Finanzintrige (1988), hatte Fischer 1983 als Pressesprecher nach Bonn begleitet, 1985 zurück nach Wiesbaden, und wurde schließlich 1991 Vizeregierungssprecher der hessischen rot-grünen Koalition. Kurz bevor Fischer 1994 wieder nach Bonn in den Bundestag wechselte, hievte er Dick in einer »Sprungbeförderung« von einer B-3- auf eine B-6-Stelle (12 000 DM monatlich). Dick wurde Beamter auf Lebenszeit. Soviel Dank für die Bekämpfung der linken Grünen mußte sein. Georg Dick »beherrscht die Machtspiele der politischen Szene perfekt« schrieb die *Frankfurter Rundschau,* »die Geheimdiplomatie ist seine Leidenschaft.« Seit Oktober 1998 ist er Ministerialdirektor »mit dem Gehalt eines Drei-Sterne-Generals – so etwas dürfte es in der Schaltzentrale der deutschen Außenpolitik noch nicht gegeben haben«, *(Frankfurter Rundschau).*[749] Jetzt will er angeblich Botschafter werden.

Neben dem Langzeitmitarbeiter Fischers, Achim Schmillen, einem ehemaligen Bundeswehroffizier, fand auch der ehemalige KBW-Chef Hans-Günther »Joscha« Schmierer (»Der Osten ist rot, China ist jung, Joscha Schmierer grüßt Mao-tse-tung«[750]) als Europaberater ein Unterkommen.

Fischer kam ohne Hausmacht ins Auswärtige Amt. Vom ersten Moment an hinterließ er eine breite Schleimspur und unterwarf sich dem Apparat der herrschenden Ministerialbürokratie. Er verlangte – gegen die früheren radikaldemokratischen Bildungsprogramme seiner Partei – Eliteschulen für Diplomatenkinder. Lobte seine Betreuung durch das Protokoll, das einem sage, wo man zu stehen und mit wem man wann zu reden habe. »Selbst über die Steuervorteile der Diplomaten hielt Fischer seine schützende Hand, aus der ihm seine Leute seither fressen«, verriet die *Zeit*.[751] Auch die *Frankfurter Allgemeine Zeitung* lobte ihn in Grund und Boden: »Den dicksten Stein hat Fischer aber bei den Diplomaten im Brett, weil er sich erfolgreich für die volle Beibehaltung der bisherigen Auslandszulage gegenüber dem Koalitionspartner einsetzte. Beim Geld fängt die Freundschaft an.«[752]

Ein Außenminister, der politisch tut, was die Ministerialbürokratie will, und zudem die materiellen Privilegien der Diplomatie sichert – was wollen die AA-Seilschaften mehr? Sie wissen den Rückgratlosen zu nutzen. »Für viele eröffnet der Wechsel schlicht neue Karrierechancen. Da stört ein unorthodoxer Außenminister keineswegs«[753], belehrten AA-Insider die Medien. Fischer »ließ selbst enge Vertraute seines Vorgängers an ihrem Platz. Den Politischen Direktor von Klaus Kinkel (FDP), Wolfgang Ischinger, beförderte er gar zum Staatssekretär«[754], fiel der *taz* auf. »Ischinger hat mit am Tisch in Dayton gesessen. Er ist der erste Mann der operativen Außenpolitik.«[755] Fischer hat die NATO-Botschafterstelle in Brüssel mit dem Kohl-Berater Joachim Bitterlich besetzt, einem sicherheitspolitischen Hardliner.[756] Ischinger und Staatssekretär Hans-Friedrich von Ploetz, der »zur Riege der Genscheristen gezählt«[757] wird, »bürgen für politische Kontinuität, die Fischer abschirmen wird«[758].

Der deutsche Außenminister ist ein rundrum abhängiger Mann: Die einen wissen um seine Vergangenheit, die anderen um seine Unkenntnis, seine Fehlentscheidungen und seine diplomatischen Fehltritte – kämen solche Informationen an die Öffentlichkeit, wäre es bald um Fischer geschehen.

Noch vor den grünen Amtsträgern waren die neokonservativen Ideen der Grünen im Auswärtigen Amt angekommen: vor allem eine bestimmte völkische Definition von

»Menschenrechten«, die geeignet ist, den deutschen Herr-
schaftsbereich auszudehnen, indem in die Souveränität
anderer Staaten eingegriffen wird. Die ethnische Parzellierung Europas ist eine Spezialität deutscher Außenpolitik,
die, wie Walter von Goldendach und Hans-Rüdiger Minow
in ihrer Studie *Von Krieg zu Krieg*[759] belegen, auch von Rot-
Grün fortgeführt wird.

Wofür brauchten die herrschenden Kreise in Deutschland einen Grünen als Außenminister? Ab und zu sucht sich
die Ministerialbürokratie neue Gesichter wie leere, manchmal etwas zerknitterte Seiten, auf die sie neue Kapitel alter
deutscher Außenpolitik schreibt. Ein Krieg stand bevor.
Hätten den etwa Kohl und Westerwelle rechtfertigen sollen?

Zum Krieg gegen Jugoslawien (24. März bis 10. Juni
1999) sind inzwischen einige lesenswerte Bücher und Artikel[760] erschienen. Seine (heimliche) Vorbereitung, sein Verlauf, seine Rechtfertigung, seine mörderischen Folgen sollen hier weitgehend als bekannt vorausgesetzt werden.

Der Krieg gegen Jugoslawien war geplant und vorbereitet. Seit dem Winter 1997/98 hatte die UCK – die selbst-
ernannte sogenannte kosovo-albanische Befreiungsarmee
– mit Terroranschlägen, Flugzeugabschüssen, Mord an Polizisten und an albanischen und serbischen ZivilistInnen Angst
und Schrecken im Kosovo verbreitet. Nach Auffassung von
*Janes Intelligence Review* herrschte die UCK in ihren Gebieten mit harter Hand: »Gezielte Angriffe auf jugoslawische
Polizeiposten, Mordanschläge auf Serben im Kosovo und
Hinrichtungen von kosovarischen Kollaborateuren« gehörten zum Repertoire der Milizen.[761] Selbst der Vorsitzende
des NATO-Militärausschusses, der ehemalige Generalinspek-
teur der Bundeswehr, Klaus Naumann, gab zu, die UCK sei
aufgrund ihrer »nicht gerade zimperlichen« Handlungen
»bestimmt nicht« qualifiziert, »in der Liga der Engel auch
nur einen untersten Liga-Platz einzunehmen«.[762]

Ab dem Sommer 1998 schlugen serbische Polizei und das

Militär zurück. Serbien wurde dafür regelmäßig von den USA wegen Verletzung des Waffenstillstandsabkommens von Dayton gerügt. Die UCK nicht. Die hatte das Abkommen auch gar nicht unterzeichnet und betrachtete dies als Freibrief, eine Situation herzustellen, die die Abspaltung des Kosovo von Jugoslawien näherbrachte und den Anschluß an Albanien.

Die jugoslawische Regierung und Präsident Slobodan Milosevic (im diffamatorischen Jargon westlicher Medien »Serbenführer Milosevic«, was »Bandenführer« assoziieren und verbal die staatliche Souveränität der Bundesrepublik Jugoslawien in Frage stellen soll, (kein Journalist käme auf die Terminologie »Deutschenführer Schröder«) hatten, wie heute auch General a. D. Klaus Naumann zugibt, dem »Abzug substantieller Polizeikräfte und der Rückkehr des serbischen Militärs in die Garnisonen« zugestimmt und dann ihre Meinung geändert: »Vermutlich ausgelöst dadurch, daß die UCK ohne jedes Zögern in das Vakuum, das der Abzug der serbischen Kräfte geschaffen hatte, hineinströmte und innerhalb des Kosovo anfing, Teilansprüche auf Souveränität zu erheben. Etwas, was Milosevic ebensowenig wie vermutlich jeder andere Staatschef eines unserer Länder hätte tolerieren können«, erkannte Naumann, »wir würden es auch nicht tolerieren, wenn eines unserer Bundesländer plötzlich erklären würde, wir erkennen die Hoheit des Bundes nicht mehr an, und wir errichten eigene Polizeikontrollen, eigenes Militär. Ich glaube nicht, daß die Bundesrepublik Deutschland sich das bieten lassen würde.«[763]

Der Westen begann von »ethnischen Säuberungen« durch die Serben zu sprechen. Das Auswärtige Amt unter Joseph Fischer bestritt gleichzeitig in seinen Lageberichten, daß im Kosovo die Menschenrechte gravierend verletzt würden. »Namentlich in den größeren Städten verläuft das öffentliche Leben zwischenzeitlich wieder in relativ normalen Bahnen«[764], hieß es da. Auf dieser Grundlage wurden von bundesdeutschen Gerichten Entscheidungen gefällt, in denen kosovo-albanischen AsylbewerberInnen in der Bundesrepublik Deutschland das Asylrecht abgesprochen wurde.

Die US-Außenministerin Albright verlangte im Januar 1999, Milosevic endlich mit NATO-Aktionen zu drohen. Die Stimmung der Bevölkerung in einigen NATO-Mitgliedsstaaten – darunter Deutschland – war noch nicht weit genug pro Krieg. Auch manch eine grüne »moralische Seele« brauchte noch Stoff. Den lieferte, kurz nach Albrights ungeduldigen Worten, der Leiter der Kosovo-Beobachtermission der OSZE (Organisation für Sicherheit und Zusammenarbeit in Europa), William Walker.

Was trieb die OSZE seit Herbst 1998 im Kosovo? Für die Weltöffentlichkeit war die OSZE damit beauftragt, Menschenrechtsverletzungen auf beiden Seiten nachzugehen. 2000 Soldaten sollten unter OSZE-Flagge in den Kosovo geschickt werden, es kamen 1200. Aus den USA kamen hauptsächlich Söldner. Mehr als 70 Prozent des Personals der angeblich zivilen Mission bestand aus Angehörigen des Militärs. Sie unterstützen die UCK logistisch und ermittelten mit Hilfe des amerikanischen Satellitensystems GPS die potentiellen Ziele für spätere NATO-Bombardierungen.[765]

Die Sicherheitsabteilung der OSZE-Zentrale in Pristina wurde von William Walkers britischem Vertreter General John Drewienkiewicz geleitet. Der Schweizer Geologe und OSZE-Beobachter Pascal Neuffer erklärte: »Wir hatten den sehr scharfen Eindruck, für die NATO zu spionieren. [...] Wenn Berichte nicht kritisch genug gegenüber Aktionen der Serben waren, wurden sie [vom Büro Drewienkiewicz] abgeändert oder zerrissen.« Wachsender Kritik entzog sich Walker mit einem Schlag, als er »das Massaker von Racak«« entdeckte: Mit fürsorglicher Hilfe der UCK fand Walker am 16. Januar 1999 beim Dorf Racak 40 Leichen in einem Graben. Er attackierte sofort in allen internationalen Medien

»das serbische Massaker« an unschuldigen kosovo-albanischen Zivilisten: »Ich war in anderen Kriegsgebieten und habe sehr grauenvolle Dinge erlebt. Dies aber übertrifft alles, was ich je in meinem Leben gesehen habe.«[766]

Was waren das für »andere Kriegsgebiete«, in denen William Walker »sehr grauenvolle Dinge erlebt« haben will, die aber durch »das Massaker von Racak« bei weitem übertroffen worden seien? Mitte der siebziger Jahre war Walker Leiter der Abteilung Politik der US-Botschaft in El Salvador. Er wurde Anfang der achtziger Jahre nach Honduras entsandt. Dort bereitete die CIA Angriffe auf die linke Regierung in Nicaragua vor. Die von der CIA unterstützten Contras und die argentinischen »Militärberater« bildeten Todeskommandos, »durch die mehr als 200 politisch verdächtige Studenten und Arbeiterführer verschwanden«. Walker stieg auf. 1985 übernahm er die Verantwortung für Geheimoperationen der Reagan-Administration zum Sturz der sandinistischen Regierung in Nicaragua. Walker wird vorgeworfen, verantwortlich dafür gewesen zu sein, daß den Contras in El Salvador Waffen zum Angriff gegen Nicaragua geliefert wurden. Von 1988 bis 1991 war Walker US-Botschafter in El Salvador. Am 16. November 1989 ermordete ein von den USA ausgebildetes salvadorianisches Militärbataillon in einem Schlafraum der katholischen Universität von San Salvador sechs jesuitische Priester, die Köchin und deren 15jährige Tochter. Die Toten wurden der Sympathie für die unterdrückten Bauern »verdächtigt«. Walker erklärte: »Solche Situationen [können] immer außer Kontrolle geraten.«[767] Wir sehen, Walker ist ein Spezialist für »humanitäre Interventionen«.

Die US-Journalistin Diana Johnstone recherchierte minutiös die Fakten,[768] die auch illustrieren, für welche Art von Außenpolitik die rot-grüne Bundesregierung steht. In aller Kürze: Serbische Polizei hatte Racak umstellt, hatte die OSZE zuvor über die polizeiliche Maßnahme verständigt und sogar ein lokales Fernsehteam von Associated Press TV

(AP TV) mitgenommen. Außerdem waren Journalisten von *Le Figaro* und *Le Monde* am Ort des Geschehens. Die Polizei suchte UCK-Terroristen, die fünf Polizisten und zwei albanische Zivilisten ermordet und zahlreiche Menschen entführt hatten. Das Dorf war weitgehend verlassen. Als die Polizisten sich Racak näherten, wurden sie mit Maschinengewehren und Granatwerfern von verschiedenen Seiten aus beschossen. Sie feuerten zurück. Die folgenden Gefechte spielten sich hauptsächlich in den umliegenden Wäldern ab. Am Nachmittag war die Auseinandersetzung zugunsten der Serben beendet. Französische Journalisten sahen zwei Verletzte im Dorf und beobachteten Fahrzeuge der OSZE in Racak.

Am nächsten Morgen lagen plötzlich etwa 40 Leichen in einem Graben. Es lagen nur wenige Patronenhülsen dort, und erste Beobachter sahen kaum Blut. Das Dorf war plötzlich voller UCK-Kämpfer. Walker hielt flammende Ansprachen an die Medien. Er ließ JournalistInnen und Schaulustige alle Spuren am vermeintlichen Tatort zertrampeln, und die zuständigen serbischen Behörden durften erst nach drei Tagen an den angeblichen Tatort. Walker prahlte damit, daß die Weltöffentlichkeit ihm und nicht den Serben glauben werde. Tatsächlich interessierte sich fast niemand für die Darstellung der jugoslawischen Seite.

Während die Nachricht von bestialisch verstümmelten Leichen um die Welt jagte, machte sich ein Team von weißrussischen, jugoslawischen und finnischen WissenschaftlerInnen (letztere im Auftrag der EU) an die forensische Untersuchung. Ergebnis: 37 von 40 Toten hatten Pulverspuren an den Händen, hatten also selbst geschossen. Alle waren aus Gefechtsentfernung erschossen worden, also im Kampf. Es gab keine Genickschüsse und keine bestialischen Verstümmelungen. Andere Aufklärer fanden außerdem Anhaltspunkte dafür, daß die UCK nachts vermutlich unter dem Schutz der OSZE ihre Toten aus den Wäldern geholt, zivil umgekleidet und dann in den Graben geworfen hatte.

Der Bericht der finnischen PathologInnen wurde dem deutschen Außenminister Joseph Fischer überreicht, der zu jener Zeit die EU-Präsidentschaft innehatte. Er veröffentlichte ihn nicht. Wolfgang Pohrt ist zuzustimmen, wenn er sagt: »Wenn die Medien ein serbisches Massaker melden, heißt das, daß die NATO-Jets startklar sind. Die Nachricht muß man als Absichtserklärung lesen.«[769] Unter den NATO-Partnern wurde darüber gestritten, ob sie gleich losschlagen oder noch eine Legitimationsrunde für die Öffentlichkeit einlegen sollten. Daraufhin wurden die Verhandlungen von Rambouillet eingeschoben, mit denen Jugoslawien Bedingungen auferlegt werden sollten, die kein souveräner Staat, der souverän bleiben will, hätte unterschreiben können. Jugoslawien hätte sich selbst zur NATO-Kolonie erklärt. Der anfangs geheimgehaltene Annex B des Vertrages von Rambouillet enthielt unter anderem die Bedingung, daß NATO-Truppen ganz Jugoslawien besetzen dürfen, und zwar von Jugoslawien hätten versorgt werden müssen, aber der jugoslawischen Gerichtsbarkeit nicht unterstanden hätten.

In Veröffentlichungen der institutionalisierten Abteilungen der früheren Friedensbewegung, z. B. der Hessischen Stiftung für Friedens- und Konfliktforschung, ist zu lesen, daß die NATO dann »zukunftsfähig« sei, »wenn sie die politische Hoheit der OSZE im Bereich der Aufgaben der Friedenssicherung und des Krisenmanagements respektiert«.[770] Manch ein Friedensforscher fühlte sich angeregt, der NATO kurz nach Kriegsbeginn martialische Ratschläge für größeren militärischen Erfolg zu geben: »Mit Luftangriffen allein läßt sich ein Land, das an einer bestimmten politischen Linie festhalten will, nicht bezwingen.« Damit waren natürlich nicht die USA gemeint, sondern Jugoslawien. »Die Luftangriffe sind nur Nadelstiche [...], den Krieg anzufangen war [...] ein katastrophaler Fehler. Aber wenn [...], dann richtig« [!], mit »Bodentruppen [...] unter deutscher Beteiligung.«[771]

Wer sich so den Kopf für die NATO zerbricht wie – in diesem Fall – Matthias Dembinski von der Hessischen Stiftung für Friedens- und Konfliktforschung, so tief hineingerutscht ist in deren Logik, betreibt irgendwann nichts als Legitimationsforschung für das Militär.

Die NATO machte aus dem regionalen Konflikt im Kosovo einen Krieg. Der Kosovo wurde zum Übungsgelände für die Einübung von NATO-internen Kooperationen auf europäischem Boden, für die Gewöhnung (nicht nur) der bundesdeutschen Bevölkerung an Kriege. Zum Showroom für die Rüstungsindustrie.[772] Der Krieg sollte einen Weg nach Zentralasien freiräumen, ein Hindernis für die geostrategischen Interessen in Zentralasien beseitigen.

Menschen starben auf Wiesen, in Häusern, in Zügen, auf Flüchtlingsmärschen, in Krankenhäusern, Fabriken, Studentenwohnheimen und Schulen. Die NATO flog in 78 Kriegstagen 38 000 Lufteinsätze und warf 9160 Tonnen Bomben ab.[773] Gezielte NATO- Luftangriffe verwandelten die Chemiefabriken und Petroleumraffinerien in Giftbomben so z. B. am 15. April in Pancevo. Auch Novi Sad, Kragujevac und Bor wurden zu Zentren der chemischen Verseuchung. Phosgen schädigte die Atemwege, krebserregende Dioxine reicherten sich in menschlichen Körpern an. Quecksilber, Zink, Kadmium und Blei verseuchten die Trinkwasserreservoirs.[774] Krieg ist immer auch eine ökologische Katastrophe, die die soziale Lage der Menschen ruiniert.

Jugoslawien habe der NATO vor dem Krieg einen Plan der chemischen Anlagen, der »gefährlichsten Produktionsstätten« gegeben, um vor den Folgen eventueller Angriffe zu warnen, berichtete die serbische Umweltbeauftragte Gordana Brun: »Die NATO hat zynischerweise auf Basis dieses Plans bombardiert.« Längst mußte die NATO zugeben, was KriegsgegnerInnen seit April 1999 behaupteten: 100 NATO-Angriffsflüge mit A-10-Flugzeugen schossen rund 31 000 Geschosse mit insgesamt 10 Tonnen abgereichertem Uran auf Jugoslawien ab![775] Eine wirkliche strahlende humanitäre Intervention, krebserregend und umweltverseuchend (nicht eine Silbe der Kritik von den Grünen). Die NATO verweigert die Auskunft, wo die radioaktiven Bomben aufprallten, so daß keine Schutzmaßnahmen getroffen werden können. »Sämtliche westliche Nichtregierungsorganisationen […] schweigen«, kritisierte Brun: »Mehrmals bin ich bei Gruppen wie Greenpeace vorstellig geworden. […] Aber Greenpeace hat bislang kein einziges Wort über die ökologischen Verwüstungen der NATO-Bombardements verloren. Die haben offensichtlich Angst.«[776]

Angst? Interesse! Greenpeace würde sich niemals – so wenig wie der Club of Rome oder die meisten anderen Nicht-Regierungs-Organisationen (NGO) – *zentralen* Projekten ihrer Regierungen in den Weg stellen. Das würde schnell Spendenquellen und Medienzugang verstopfen.

Heute, mehr als ein Jahr nach Ende des ersten deutschen Angriffskrieges nach dem Zweiten Weltkrieg, vergeht kein Tag, an dem nicht SerbInnen oder Roma oder auch nur serbisch sprechende KFOR-Soldaten von kosovo-albanischen Paramilitärs oder Heckenschützen angegriffen werden. Hunderttausende von SerbInnen und Roma und eine unbekannte Anzahl von Jüdinnen und Juden sind aus Angst um ihr Leben mittlerweile aus dem Kosovo geflohen. Ihre Menschenrechte erregen die KriegstreiberInnen sowenig wie die Vertreibung von 100 000 bis 200 000 SerbInnen durch die kroatische Armee aus der Krajina im August 1995. Viele von denen, die zu alt oder zu krank waren und in der Krajina zurückbleiben mußten, wurden vom kroatischen Militär ermordet.

Am 22. September 1999 hielt Außenminister Fischer seine erste Rede vor der UN-Vollversammlung. Die Menschenrechte stünden von nun an über dem Prinzip der Souveränität von Staaten. In Fischers Diplomatensprech klang das so: »Der einzelne Mensch und seine Rechte müssen im 21. Jahrhundert neben den Rechten der Staaten stärker in das Zentrum des Sicherheitsbegriffes der internationalen Staatengemeinschaft rücken.«[777] Hört sich gut an – oder?

Was bei oberflächlicher Betrachtung menschenfreundlich klingt, ist katastrophal. Die oberste Bestimmung des Völkerrechts sollte darin bestehen, die Würde des Menschen zu schützen. Ein Völkerrecht, das *nicht* auf einem umfassenden Verständnis der Menschenrechte beruht, ist kein wirkliches Völkerrecht. Ein Menschenrecht aber, das von den mächtigsten Staaten der Welt via UNO als Hebel benutzt werden kann, um sich über das Völkerrecht und die Souveränität anderer Staaten hinwegzusetzen, ist kein »Menschenrecht«, sondern eine Methode zur Herrschaftssicherung einer imperialen Macht, ein Hebel für Großmächte, um politisch mißliebige Staaten in die Knie zu zwingen.

Die üblichen Kriegsbefürworter und Menschenrechtskrieger lobten Fischer. Andreas Zumach: »überfällig«[778]. Die *Frankfurter Rundschau* verschleierte: »In seiner ersten Rede vor der UN-Vollversammlung setzt sich Joschka Fischer für effiziente Reformen ein.«[779] Ein Militär war ehrlicher: Der ehemalige Vorsitzende des NATO-Militärausschusses, General a. D. Klaus Naumann[780], stellte fest, daß es künftig häufiger zu Kriegen mit deutscher Beteiligung kommen werde.[781] Eine *taz*-Minderheitenstimme soll nicht verschwiegen werden. Patrick Schwarz: Fischers »konkreter Vorschlag zielt daher darauf ab, ›humanitäre Interventionen‹ vom Makel zu befreien, außerhalb des UNO-Systems zu erfolgen. [...] Fischer mag noch so sehr beteuern, daß Kosovo kein Präzedenzfall ist. Wahrscheinlicher ist, daß es bald ein, zwei, viele Kosovos geben wird.«[782]

Der Krieg gegen souveräne Staaten bleibt keine Ausnahme, er wird zur Regel. Aus »Menschenrechtsgründen«. Wahrscheinlich auch aus Frauenfreundlichkeit und wegen der Ökologie.

Was sind Menschenrechte? Der Sinn bleibt schwammig. Sind es »nur« die sogenannten *demokratischen* Menschenrechte? Gleich wählen zu dürfen, formal anscheinend gleich vor Gericht, ungleich nach sozialer Lage in so vielen Fragen? Oder geht es auch um *soziale* Menschenrechte, die ein Recht auf soziale Gleichheit einschließen, was nur um den Preis der Aufhebung von Ausbeutung und Profit – also der Beseitigung der kapitalistischen Weltwirtschaft – zu haben ist?[783]

Mit Zustimmung der UNO führten die USA Krieg in Korea (1950–1953), die UN griffen – nach der Unabhängigkeit des Landes von 1960 – gewaltsam in die Unruhen in der Republik Kongo ein (1962). Auf Beschluß der UNO starben seit dem Golfkrieg Hunderttausende Kinder im Irak.

Die UNO ist kein wertfreier Verein von Menschenrechtsfreunden, sondern ein Club, in dem sich die Vertreter der herrschenden Eliten von Staaten versammeln. Aus ihren Konflikten und Widersprüchen ergibt sich manchmal Nützliches. Das Sagen und das Vetorecht aber haben die großen Mächte dieser Welt, vor allem die USA, von deren finanziellen Beiträgen die UN abhängt.

Aber der Krieg aus Menschenrechtsgründen soll ja künftig auch formal nicht mehr vom Votum der UN abhängig sein: Die neue NATO-Strategie erlaubt die Selbstmandatierung der NATO-Armee und ein wild gewordener grüner Außenminister – je domestizierter, um so gefährlicher – liefert die Rechtfertigung für eine neue Ära imperialistischer Aggressionen.

Selbstverständlich haben die 19 NATO-Mitgliedsstaaten den Krieg gegen Jugoslawien *nicht* aus humanitären Gründen und nicht zur Verteidigung von Menschenrechten geführt. Galten die Menschenrechte 1973 in Chile? Gelten sie in Afghanistan, wo die CIA-Schöpfung Taliban das Sagen hat und Frauen weder Berufe ausüben dürfen noch ein Recht auf Bildung, medizinische Versorgung oder ein selbstbestimmtes Leben haben? Galten sie gegen den Diktator Hassan II. in Marokko mit seinen Folterkellern und dem Krieg gegen die Sahrauis? (Nicht einmal die seit vielen

Jahren beschlossene Abstimmung zur Befreiung des Staates Westsahara – im nordwestlichen Afrika, direkt südlich von Marokko – von der blutigen, militärischen Besetzung durch die marokkanische Diktatur setzt die UNO durch.) Gelten die Menschenrechte in der EU, wo sich Innenminister Schily (SPD) ausgerechnet von Jörg Haider (FPÖ) vorwerfen lassen muß, Schily wolle, im Gegensatz zu ihm, Haider, das individuelle Menschenrecht auf Asyl abschaffen? Bomben für Menschenrechte? Vielleicht auf die USA, wo ein Drittel der schwarzen Kinder an Mangelernährung leidet, das Rechtssystem und die Gesundheitsversorgung nur den Wohlhabenden nützt und mit z. T. unterirdischen Knästen und der Todesstrafe ein Teil der sozialen und der politischen Opposition vernichtet wird, wenn sie nicht, wie viele Black-Panther-AktivistInnen bereits zuvor vom Staat ermordet wurden. Menschenrechte und Umweltverbrechen würden natürlich auch niemals einen militärischen Angriff auf Aventis oder die BASF, weder auf die Deutsche Bank noch auf VW oder DaimlerChrysler rechtfertigen.

Welchen grünen Kriegstreiber kümmerte es, daß in jugoslawischen Krankenhäusern durch die Bomben der Strom ausfiel, daß Strahlenbehandlungen gegen Krebs abgebrochen, Brutkästen abgestellt und Dialysegeräte abgeschaltet wurden? Daß Ärzte einen Patienten sechs Stunden lang per Hand beatmeten, weil die eiserne Lunge ausgefallen war?

Die Grünen haben geholfen, die Menschenrechte zu militarisieren, sie als Mittel und Begründung von Kriegführung durchzusetzen. Nähmen sie die Menschenrechte ein bißchen ernst, würden sie wenigstens ein umfassendes Recht auf Asyl wieder einführen, und Fischer hätte während des Krieges jugoslawischen Deserteuren das Aufenthaltsrecht nicht verweigert. Die Grünen hatten in den achtziger Jahren Bleiberecht und offene Grenzen für alle Flüchtlinge gefordert. Es war einmal. Unvorstellbar, wie im Märchen.

Im Irak starben seit dem Golfkrieg etwa 500 000 Kinder durch das Embargo der USA. Die US-Menschenrechtsministerin Madeleine Albright zuckte mit den Schultern: »Das ist eben der Preis.« Als der deutsche Diplomat Hans von Sponeck im Februar 2000 sein Amt als Leiter des UNO-Hilfsprogramms im Irak aufgab, weil er die Lage der Kinder, ihre Mangelernährung und die hohe Säuglingssterblichkeitsrate, nicht mehr verantworten konnte, fand er beim deutschen Außenminister keine Unterstützung. Sponeck: »Das Erziehungs- und das Gesundheitswesen sind zusammengebrochen.« Durch Unterernährung und fehlende Medikamente sei die Säuglingssterblichkeit auf 131 von 1 000 Neugeborenen gestiegen (Deutschland: 5 von 1 000).[784]

Joseph Fischer schüttelt lieber seinem neuen Freund Hashim Thaci, dem UCK-Chef, lächelnd die Hand. Der kam durch Mordanschläge auf SerbInnen und Hinrichtungen von kosovarischen »Kollaborateuren« an die Spitze der terroristischen Vereinigung UCK. Die USA halfen Saddam Hussein beim Aufbau seiner Machtposition – nicht nur die USA. Bilal Sherifi, Berater Thacis, sagte: »Fischer hat uns alle fasziniert, und Hashim Thaci hegt seitdem eine besondere Sympathie für ihn.«[785] So viel Dankbarkeit ist nachvollziehbar. Ohne Fischer (und die NATO) hätte Thaci nicht so viel Macht und wäre der großalbanischen Option nie so nahe gekommen. Ein solches autoritäres, militaristisches und rückständiges Großalbanien könnte für die Menschen aus den Nachbarstaaten – und für eine mögliche demokratische Opposition im eigenen Land – zu einem Aggressor der Sonderklasse werden. In gewisser Weise wurde Thaci zum Saddam Hussein Joseph Fischers: ein hausgemachter Diktator. Ein passender Neuzugang für die Fischer-Gang.

Menschenrechte . . . Fischer reiste im Sommer 1999 zum Staatsbesuch in die Türkei. Am 13. Juli 1999 war Cevat Soysal, ein in Deutschland wegen politischer Verfolgung anerkannter kurdischer Asylbewerber, vom türkischen Geheimdienst aus Moldawien in die Türkei entführt worden. Er litt noch an den Folgen früherer Folterungen: Tuberkulose, Hepatitis, Depressionen. Chinesische Folter, Elektroschocks, Aufhängen am sogenannten Palästinenserhaken, nackt liegen auf Eisblöcken, Hochdruck-Wasserstrahl, erzwungene Einnahme von Medikamenten, Spritzen, um den physischen und den psychischen Widerstand zu brechen. Soysal wurde wieder gefoltert. Außenminister Fischer weigerte sich, mit der Türkei auch nur über Soysal zu sprechen. Brav absolvierte er seinen Staatsbesuch, vermied das verbotene Wort »Kurden« und versprach, sich dafür einzusetzen, daß die Türkei recht bald den Status eines Kandidaten für die Aufnahme in die EU erhalte.[786] Das ist inzwischen geschehen.

Die Türkei ist seit 1952 NATO-Vollmitglied. Das türkische Militär durfte 30 000 KurdInnen ermorden, Tausende foltern, 4 000 Dörfer zerbomben, 4 Millionen KurdInnen vertreiben, linke Oppositionelle zu Tode quälen.[787] »Humanitäre Intervention?« Ach was. Die Türkei spielt für die geostrategischen Interessen der NATO-Staaten in Zentralasien eine bedeutende Rolle. Dafür räumt ihr auch Deutschland Handlungsfreiheit in der Innenpolitik ein. Die Türkei darf sich Hoffnung auf 1 000 Leopard-II-Panzer aus Deutschland machen. Sie ist die »zentrale Front der Stabilität im Nahen Osten«[788], der Brückenkopf der NATO für den Luftkrieg gegen den Irak und soll helfen, den Einfluß Rußlands und des Iran auf Zentralasien zurückzudrängen.

Die Militarisierung der Menschenrechte wurde zum rot-grünen Programm. Die Schlußfolgerungen der SPD/Grünen-Bundesregierung aus dem Krieg enthalten die Rechtfertigungen für künftige Kriege.

Fischers Neujahrsstatement 2000 enthielt neue Kriegsdrohungen. Die Lehre aus dem Krieg gegen Jugoslawien sei: »Diktatoren sind nicht länger geschützt, sondern müssen sich vor Strafgerichten verantworten.«[789] In »sorgfältig abgewogenen und legitimierten Einzelfällen« werde die Staatengemeinschaft auch künftig eingreifen.[790] Krieg, sorgfältig abgewogen und von den Mächtigen dieser Welt legitimiert... Was soll da noch schiefgehen?

Die Grünen waren nicht nur neue Gesichter, sie lebten noch vom Image der achtziger Jahre, daß sie eine pazifistische und moralische Partei seien. Hätte der geplante Krieg unter der alten CDU/FDP-Regierung stattgefunden, hätten Hunderttausende FriedensdemonstrantInnen die Straßen von Berlin verstopft, die Gewerkschaften noch ihre müdesten Mitglieder zum Protest gerufen, kein Gelöbnis hätte öffentlich abgehalten werden können.

Nun aber wurden die Grünen dringend gebraucht. Es gab da ein Problem namens Shoa: die Ermordung von Millionen Jüdinnen und Juden durch Nazi-Deutschland. Die Ausrottung von KommunistInnen, SozialistInnen und Homosexuellen, von OsteuropäerInnen, von Roma und Sinti. Die Blutspur der Wehrmacht, nicht nur auf dem Balkan, all das wird heute – etwas losgelöst – symbolisiert mit dem Wort »Auschwitz«.

Auf dem Weg zur Durchsetzung sich erneuernder imperialistischer Interessen Deutschlands störten Auschwitz und der NS-Faschismus. Die Grünen wurden gebraucht, um bei der vollständigen Integration des ehemals kritischen Alternativpotentials zu Staat, Kapital und NATO zu helfen. Nur sie konnten die furchtbare Mär kreieren, nicht trotz, sondern *wegen* Auschwitz müsse der erste deutsche Angriffskrieg nach dem Zweiten Weltkrieg geführt werden. Ausgerechnet gegen Jugoslawien bzw. Serbien, das nun erneut von Deutschen überfallen wurde.

Schwer vorstellbar, daß Helmut Kohl (CDU) oder Guido Westerwelle (FDP) mit einer derart makabren Rechtfertigung durchgekommen wären. Es mußte ein Grüner sein, ein ehemaliger Antifaschist, der das Propagandamaterial für den Krieg lieferte.

Dann begann der Krieg. Joseph »Wilhelm« Fischer behauptete, im Kosovo herrsche nicht nur NS-Faschismus, sondern »barbarischer«, »roher«, gar »primitiver« Faschismus – offensichtlich ein nicht so eleganter und zivilisierter Faschismus wie der deutsche NS-Faschismus. Die deutsche Sprache enthält genügend Worte, um Verbrechen und Entsetzen zu beschreiben, dafür braucht es keinen Vergleich mit Auschwitz. Jedes behauptete Massaker erklärte Fischer zum »Völkermord«, zum »Genozid«. Es gab angeblich »Deportationen« und ein »KZ«. Milosevic sei wie Hitler, schrien Fischer, Scharping, und auch Ludger Volmer tönte: »Milosevic handelt nicht anders als Hitler.«[791] Fischer: »Es war ein wirklicher Schock, daß Milosevic bereit war, zu handeln wie Stalin und Hitler: einen Krieg gegen die Existenz eines ganzen Volkes zu führen.«[792] Und: »Die Bomben sind nötig, um die ›serbische SS‹ zu stoppen.«[793] Sie versuchten sich gegenseitig zu übertrumpfen. Verteidigungsminister Scharping hetzte, Serben hätten mit »abgeschnittenen Kinderköpfen Fußball« gespielt, kosovo-albanischen »Schwangeren den Fötus aus dem Leibe« gerissen, um ihn »zu grillen« und »um ihn dann wieder zurück in den Leib der Schwangeren zu stoßen«.[794]

Auschwitz lag plötzlich im Kosovo. Indem Deutschland militärisch half, Jugoslawien zu zertrümmern, befreite es sich von der eigenen Vergangenheit. Nicht in meinen furchtbarsten Alpträumen hätte ich mir vorgestellt, daß einmal ein Ex-Linker, der deutsche Außenminister Joseph Fischer, eine neue deutsche Auschwitzlüge auf den Weg bringen und so den NS-Faschismus entsorgen helfen würde. Ich verfaßte Mitte April 1999 öffentliche Erklärungen, in denen ich Fischer genau dies vorwarf.[795] Selbstverständlich wurden sie praktisch nicht erwähnt wie auch die meisten kritischen Äußerungen all der anderen KriegsgegnerInnen nicht.

Die *Frankfurter Rundschau* weigerte sich, über den Protest von Auschwitz-Überlebenden »Gegen eine neue Art der Auschwitz-Lüge« zu berichten. Die VerfasserInnen sahen sich gezwungen, für ihre »freie Meinungsäußerung« 38 000 Mark in Form einer ganzseitigen Anzeige am

126. April 1999 in der *Frankfurter Rundschau* auszugeben, um überhaupt gehört zu werden. An die Adresse von Fischer und Scharping hieß es darin: »Wir Überlebenden von Auschwitz und anderen Massenvernichtungslagern verurteilen den Mißbrauch, den Sie und andere Politiker mit den Toten von Auschwitz, mit dem von Hitlerfaschisten im Namen der deutschen Herrenmenschen vorbereiteten und begangenen Völkermord an Juden, Sinti und Roma und Slawen betreiben, was Sie tun, ist eine aus Argumentationsnot für Ihre verhängnisvolle Politik geborene Verharmlosung des in der bisherigen Menschheitsgeschichte einmaligen Verbrechens.«[796]

Am Ende des Krieges, Mitte Juni, als die Kritik an der Relativierung von Auschwitz häufiger wurde und nachdem die Grünen bei den Europawahlen 1999 von 10,1 Prozent (1994) auf 6,4 Prozent gestürzt waren, log Fischer wieder einmal: »Niemand behauptet, daß Milosevic Hitler ist oder daß in Bosnien Auschwitz möglich wurde.«[797]

Die NATO griff Jugoslawien an, weil es im Kosovo angeblich ethnische Säuberungen gab und ein Genozid vorbereitet wurde. Noch am 19. April erklärte der US-Verteidigungsminister William Cohen, eine halbe Million Kosovo-Albaner schwebten in Lebensgefahr.[798] Mitte Mai waren es noch 100 000 tödlich Gefährdete.[799] Das UN-Flüchtlingshilfswerk UNHCR gab die Zahl der albanischen *Opfer* mit 44 000 an.[800] Es gab Hunderte von Meldungen über serbische Massaker und über Massengräber.

Nach dem Krieg gab der britische Außenminister Robin Cook zu, das größte Massengrab, das man bisher im Kosovo gefunden haben, berge 50 Leichen.[801] Nach fünf Wochen Arbeit kehrte am 14. September 1999 ein Team von 17 Ärzten aus dem Kosovo nach Spanien zurück. Sie hatten im Auftrag des UNO-Kriegsverbrechertribunals in Den Haag nach den Massengräbern gesucht, von denen Kosovo-AlbanerInnen der Weltöffentlichkeit berichtet hatten. »Wir sind mit Material zur Autopsie von 2000 Personen aufgebrochen. [...] Gefunden haben wir 187 Tote«, sagte Juan Lopez Palafox. »Hier wurden sicher auch Verbrechen begangen – aber die hingen mit dem Krieg zusammen.« Emilio Perez Pujol fügte hinzu: »Nur einmal fand wir 97 Tote an einer Stelle, auf einem Friedhof.«[802]

Alle bisherigen Untersuchungen widersprechen den Zahlen der NATO. Am Ort eines angeblichen Massakers, des angeblich schlimmsten, im Bergwerk Trepca – dort sollen SerbInnen 700 Kosovo-AlbanerInnen ermordet haben –, wurde keine einzige Leiche gefunden und nicht die Spur eines vertuschten Blutbads.[803] Carla Del Ponte, die Chefanklägerin des Kriegsverbrechertribunals, erklärte im November 1999, sie könne die Behauptungen von Kosovo-AlbanerInnen, es seien mehr als 11 000 Menschen ums Leben gekommen, nicht bestätigen. (Das Tribunal wird von den NATO-Mitgliedsstaaten getragen, die auch den Krieg gegen Jugoslawien geführt haben, und dient ausschließlich der Verfolgung *jugoslawischer* Kriegsverbrechen.) Del Ponte schätzte die Summe aller bisherigen Opfer, AlbanerInnen und SerbInnen, Militärs und ZivilistInnen – auf 4256.[804] Vielleicht würden es am Ende, meinte das Tribunal, 11 334 Opfer sein (es ist unklar, wie diese Zahl zustande kam). Bis November 1999 fanden 20 Suchteams mit rund 500 ExpertInnen an 195 verschiedenen Stellen insgesamt 2108 Leichen im Kosovo: AlbanerInnen, SerbInnen und Opfer der NATO-Bomben. Bis zur Fertigstellung dieses Kapitels wurden keine neuen Zahlen bekannt. Es hat sicher viele einzelne Verbrechen gegeben, wobei unklar ist, auf wessen Konto – das von JugoslawInnen oder das von Kosovo-AlbanerInnen – sie gehen. Doch ein *Völkermord* an den Kosovo-AlbanerInnen, den die Politiker des NATO-Bündnisses behaupteten und mit dem sie den Krieg rechtfertigten, hat nicht stattgefunden.[805] Die meisten Toten starben im Krieg und durch den Krieg.

Ein Grund für die Bombardierung und Ermordung von ZivilistInnen? Eine Berechtigung für die Zerschlagung der

Volkswirtschaft eines souveränen Staates? Es gab vor dem Krieg eine anhaltende Auseinandersetzung zwischen einer illegalen, von der CIA und dem BND unterstützten terroristischen Untergrundarmee, der UCK, und der serbischen Polizei sowie von Teilen des serbischen Militärs. Deren Brutalitäten und Menschenrechtsverletzungen werden hier selbstverständlich nicht bestritten. In Folge dieser Auseinandersetzungen zwischen der UCK und dem jugoslawischen Staat kam es zu brutalen Vertreibungen von Kosovo-AlbanerInnen aus ihren Häusern.

Auschwitz? Es gab kein Auschwitz im Kosovo, es gab keine Konzentrationslager, und es gab die von der UCK und der NATO behaupteten Massaker nicht.

Rot-Grün versucht, enthemmter als die CDU/FDP-Regierung, Deutschland von der Verantwortung für den NS-Faschismus zu befreien. Rot-Grün ignoriert nach wie vor die erstarkende völkisch-rechtsextreme Massenkultur, nicht nur im Osten der BRD, wo sich Neofaschisten mit rassistischen und antisemitischen Anschlägen »befreite Zonen« schlagen. Kein einziges Mitglied der rot-grünen Regierung hat sich von Martin Walsers Rede (Dezember 1998) von der »Auschwitzkeule« und vom Holocaust-Denkmal als »Schandmal« distanziert. Dafür überaus deutlich von den überlebenden NS-ZwangsarbeiterInnen, die in Konzentrationslagern oder bei Firmen wie Krupp, Daimler oder VW Sklavenarbeit leisten mußten.

Seit mehr als 50 Jahren schulden deutsches Kapital und der deutsche Staat (als Rechtsnachfolger des Deutschen Reichs) den 10 bis 14 Millionen ZwangsarbeiterInnen Lohn in Höhe von mindestens 180,5 Milliarden Mark.[806] Darüber hinaus schulden sie den zwangsrekrutierten Menschen einen vielfach höheren Betrag für die gesundheitlichen, psychischen und physischen Folgen der Zwangsarbeit. Die Ende 1999 von Deutschland zugestandene Summe in Höhe von 10 Milliarden Mark Entschädigung macht nicht einmal

6 Prozent des ausstehenden Lohns aus und null Mark für alles Leid. Die Betroffenen dürfen nicht mehr als 1 000 bis 2 000 Mark erwarten. Die Erben der Toten – 90 Prozent der Opfer sind bereits gestorben – haben nichts zu erwarten. Genausowenig die Kriegsgefangenen, die als Zwangsarbeiter eingesetzt waren, und die in der Landwirtschaft Eingesetzten. Dafür sollen sie, das ist der Zweck der Aktion, auf alle weiteren Forderungen verzichten, eine gewaltige Entlastung der TäterInnen.[807] Bundeskanzler Schröder (»Ich bin der Bundeskanzler aller Autos!«[808]) hat sein erklärtes Ziel, der deutschen Wirtschaft die vermeintlich maßlosen Ansprüche der ZwangsarbeiterInnen vom Hals zu halten, weitgehend erreicht.[809]

Wir erleben einen Kulturkampf von rechts, und Rot-Grün liefert die modernen, dynamischen AkteurInnen. Bei diesem Kulturkampf setzt Rot-Grün seine intellektuellen Bodentruppen ein: zum Beispiel Reinhard Mohr beim *Spiegel,* der sein Leben lang nichts anderes mehr tun wird, als die Linke dafür zu hassen, daß er ihr einmal angehört hat, oder die Autoren Broka Hermann, ehemaliger *Pflasterstrand*-Autor und Pressemitarbeiter der Grünen im Hessischen Landtag[810], und Esther Schapira, eine ehemalige *Pflasterstrand*-Redakteurin, die für die ARD ein Porträt von Fischer, ein ehrfürchtiges Stück aus der Froschperspektive, produzierten.[811] Darin durfte Ministerialdirektor Georg Dick (»Trino Gordo«) seinen Paten als »einsamen« Mann mystifizieren. Fischer gab huldvoll bis mürrisch Plattitüden von sich, auf dem schwarzen Ledersofa oder in 10 000 Meter Flughöhe. Politische Kritik war so wenig gefragt wie die schlichte journalistische Prüfung von Fischers Behauptungen über die deutsche Geschichte und die Außenpolitik. Der verantwortliche Redakteur war Joachim Faulstich vom Hessischen Rundfunk, der Anfang der achtziger Jahre – gemeinsam mit einem Team, zu dem auch die Autorin gehörte – Wahlwerbefilme für die Grünen drehte.

Bei den ideologischen Truppen auch Cora Stephan alias

»Vita Quell« vom *Pflasterstrand* und später *Spiegel*-Redakteurin[812]: Der Krieg »weckt die Bestie – und das Beste im Mann. Er verbindet Altruismus mit höchster Aggression. Er läßt die Liebe zu den einen in das Töten der anderen münden«, schreibt sie. (Mensch sieht, nicht nur Joseph Fischer steht in der Tradition Ernst Jüngers.) Soll der Krieg deshalb geächtet werden? fragt Barbara Supp *(Der Spiegel)*. »Besser nicht«, sagt Stephan. Der Mensch habe »nicht die Wahl zwischen Krieg und Frieden, sondern nur zwischen zwei Arten von Krieg [...], dem »totalen Krieg« und dem »gezähmten«. Nicht aus moralischen Gründen sei Krieg zu führen, da könne Leidenschaft zu störenden Enthemmungen führen. Stephan bevorzugt Kriege, die aus pragmatischen Gründen, aus »nationalem Interesse« geführt werden.[813] Da ist sie auf der Höhe der Zeit.

Aber manchmal wird den neuen KriegstreiberInnen einen viel zu kurzen Moment lang der Mund gestopft: Im April 2000 versuchten die Grünen in Berlin eine Bilanz-Konferenz zum Jugoslawien-Krieg. Ihr Versuch, im »Dialog« mit der Friedensbewegung einen »neuen Anfang« zu machen, wurde rasch beantwortet. AntimilitaristInnen aus dem »Büro für antimilitaristische Maßnahmen« (BamM) besetzten das Podium und wiesen das Ansinnen der Grünen, wieder in der Friedensbewegung Fuß zu fassen, scharf zurück. Die Kriegsunterstützung sei kein Fehler gewesen, »sondern ein Verbrechen. Zwischen antimilitaristischen Bewegungen und euch gibt es keine Meinungsverschiedenheiten, sondern eine unüberwindliche Gegnerschaft.«[814]

Worum ging es im Krieg um Jugoslawien, und wohin steuert die rot-grün-deutsche Außenpolitik?

Es ging nicht um Menschenrechte. Es ging um die Zerschlagung Jugoslawiens, des letzten NATO-resistenten Landes auf dem Balkan. Es ging um eine ideologische Auslöschung. Unabhängig von meiner (linken) Kritik am jugoslawischen »Realsozialismus« und dem kriminellen Nationalismus der real existierenden KP-Kader um den Präsidenten: Kein Land, von dem noch irgendwer behaupten könnte, es handele sich um ein unabhängiges sozialistisches Land, darf als Symbol einer vermeintlich besiegten Systemkonkurrenz überleben. So muß heute (z. B. im »Heute-Journal« des ZDF vom 17. Februar 2000) vorgegeben werden, nicht der NATO-Krieg und das Embargo, sondern Slobodan Milosevic persönlich sei schuld, daß in Jugoslawien Menschen vor Lebensmittelgeschäften Schlange stehen, daß Fabriken zerstört und Menschen arbeitslos sind.

Es geht aber auch darum, Rußland weiter auszugrenzen, und darum, den Konkurrenzkampf Deutschlands und der EU mit den USA fortzuführen. Der NATO-Krieg sandte darüber hinaus eine Botschaft – nicht nur – an die neuen unabhängigen Staaten in Zentralasien: Das passiert, wenn sich ein Staat den Interessen der kapitalistischen Großmächte in den Weg stellt – und sei es allein durch seine widerspenstige Existenz (eine echte ökonomische Potenz oder eine innere politische Stabilität muß dieser Staat nicht besitzen). Der Brückenschlag bis zum NATO-Vorposten Türkei in Vorderasien, die Stabilisierung dieser Region, des Balkans, für die Interessen der kapitalistischen Zentren USA und EU-Europa war das Ziel. Die NATO betrachtete Jugoslawien als »Riegel« vor ihren Interessen in Zentralasien. Es gab Versuche, diesen Riegel »friedlich« zu sprengen, mit allen Mitteln zivilgesellschaftlicher Nötigung. Man destabilisierte – mit Hilfe des IWF (Internationalen Währungsfonds) – die jugoslawische Wirtschaft. Man bot Weltbank-Kredite,[815] sofern Jugoslawien sich unterwerfe. Beim Krieg gegen Jugoslawien ging es außerdem um die unterschiedlichen Wege nach Zentralasien, um Streckenführungen von Rohstoffrouten – auch durch den Balkan. Das große Ziel der Gier sind die ungeheuren Bodenschätze, Gold, Uran und bis zu 30 Milliarden Tonnen Öl, die zwischen dem NATO-Vorposten in Vorderasien, der Türkei, und China, in den Gebieten um und unter dem Kaspischen Meer liegen. (Allein in Turkmenistan wird das viertgrößte Erdgasvorkommen der Welt vermutet.[816])

Aus früheren sowjetischen Republiken wie Usbekistan, Kasachstan und Turkmenistan wurden formal unabhängige neue Staaten. Der Sowjetunion fehlten die materiellen und die technischen Mittel, um die ungeheuren Naturressourcen in großem Maßstab auszubeuten. So ist heute in Kreisen des US-Establishments vom »weichen Unterleib« der Sowjetunion mit seinen Rohstoffen die Rede, einem vollen Bauch, in den hingestochen werden müsse.[817] Sie sprechen von einem »Erdbebengürtel«, der vom Balkan [!] über den Kaukasus bis an die Westgrenze Chinas reiche und der notfalls mit Gewalt befriedet werden müsse.[818]

Beinahe wie in einer erneuten ursprünglichen Akkumulation (bei der ersten vor rund 500 Jahren wurde Amerika von europäischen Eroberern ausgeplündert, was bis heute, für Zentral- und Lateinamerika ein ökonomisches Ungleichgewicht mit sich brachte) gelangte mit dem Zusammenbruch der UdSSR ein immenser Reichtum an Bodenschätzen in den Zugriff europäischer und US-amerikanischer Konzerne. Sie können in kurzer Zeit ungeheuer viel Beute machen.

Das *Handelsblatt* schrieb sechs Monate vor Kriegsbeginn über die ökonomischen Erwartungen deutschen Kapitals: »Der gesamte ost- und mitteleuropäische Raum biete gute Perspektiven für künftige Investitionen. Vom Grundsatz her lasse sich der osteuropäische Markt mit Südamerika vergleichen. Lokale Produktion in Osteuropa profitiert von dem dort herrschenden Lohnniveau. [...] Außerdem entfallen die zum Teil sehr hohen Importzölle.«[819a] *Die Welt* drückte es derber aus: »Die NATO hat sich den Balkan zu etwas gemacht, das die Amerikaner ihren ›Hinterhof‹ nennen würden. Das ist gut so, denn der Balkan geht uns an.«[819b]

Deutschland hat eigene Interessen auf dem Balkan und in Zentralasien, es hat zwar nur eine kleine Erdölindustrie. Aber alle entsprechenden Abteilungen des deutschen Kapitals sind durch Beteiligungen am Kaspischen Meer versammelt. Im Krieg gegen Jugoslawien ging es auch darum, daß sich Deutschland als Führungsnation in EU-Europa behauptete, und um die Einübung der Kriegsfähigkeit Deutschlands. Es ging um die langfristige Erschließung eigener Ölquellen am Kaspischen Meer und um andere Bodenschätze. Ein Geschäft ist auch der Wiederaufbau zerstörter Balkanstaaten; die Option für den langfristigen Absatz von Energie; der Balkan als Arbeitskräftereservoir.

Alle möglichen Konzerne – darunter sämtliche Erdölkonzerne –, Banken, (Partei-)Stiftungen der USA und Europas sind bereits am Kaspischen Meer. Die großen Konzerne organisieren – mittels Konsortien – den Raubzug zu den Naturressourcen. Die kapitalistischen Staaten sind sich einig, daß man Routen baut, die möglichst *nicht* durch russisches Gebiet gehen. Rußland soll nicht einmal von Lizenzen für Leitungen profitieren. Zwischen den Räubern gibt es gelegentlich Differenzen über den richtigen, den sichersten und den profitabelsten Weg. Die USA bevorzugen z. B. eine Route durch die Türkei nach Ceyhan nahe dem Mittelmeer. Dummerweise führt dieser Weg durch kurdisches Gebiet, das erst auch aus diesem Interesse »beruhigt« werden mußte: Ein paar »humanitäre Interventionen« in kurdischen Dörfern mit Hilfe von deutschen Waffen und Panzern, jetzt herrscht Friedhofsruhe.

Eine interessante Route nach Süden, zum Persischen Golf, führt über Afghanistan. Wie praktisch für die USA, daß hier die Menschenrechtsorganisation Taliban, eine CIA-Schöpfung, das Sagen hat. Der französische Konzern Total streitet mit den USA; er möchte auf dem Weg nach Süden lieber die ökonomischere Route durch den Iran bauen. Mit dem Iran hadern, seit Freund Schah nicht mehr auf dem Pfauenthron sitzt, allerdings die USA. Aus dem Osten kommt auch noch Konkurrenz: China will eine eigene und eine der längsten Pipelines der Welt bauen und unter anderem kasachisches Öl aus dem Tengis-Becken im Nordwesten des Kaspischen Meers pumpen.[820] Wenn China zu frech wird, läßt sich – Menschenrechte! – von den USA und vielleicht auch dem deutschen Außenministerium eines Tages vielleicht die tibetische Frage aufwerfen: Menschenrecht über Völkerrecht. Hinter dieser Formel verbergen sich viele Kriege von morgen.

Zur Stärkung des deutschen »Standorts« wurde die Bundeswehr 1992 – unter der Ägide ihres Generalinspekteurs Klaus Naumann – mit neuen »Verteidigungspolitischen Richtlinien« aufgerüstet: Ihr Auftrag ist nun nicht mehr die angebliche Verteidigung der BRD – gegen welchen Feind auch immer –, sondern »die Aufrechterhaltung des freien Welthandels« und der »ungehinderte Zugang zu Märkten und Rohstoffen in aller Welt«. Eine offen aggressive und imperialistische Bestimmung der deutschen Armee, die in der Logik der »neuen NATO-Strategie« liegt.

Menschenrechte sind nun eine Ausrede, den kapitalistischen Zentren den ungehemmten Zugang zu Ressourcen in aller Welt auch mit militärischer Gewalt zu sichern, auch in Regionen, die auf dem Gebiet anderer souveräner Staaten liegen. Um diese Souveränität zu zerbrechen braucht mensch das Alibi »Menschenrechte«. Oder hab' ich da was falsch verstanden?

Die USA sind abhängig von Energieimporten. Diese Abhängigkeit wird im nächsten Jahrhundert noch zunehmen, und dabei bekommen die USA Konkurrenz durch Asien, das zu einer starken Energieimportkraft geworden ist. Es gilt, die einseitige Abhängigkeit von den Saudis zu mindern, die Energieversorgung zu diversifizieren und strategische Erdölreserven anzulegen. Die ökonomische, die politische und die militärische Macht hängen davon ab. Auch in diesem Zusammenhang wird die kaspische Region für die USA in Zukunft von zentraler Bedeutung sein, »ein Gebiet von strategischem Interesse für die Nato. Die Ausdehnung der NATO wirft einen immer längeren Schatten über die ganze Region«,[821] heißt es in den Denkstätten der US-Army.

In einer Studie des Instituts für Internationale Politik der Bundeswehruniversität in Hamburg hieß es vor dem Krieg gegen Jugoslawien: »Der Einsatz militärischer Kräfte der NATO im Kosovo wiederum ohne Legitimation durch den UN-Sicherheitsrat [. . .] wird als Präzedenzfall für mögliche künftige Einsätze im unmittelbaren Vorfeld Rußlands gewertet, etwa im Kaukasus [. . .] wo in der Auseinandersetzung um die Erdölressourcen in der kaspischen Region und die Nutzung bzw. die Verlegung von Pipelines ein heftiger Konkurrenzkampf zwischen westlichen und russischen Ölkonzernen bzw. Washington und Moskau im Kontext strategischer Interessen entbrannt ist [. . .]«.[822]

Mitten im Krieg auf ihrem Jubiläumsgipfeltreffen vom 23. bis 25. April 1999 in Washington hat die NATO anläßlich ihres 50. Geburtstages[823] ihren Kurs für das 21. Jahrhundert festgelegt: das neue strategische Konzept der NATO. Alle Regierungschefs der 19 Mitgliedsstaaten haben es unterzeichnet, auch Bundeskanzler Schröder (SPD), und über die Lippen von Menschenrechtsminister Fischer kam kein kritisches Tönchen.

Die NATO hatte seit rund zehn Jahren das Problem, daß ihr Feind, die Sowjetunion, das Reich des Bösen, stiften gegangen war. Nun beschloß die NATO, daß sie keine »Verteidigungsgemeinschaft« mehr sein will, sondern eine »politische Wertegemeinschaft«, die ihre militärischen Zuständigkeiten in eigener Machtvollkommenheit erweitert hat.

Mit ihrem Gründungsvertrag, der bis zum April 1999 galt, hatte sich die NATO verpflichtet, in Übereinstimmung mit der Charta der Vereinten Nationen zu handeln, jeden internationalen Streitfall auf friedlichem Weg zu regeln, den Frieden zu erhalten und sich jeder Gewaltandrohung und Gewaltanwendung zu enthalten. Jetzt gilt, auch offiziell, das genaue Gegenteil. Der Bruch des Völkerrechts, wie er durch den Krieg gegen Jugoslawien praktiziert wurde, wird zur Regel. Die NATO erklärte sich im April 1999 zu einem Welt-Kriegsbündnis.

Sie kann sich jetzt, unabhängig von UN-Entscheidungen, selbst mit Kriegseinsätzen beauftragen. Sie will »sich nicht mehr auf die Verteidigung der territorialen Integrität ihrer Mitgliedsstaaten beschränken, sondern muß sich ihrer strategischen, politischen und ökonomischen Interessen annehmen, die durch Krisen *in weit entfernten Regionen* [Hervorhebung J. D.] gefährdet werden können«. Der Raum, in dem sich die NATO anmaßt, für tödliche Ordnung zu sorgen, ist mit dem Begriff des »euro-atlantischen Raums« üppig weit definiert. Anlaß für Kriege kann »menschliches Leid« [!] sein oder der gestörte Zugang zu Ressourcen. Und nicht zuletzt: In den USA ist im Rahmen der »neuen nationalen Militärstrategie« die Erstschlagsoption auf den Einsatz von Atomwaffen gegen Staaten erweitert worden, die keine Atomwaffen besitzen, sofern US-Interessen »bis hin zur Bedrohung von Handelsbeziehungen oder Rohstoffwegen« betroffen sind. Diese Option ist nun auch in der neuen NATO-Strategie enthalten. Dadurch müssen sich Rußland und alle Nichtatomwaffenstaaten als bedroht ansehen. Dieter Bricke, 20 Jahre lang Diplomat und außenpolitischer Berater von Bündnis 90/Die Grünen: »Sicherheitspolitisch stellt die geplante Erweiterung der atomaren Erstschlagsoption der Nato also einen Rückfall in die Politik der nuklearen Abschreckung dar.« Die rot-grüne Regierung hat nicht dagegen gestimmt, sondern die Erklärung unterzeichnet. Die NATO-Truppen umfassen jetzt schon mehr als vier Millionen Soldaten. Gegen wen sollen sie eingesetzt werden?[824]

Die herrschenden Kräfte in Deutschland streben nach der führenden Rolle in der Europäischen Union, die sich zur militärisch potenten Weltmacht transformiert, während sie an der Seite der USA in neue imperialistische Kriege zieht. »Aber die EU muß auch die Fähigkeit für ein eigenes militärisches Krisen-Management entwickeln, wann immer aus Sicht der EU/WEU ein Handlungsbedarf besteht und die nordamerikanischen Partner sich nicht beteiligen wollen. [...] Zur Verwirklichung einer gemeinsamen Außen- und

Sicherheitspolitik gehört eine europäische Sicherheits- und Verteidigungsidentität«, sagte Fischer in der französischen Nationalversammlung am 20. Januar 1999.[825] Im Juni 1999 beschloß der EU-Rat: »Wir, die Mitglieder des Europäischen Rates, wollen entschlossen dafür eintreten, daß die EU ihre Rolle auf der internationalen Bühne uneingeschränkt wahrnimmt.« Darum müsse »die Union die Fähigkeit zu autonomem Handeln, gestützt auf ein *glaubwürdiges Militärpotential* [Hervorhebung J. D.], sowie die Mittel und die Bereitschaft besitzen, dessen Einsatz zu beschließen, um – unbeschadet von Maßnahmen der NATO – auf internationale Krisensituationen zu reagieren«.[826]

Wer nicht genau weiß, was die Wortneuschöpfung »Verteidigungsidentität« bedeuten soll, dem erklärt das General a. D. Naumann: Was bedeutet der Krieg gegen Jugoslawien für die Zukunft Europas? »Ich hoffe sehr, daß Kosovo sozusagen die Geburtsstunde einer leistungs- und handlungsfähigen in die NATO integrierbaren und mit den USA voll interoperablen *europäischen Verteidigungsidentität* einleiten kann.«[827] Er hat konkrete Vorschläge, die darauf hinauslaufen, daß Europa eine Militärmacht vergleichbar den USA werden soll. Für die militärische Handlungsfähigkeit brauchen wir »einen gemeinsamen europäischen Staat mit gemeinsamen Gesetzen«[828]. Im Krieg hat ihn der große »Unterschied zwischen der militärischen Leistungsfähigkeit der europäischen NATO-Staaten und der der USA« geärgert, denn er will eine »eigenständige Urteils-, Entscheidungs- und Handlungsfähigkeit der Europäischen Union«. Das heißt Aufrüstung, Aufrüstung, Aufrüstung: »Warum sollen wir nicht so etwas wie ›European Cruise Missiles Forces‹ haben als multinationale Truppe, eventuell auch seegestützt?« Warum sind die europäischen Jagdbomber nur »mangelhaft« mit »Abstandswaffen« bestückt, warum »die begrenzte Fähigkeit europäischer Luftstreitkräfte, außerhalb des eigenen Territoriums zu operieren«? Schnellere Kriege führen: Nie mehr »30 bis 40 Tage« warten, »bis wir relativ bescheidene Kontingente irgendwohin bringen. [...] Es ist verhältnismäßig einfach, Bataillone einzuschiffen und auf die hohe See zu verlegen. Dann sind sie ganz nahe dran am Geschehen, und der Bundestag kann kurzfristig entscheiden, ob und wann sie an Land gehen.«[829] Erinnern wir uns: Während der portugiesischen Revolution von 1974 veranstalteten NATO-Schiffe Manöver vor der Küste.

Auch Naumann hat eine Utopie: Wenn die Streitmacht Europa sich »Spezialkräfte« für »Information Operations« anschafft, können wir »den Traum [...] verwirklichen, ein Land zu lähmen, ohne einen Schuß abzugeben«, um »das Führungssystem eines Landes auszuschalten« und sein »Bankensystem durch Viren [zu] ruinieren«.

Die Grünen treiben den Umbau der Bundeswehr zu einer aggressiven Angriffsarmee voran, für eine sogenannte Krisen- und Präventionspolitik. Die grüne Bundestagsfraktion will den Einsatz der Bundeswehr im Ausland nicht mehr von einer Zweidrittel-Mehrheit im Bundestag abhängig sehen: mit einfacher Mehrheit schnell in den Krieg![830a]

Rot-grüne Außenpolitik: Die deutsch-französische Militärachse einschließlich ihres Atomwaffenpotentials wird ausgebaut. Bis zum Jahr 2003 soll eine schnelle Eingreiftruppe stehen, die 60 000 Soldaten umfaßt.[830b] Das 50 Jahre alte Militärbündnis WEU soll aktiviert und der militärische Arm der EU werden. Seit kurzem ist auch Großbritannien mit dabei.

»Britannien ebnet den Weg zur vollen Teilnahme an dem umstrittenen Raketen-Verteidigungssystem«[831] der USA namens »National Missile Defense« (NMD). Dafür hat das Land den USA kürzlich zwei Militärstützpunkte in Nordengland zur Verfügung gestellt. »Durch dieses Projekt, urteilten ansonsten kühle Kommentatoren in London, könne das gesamte nukleare Gleichgewicht der Welt ins Rutschen kommen und eine neue Phase katastrophalen Wettrüstens und kältesten Krieges ihren Anfang nehmen«, berichtete der Korrespondent der *Frankfurter Rundschau*.[832]

Die rot-grüne Regierung muß heute die Öffentlichkeit nicht mit einer »Atomwaffen für Deutschland«-Forderung aufwecken. Die atomare Bewaffnung des neuen Deutschland wächst im europäischen Mantel heran, vor allem in der nuklearen Achse mit Frankreich. Dabei begegnen sich alte und neue Rechte. Im April 1957 sagte Franz Josef Strauß: »Ein Verzicht auf Kernwaffen unter den gegebenen Umständen und im Augenblick würde militärisch eine Preisgabe Europas an die Sowjetunion bedeuten.«[833] 1967 waren sich Strauß und die CSU bewußt, daß vorerst eine deutsche Atomstreitmacht ausgeschlossen war: »Ersatzweise sollte die Bundesrepublik jedoch in einem europäischen ›sicherheitspolitischen Gebilde [...] aufgehen, das über Kernwaffen verfügt‹.«[834]

Egon Bahr, der in den Grünen einmal »eine Gefahr für die Demokratie«[835] gesehen hatte, konnte mit dem Domestizierungsprozeß bei den Grünen zufrieden sein. Im Juli 1989 fand auf Schloß Crottorf im Bergischen Land ein Geheimtreffen statt. TeilnehmerInnen: SPD-Leute – unter ihnen: Egon Bahr, Horst Ehmke, Karsten Voigt und Hans-Ulrich Klose – und grüne »Realos« – unter ihnen: Otto Schily (heute SPD), Joseph Fischer, Alfred Mechtersheimer (heute bei der rechtsextremen Deutschland-Bewegung) und Ruth Hammerbacher (später zeitweise als hochbezahlte Mediatorin in den Diensten der chemischen Industrie gegen Bürgerinitiativen im Einsatz). Nach dem Gespräch teilte Bahr süffisant mit, die grünen Gesprächsteilnehmer hätten nicht protestiert, als er von der »Notwendigkeit einer europäischen Atomstreitmacht« gesprochen habe.[836] Bahr verlangte die Zustimmung zur NATO und plädierte »für eine europäische Abschreckungsmacht einschließlich der französischen Nuklearwaffen«[837]. Die basisdemokratisch gewählten Gremien der Grünen erfuhren aus der Presse von diesen »Koalitionsverhandlungen« für die Bundestagswahlen 1990 (bei denen die Grünen dann aus dem Bundestag flogen).

1995 schloß der »rote« Daniel Cohn-Bendit – nicht sonderlich intelligent, aber ein fähiger politischer Opportunist – zu Franz Josef Strauß auf: »Ich fände es hirnverbrannt, alle Atomwaffen einseitig zu verschrotten.«[838]

Selbstverständlich ist das papierne »Ziel« der rot-grünen Koalitionäre nach wie vor die »Abschaffung aller Massenvernichtungswaffen« und der freundliche Wunsch nach dem »Verzicht auf den Ersteinsatz von Atomwaffen«.[839] Fischer hat ja in der NATO (kurz vor der neuen NATO-Strategie) auch mal zart angetippt, ob mensch nicht mal über die »nach wie vor gültige Erstschlagsoption für den Einsatz von Atomwaffen« debattieren ... Nein? Die US-Regierung war pikiert.[840] Sofort verstummte das Großmaul. Die Bemerkung war auch nur zur Ruhigstellung der eigenen Basis gedacht, eine kleine, völlig unverbindliche Duftmarke, ein pazifistisches Fürzchen. In der UNO lag im November 1998 ein Antrag zur Abschaffung aller Atomwaffen auf dem Tisch. Aber Fischer hielt »einen radikalen Kurswechsel gegen die Haltung der wichtigsten NATO-Partner für zu heikel«. Die BRD verweigerte die Zustimmung und enthielt sich.[841]

Fischer und Cohn-Bendit als Befürworter einer europäischen Streitmacht – bekommt das Wort von der deutsch-französischen Freundschaft nicht plötzlich eine völlig neue »strahlende« Bedeutung? Vielleicht sind die Grünen nicht nur die Partei, die die Atomenergie modernisiert, sondern auch noch diejenige, die europäische Atomwaffen rechtfertigt, natürlich mit den »Menschenrechten«.

Es führt ein weiter Bogen von der Anti-Wiederbewaffnungsbewegung (1951) und der Anti-Atomwaffenbewegung (1958) bis zu den Bündnis-Grünen im Jahr 2000: Die betreiben, nicht mehr nur schweigend und opportunistisch, sondern legitimierend und zunehmend militaristisch-aggressiv die Rückkehr in ein Zeitalter der nuklearen Abschreckung.

Sie sind äußerst gefährliche Gegner geworden – nicht

nur für Linke, sondern für alle antimilitaristisch und pazifistisch denkenden HumanistInnen.

Ihre Gefährlichkeit hat verschiedene Komponenten. Eine ist der Bruch jedweder Solidarität mit unterdrückten Menschen in denjenigen Staaten, an deren Markt deutsches Kapital interessiert ist.

Ein Besuch des deutschen Außenministers in Afrika mußte zurückstehen: hinter dem Krieg, mit dem Jugoslawien auf das ökonomische Niveau manch eines afrikanischen Staates zurückgebombt wurde, und hinter dem Wahlkampf in Schleswig-Holstein (»Joggen mit Joschka in Rendsburg« – »Joggen mit Joschka in Lübeck« – »Joggen mit Joschka in Kiel«).

Als Fischer endlich nach Afrika flog, suchte er sich Länder aus, »die Hoffnungsträger des Kontinents sind: Nigeria und Südafrika, die wirtschaftlichen Supermächte, und Mosambik, vor der Flut ein kleines Wirtschaftswunder«.[842] Für Mosambik hatte Fischer nur so viel Zeit, wie er mit Madeleine Albright übers Wetter verplauderte. Statt eines Besuches in den Townships des südafrikanischen Soweto – wie Helmut Kohl es sich nicht nehmen ließ – joggte er lieber vor der Kulisse der Pyramiden Ägyptens. (Wahrscheinlich wird Fischers peinliches Joggingbuch *Ich Ich Ich* oder *Der lange Lauf zu mir selbst* demnächst verfilmt.)

Ich möchte nicht annehmen, daß die Lage der Menschen in afrikanischen Staaten sich verbessern würde, wenn Herr Fischer vorbeirennt. Aber es ist ein Ausdruck von Ignoranz, daß der Außenminister eines der kapitalistischen Zentren dieser Welt nahezu zwei Jahre brauchte, bis er seinen Fuß auf einen Kontinent setzte, auf dem die Armut vieler seiner 700 Millionen BewohnerInnen auch dem Kolonialismus des Deutschen Reichs zu verdanken ist. »Muß ich mir auch noch Afrika aufladen, wo ich doch mit Rußland schon genug zu tun habe?«[843] jammerte Fischer. Rot-Grün beantwortete diese Frage mit dem Haushalt: 2,5 Milliarden Mark sollen im Etat des Bundesministeriums für wirtschaftliche Zusammenarbeit (BMZ) in den nächsten drei Jahren eingespart werden.[844] Die UN empfahl einmal, »die reichen Staaten mögen 0,7 Prozent ihres Bruttosozialprodukts für die Wohlfahrt der armen Staaten abzweigen.« Lächerlich genug. »[...] unterdessen ist Rot-Grün dabei, die nach unten offene Geizskala bei 0,2 Prozent zu durchbrechen.«[845]

Und der von Bundeskanzler Schröder verheißene Schuldenerlaß? »Der mit 1 Milliarde Euro (1,96 Mrd. Mark) weitaus größte Teil der Finanzierung des Erlasses [stammt] aus dem EU-Entwicklungsfonds: Geld also, das den Entwicklungsländern ohnehin längst zugestanden wurde, wegen bürokratischer Blockaden der EU jedoch nicht abgeflossen ist. [Anders als die Schmiergelder und die vergeudeten Subventionen aus EU-Töpfen; J. D.] Die Zweitverwertung dieser Mittel nun als beispielhafte Solidar-Aktion zu präsentieren zeigt nur, wie weit der Ausverkauf [Afrikas] schon fortgeschritten ist«, wetterte *Die Woche*.[846]

Wie hatte Marion Gräfin Dönhoff nach der Bundestagswahl 1998 geschwärmt? »Seit Jahren haben wir darauf warten müssen, daß nach einem der seltenen großen Umbrüche jemand das Steuer in die Hand nehmen und den Weg weisen würde. [...] Viele meinen, die Grünen werden unrealistische Ziele verfolgen, der SPD das Regieren schwermachen, die Entwicklung hemmen. Aber das dürfte eine übertriebene Sorge sein. Der Sachzwang, la nature des choses, wie de Gaulle das nannte, ist in diesem Moment stärker als die Ideologie.«[847]

Mit ungeheurer Brutalität reduzierte Rot-Grün selbst mickrige finanzielle Hilfen für Afrika oder fror sie ein. Das Geld wird schließlich für die steuerliche Entlastung und für Subventionen für Siemens, die Deutsche Bank, die Allianz usw. gebraucht – und für die absehbare militärische Aufrüstung.

»Kinkel«, sagte ein Beamter des Auswärtigen Amtes, »hatte ein Herz für Afrika und ist in manchen Jahren gleich dreimal hingeflogen, aber der Fischer muß in die Dritte Welt geprügelt werden.«[848] Das paßt zu anderen Beschlüssen der Grünen. Der Internationale Solidaritätsfonds, in den die Abführungen der Bundestagsabgeordneten flossen und mit dem Projekte in der Dritten Welt unterstützt wurden, wurde eingefroren. Wir verstanden den »Solifonds« früher als antikoloniale und antiimperialistische Wiedergutmachung und als Gegenstück zur etablierten deutschen Entwicklungspolitik, die oft nur die Infrastruktur für den Ausbeutungsweg des Kapitals zahlt.

Im März 2000 reiste Josef Fischer in die islamische Gottesdiktatur Iran. Das lohnt sich – für die deutsche Wirtschaft. Um den iranischen Markt konkurrieren in naher Zukunft das deutsche Kapital mit dem aus Südkorea und Japan. Auch Kapitalfraktionen aus den USA versuchen Lockerungen des Boykotts durchzusetzen. Als im Mai 1993 zwei FDP-Bundestagsabgeordnete in den Iran fuhren, protestierten Bündnis 90/Die Grünen gegen den Pakt mit einer Diktatur.[849] Jetzt kein Wort.

Um die Akzeptanz für die deutsch-iranischen Beziehungen zu fördern und Fischers Außenpolitik zu stützen, lud die grünnahe Heinrich-Böll-Stiftung für den 7. bis 9. April 2000 zu einer Konferenz in Berlin. KritikerInnen des iranischen Präsidenten waren nicht erwünscht. Der Flüchtlingsrat Brandenburg warf den Veranstaltern völlige »Distanzlosigkeit zur Regierungspolitik« vor. Die Grünen wollen, daß das Publikum glaubt, daß es sich bei Khatamis Regierung um eine »Reformregierung« handelt. Wochenlang protestierten iranische Oppositionelle gegen die regimenahe Zusammensetzung der Konferenz. Unter den eingeladenen angeblichen VertreterInnen der iranischen Opposition befand sich z. B. auch Akbar Gandschi, einstmals Mitgründer des iranischen Geheimdienstes, und solche Leute, die persönlich für religiösen Terror, für Hinrichtungen und für die Verfolgung der KurdInnen im Iran verantwortlich sind. Die rot-grüne Bundesregierung will Khatami nicht nur das Mäntelchen eines Reformers umhängen. Der breite iranische Widerstand gegen die Mullahs – von StudentInnen, Jugendlichen, Frauen, von Intellektuellen und aus der Arbeiterschaft – soll im Bewußtsein der bundesdeutschen Öffentlichkeit dem regierenden Mullah Khatami zugeschlagen werden.

Was ist das für eine angebliche »Reformregierung«? Im Iran werden nach wie vor Todesurteile gegen DemonstrantInnen und Oppositionelle verhängt. Die Menschenrechtssituation hat sich unter Khatami in Wirklichkeit verschlechtert. Oppositionelle Parteien und Zeitungen sind verboten. Der Iran ist ein »Gottesstaat«. Oppositionelle werden zu Gegnern Gottes erklärt. Die Gerichte urteilen auf Basis der Scharia. Das schließt Schleierzwang, Hinrichtungen, Verstümmelungen und öffentliche Steinigungen von Frauen – z. B. wegen »Ehebruchs« – ein. Das Patriarchat wird durch den islamischen Fundamentalismus legitimiert. Bei den ach so demokratischen Wahlen im Iran durften nur Frauen wählen, die einen Schleier trugen. Khatamis Regierung hat beschlossen, daß Frauen nur von Frauen medizinisch behandelt werden dürfen. In Zeitungen dürfen keine Porträtfotos von Frauen veröffentlicht werden. Die Forderung nach Gleichberechtigung steht unter Strafe. Nur einer Minderheit von Frauen gelingt es, ein Scheidungsbegehren durchzusetzen. Die neuen deutsch-iranischen Beziehungen, die Joseph Fischer eingeleitet hat, sind ein furchtbarer Hieb ins Gesicht der iranischen Opposition.[850]

Am 2. Juni 1967, beim Schah-Besuch in Westberlin, droschen »Jubelperser« auf die außerparlamentarische Opposition ein. Im April 2000 wurde eine andere Art von »Jubelpersern« von heruntergekommenen ehemaligen Apo-Leuten an den Konferenztisch gebeten. Für die Opfer der Todesstrafe im Iran, für inhaftierte Oppositionelle, für die diskriminierten Frauen, die zum Schleier und zum Verzicht auf jedwede Selbstbestimmung gezwungen werden, und für die Frauen, welche der islamische Gottesstaat Iran steinigen läßt, ist die Politik der Grünen ein unmenschlicher Verrat.

Die Grünen werden mehr und mehr den Versuch machen, die eigene Anhängerschaft zu befrieden, indem sie Foren zum Nörgeln und für den mystifizierten »konstruktiven Diskurs« bieten. Sie werden Mediationsverfahren[851] einüben und versuchen, KritikerInnen mit komfortablen Einladungen zu Konferenzen das Maul zu stopfen. Sie müssen alles tun – das ist Teil ihrer neuen Funktion –, die aufkommende Opposition gegen die »neue Weltordnung«, deren PR-Agentur sie geworden sind, zu schwächen.

Joseph Fischer wurde zum Flakhelfer dieser inhumanen »neuen Weltordnung«, und mit ihm Bündnis 90/Die Grünen.

# Anmerkungen

1 Reinhard Mohr, »Erschrocken über den Erfolg«, in: *Der Spiegel* 42/1998

2 Die SPD erhielt 40,9 Prozent (1994: 36,4 Prozent), Bündnis 90/ Die Grünen 6,7 Prozent (1994: 7,3 Prozent). Die alte Regierungskoalition aus CDU/CSU und FDP blieb mit 35,1 (1994: 41,5) Prozent bzw. 6,2 (1994: 6,9) Prozent abgeschlagen. Die PDS sicherte mit 5,1 Prozent ihre Existenz (1994: 4,4 Prozent).

3 Ute Scheub, »Out of Oggersheim«, in: *taz* v. 6. 10. 1998

4 Gunter Hofmann, »Ein Kulturbruch, mit links«, in: *Die Zeit* v. 1. 10. 1998

5 Joachim Fritz-Vannahme, »Illusionslos glücklich«, in: ebd.

6 Scheub, a.a.O.

7 *stern* 42/1998

8a *Der Spiegel* 41/1998

8b Ebd.

9 Marion Dönhoff, »Liebe Freunde, seid nicht kleinmütig«, in: *Die Zeit* v. 1. 10. 1998

10 Ebd.

11 Scheub, a.a.O.

12 Michael Rediske, »1969 und 1998. Rot-Grün – Gelassenheit statt Kulturkampf«, in: *taz* v. 30. 9. 1998

13 Scheub, a.a.O.

14 Michael Rutschky, »Verderbt uns nicht die Party«, in: *taz* v. 2. 10. 1998

15 Mariam Lau, »Eingerichtet im Katastrophenbunker«, in: *taz* v. 17./18. 10. 1998

16 Manfred Bissinger, »Was Schröder tun muß«, in: *Die Woche* v. 25. 9. 1998

17 Hofmann, a.a.O.

18 Ebd.

19 *Der Spiegel* 41/1988

20 V.Z., »Lautlos«, in: *Frankfurter Allgemeine Zeitung* v. 30. 9. 1998

21 Zit. nach: Heiner Möller, »Neue Männer hat das Land«, in: *17 Grad Celsius* 17, Feb./März/April 1999

22 Alle Zitate aus: Eberhard Seidel, »Kohl hat nicht nur seine Ehre verspielt«, in: *taz* v. 20. 1. 2000

23 Vera Gaserow, »Otto Schily – ein Innenminister will Kosmos sein«, in: *Frankfurter Rundschau* v. 6. 1. 2000

24 Zit. nach: ebd.

25 Joachim Hirsch, *Der Sicherheitsstaat. Das »Modell Deutschland«, seine Krise und die neuen sozialen Bewegungen.* Frankfurt/Main: Europäische Verlagsanstalt 1980, S. 13

26 Erich Kuby, *Aus schöner Zeit. Vom Carepaket zur Nachrüstung: der kurze deutsche Urlaub.* Hamburg: Rasch und Röhring Verlag 1984, S. 269

27 Matthias Küntzel, *Bonn und die Bombe. Deutsche Atomwaffenpolitik von Adenauer bis Brandt.* Frankfurt/New York: Campus Verlag 1992, S. 12

28 Ebd., S. 19

29 Werner Balsen/Karl Rössel, *Hoch die internationale Solidarität. Zur Geschichte der Dritte-Welt-Bewegung in der Bundesrepublik.* Köln: Kölner Volksblatt-Verlag 1986, S. 59

30 Küntzel, a.a.O., S. 122 f.

31 Ebd., S. 123

32 Der Atomwaffensperrvertrag (Vertrag über die Nichtverbreitung von Kernwaffen; englisch: Nuclear Non-Proliferation Treaty – NPT) wurde zuerst von den drei Atommächten USA, Großbritannien und der UdSSR unterzeichnet (1. 7. 1968) und trat am 5. März 1970 in Kraft, nachdem u. a. auch die Bundesrepublik Deutschland unterzeichnet hatte.

33 *Bayernkurier* v. 4. 3. 1967

34 Rudolf Botzian/Uwe Nerlich, »Auswirkungen eines Vertrages über die Nichtverbreitung von Atomwaffen auf den zivilen Sektor technisch-industrieller Entwicklung«, Stiftung Wissenschaft und Politik – Aufzeichnung 107 v. 23. 1. 1967, nur zur persönlichen Unterrichtung, Ebenhausen 1967 (Archiv Küntzel); zit. nach: Küntzel, a.a.O., S. 133

35 So die Lobbyzeitschrift *Atomwirtschaft,* zit. nach: Küntzel, a.a.O., S. 198 f.

36 Am 20. 2. 1974 ratifizierte der Deutsche Bundestag Sperrvertrag und Kontrollabkommen. Vgl. Küntzel, a.a.O., S. 235

37  Literaturtip: Vgl. Anm. 27

38  Ebd., S. 135

39  Ebd., S. 137

40  Drucksache des Deutschen Bundestages 10/4502:10, zit. nach: Küntzel, a.a.O., S. 251

41  Erwin Häckel, »Friedliche Nutzung der Kernenergie und Nicht-verbreitung von Kernwaffen«, in: Karl Kaiser/Hans-Peter Schwarz (Hg.), *Weltpolitik*. Stuttgart: Klett-Cotta 1985, S. 283, zit. nach: Küntzel, a.a.O., S. 271

42  Zum Beispiel war die Klöckner-Humboldt-Deutz AG »stolz, Pakistan bei der Entwicklung der Atomforschung geholfen zu haben«. Siehe: Jutta Ditfurth, *Feuer in die Herzen. Gegen die Entwertung des Menschen*. Dritte, erweiterte und vollständig überarbeitete Neuausgabe. Hamburg: Konkret Literatur Verlag 1997, S. 110; vgl. auch: *Der Spiegel* 27/1992

43  Wolfgang Kraushaar (Hg.), *Frankfurter Schule und Studentenbewegung. Von der Flaschenpost zum Molotowcocktail. 1946 bis 1995*. Band 1, Hamburg: Verlag Rogner & Bernhard 1998, S. 120

44  Weitere Informationen in: Rolf Gössner/Uwe Herzog, *Der Apparat. Ermittlungen in Sachen Polizei*. Köln: Kiepenheuer & Witsch 1982

45  1945 befanden sich »noch folgende Dritte-Welt-Länder im Kriegszustand mit dem Deutschen Reich: Ägypten, Argentinien, Äthiopien, Bolivien, Brasilien, China, Costa Rica, Dominikanische Republik, Ecuador, El Salvador, Guatemala, Haiti, Honduras, Irak, Iran, Kolumbien, Kuba, Libanon, Liberia, Mexiko, Nicaragua, Panama, Paraguay, Peru, Saudi-Arabien, Südafrikanische Union, Syrien, Türkei, Uruguay und Venezuela«, schreiben Werner Balsen und Karl Rössel in ihrem lesenswerten Buch *Hoch die internationale Solidarität. Zur Geschichte der Dritte-Welt-Bewegung in der Bundesrepublik*. Köln: Kölner Volksblatt-Verlag 1986.
Balsen/Rössel: »Es gab Befreiungsbewegungen in Asien und Afrika, die sich der Illusion hingaben, im Bündnis mit deutschen Faschisten ihre französischen und britischen Kolonialherren loswerden zu können. Aber es gab vor allem antifaschistische Solidaritätsgruppen und Komitees – in allen Kontinenten.« Die Autoren weisen darauf hin, daß in einschlägigen Veröffentli-

chungen meist die Zahlen der Opfer des Zweiten Weltkriegs in Deutschland, der Sowjetunion, Polen, Japan, Jugoslawien, Frankreich, Italien, Großbritannien und den USA genannt werden, einschließlich Dänemarks mit 1 400 Opfern. »Nur die toten Afrikaner und Asiaten (Ausnahme Japaner als Bündnispartner der Faschisten) kommen nicht vor. Dabei fielen schon in so einem kleinen unbekannten Inselstaat wie Belau in Mikronesien zwanzigmal mehr Menschen im Zweiten Weltkrieg als etwa in Dänemark. Das waren dort zwei Drittel der gesamten Bevölkerung. [...] Selbst die schätzungsweise fünf Millionen Menschen, die in China während dieses Kriegs starben, fehlen in fast allen Statistiken.« Siehe S. 28 f.

46  Zit. nach: Balsen/Rössel, a.a.O., S. 72
47  Hans Magnus Enzensberger, »Ausblicke auf den Bürgerkrieg«, in: *Der Spiegel* 25/1993
48  *Neues Deutschland* v. 11. 11. 1999
49  Werner Rügemer, »Von der moralischen Überdüngung des Mobs«, in: *junge Welt* v. 4. 1. 1999
50  Ebd.
51  Alexander Smoltzcyk, in: *Der Spiegel* 51/1998
52  Vgl. *Focus* 45/1999
53  Die Kolonialmacht Frankreich begann den Krieg gegen Vietnam 1946. 1954 mußte Frankreich kapitulieren. Eine internationale Konferenz in Genf entschied, unter dem Druck der USA, die mit einer Invasion drohten, die Teilung des Landes. Die USA boykottierten die vereinbarten Wahlen und übernahmen die Kontrolle in Südvietnam. US-Präsident Dwight D. Eisenhower 1954: »Wären zur Zeit der Kämpfe Wahlen abgehalten worden, hätten wahrscheinlich 80 Prozent der Bevölkerung eher für den Kommunisten Ho Chi Minh als für Staatschef Bao Dai gestimmt.« In Südvietnam entstand – mit Unterstützung der USA – eine gewalttätige Diktatur, gegen die 1960 die Nationale Befreiungsfront FNL gegründet wurde. Die stärkste Gruppe in der FNL war der Vietcong. US-Präsident John F. Kennedy verstärkte die Anzahl der »US-Militärberater« von 2 000 (1960) auf mehr als 11 000 (1962) und über 16 000 (1963). 1964 waren 50 000 US-Soldaten in Vietnam, 1965: 200 000, 1967: 500 000. Die FNL siegte, 1975 mußten die USA Vietnam verlassen. Das Land wurde als »Sozialistische Republik Vietnam«

wiedervereinigt. Die USA zahlten die in den Friedensver-
handlungen vereinbarte Wiedergutmachung in Höhe von
3,25 Milliarden US-Dollar nicht. Vgl. Balsen/Rössel, a.a.O.,
S. 138 ff.

54 *Die Welt* v. 27. 4. 1965

55 dpa v. 11. 8. 1966

56 Balsen/Rössel, a.a.O., S. 154

57 Kraushaar, *Frankfurter Schule . . .*, a.a.O., S. 212

58 Herbert Marcuse, *Der eindimensionale Mensch.* München:
Deutscher Taschenbuch Verlag 1994. Die US-amerikanische Erstausgabe erschien 1964 bei Beacon Press, Boston; die deutsche
Erstausgabe 1967 bei Luchterhand Literatur Verlag, Hamburg.

59 Vollständig abgedruckt z. B. in: Balsen/Rössel, a.a.O., S. 159–
163

60 Knut Nevermann, *Der 2. Juni 1967.* Köln 1967, S. 141; zit. nach:
Karl A. Otto, *APO – Die außerparlamentarische Opposition in
Quellen und Dokumenten (1960–1970).* Köln: Pahl-Rugenstein
1989, S. 234

61 Theodor W. Adorno, »Zum Kurras-Prozeß«, in: *Diskus. Frankfurter Studentenzeitung,* 17. Jg., 7/8, Nov./Dez. 1967, S. 4

62 Gretchen Dutschke, *Wir hatte ein barbarisches schönes Leben.
Rudi Dutschke. Eine Biographie.* Köln: Verlag Kiepenheuer &
Witsch 1996

63 Vgl. Kraushaar, *Frankfurter Schule . . .*, S. 334

64 *Der Spiegel* 14/1970; Kraushaar, *Frankfurter Schule . . .*, a. a. O.,
S. 489 f.

65 *Der Spiegel* 14/1970

66 Eva Schweitzer, »Ein Berliner auf Rügen«, in: *Der Tagesspiegel*
v. 8. 7. 1997

67 Udo Knapp, »Sich heraushalten geht nicht«, in: *taz* v. 11. 8.
1990

68 Udo Knapp, »Grüne Festung Europa«, in: *natur* 2/1992

69 Sibylle Plogstedt, »Beim Ostermarsch sind nur die Esel für die
NATO«, in: *taz* v. 11. 4. 1998 (diese Ausgabe der *taz* wurde von
einigen Alt-68ern produziert.)

70 Johannes Agnoli, *1968 und die Folgen.* Freiburg: Ça ira Verlag
1998, S. 10

71 Balsen/Rössel, a.a.O., S. 303 ff.

72 Balsen/Rössel, a.a.O., S. 321

73 Schreiben der Quimica Hoechst Chile LTDA, Santiago de Chile, v. 17. 9. 1973, zit. nach: Friedhelm Hemmerich, »Ausländische Unternehmen in der 3. Welt«, in: *Blätter des Informationszentrums 3. Welt,* Heft 50, Freiburg 1975, S. 25; zit. in: Peter Wolfram Schreiber *IG Farben. Die unschuldigen Kriegsplaner.* Stuttgart: Verlag Neuer Weg 1978, S. 211–213. Literaturhinweis: Otto Köhler *... und heute die ganze Welt. Die Geschichte der IG Farben und ihrer Väter.* Hamburg: Rasch und Röhring 1986

74 *Zürcher Zeitung* v. 3. 12. 1998

75 Gore Vidal, »Sing, General. Sing!«, in: *Die Weltwoche* 50 v. 10. 12. 1998

76 *Der Spiegel* 6/2000

77 Ebd. und *Der Spiegel* 22/1990

78 Vgl. Jutta Ditfurth, »Wie die SPD die portugiesische Revolution zerschlug. 25. April 1974: 20 Jahre portugiesische Revolution«, in: *ÖkoLinX* 15/1994. Literaturhinweise:

1. Sozialistisches Büro Offenbach (Hg.), *Portugal auf dem Weg zum Sozialismus? Analysen und Dokumente.* (Reihe Internationale Solidarität 9) Offenbach Mai 1975

2. Arno Münster, *Portugal. Jahr 1 der Revolution. Eine analytische Reportage.* Berlin (West): Rotbuch Verlag 1975

3. *Reform und Revolution in Portugal.* Kritik der Politischen Ökonomie Heft 3/4, Berlin (West): Verlag Olle & Wolter 1975

4. *Portugal: Grenzen der Revolution.* Kritik der Politischen Ökonomie Heft 5, Berlin (West): Verlag Olle & Wolter 1976

5. Geschichtswerkstatt (Hg.), *20 Jahre Revolution in Portugal. Materialien und Dokumente.* München 1994. Zu beziehen über: Geschichtswerkstatt, c/o Elisabeth Adam, Postfach 140 102, 80451 München

6. Günter Schröder (Hg.), *Portugal. Materialien und Dokumente.* 5 Bände, Gießen: Focus Verlag 1976

7. Michael Vester, *Die vergessene Revolution: Sieben Jahre Agrarkooperativen in Portugal.* Frankfurt/Main: Materialis Verlag 1982

8. Martin Kayman, *Revolution and Counterrevolution in Portugal.* London: Merlin Press 1987

9. Sondernummer der Zeitung *Arbeiterkampf:* »Die politischen Parteien in Portugal«. Hamburg 1975

79 Zit. nach: Linke Liste an der Universität Frankfurt/Main (Hg.), *Die Mythen knacken. Materialien wider ein Tabu. Neue Linke – RAF – Deutscher Herbst – Amnestie.* Frankfurt/Main: Selbstverlag 1987

80 Joachim Hirsch, *Der Sicherheitsstaat ...*, a.a.O., S. 16

81 Ebd., S. 12

82 Literaturhinweise zur RAF und zum »Deutschen Herbst«:
   1. Peter Brückner, *Über die Gewalt: 6 Aufsätze zur Rolle der Gewalt in der Entstehung und Zerstörung sozialer Systeme.* Berlin (West): Verlag Klaus Wagenbach 1979
   2. Ulrike Meinhof, *Die Würde des Menschen ist antastbar. Aufsätze und Polemiken.* Berlin (West): Verlag Klaus Wagenbach 1980
   3. Rote Armee Fraktion *Texte und Materialien zur Geschichte der RAF.* Berlin: ID-Verlag 1997
   4. Pieter Bakker Schut, *Stammheim. Der Prozeß gegen die Rote Armee Fraktion. Die notwendige Korrektur der herrschenden Meinung.* Rote Hilfe e. V. (Hg.), Sonderausgabe 20 Jahre Stammheim, Bonn: Pahl-Rugenstein Verlag 1997 (Originalausgabe: Kiel: Neuer Malik Verlag 1986)
   5. Oliver Tolmein/Detlef zum Winkel, *Nix gerafft. Zehn Jahre Deutscher Herbst und der Konservatismus der Linken.* Hamburg: Konkret Literatur Verlag 1987
   6. Tatjana Botzat u. a., *Ein deutscher Herbst. Zustände, Dokumente, Berichte, Kommentare.* Frankfurt/Main: Verlag Neue Kritik 1978 (vergriffen, in Bibliotheken erhältlich)
   7. Linke Liste an der Universität Frankfurt/Main (Hg.), *Die Mythen knacken. Materialien wider ein Tabu. Neue Linke – RAF – Deutscher Herbst – Amnestie.* Frankfurt/Main: Selbstverlag 1987

83 *Frankfurter Rundschau* v. 6. 5. 1977

84 *Frankfurter Rundschau* v. 12. 5. 1977

85 Werke von Peter Brückner (Auswahl):
   1. *Staatsfeinde. Innerstaatliche Feinderklärung in der Bundesrepublik.* Berlin (West): Verlag Klaus Wagenbach 1972;
   2. *Ulrike Meinhof und die deutschen Verhältnisse.* Berlin (West): Verlag Klaus Wagenbach 1987 (Neuausgabe);

3. *Zerstörung des Gehorsams. Aufsätze zur politischen Psychologie.* Berlin (West): Verlag Klaus Wagenbach 1983;

4. *Selbstbefreiung. Provokation und soziale Bewegungen.* Berlin (West): Verlag Klaus Wagenbach 1983

86 Über Peter Brückner siehe: Brückner, *Selbstbefreiung...*, a.a.O., S. 106

87 Ebd., S. 105

88 Lothar Tönsdorf in: *Berliner Morgenpost* v. 22. 10. 1977, zit. nach: Bakker Schut, *Stammheim...*, a.a.O., S. 487

89 Tolmein/zum Winkel, a.a.O., S. 65

90 »Der Kleine Krisenstab tagt unter Vorsitz des Bundeskanzlers [Helmut Schmidt]. Weitere Teilnehmer sind Bundesaußenminister Genscher, Bundesjustizminister Vogel und sein Staatssekretär Erkel. Nach der Entführung der ›Landshut‹ kommen noch Bundesverteidigungsminister Leber und gelegentlich Bundeswirtschaftsminister Lambsdorff dazu. Regelmäßig nehmen außerdem Staatsminister Wischnewski, Staatssekretär Schüler, Regierungssprecher Bölling, der Präsident des BKA Herold und Generalbundesanwalt Rebmann an den Beratungen teil. Im Großen Krisenstab sind darüber hinaus noch Willy Brandt, Herbert Wehner, Helmut Kohl, Wolfgang Mischnick, Friedrich Zimmermann, Franz Josef Strauß und die Ministerpräsidenten der vier Bundesländer vertreten, in denen RAF-Mitglieder, die befreit werden sollten, inhaftiert waren (Filbinger [Baden-Württemberg], Goppel [Bayern], Kühn [Nordrhein-Westfalen] und Klose [Hamburg]) vertreten«, aus: ebd., S. 71

91 Vgl. ebd., S. 57

92 Vgl. auch: Bakker Schut, a.a.O., S. 494–502

93 Ebd.

94 Hirsch, *Der Sicherheitsstaat...*, a.a.O., S. 10

95 Ebd., S. 11

96 Wer darüber weiterlesen möchte:

1. Bernd Nössler/Margret de Witt (Hg.), *Wyhl. Kein Kernkraftwerk in Wyhl und auch sonst nirgends. Betroffene Bürger berichten.* Freiburg: inform-Verlag 1976

2. Nina Gladitz (Hg.), *Lieber heute aktiv als morgen radioaktiv. Wyhl: Bauern erzählen. Warum Kernkraftwerke schädlich sind. Wie man eine Bürgerinitiative macht. Und wie*

man *sich dabei verändert.* Berlin (West): Verlag Klaus Wagenbach 1976

97 So bezeichnete der Schriftsteller Rolf Hochhuth Filbinger, vgl. *taz* v. 29. 5. 1998.

98 Vgl. z. B. *taz* v. 29. 5. 1995

99 Prognose von Karl Winnacker (Präsident des Deutschen Atomforums und Vorstandsvorsitzender der Farbwerke Hoechst): 70 000 Megawatt für 1975, 100 000 Megawatt für 1980. Atomreaktoren waren im Schnitt mit 1 000 Megawatt angesetzt. 90 Prozent davon sollten Atomkraftwerke sein = 90 Atomkraftwerke. Variante: für 1985: 142 000 Megawatt geplant, Berechnung wie oben = ca. 128 Atomkraftwerke. Stand 1965: 37 000 Megawatt; Winnacker ging davon aus, daß sich der Energiebedarf alle 10 Jahre verdoppelt. Quelle: *Atomwirtschaft,* September 1965

100 In einem ersten Schritt sollten bis 1985 40 AKWs gebaut sein. Quelle: *Der Spiegel* 48/1974; bzw. 50 Atomkraftwerke. Quelle: *Der Spiegel* 30/1978. Die Zahl der Atomkraftwerke sollte sich im ersten Schritt bis 1985 auf 50 Atomkraftwerke erhöhen. Quelle: Bundesministerium für Wirtschaft (Hg.), *Erste Fortschreibung des Energieprogramms der Bundesregierung.* Bonn 1974, S. 42; zit. nach: Martin Meyer-Renschhausen, *Energiepolitik in der BRD von 1950 bis heute.* Köln 1977, S. 137; siehe auch: *Frankfurter Allgemeine Zeitung* v. 1. 2. 1975

101 Mehr als 400 Atomkraftwerke plante die Atomwirtschaft langfristig Anfang der siebziger Jahre. Quelle: Reimar Paul, »Die Anti-AKW-Bewegung – wie sie wurde, was sie ist«, in: Redaktion Atom Express (Hg.), »*. . . und auch nicht anderswo!« Die Geschichte der Anti-AKW-Bewegung.* Göttingen: Verlag Die Werkstatt 1997, S. 32

102 Mögliche Standorte für AKWs: 598 Atomreaktoren geplant. Geplante Kraftwerkskapazität: 1982: 100 000 Megawatt (MW); 1990: 200 000 MW; 2000: 300 000 MW; 2020: 400 000 MW; 2050: 500 000 MW. Quelle: Studie 1220 der Kernforschungsanlage Jülich, Juli 1975, im Auftrag des Bundesinnenministeriums, und Entwicklungsplan »Kraftwerkstandorte«, Baden-Württemberg; zit. in: *Informationsdienst zur Verbreitung unterbliebener Nachrichten (ID),* 156–157 v. 18. 12.

1976, Frankfurt, S. 12 und Bundesverband Bürgerinitiativen Umweltschutz (BBU)

103 *Der Spiegel* 44/1991

104 *Bild* v. 16. 2. 1977

105 *Frankfurter Allgemeine Zeitung* v. 19. 2. 1977

106 *Le Matin* v. 2. 8. 1977 und *Le Figaro* v. 4. 8. 1977

107 Zum Beispiel die »Solidaristische Volksbewegung«, eine Gruppierung der Neuen Rechten«, vgl. Michael Schroeren (Hg.), Die Grünen. Zehn bewegte Jahre, Wien: Carl Ueberreuter 1990, S. 13

108 Vgl. Michael Schroeren, in: ders., a.a.O., S. 218

109 KPdSU = Kommunistische Partei der Sowjetunion bzw. UdSSR (Union der Sozialistischen Sowjetrepubliken)

110 Interview mit Thomas Ebermann, in: Schroeren, a.a.O., S. 217

111 Vgl. Präambel der Satzung der Bundespartei Die Grünen, Gründungsparteitag 12./13. 1. 1980, Karlsruhe, Abs. 1

112 Schroeren, a.a.O., S. 12

113 Erhard Eppler im Rahmen einer Fernsehdiskussion des Hessischen Rundfunks gegenüber der Autorin (1981)

114 Die Zitate vom Gründungsparteitag stammen aus dessen Wortprotokoll; rekonstruiert in: Schroeren, a.a.O., S. 25–131

115 Herbert Gruhl, *Himmelfahrt ins Nichts.* München: Langen-Müller 1992, S. 244; Gruhl stimmt dort dem Vorschlag des Autors René Dubos (*Der entfesselte Fortschritt. Programm für eine menschliche Welt.* Bergisch Gladbach: Gustav Lübbe Verlag 1970, S. 166) zu.

116 Nach dem Bericht der Mandatsprüfungskommission waren das für Baden-Württemberg: 205 Delegierte, Bayern: 151, Bremen: 10, Hamburg: 73, Hessen: 61, Niedersachsen: 145, Nordrhein-Westfalen: 201, Rheinland-Pfalz: 28, Saarland: 8, Schleswig-Holstein: 70, Berlin: 52 Delegierte. Vgl.: »Die Gründung der Grünen. Dokumentation des Gründungsparteitags (Wortprotokoll)«, in: Schroeren, a.a.O., S. 31

117 Vgl. Satzung der Bundespartei Die Grünen, Gründungsparteitag 12./13. 1. 1980, Karlsruhe

118 Interview mit Petra Kelly, in: Schroeren, a.a.O., S. 187

119 Der zweite Kongreß der »Sonstigen Politischen Vereinigung (SPV) Die Grünen« in Offenbach am 3./4. November 1979

120 Vorläufer der Europäischen Union (EU)

121 Peter Gatter, *Die Aufsteiger. Ein politisches Portrait der Grünen.* Hamburg: Hoffmann und Campe 1987, S. 42

122 Ebd., S. 41

123 Beratungskongreß für Alternative, Bunte, Grüne, BIs [Bürgerinitiativen] und Linke am 16. 12. 1979 in Frankfurt/Main

124 Interview mit Petra Kelly, in: Schroeren, a.a.O., S. 213

125 Interview mit Thomas Ebermann, in: Schroeren, a.a.O., S. 217

126 Schroeren, a.a.O., S. 31 f.

127 Ebd., S. 32

128 Ebd., S. 32 f.

129 Sofern nicht anders angegeben, stammen alle Zitate vom Gründungsparteitag aus: Schroeren, a.a.O.

130 Urteil des 16. Zivilsenats des Oberlandesgerichts Frankfurt/Main v. 11. 5. 1995 (AZ 16 U 135/94 2/3 O 185/94). Mehr Informationen über Max Otto Bruker – einschließlich der juristischen Auseinandersetzungen – in:
   1. Ditfurth, *Feuer . . .*, a.a.O., Personenregister: Bruker
   2. Jutta Ditfurth, *Entspannt in die Barbarei. Esoterik, (Öko-) Faschismus und Biozentrismus.* Hamburg: Konkret Literatur Verlag 1996, Personenregister: Bruker
   Zum Beispiel lud die »Wählergemeinschaft Grüne Liste Rheinland-Pfalz« zu einer Podiumsdiskussion nach Koblenz unter dem Titel »Die Grünen stellen sich«. Einer der sechs Referenten war Dr. Max Otto Bruker. Mit auf dem Podium: Helmut Schmitz, Landesvorsitzender der NPD Rheinland-Pfalz. Diskussionsleitung: Siegfried Bublies (Quelle: Schriftliche Auskunft des Statistischen Landesamtes Rheinland-Pfalz v. 7. 10. 1987). Aus dieser Wählergemeinschaft Grüne Liste Rheinland-Pfalz ging schließlich bei den rheinland-pfälzischen Landtagswahlen die NPD-Grüne Liste hervor. (Quelle: Franz Greß/Hans-Gerd Jaschke/Klaus Schönekäs, *Neue Rechte und Rechtsextremismus in Europa.* Opladen: Westdeutscher Verlag 1990, S. 263 f.)

131 Am 30. 6./1. 7. 1979

132 Zum Weltbund zum Schutz des Lebens, in: Ditfurth, *Feuer . . .*, a.a.O., Stichwortregister: Weltbund . . .

133 Werner Haverbeck, geboren 1909, kam über die Bündische

Jugend zur SA und war von 1929 bis 1932 Mitglied der Reichsleitung der NSDAP-Studentenschaft und der Reichsjugendführung der Hitlerjugend, war zudem Reichsamtsleiter in der NS-Organisation »Kraft durch Freude«. 1937 Referent im Stab des Hitler-Stellvertreters Rudolf Heß, zu Kriegsbeginn zuständig für die deutsche Rundfunkpropaganda in Dänemark und 1942 Referatsleiter für Südamerika. – Ausführliche Informationen über Haverbeck in: Ditfurth, *Feuer...,* a.a.O., Personenregister: Haverbeck

134 Zit. nach: Schroeren, a.a.O., S. 19 f.

135 Die Grünen, *Das Bundesprogramm.* 1980, S. 5, 6 ff.; das Programm ist bis heute (Juli 2000) gültig.

136 Jürgen Reents war vor seiner Zeit bei den Grünen Funktionär des Kommunistischen Bundes (KB) und ist seit 1999 Chefredakteur des *Neuen Deutschland (ND).*

137 Die Grünen, *Satzung der Bundespartei.* 1980, Präambel Punkt 3, S. 12

138 Interview mit Herbert Gruhl, in: Schroeren, a.a.O., S. 153

139 Am 22. Juni 1993 schickte mir Bahro, wütend über meine Kritik an seinen esoterisch-ökofaschistischen Positionen und BündnispartnerInnen, das knochenreaktionäre, rassistische, antisemitische esoterische Buch seines Gurus (Sri Aurobindo, *Zyklus der menschlichen Entwicklung.* Planegg: Mirapuri-Verlag 1983), das er mir dringend zu lesen empfahl. Vgl. dort z. B. S. 54 ff.

140 Eine ausführlichere Auseinandersetzung mit Rudolf Bahro findet sich in: Ditfurth, *Feuer...,* a.a.O., Personenregister: Bahro

141 Damals die linke Konkurrenz von Alice Schwarzers Zeitschrift *Emma*

142 Vgl. *Die Welt* v. 28. 9. 1982; *Der Spiegel* 43/1985

143 Willy Brandt, »SPD und Grüne«, in: *Die Zeit* v. 8. 10. 1982. Anm. der *Zeit*-Red.: Auszug aus der Rede vor dem Bundestag

144 Wolfgang Kraushaar, »Realpolitik als Ideologie. Von Ludwig August von Rochau zu Joschka Fischer«, in: *1999* Heft 3/1988, S. 126

145 Ebd.

146 Ebd.

147 Ebd.

148 Literaturhinweis: Hans-Jürgen Krahl, *Konstitution und Klassenkampf. Zur historischen Dialektik von bürgerlicher Emanzipation und proletarischer Revolution.* Frankfurt/Main: Verlag Neue Kritik 1977. (Dritte Aufl.; Erstausgabe: 1971)

149 Ebd., S. 119

150 Sabine Rosenbladt, »Der Durchbruch des Dschäi Eff. Ein Pamphlet voll plumper Demagogie«, in: *Konkret* 1/1985

151 Fischers Hofbiographin Krause-Burger schreibt vom »Vietcong, dem Joschka Fischers Freund, Tom Koenigs – was von Mitstreitern aus jener Zeit allerdings bezweifelt wird –, ein ererbtes Vermögen vermacht haben soll.« Vgl. Sibylle Krause-Burger, *Joschka Fischer. Die Biographie.* Aktualisierte Neuausgabe. Stuttgart: Deutsche Verlagsanstalt 1999, S. 84 f.; vgl. auch: Christian Schmidt, »*Wir sind die Wahnsinnigen...*« *Joschka Fischer und seine Frankfurter Gang.* München: Econ Verlag 1998, S. 225

152 Zit. nach: Krause-Burger, a.a.O., S. 104

153 Sofern nicht anders angegeben, stammen die folgenden Informationen aus: Matthias Schäfer, »Frankfurter Realo-Kneipe Batschkapp unterstützt rechtsextreme Dark-Wave-Band ›Death in June‹«, in: *ÖkoLinX* 27/1998. S. 28 ff.

154 *junge Welt* v. 9. 12. 1996

155 Schmidt, »*Wir sind die Wahnsinnigen...*«, a.a.O., S. 252

156 *Frankfurter Rundschau* v. 20. 12. 1996

157 Ebd.

158 *Frankfurter Rundschau* v. 20. 5. 1997

159 *Ebd.*

160 Kraushaar, *Frankfurter Schule...*, a.a.O., S. 290

161 Schmidt, »*Wir sind die Wahnsinnigen...*«, a.a.O., S. 32 ff.

162 Ebd., S. 38

163 Daniel Cohn-Bendit, *Der große Basar.* München: Trikont-Verlag 1975, S. 44

164 *junge Welt* v. 16./17. Mai 1998

165 Zit. nach: Schmidt, »*Wir sind die Wahnsinnigen...*«, a.a.O., S. 47

166 Kraushaar, *Frankfurter Schule...*, a.a.O., S. 510

167 Interview mit Barbara Köster, in: *Pflasterstrand* 204, 23. 2.–8. 3. 1985, S. 26 ff.

168 Kraushaar, »Realpolitik als Ideologie...«, a.a.O., S. 92 ff.; Kraushaar, *Frankfurter Schule...*, a.a.O., S. 552–554

169 Schmidt, *»Wir sind die Wahnsinnigen...«,* a.a.O., S. 93

170 Vgl.: »Tapfer gegen den Strom«, Interview mit Joseph Fischer, in: *Der Spiegel* 32/1998

171 »Joschka und seine Putzgruppe«, in: *Der Spiegel* 29/1998

172 Vgl.: »Tapfer...«, a.a.O.

173 Siehe Exkurs: Daniel Cohn-Bendit. Die Betriebsnudel für die herrschenden Verhältnisse, S. 221

174 Ursula Lebert, »Ich habe lieber drei Männer zum Feind als eine Frau«, Porträt von Joseph Fischer, in: *Brigitte* 12 v. 29. 5. 1996

175 Schmidt, *»Wir sind die Wahnsinnigen...«,* a.a.O., S. 94

176 Joseph Fischer, »Vorstoß in ›primitivere‹ Zeiten: Befreiung und Militanz«, in: *Autonomie. Materialien gegen die Fabrikgesellschaft,* Nr. 5, 2/1977 S. 52–64

177 Wolfgang Kraushaar, »Thesen zum Verhältnis von Alternativ- und Fluchtbewegung. Am Beispiel der Frankfurter scene«, in: Linke Liste an der Universität Frankfurt/Main (Hg.), *Die Mythen...,* a.a.O., S. 333/334. Kraushaar fährt fort: »Wenn dieser Eindruck nicht täuscht, dann verbirgt sich hinter diesem Perspektivenwechsel nicht einfach eine politische Akzentverschiebung; vielmehr eine gravierende soziopsychische Veränderung, die die Gegenstrukturen der scene in einem völlig anderen Licht erscheinen lassen müssen. Von einem zutiefst regressiven Zustand aus würde Subjektivität geradezu von seinem genauen Gegenteil, vom Objektstatus, einzuklagen versucht.«

178 Joseph Fischer, »Durchs wilde Kurdistan«, in: *Pflasterstrand* 47 v. 10. 2. 1979

179 Ebd.

180 Wolfgang Kraushaar, früher ein Fischer-Kritiker aus dem Sponti-Lager, machte mich etwa 1984 auf diesen Ursprung des Kampfbegriffes »FundamentalistIn« aufmerksam. Heute hat sich Kraushaar, der für das Hamburger Institut für Sozialforschung das trotz einiger grundsätzlicher Kritik äußerst lesenswerte dreibändige Werk *Frankfurter Schule und Studentenbewegung. Von der Flaschenpost zum Molotowcocktail. 1945–1995* herausgeben hat (1998), unter die eingereiht, die die Geschichte der Studentenbewegung hie und da im

Interesse jener Alt-Sponti-Clique umschreiben. Neben den Spontis existiert in seiner »Chronik« fast keine Linke. Nicht der KBW, zeitweise die größte Frankfurter K-Gruppe. Nicht die antiautoritäre Linke wie wir Anti-AKW-AktivistInnen und spätere linke Grüne. Und auch das Sozialistische Büro (SB) wird kleingeschrieben. Vgl. Wolfgang Kraushaar, *Frankfurter Schule...*, a.a.O., S. 593

181 Johannes Agnoli/Peter Brückner, *Die Transformation der Demokratie.* Frankfurt/Main: Europäische Verlagsanstalt 1968, S. 81

182 Thomas Schmid im Gespräch mit Joseph Fischer und Nena, »Fischerman's Friend«, in: *Max* 8/1998

183 Jürgen Bartsch quälte Jungen zu Tode. Er starb 1976 an einer von ihm selbst beantragten Kastration. Fritz Honka erschlug und zersägte vier Frauen.

184 Joseph Fischer, »Vorstoß in ›primitivere‹ Zeiten...«, a.a.O.

185 In der aktualisierten Ausgabe der Biographie finden wir die gequälte Selbstauskunft Fischers, »gekämpft« habe er, aber »nix Schlimmes« gemacht. »Hat er also Steine geworfen und geprügelt?« fragt die Biographin mütterlich. Fischer: »Ich hab' gar nix, ich hab' gekämpft.« Dann erwähnt sie, fast hastig, daß er »gemeinsam mit anderen verhaftet, nach anderthalb Tagen jedoch wieder auf freien Fuß gesetzt« wurde. Für ihr Schönschreibbuch hat Krause-Burger offensichtlich nur Freunde, Verwandte, Bewunderer, Ehefrauen und solche (früheren) »politischen Gegner« befragt, denen Fischer heute ähnlich geworden ist. Wes Geistes Kind Krause-Burger ist, ergibt sich rasch aus dem Vorwort. Sie habe kurz gezögert, diese Biographie zu schreiben, denn »was sollte über einen Mann zu berichten sein, der erst nach dem Krieg geboren worden war, der weder die Bomben erlebt noch die Jahre des Mangels bewußt erlitten hatte [...]«. Das gilt auch für jede Emigrantin und jedes KZ-Opfer. Da lohnt sich dann auch keine Biographie. »Beim genaueren Hinschauen« fehlten Blut, Eisen und Stahlgewitter dann doch nicht ganz. Fischers Geschichte »entpuppte sich [...] als aufregend und einzigartig, voller Abenteuer des Lebens und des Geistes«. Das hätte Ernst Jünger gefallen. Die Hofschreiberin hat auch schon

zwei weitere Bücher, eins über die »andere«, ein anderes über die »neue Elite« geschrieben. – Krause-Burger, a.a.O., S. 93 ff.

186 Ebd., S. 7

187 Ebd., S. 8

188 Klaus Walter, »Der Große Deregulator«, in: *taz* v. 16./17. 10. 1999

189 *Der Spiegel* 1/1986

190 »Sind die Grünen noch zu retten?«, Interview mit Joseph Fischer, in: *Der Spiegel* 14/1998

191 Christa Geissler, in: *Brigitte* 5/1986

192 Jürgen Leinemann, »Fischers große Oper«, in: *Der Spiegel* 38/1998

193 Joseph Fischer, »Warum eigentlich nicht?« (1978), in: Ders., *Von grüner Kraft und Herrlichkeit.* Reinbek: Rowohlt Taschenbuch Verlag 1984, S. 97

194 Vgl. Jutta Ditfurth, »Leise rieselt das Gift. Die Waffen des täglichen Luftangriffs«, in: Dies., *Träumen Kämpfen Verwirklichen. Politische Texte bis 1987.* Köln: Verlag Kiepenheuer & Witsch 1987, S. 116–121; und »Kommunalpolitik: Konkrete Schritte aus dem Weg zu grundsätzlichen gesellschaftlichen Veränderungen«, in: a.a.O., S. 141 ff.

195 Vgl. Jutta Ditfurth, »Der Polizeiüberfall in der Rohrbachstraße. Die Auseinandersetzungen um die Startbahn West«, in: Dies., *Träumen...*, a.a.O., S. 156–175; und »Kommunalpolitik...«, a.a.O., S. 146 ff.

196 Vgl. Jutta Ditfurth, »Kommunalpolitik...«, a.a.O., S. 147 ff.

197 Vgl. Jutta Ditfurth, »Sprengkammern zugemauert«, in: Dies., *Träumen...*, a.a.O., S. 36–47

198 Vgl. Jutta Ditfurth, »Vergiftungen pflastern ihren Weg. Hoechst, Bayer, BASF – die IG Farben und ihre Nachfolger«; »Krebs ist konzernfreundlich. Arbeitsplätze, aromatische Amine und Blasenkrebs bei der Hoechst AG«; und: »Hoechst tötet nicht nur den Schmerz. Über die Pharmapolitik eines multinationalen Chemiekonzerns«, in: Dies., *Träumen...*, a.a.O., S. 86–109; S. 110–115 und S. 122–127

199 Krause-Burger, a.a.O., S. 127

200 Jutta Ditfurth, »»... den Stoß gegen die Juden immer viel zu

flach angesetzt«. Zur Auseinandersetzung um die Verleihung des Goethepreises an den Nazi-Ideologen Ernst Jünger 1982«, in: Dies., *Träumen...*, a.a.O., S. 287–303

201 Der folgende Text ist nach meiner Kenntnis Joseph Fischers Beitrag auf einer Veranstaltung in der »Batschkapp«, wo Fischer den Preis an Jünger verteidigte und die Rolle würdigte, die Jünger für ihn und die »scene« gehabt habe; vgl.: Joseph Fischer, »Der Krampf als inneres Erlebnis« (1982), in: Ders., *Von grüner Kraft...*, a.a.O., S. 54

202 Fischer in seiner Vorbemerkung zu: Fischer, »Der Krampf...«, a.a.O., S. 53

203 Norbert Bolz, »Sündenböcke unter sich. Der Briefwechsel zwischen Ernst Jünger und Carl Schmitt, 1930–1983«, in: *Frankfurter Rundschau* v. 13. 10. 1999, dort: Sachbuch-Beilage, S. 23

204 Renate Wiggershaus, in: *Eva,* Wien 1982, zit. in: Ditfurth, *Träumen...*, a.a.O., S. 287 ff.

205 Krause-Burger, a.a.O., S. 128

206 Eine Wissenschaftlerin der Freien Universität Berlin, die eine Zeitlang mit den Parteiarchiven des grünen Bundesverbandes und der Landesverbände befaßt war, machte mich Mitte der achtziger Jahre als erste darauf aufmerksam, daß das Archiv des hessischen Landesverbandes nicht mehr vorhanden war.

207 Arbeitskreis Realpolitik, »Zwischen puritanischer Skylla und opportunistischer Charybdis für eine listige Odyssee«, in: *Pflasterstrand* 143 (Oktober/November), Frankfurt/Main 1982, S. 9 f.

208 Kraushaar, »Realpolitik...«, a.a.O., S. 130

209 »Für neue Mittelschichten attraktiv machen«, Interview mit Joseph Fischer, in: *Der Spiegel* 50/1988

210 Sozialistische Deutsche Arbeiterjugend, Jugendorganisation der DKP

211 Interview mit Barbara Köster, in: *Pflasterstrand* 204, 23. 2.–8. 3. 1985, S. 26 ff.

212 Interview mit Joseph Fischer, in: Daniel Cohn-Bendit, *Wir haben sie so geliebt, die Revolution.* (September 1985), Frankfurt/Main: Athenäum 1987 (französische Originalausgabe: Paris 1986), S. 230

213 Rosa Luxemburg, »Der Parteitag und die Budgetbewilligung«, in: Dies., *Gesammelte Werke.* Band 1: 1893 bis 1905.

Zweiter Halbband, Berlin: Dietz Verlag 1974, (dritte Aufl.),
S. 126 f.

214 Zur Funktionsweise und Gefährlichkeit der Atomfusion siehe: Ditfurth, *Feuer...*, a.a.O., S. 208–225
215 »Ausstieg in vier Jahren«, *Spiegel*-Gespräch mit Joseph
Fischer, in: *Der Spiegel* 24/1998
216 Leinemann, a.a.O.
217 Bündnis 90/Die Grünen, »Nur mit uns. Programm zur Bundestagswahl 1994«, verabschiedet von der Bundesdelegiertenkonferenz in Mannheim, Februar 1994
218 Joseph Fischer in einem Interview mit *Radio Luxemburg;* zit.
in: *Darmstädter Tagblatt* v. 17. 10. 1984
219 Björn Johnsen, *Von der Fundamentalopposition zur Regierungsbeteiligung. Die Entwicklung der Grünen in Hessen
1982–1985.* (Reihe: Texte zur politischen Theorie und Praxis)
Marburg: Norbert Schüren Verlag 1988, S. 80. Realpolitischer
Autor, der sich selbst für einen Linken hält.
220 Ebd.
221 Wer sich für das Experiment der linken antiparlamentari-
schen Kommunalparlamentsarbeit der »Grünen im Römer«
vom April 1981 bis März 1985 interessiert, kann Informationen dazu vor allem drei Quellen entnehmen:
1. der vorwiegend entrüsteten Lokalpresse (*Frankfurter
Rundschau, Frankfurter Allgemeine Zeitung, Frankfurter
Neue Presse* und *Bild* von 1981–1985);
2. einigen Examens- und Doktorarbeiten, deren VerfasserInnen uns zu erforschen versuchten, aber stets Belegexem-
plare zu senden vergaßen;
3. unseren eigenen Veröffentlichungen, darunter:
   a) Die Grünen im Römer, *Frankfurt. Konzeptionen für
   die Veränderung einer Stadt. Kommunaler Haushalt
   1985.* Sonderausgabe *Grüne Römerpost*, Frankfurt/
   Main, Januar 1985
   b) Die Grünen im Römer (Hg.), *Frankfurt Rohrbachstraße. Ein Beispiel, wie in Hessen der Widerstand gegen
   die Startbahn West gebrochen werden soll.* Frankfurt/
   Main, 1982
   c) Jutta Ditfurth, *Träumen...*, a.a.O. (siehe Anm. 194)
   3a) und b) sind entweder in der Deutschen Bibliothek

(Frankfurt/Main), einzusehen oder, gegen eine Porto- und Versandspende, zu bestellen bei: Ökologische Linke, c/o Manfred Zieran, Neuhofstr. 42, 60318 Frankfurt/Main.

222 Daniel Cohn-Bendit, »Die Kampfansage des Daniel Cohn-Bendit«, in: *Pflasterstrand* 198 v. 1. 12.–14. 12. 1984 (Editorial)

223 Manon Tuckfeld, »Redebeitrag in der Diskussion um den Rechenschaftsbericht des Bundesvorstandes auf der achten Bundesversammlung der Grünen«, 13.–15. 12. 1985 in Offenburg, abgedruckt in: *Grüner Basisdienst (gbd)* 1/2 Januar/Februar 1986

224 *Frankfurter Neue Presse* v. 7. 12. 1985

225 *Der Spiegel* 9/1984

226 Interview mit Joseph Fischer, in: Cohn-Bendit, *Wir haben sie so geliebt...*, a.a.O., S. 235

227 *Der Spiegel* 43/1984

228 Klaus-Peter Klingelschmitt, »Koalition als Symbol«, in: *taz* v. 18. 10. 1995

229 Auszug aus: Jutta Ditfurth, »Mündlicher Rechenschaftsbericht auf der achten Bundesversammlung der Grünen«, 13. bis 15. 12. 1985 in Offenburg, abgedruckt in: *Grüner Basisdienst (gbd)* 1/2 Januar/Februar 1986

230 dpa v. 15. 12. 1985

231 *Kölner Stadtanzeiger* v. 16. 12. 1985

232a »›Eine wahre Lust, das Regieren.‹ Aus dem Tagebuch des Grünenministers Joschka Fischer«, in: *Der Spiegel* 8/1997

232b Joachim Hirsch, *Vom Sicherheitsstaat zum nationalen Wettbewerbsstaat,* Berlin: ID Verlag 1998, S. 92

233a Auszug aus: Rainer Trampert, »Mündlicher Rechenschaftsbericht auf der achten Bundesversammlung der Grünen«, 13.–15. 12. 1985 in Offenburg, abgedruckt in: *Grüner Basisdienst (gbd)* 1/2 Januar/Februar 1986

233b Ebd.

234 Joschka Fischer, *Regieren geht über Studieren. Ein politisches Tagebuch.* Frankfurt/Main: Athenäum Verlag 1987

235 Brief von Eberhard Walde, Bundesgeschäftsführer der Grünen an »Herrn Joschka Fischer. Betr: Deine Tagebuchauszüge im *Spiegel* 9 v. 24. 2. 1987«; abgedruckt in: *Der Spiegel* 11/1987

236 *Bayernkurier* v. 9. 5. 1987

237 Holger Börner wies, als er Fischer am 9. 2. 1987 entließ, darauf hin, daß Fischer Börners Regierungserklärung vom 5. November 1986 »bestens bekannt war«. *Nürnberger Zeitung* v. 10. 2. 1987

238 Bericht des *Associated Press (AP)*-Korrespondenten Gerhard Kneier, z. B. in: *Main-Echo* (Aschaffenburg) v. 20. 5. 1986

239 Munzinger-Archiv v. 17. 12. 1998

240 Presseerklärung der Grünen im Bundestag, Bonn, v. 8. 9. 1998

241 Bundesvorstand der Grünen/Die Grünen im Bundestag (Hg.) *Der sofortige Ausstieg ist möglich.* Bonn 1986; (Dritte Aufl. 1989)

242 Hartmut Barth-Engelbart, »Als mein Minister mich mal dringend brauchte«, in: *Neue Hanauer Zeitung* 11/12 1998; 1/2 1999, S. 22

243 Das Geulen-Gutachten in Stichworten:
a) Der Hessische Umweltminister ist im Genehmigungsverfahren nach § 7 AtomG (Atomgesetz) insbesondere zuständig entsprechend §§ 4 ff. BImSchG (Bundesimmissionsschutzgesetz). Die Genehmigung nach § 7 AtomG hat »Konzentrationswirkung« (Verfahrenskonzentration nach §§ 7 I, 8 II AtomG (s. S. 28 des Gutachtens); im Außenverhältnis (gegenüber dem Antragsteller) wird eine Genehmigung nach §§ 4 ff. BImSchG nicht erteilt, sondern der HMUE (Hessischer Minister für Umwelt und Energie) prüft die Genehmigungsvoraussetzungen (auch das Regierungspräsidium [RP] Darmstadt ist beteiligt). Verweigert der HMUE sein Einvernehmen (§ 8 II AtomG), darf allein deshalb eine Genehmigung nach § 7 AtomG nicht erteilt werden (S. 7/8, S. 23). BMW und HMWT haben die Notwendigkeit immissionsschutzrechtlicher Genehmigung selbst zugegeben (S. 27/28).
b) Die Errichtung und der Betrieb der Anlagen – besonders von Alkem (chemische Fabrikationsanlage, in der Plutonium verarbeitet wird) – war wegen des Fehlens der Anlagengenehmigung (nach § 7 AtomG bzw. nach § 16 GewO) von Anfang an illegal und strafbar. (S. 13/14; S. 60)
c) Zitiert wird ein TÜV-Gutachten v. 10. Juni 1986 an die

Staatsanwaltschaft, daß sich der Umgang der Alkem mit Plutonium seit Mitte der siebziger Jahre kontinuierlich erhöht hat: 1978: 86,381 kg (Eingang) bis 1984: 2105,345 kg (Eingang). Bei Alkem wurde verfassungswidrig mit einer unbegrenzten Menge an Plutonium umgegangen, Geulen spricht von Tonnen. (S. 22)

d) Die für das Immissionsschutzrecht zuständigen Landesbehörden unterliegen keiner weiteren Aufsicht oder Weisungsgebundenheit des Bundes. (S. 29/30)

e) Geulen macht umfangreiche Ausführungen zur grundsätzlichen Nicht-Genehmigungsfähigkeit für diese spezifischen Anlagen und über die Gefährdung der Bevölkerung aus verschiedenen Gründen.

Ergebnis (u. a.):

aa) Das Einvernehmen des HMUE mit der Erstellung einer atomrechtlichen Genehmigung kann nicht hergestellt werden (viele Gründe).

ab) Der Bund kann nicht anweisen. Sein Weisungsrecht ist auf den Bereich des Atomrechts beschränkt (S. 78 ff.). Auch eine Anweisung gegenüber dem HMWT kann die Verweigerung des Einvernehmens durch den HMUE nicht ersetzen. (Zum BImSchG kommt das Baurecht und das Wasserrecht; für beide Bereiche hat der Bund kein Weisungsrecht; S. 77/78)

244 Interview mit Petra Kelly, in: Schroeren, a.a.O., S. 189

245 *Frankfurter Allgemeine Sonntagszeitung* v. 21. 3. 1993

246 *Frankfurter Rundschau* v. 22. 12. 1998

247 »Energie. Es gibt nur einen Ausstieg: Sofortausstieg!«, in: Die Grünen Schleswig-Holstein, *Mut zum politischen Frühling, Grüne Alternativen für Schleswig-Holstein.* Kiel 1987, S. 20 f. (Programm der Grünen Schleswig-Holstein, beschlossen auf den Landeskonferenzen in Flensburg und Rotenhahn)

248 *junge Welt* v. 24. 12. 1998

249 Das sogenannte Baake-Papier vom März 1998; Archiv der Autorin

250 Wahlbroschüre von Bündnis 90/Die Grünen: *Für eine Ökologisierung der europäischen Wirtschaftsordnung.* Bonn 1998

251 *Der Spiegel* 32/1998

252 *Elbe-Jeetzel-Zeitung* v. 11. 7. 1998

253 Ebd.

254 *Elbe-Jeetzel-Zeitung* v. 20. 8. 1998 (Bericht und Kommentar)

255 *Neue Presse Hannover* v. 7. 2. 2000

256 *Frankfurter Rundschau* v. 25. 1. 1999

257 *Der Spiegel* 4/1999

258 Dieter Rulff, »Auf zu neuen Ufern«, in: *taz* v. 6. 10. 1998

259 Interview mit Daniel Cohn-Bendit, in: *Facts* 9/1999

260 *Hamburger Morgenpost* v. 11. 2. 1987

261 *Landshuter Zeitung* v. 27. 1. 1987

262 »She probably won a sizeable number of extra votes for the Greens by marshalling her arguments and standing her ground under furious attack from Mr Franz Josef Strauss, the Bavarian Prime Minister«, von: David Marsh, »West Germany's Greens find a leading lady«, in: *Financial Times* v. 2. 2. 1987. – Wegen des Erfolges für eine kleine und oppositionelle Partei wurde diese Art der Sendung später – ich war zu der Zeit zufällig Mitglied im ZDF-Fernsehrat und konnte die Inszenierung beobachten – abgeschafft.

263 *Heilbronner Stimme* v. 6. 2. 1987

264 *Neue Osnabrücker Zeitung* v. 16. 2. 1987

265 *stern* 24/1987

266 *Bild* v. 6. 2. 1987

267 Dieser Mythos war konstruiert worden, nachdem die SPD, unter dem Eindruck der Atomkatastrophe von Tschernobyl (26. 4. 1986), auf ihrem Parteitag im August 1986 in Nürnberg beschlossen hatte, binnen zehn Jahren aus der Atomenergie auszusteigen.

268 Interview mit Jutta Ditfurth, in: *taz* v. 13. 2. 1987

269 Mit 209 zu 196 Stimmen

270 Interview von Max Thomas Mehr mit Daniel Cohn-Bendit und Jan Kuhnert, in: *taz* v. 21. 2. 1987

271 Zieran bekam – trotz der Massenmobilisierung der Frankfurter Sponti-»Realos« – die meisten Stimmen der MinderheitenkandidatInnen (160 von 549) und war damit, nach früher in Hessen üblichen basisdemokratischen grünen Maßstäben, Vertreter einer Minderheit, die auf der Liste hätte repräsentiert sein müssen.

272 *Express* v. 10. 3. 1987; *Stuttgarter Nachrichten* v. 10. 3. 1987

273 Werbung des *ZEITmagazins,* in: *Frankfurter Rundschau* v. 2. 4.
1987; Porträt in: *ZEITmagazin* 15 v. 3. 4. 1987

274 Antje Vollmer, »Boykottiert das Hauptquartier«, in: *taz* v.
30. 4. 1987

275 Vgl. z. B. *Der Tagesspiegel* v. 22. 4. 1987

276 *Frankfurter Rundschau* v. 24. 4. 1987

277 dpa v. 1. 5. 1987

278 *Die Welt* v. 4. 5. 1987

279 *Der Spiegel* 20/1987

280 Ebd.

281 Albert Sellner alias Emil Nichtsnutz, »Was wählen ›wir‹?«, in:
*Pflasterstrand* 253 v. 10. 1. 1987

282 Böhme hatte extra die erste Sendung seiner neuen ntv-Talk-
Show »Talk in Berlin« auf den 7. 2. 2000 vorgezogen, um als
erster in den deutschen Medien Jörg Haider nach Konstituie-
rung der österreichischen ÖVP/FPÖ-Koalition zu präsentieren.

283 Laut »Rückspiegel«, in: *Der Spiegel* 21/1987

284 Rolf Grösch (Beisitzer im Bundesvorstand der Grünen),
»Leserbrief an den Spiegel« v. 11. 5. 1987; mir unbekannt, ob
im *Spiegel* veröffentlicht

285 dpa v. 25. 5. 1987

286 Am 25. 5. 1987 in Bonn

287 *Frankfurter Rundschau* v. 30. 5. 1987

288 Christian Schmidt, »Brief an den grünen Kreisverband Lör-
rach« v. 27. 5. 1987

289 Jutta Ditfurth, »Zehn Jahre Deutscher Herbst. Amnestie für
politische Gefangene«, Pressemitteilung des Bundesvorstands der Grünen v. 6. 10. 1987

290 *Arbeiterkampf (ak)* 287 v. 19. 10. 1987

291 Ebd.

292 Christian Schmidt, »Die Bundestagsfraktion hat ein Übersoll
an deutscher Staatstreue erfüllt«, Pressedienst Nr. 176/1987
des Bundesvorstandes der Grünen

293 Thomas Ebermann, Regula Bott, Angelika Beer, Hias Kreuz-
eder, Erika Trenz, Lilo Wollny, Luise Teubner, Jutta Oesterle-
Schwerin, Pressemitteilung Nr. 963/1987 der Grünen im Bundestag.

294 Die Drei Tornados, »Jutta muß gehen«, in: *taz* v. 22. 10. 1987

295 *Der Spiegel* 44/1987

296 Heide Platen, »Kaltgefaßt daneben. Joschka Fischer und der Paragraph 218«, in: *taz* v. 27. 10. 1987. Platen zitiert die *Frankfurter Rundschau* vom 22. 10. 1987

297 *Süddeutsche Zeitung* v. 16. 11. 1987

298 *taz* v. 14. 4. 1988

299 Ebd.

300 *Frankfurter Rundschau* v. 15. 4. 1988

301 *Frankfurter Rundschau* v. 16. 4. 1988

302 *taz* v. 22. 11. 1988

303 dpa v. 11. 6. 1988

304 *Deutsche Tagespost* v. 18. 6. 1988

305 *Frankfurter Rundschau* v. 13. 6. 1988

306 *Frankfurter Rundschau* v. 30. 6. 1988

307 Ebd.

308 Ebd.

309 Christian Schmidt, (natürlich unveröffentlichter) Leserbrief v. 15. 6. 1988 an die *taz*

310 Wir hatten uns lange dagegen gewehrt, als Bundesvorstandsmitglieder bezahlt zu werden, aus grundsätzlichen Erwägungen gegen die Hauptamtlichkeit: Wir waren überzeugt, die Rechtsentwicklung würde mit der Hauptamtlichkeit beschleunigt werden. Von Dezember 1984 bis Sommer 1986 bekam ich, außer dem Ersatz der Reisekosten, nichts. Von Oktober 1986 bis März 1987 bezog ich für die Sitzungstage in Bonn (nicht für die Arbeitstage) 90 Mark am Tag Aufwandsentschädigung.

311 *Express* v. 14. 6. 1988

312 *Der Spiegel* 24/1988

313 *Der Spiegel* 25/1988

314 *Der Spiegel* 41/1988

315 *Der Spiegel* 43/1988

316 *Arbeiterkampf* (ak) 296 v. 27. 6. 1988

317 *Der Spiegel* 43/1985

318 *Pflasterstrand* 289 v. 26. 5.–8. 6. 1988

319 *taz* v. 14. 10. 1988

320 *Der Spiegel* 27/1988

321 Christian Schmidt, Rede auf der Bundesversammlung der Grünen am 2. 12. 1988 in Karlsruhe

322 *Süddeutsche Zeitung* v. 19. 11. 1988

323 *Der Spiegel* 41/1988

324 vgl. *Recklinghäuser Zeitung* v. 25. 3. 1988. Was aus dem Fall wurde, ist mir nicht bekannt.

325 Lukas Beckmanns Abschiedsrede auf der Bundesversammlung in Duisburg, 1.–3. Mai 1987

326 *Der Spiegel* 25/1988

327 *taz* v. 14. 10. 1988

328 *Frankfurter Allgemeine Zeitung* v. 23. 11. 1988

329 siehe Anm. 321

330 *Süddeutsche Zeitung* v. 17. 9. 1987; *Stuttgarter Nachrichten* v. 18. 9. 1987; *Stuttgarter Zeitung* v. 18. 9. 1987

331 *Süddeutsche Zeitung* v. 9. 2. 1998; *Müncher Merkur* v. 10. 2. 1998; *Abendzeitung* (München) v. 31. 1. 1998

332 dpa v. 2. 12. 1988

333 Eberhard Walde u. a., »In Memoriam Hermann Schulz«, in: *Grüner Basisdienst (gbd)* 4/1990

334 *Weser-Kurier* v. 11. 10. 1989

335 Ebd.

336 *Süddeutsche Zeitung* v. 11. 10. 1989

337 *Frankfurter Rundschau* v. 11. 10. 1989

338 *taz* v. 9. 12. 1989

339 Verena Krieger, *Was bleibt von den Grünen?* Hamburg: Konkret Literatur Verlag 1991, S. 26

340 *Der Spiegel* 43/1988

341 Eigene Mitschriften und z. B. Krieger, a.a.O., S. 27

342 *Frankfurter Allgemeine Zeitung* v. 22. 1. 1990 (Lokalteil und Bundesausgabe)

343 Ebd.

344 Joseph Fischer, »Für einen grünen Radikalreformismus« (1983), in: Ders. *Von grüner Kraft...*, a.a.O., S. 126

345 Krause-Burger, *Joschka Fischer...*, a.a.O., S. 96

346 *Der Spiegel* 18/1999

347 *Frankfurter Rundschau* v. 19. 5. 1999

348 Gemballa porträtierte Hunzinger für den Hessischen Rundfunk/Fernsehen. *Frankfurter Rundschau* v. 19. 5. 1999

349 *Frankfurter Rundschau* v. 19. 1. 2000

350 *Frankfurter Allgemeine Sonntagszeitung*; zit. nach: *Frankfurter Rundschau* v. 17. 1. 2000

351 *Frankfurter Allgemeine Zeitung* v. 25. 11. 1999

352 Ewald Hetrodt, »Fischer sammelt indirekt auch für sich. Unternehmerspenden ersparen der Galionsfigur der Grünen Parteibeiträge«, in: *Frankfurter Allgemeine Zeitung* v. 8. 1. 2000

353 Ebd.

354 *Bild am Sonntag* v. 17. 8. 1997

355 *Frankfurter Allgemeine Zeitung* v. 8. 1. 2000

356 *Die Woche* v. 14. 1. 2000

357 *stern* 5/2000

358 Brief des Archivs der *Frankfurter Allgemeinen Zeitung* an die Autorin v. 7. 2. 2000

359 *Frankfurter Rundschau* v. 21. 2. 2000

360 In einer Kolumne der österreichischen *Kronenzeitung* (1993), zit. nach: *Frankfurter Rundschau* v. 9. 2. 1993

361 Ebd.

362 *Junge Freiheit* v. 25. 5. 1992

363 *Die Woche* v. 11. 2. 2000

364 *junge Welt* v. 15. 10. 1998

365 Vom 11. bis 13. 9. 1989 in Bremen, zit. nach: *Focus* 29/1994

366 *Süddeutsche Zeitung* v. 13. 3. 1991

367 Bundesparteitag der CDU in Düsseldorf, 26. bis 28. 10. 1992, zit. nach: *Focus* 29/1994

368 Ebd.

369 Zit. nach: *Frankfurter Rundschau* v. 7. 3. 1995

370 *Die Woche* v. 7. 4. 2000

371 *Frankfurter Allgemeine Zeitung* v. 24. 3. 1994

372 Ralf Fücks in: *taz* v. 26. 10. 1998, zit. nach: Heiner Möller, »Neue Männer ...«, a.a.O., S. 29

373 *Neues Deutschland* v. 14./15. 8. 1999

374 *Focus* 29/1994

375 *Der Spiegel* 9/1992

376 *Der Spiegel* 34/1999

377 Ebd.

378 *stern* 15/1994

379 Zit. nach: Petra Hanf, »An Adenauer anknüpfen?«, in: *Alternative Kommunalpolitik* 3/1994

380 *stern* 43/1998

381 dpa v. 25. 10. 1993, 27. 10. 1993

382 *Focus* 29/1994

383 dpa v. 25. 10. 1993, 27. 10. 1993

384 Ebd.

385 *Focus* 12/1999

386 *Die Zeit* v. 16. 2. 1990

387 Ebd.

388 *stern* 15/1994

389 *Die Zeit,* zit. nach: *Jungle World* v. 14. 10. 1998

390 *Frankfurter Rundschau* v. 5. 10. 1999

391 *Tendenz* Nr. 3 (Herbst) Oktober 1996

392 Munzinger-Archiv v. 24. 7. 1999

393 Ich war die Kandidatin der Linken in Baden-Württemberg und des Kreisverbandes Karlsruhe.

394 Alfred Mechtersheimer, »Argumentationspapier 3/1995: Deutschland – Friedensmacht in Europas Mitte«, Kyffhäuser-Rede v. 3. 10. 1995, zit. nach: Barbara Junge/Julia Naumann/Holger Stark, *Rechtsschreiber. Wie ein Netzwerk in Medien und Politik an der Restauration des Nationalen arbeitet.* Berlin: Elefanten Press Verlag 1997, S. 135

395 Ebd., S. 74

396 *taz* v. 29. 8. 1987

397 Munzinger-Archiv v. 24. 7. 1999

398 *stern* 12/1996

399 Michael-A. Konitzer interviewt Hubert Kleinert im *Wiener* v. 1. 6. 1991

400 Munzinger-Archiv v. 24. 7. 1999; *Berliner Zeitung* v. 3. 11. 1999

401 *Focus* 29/1994

402 *Die Woche* v. 5. 4. 1996

403a *Der Spiegel* 14/1997

403b *Die Welt* v. 8. 6. 2000

404 *Frankfurter Rundschau* v. 6. 3. 1999

405 *taz* v. 3. 4. 1996

406 *Berliner Zeitung* v. 3. 11. 1999

407 *Frankfurter Allgemeine Zeitung* v. 13. 3. 1999

408 *Süddeutsche Zeitung* v. 13. 1. 2000

409 *Stuttgarter Zeitung* v. 29. 4. 1999

410 Munzinger-Archiv v. 24. 7. 1999

411 *Süddeutsche Zeitung* v. 13. 1. 2000

412 *Berliner Zeitung* v. 3. 11. 1999

413  Ebd.
414  *Berliner Zeitung* v. 3. 11. 1999
415  *Frankfurter Rundschau* v. 29. 10. 1999; *Stuttgarter Zeitung* v. 28. 10. 1999
416  *Frankfurter Rundschau* v. 26. 10. 1999
417  Ebd.
418  Joachim Hirsch, »Abschied von der Politik. Krise als Chance«, in: *Jungle World* v. 16. 2. 2000
419  *Frankfurter Allgemeine Zeitung* v. 17. 1. 2000; *Tagesspiegel* v. 16. 1. 2000
420  *Süddeutsche Zeitung* v. 13. 1. 2000
421  *junge Welt* v. 23. 7. 1996
422  *Stuttgarter Zeitung* v. 8. 6. 1999
423  Vgl. *Hamburger Abendblatt* v. 15. 6. 1995
424  Interview mit Cem Özdemir, in: *Badische Zeitung* v. 29. 6. 1999
425  *junge Welt* v. 3./4. Juli 1999
426  Hofmann, a.a.O.
427  Antje Vollmer, in: *taz* v. 11. 3. 1992
428  *Kommune* 9/1990
429  Bundestagsrede v. 21. 6. 1990
430  *taz* v. 10. 7. 1990
431  Bundestagsrede v. 9. 8. 1990
432  Ich gebe gern zu, daß ich dieses Bild in anderen Texten bereits benutzt habe.
433  »Demokratie in der Krise. Ein *ZEIT*-Symposium zum 75. Geburtstag von Helmut Schmidt«, in: *ZEIT-Punkte* Nr. 1/1994
434  Frank Nordhausen/Liane v. Billerbeck, *Psychosekten. Die Praktiken der Seelenfänger.* Berlin: Ch. Links Verlag 1997, S. 130
435  Ebd., S. 128 und 131 (Abb.)
436  Ebd., S. 131 (Zitat in Abb.)
437  Ebd., S. 442
438  Ebd., S. 444
439  Ebd., S. 131 (Zitat in Abb.)
440  Ebd., S. 443
441  *Frankfurter Allgemeine Zeitung* v. 22. 2. 1986, in: Nordhausen/v. Billerbeck, *Psychosekten...,* a.a.O., S. 534
442  Ebd., S. 443–499

443 Ebd., S. 534

444 Bericht über die Versammlung des Bündnis 90, in: *Frankfurter Rundschau* v. 4. 5. 1992

445 Am 7. 10. 1991, vgl. Reimar Paul, »EK III in Grün-Braun«, in: *Konkret* 12/1991

446 ÖDP-Veranstaltung am 28. 5. 1991. Aus einem Flugblatt der Alternativen Liste (AL) Hamburg v. Mai 1991

447 Aus einem Flugblatt der Alternativen Liste (AL) Hamburg v. Mai 1991

448 Im Gegensatz zur Behauptung, die GAL Hamburg habe Wahlerfolge, seitdem die ÖkosozialistInnen und andere Linke die Partei verlassen haben, zeigte das Wahlergebnis der Bürgerschaftswahl vom 2. Juni 1991 ein ganz anderes Ergebnis. Zwar stieg die Prozentzahl im Vergleich zur Bürgerschaftswahl von 1987 von 7,0 auf 7,2 Prozent. Bei der absoluten Stimmenzahl aber verloren die Grünen rund 10 000 WählerInnen; 1987: 69 148, 1991: 59 223 WählerInnenstimmen. Quelle: dpa-Hintergrund, Anhang zum Nachrichtenspiegel Inland v. 3. 6. 1991

449 *taz* v. 13. 5. 1992

450 Kommentar von Florian Marten, in: *taz* (Hamburg) v. 9. 4. 1991, nachdem die GAL Hamburg am 8. 4. 1991 mit 88 zu 60 Stimmen für die Annahme des Vereinigungsangebots des Grünen Forums Hamburg v. 3. 3. 1991 entschieden hatte. Vgl. *Frankfurter Allgemeine Zeitung* v. 9. 4. 1991

451 *taz* (Hamburg) v. 13. 4. 1992

452 Aus: Martin Schmidt, »Hamburgs Zukunft und die Ökologie«, in: Grünes Forum Hamburg, *Programmentwürfe für die Hamburger Bürgerschaftswahl* v. 5. 1. 1991, S. 4 f.

453 Konitzer, a.a.O.

454 Vgl. auch *Süddeutsche Zeitung* v. 24. 1. 1992, 21. 2. 1992

455 *Neues Deutschland* v. 26. 11. 1993

456 *Süddeutsche Zeitung* v. 30. 10. 1999

457 *Frankfurter Allgemeine Zeitung* v. 24. 8. 1998; *Focus* 35/1998

458 *taz* v. 7. 11. 1991

459 Brief der bayerischen Landesvorsitzenden von Bündnis 90/ Die Grünen, Margarete Bause und Jerzy Montag, an den Landesvorstand der ÖDP/Bayern v. 26. Oktober 1999

460 Ebd.

461 *Süddeutsche Zeitung* v. 30. 10. 1999
462 Ebd.
463 Ditfurth, *Feuer..*, a.a.O. und Ditfurth, *Entspannt...*, a.a.O. siehe Anm. 130 Pkt.1 und 2.
464 *taz* v. 1. 4. 1996
465 *Hamburger Abendblatt* v. 9. 9. 1999; 11. 9. 1999
466 *Esotera* 9/1995, S. 70
467 *Münchner Merkur* v. 6. 5. 1998
468 *taz* v. 17. 1. 1985; *Süddeutsche Zeitung* v. 12. 1. 1985
469 Aus einer Erklärung der Berliner Ökolibertären v. 11. 1. 1985, in: *taz* v. 17. 1. 1985. Die Erklärung ist u. a. von Thomas Schmid unterzeichnet, in: *taz* v. 17. 1. 1985
470 Ditfurth, *Entspannt...*, a.a.O., S. 74–115
471 Vgl. Ruth Körner, »Protokolle der Weisen von Zion«, in: Wolfgang Benz (Hg.), *Legenden Lügen Vorurteile...*, a.a.O., S. 166 f. Weitere Literaturhinweise:
    1. Hadassa Ben-Itto, *Die Protokolle der Weisen von Zion. Anatomie einer Fälschung.* Berlin: Aufbau Verlag 1998
    2. Jeffrey L. Sammons (Hg.), *Die Protokolle der Weisen von Zion. Die Grundlage des modernen Antisemitismus. Eine Fälschung.* Göttingen: Wallstein Verlag 1998
472 Raimund Hoeft/Michael Wittler, »Grüne Gesellprüfung«, in: *Hamburger Rundschau* Nr. 20 v. 11. Mai 1989
473 Christa Geissler interviewte mich für *Cosmopolitan* 8/1988
474 *Nordheide Wochenblatt* v. 23. 11. 1988
475 Peter Bierl, »Der rechte Rand der Anarchie...«, a.a.O.
476 Justus H. Ulbricht, »Grün als Brücke zu Braun?«, in: *Politische Ökologie*, Special »Grün Heil«, Nov./Dez. 1993
477 Urteil des 16. Zivilsenats des Oberlandesgerichts Frankfurt/Main v. 11. Mai 1995 (AZ 16 U 135/94 2/3 O 185/94); in Ditfurth, *Entspannt...*, a.a.O., S. 35–58
478 Margrit Kennedy »Die Ökologie der Ökonomie«, in: Susanne G. Seiler (Hg.), *Gaia. Das Erwachen der Göttin.* Braunschweig: Aurum-Verlag 1991, S. 210
479 Laut Auskunft des Statistischen Bundesamtes, Wiesbaden, v. 16. 5. 2000
480 Zitate aus den Aufzeichnungen Tamara Schaafs vom Dia-Vortrag von Hermann Benjes »Wer hat Angst vor Silvio Gesell?« am 26. 2. 1998 in Wirges

481 Vgl. Stichwort »Judenkennzeichnung« in: Julius H. Schoeps (Hg.), *Neues Lexikon des Judentums.* München: Bertelsmann Lexikon Verlag 1992, S. 240

482 *Frankfurter Rundschau* v. 20. 5. 1999

483 *Jungle World* v. 26. 5. 1999; *Frankfurter Rundschau* v. 20. 5. 1999

484 *Frankfurter Rundschau* v. 20. 5. 1999

485 Duisburger Institut für Sprach- und Sozialforschung (DISS) (Hg.), »Archiv-Notizen« v. 14. 2. 2000 (Rundbrief), S. 3

486 *Frankfurter Rundschau* v. 20. 5. 1999

487 *Jungle World* v. 26. 5. 1999

488 Irmgard Kohlhepp, in: *Sleipnir* 6/1999, S. 40, zit. nach: Duisburger Institut für Sprach- und Sozialforschung (DISS) (Hg.) »Archiv-Notizen . . .« a.a.O., S. 3

489 Ditfurth, *Feuer . . .*, a.a.O., siehe Register

490 Vera Gaserow, »Otto Schily . . .«, in: *Frankfurter Rundschau* v. 6. 1. 2000

491 Ebd.

492 *Frankfurter Allgemeine Zeitung* v. 29. 10. 1998

493 Ebd.

494 Ebd.

495 Gaserow, a.a.O.

496 *Frankfurter Rundschau* v. 21. 2. 2000

497 *Frankfurter Allgemeine Zeitung* v. 14. 2. 2000

498 Zit. nach: Gatter, a.a.O., S. 136

499 Zur Anthroposophie und zur Waldorfpädagogik:
1. Peter Bierl, *Wurzelrassen, Erzengel und Volksgeister. Die Anthroposophie Rudolf Steiners und die Waldorfpädagogik.* Hamburg: Konkret Literatur Verlag 1999
2. Ditfurth, *Feuer . . .*, a.a.O., siehe Register; (s. Anm. 130/1)
3. Ditfurth, *Entspannt . . .*, a.a.O., siehe Register; (s. Anm. 130/2)
4. Guido und Michael Grandt, *Schwarzbuch Anthroposophie. Rudolf Steiners okkult-rassistische Weltanschauung.* Wien: Ueberreuter Verlag 1997
5. Charlotte Rudolph, *Waldorf-Erziehung. Wege zur Versteinerung.* Darmstadt: Luchterhand 1987
6. Paul-Albert Wagemann/Martina Kayser, *Wie frei ist die Waldorfschule. Geschichte und Praxis einer pädagogischen Utopie.* München: Heyne Verlag 1996

    7. Kathrin Taube, »*Ertötung aller Selbstheit*«. *Das anthropo-sophische Dorf als Lebensgemeinschaft mit geistig Behin-derten.* München: AG-SPAK-Bücher 1994

500  Bierl, *Wurzelrassen...*, a.a.O., S. 190

501  George L. Mosse, *Die völkische Revolution. Über die geistigen Wurzeln des Nationalsozialismus.* Frankfurt/Main: Anton Hain Verlag 1991

502  Bierl, *Wurzelrassen...*, a.a.O., S. 12

503  Rudolf Steiner, *Aus der Akasha-Chronik.* Taschenbücher aus dem Gesamtwerk, Band 616, Dornach (Schweiz): Rudolf Stei-ner Verlag 1990, S. 41

504  Ebd., S. 43

505  Rudolf Steiner, *Gesamtausgabe.* Band 349: Vortrag v. 3. März 1923, S. 52–67

506  Zit. nach: Bierl, *Wurzelrassen...*, a.a.O., S. 12

507  Steiner, *Gesamtausgabe.* Band 349, S. 52–67

508  Eine Auseinandersetzung mit den »Farben« der Menschen und der rassistischen Unterstellung der Existenz von mensch-lichen »Rassen« findet sich in: Jutta Ditfurth, *Was ich denke. Anders oder Gleich. Über die Entwertung des Menschen.* München: Goldmann Verlag 1995

509  Bierl, *Wurzelrassen...*, a.a.O., S. 177

510  Ebd., S. 168

511  Ebd., S. 114

512  Vgl. SPD im Bundestag (Hg.), »Dokumente, Sekten und Psy-chogruppen«, Informations- und Diskussionsveranstaltung der SPD-Bundestagsfraktion am 13. März 1996 in Bonn, 14. November 1996, S. 11 und 17; vgl. Bierl, *Wurzelrassen...*, a.a.O., S. 228, Fußnote 1

513  Bierl, *Wurzelrassen...*, a.a.O., S. 8

514  Ebd., S. 185

515  Cohn-Bendit, *Der große Basar*, a.a.O.

516  Zit. aus einem *Zeit*-Porträt Anfang der achtziger Jahre; vgl. Christian Schmidt, »Rettet den roten Dany! Warum dieser Artikel der letzte über Daniel Cohn-Bendit sein muß«, in: *Titanic* 7, Juli 1990

517  Porträt von Daniel Cohn-Bendit, in: *essen & trinken* 9/ 1989

518  *Stuttgarter Zeitung* 1968; zit. nach: Pascal Beucker, »Pazifist

der Reserve. Über die politische Karriere des Daniel Cohn-Bendit«, in: *Konkret* 11/1995

519 *essen & trinken,* a.a.O.

520 Ebd.

521 *Pflasterstrand* v. 18. 4.–1. 5. 1987

522 Zit. nach: Schmidt, »Rettet den roten Dany . . ., a.a.O.

523 *Süddeutsche Zeitung* 1989, zit. nach: Beucker, »Pazifist der Reserve . . .«, a.a.O.

524 Daniel Cohn-Bendit, »Multikultur und Wiedervereinigung« (Vortrag), Frankfurt/Main, 26. 4. 1990

525 Daniel Cohn-Bendit über Publizität, *Die Zeit* v. 17. 4. 1981, zit. nach: Schmidt, »Rettet den roten Dany . . .a.a.O.

526 Interview von Giovanni di Lorenzo mit Daniel Cohn-Bendit, in: *Süddeutsche Zeitung* v. 31. 10. 1989

527 *essen & trinken,* a.a.O.

528 *Der Spiegel* 21/1996

529 Daniel Cohn-Bendit in der Talk-Show »Sabine Christiansen«, ARD v. 31. 10. 1999

530 *Frankfurter Rundschau* v. 15. 10. 1987

531 Ebd.; *Frankfurter Allgemeine Zeitung* v. 15. 10. 1987

532 Gespräch mit Daniel Cohn-Bendit, in: *Der Spiegel* 1/1994

533 Gespräch mit Daniel Cohn-Bendit, in: *Der Spiegel* 22/1989

534 *Hamburger Rundschau* v. 20. 9. 1990

535 Ebd.

536 Verband Deutscher Sinti und Roma. Landesverband Hessen (Hg.), *Dokumentation der fortgesetzten Diskriminierung von Sinti und Roma durch Behörden der Stadt Frankfurt/Main nach 1945.* Darmstadt: Selbstverlag 1993, S. 27

537 Ditfurth, *Träumen . . .,* a.a.O., S. 305 ff.

538 Daniel Cohn-Bendit/Thomas Schmid, *Heimat Babylon. Das Wagnis der multikulturellen Demokratie.* Hamburg: Hoffmann und Campe 1992, S. 289 ff.

539 Kurt Holl, »Rassismus light«, in: *Kölner Stadtrevue* 1/1993

540 Cohn-Bendit/Schmid, *Heimat Babylon . . .,* a.a.O., S. 289 ff.

541 Schmidt, »Rettet den roten Dany . . .«, a.a.O.

542 Holl, a.a.O.

543 Mit Schreiben v. 11. 2. 1993

544 Daniel Cohn-Bendit, »Kultur ohne Grenzen« (Editorial), in: *Pflasterstrand* 3/März 1990

545 Gespräch mit Daniel Cohn-Bendit, in: *Der Spiegel* 22/1989

546 Dan Nitescu, »Frankfurt – die multikulturelle Stadt?«, in: *Pflasterstrand* 3/März 1990

547 Gerd Koenen »Keine Multikultur ohne Rassismus«, in: *Pflasterstrand* 3/März 1990

548 *Der Spiegel* 35/1991

549 Arno Luik interviewt Joseph Fischer, in: *taz* v. 13. 10. 1994

550 *Der Spiegel* 22/1989

551 *Der Spiegel* 21/1996

552 Auch die vorgenannten Zitatstellen sind aus: Gespräch mit Daniel Cohn-Bendit, in: *Der Spiegel* 35/1991

553 *Der Spiegel* 21/1996

554 *taz* v. 11. 10. 1993

555 Schmidt, »Rettet den roten Dany...«, a.a.O.

556 *taz* v. 13. 3. 1992

557 Auf dem grünen Sonderparteitag am 9. 10. 1993 in Bonn, vgl. AFP v. 9. 10. 1993

558 *Frankfurter Allgemeine Zeitung* v. 21. 4. 1994

559 Eine aufschlußreiche Broschüre über die Anzeige »Gegen eine neue Art der Auschwitz-Lüge« und die Folgen ist zu beziehen bei: Peter Gingold, Reichsforststr. 3, 60428 Frankfurt/Main

560 *Frankfurter Rundschau* v. 27. 4. 1999

561 Gespräch mit Daniel Cohn-Bendit, in: *Der Spiegel* 1/1994

562 *Frankfurter Rundschau* v. 8. 4. 1992; 7. 5. 1992

563 *Frankfurter Rundschau* v. 8. 4. 1992

564 *Frankfurter Rundschau* v. 9. 4. 1992

565 *junge Welt* v. 15. 12. 1994

566 Antifaschistisches Autorenkollektiv, *Drahtzieher im braunen Netz. Ein aktueller Überblick über den Neonazi-Untergrund in Deutschland und Österreich. Handbuch.* Hamburg: Konkret Literatur Verlag 1996, S. 74

567 Anzeige im *FAZ*-Magazin v. 6. 1. 1995. Das Interview erschien in: *Mut. Forum für Kultur, Politik und Geschichte.* Nr. 317, Januar 1994, S. 48–58

568 Junge/Naumann/Stark, a.a.O., S. 175

569 Die Informationen über *Mut* und Wintzek stammen z. B. aus:
1. Kurt Hirsch, *Rechts von der Union. Personen, Organisa-*

*tionen, Parteien seit 1945. Ein Lexikon.* München: Knese-
beck & Schuler 1989, S. 27, 70, 78, 138, 460;

2. ID-Archiv im ISSG (Hg.), *Drahtzieher im braunen Netz. Der
   Wiederaufbau der ›NSDAP‹.* Edition ID-Archiv, Berlin/
   Amsterdam, 1992, S. 26 f;

3. Jens Mecklenburg (Hg.), *AntifaReader. Antifaschistisches
   Handbuch und Ratgeber.* Berlin: Elefanten Press Verlag
   1996, S. 132 f.

570 Gespräch mit Daniel Cohn-Bendit, in: *Der Spiegel* 1/1994

571 Ebd.

572 *Frankfurter Neue Presse* v. 8. 11. 1986

573 Sofern nicht anders angegeben stammen die folgenden
Informationen aus: Schäfer, »Frankfurter Realo-Kneipe
Batschkapp . . .«, a.a.O.

574 Thomas Kunz, »BÖHSE Fans und gute ONKELZ«, in: *Links* 2/
1993

575 Gespräch mit Daniel Cohn-Bendit, in: *Der Spiegel* 1/1994

576 *Die Woche* v. 15. 9. 1995

577 Franco Foraci interviewt Daniel Cohn-Bendit, »Die EU-Euter
locken nicht mehr. Der ›rote Dany‹ über die lustfeindlichen
EU-Gegner«, in: *taz* v. 27. 11. 1993

578 Alain Krivine ist Sprecher der linken französischen Ligue
Communiste Révolutionnaire (LCR) und Kandidat der
gemeinsamen Liste von LCR und Lutte Ouvrière (LO)

579 Interview mit Alain Krivine, in: *Jungle World* v. 23. 2. 2000

580 *Jungle World* v. 3. 2. 1999

581 »They Loved the Revolution So Very Much: Interview with
Daniel Cohn-Bendit«, in: *Our Generation,* vol. 24, no. 2
(Herbst 1993 – Winter 1994), pp. 53–55. Dort sagte er u. a.: »In
mid-May, I had felt very alone. The movement was losing
from irony. Those close to me were telling me that I had a
historic responsibility. Too many were identifying with me,
were expecting too much from me. With the general strike,
the discourse of the revolutionary groupings was taking over.
I was frightened. Something happened. I can say that my
deportation saved me. In Germany, I regained a form of sere-
nity. I fell in love. I rejoined the community where I could ›live
differently‹, like we used to say, individually.« During the
events, »The Media made me into a star [. . .] In '68, facing

power, the police, we played at being the more wicked. It was the playful side of things.«

582 Ebd.

583 Brief von Murray Bookchin an Jutta Ditfurth v. 24. 2. 2000

584 Detlef zum Winkel, »Turmbau zu Babel«, in: *Konkret* 12/ 1991

585 Vgl. Jutta Ditfurth, »Kommunismus und Natur. Das aufgelöste Rätsel der Geschichte«, in: *ÖkoLinX* 26/1997

586 Karl Kautsky, »Vermehrung und Entwicklung in Natur und Gesellschaft« (1910), zit. in: Peter Weingart/Jürgen Kroll/Kurt Bayertz, *Rasse, Blut und Gene. Geschichte der Eugenik und Rassenhygiene in Deutschland.* Frankfurt/Main: Suhrkamp Verlag 1992, S. 113

587 Alfred Grotjan, »Die Hygiene der menschlichen Fortpflanzung. Versuch einer praktischen Eugenik« (1926), zit. in: Weingart/Kroll/Bayertz, a.a.O., S. 108 f.

588 Vgl. Ditfurth, *Feuer...*, a.a.O., Kapitel I und II; und: Ditfurth, »Kommunismus und Natur...«, a.a.O.

589 Ernst Bloch, *Das Prinzip Hoffnung.* Bd. 2, Frankfurt/Main: Suhrkamp Verlag 1977, S. 779

590 Friedrich Engels, »Dialektik der Natur« (1873–1886), MEW Bd. 20, Berlin: Dietz Verlag 1967, S. 453

591 Karl Marx, »Ökonomisch–Philosophische Manuskripte« (1844), MEW Bd. 40, Ergänzungsband, Ester Teil, Berlin: Dietz Verlag 1974, S. 516

592 Karl Marx, *Das Kapital.* Bd. 1 (1867) MEW Bd. 23, Berlin: Dietz Verlag 1988, S. 529/530

593 Karl Marx *Das Kapital.* Bd. 3 (1894) MEW Bd. 25, Berlin: Dietz Verlag 1972, S. 784

594 *Die Woche* v. 5. 3. 1999

595 Murray Bookchin (alias Lewis Herber), »The Problem of Chemicals in Food«, in: *Contemporary Issues* (New York/London/ Johannisburg), Bd. 3, Nr. 12 (Juni/August) 1952

596 Murray Bookchin (alias Lewis Herber), *Lebensgefährliche Lebensmittel: Sind unsere Nahrungsmittel noch Lebensmittel?* Übersetzt von Götz Ohly, Krailling bei München: Hans Georg Müller Verlag 1953 (Veröffentlichung der Deutschen Gesellschaft für Lebensordnung e. V., Sitz München, Geschäftsstelle Murnau, Obb.)

597 Anonymous (tatsächlich: Murray Bookchin), »Stop the Bomb: An Appeal to the Reason of the American People«, (Flugblatt) 1954

598 Murray Bookchin (alias Lewis Herber), *Our Synthetic Environment.* New York: Alfred A. Knopf 1962

599 Bookchin, *Our Synthetic Environment.* London: Jonathan Cape 1963

600 Murray Bookchin (alias Lewis Herber), *Unsere synthetische Umwelt.* Berlin: Jakobsohn Verlag 1977; das letzte Kapitel »Dezentralisierung als menschliches Maß« erschien auch in: Murray Bookchin, *Hierarchie und Herrschaft.* Hg. v. Bernd Leineweber u. Karl-Ludwig Schibel, übers. v. Dita Stafsi et al. Berlin: Karin Kramer Verlag 1981

601 Murray Bookchin (alias Lewis Herber), »Ecology and Revolutionary Thought«, in: *Comment* (New York) 1964; in: *Anarchy* 69 (London), Bd. 6, 1966; vielfach veröffentlicht; übersetzt in Französisch, Spanisch, Holländisch, Griechisch, Schwedisch und Russisch.

Weitere Beispiele für ins Deutsche übersetzte Bücher von Murray Bookchin:

1. *Ökologie der Freiheit. Wir brauchen keine Hierarchien* (Auszüge aus *The Ecology of Freedom*, übers. v. Karl-Ludwig Schibel), Weinheim/Basel: Beltz Verlag 1985;

2. *Die Neugestaltung der Gesellschaft. Pfade in eine ökologische Zukunft* (übers. v. Hans Oetzel und Helmut Richter), Grafenau: Trotzdem Verlag 1992

3. *Agonie der Stadt. Aufstieg und Niedergang des freien Bürgers* (Auszüge aus *The Rise of Urbanisation,* übers. v. Helmut Richter), Grafenau: Trotzdem Verlag 1996

602 Literatur von und über Friedrich Wolf:

1. Friedrich Wolf, *Die Natur als Arzt und Helfer.* Stuttgart/Berlin: Deutsche Verlagsanstalt 1931 (21.–30. Tausend)

2. Friedrich Wolf, *Gesammelte Werke in sechzehn Bänden,* Hg.: Else Wolf u. Walther Pollatschek. Berlin (Ost)/Weimar: Aufbau Verlag 1960–1968

3. Friedrich Wolf, *Briefe. Eine Auswahl.* Berlin (Ost)/Weimar: Aufbau Verlag 1969

4. Friedrich Wolf, *Briefwechsel. Eine Auswahl.* Berlin (Ost)/Weimar: Aufbau Verlag 1968

5. Friedrich Wolf, *Aufsätze 1919–1944*, in: Gesammelte Werke in sechzehn Bänden, Bd. 15. Hg.: Else Wolf u. Walther Pollatschek. Berlin (Ost)/Weimar: Aufbau Verlag 1967

6. Lew Hohmann, *Friedrich Wolf. Bilder einer deutschen Biographie. Eine Dokumentation.* Berlin (Ost): Henschelverlag 1988

7. Walther Pollatschek, *Friedrich Wolf. Eine Biographie.* Berlin (Ost)/Weimar Aufbau Verlag 1963

8. Henning Müller (Hg.), *Wer war Wolf? Friedrich Wolf (1888–1953) in Selbstzeugnissen, Bilddokumenten und Erinnerungen.* Köln: Pahl-Rugenstein Verlag 1988

603 Pollatschek, *Friedrich Wolf. Eine Biographie...*, a.a.O., S. 109

604 Ebd., S. 142

605 Wolf/Pollatschek (Hg.), *Friedrich Wolf. Aufsätze 1919–1944...*, a.a.O., S. 103 ff.

606 Pollatschek, *Friedrich Wolf. Eine Biographie...*, a.a.O., S. 59 ff.,

607 Wolf/Pollatschek (Hg.), *Friedrich Wolf. Aufsätze 1919–1944...*, a.a.O., S. 102

608 Pollatschek, *Friedrich Wolf. Eine Biographie...*, a.a.O., S. 99

609 *Lübecker Nachrichten* v. 1. 1. 2000; *Welt am Sonntag* v. 30. 1. 2000; *Frankfurter Rundschau* v. 26. 11. 1998; 12. 6. 1999; 28. 9. 1999; 16. 11. 1999

610 *Süddeutsche Zeitung* v. 1. 9. 1999

611 *Frankfurter Rundschau* v. 1. 7. 1999

612 *Frankfurter Rundschau* v. 24. 11. 1998

613 *Neues Deutschland* v. 22./23. 5. 1999

614 *Frankfurter Rundschau* v. 11. 3. 2000

615 *Frankfurter Rundschau* v. 20. 8. 1992

616 Kommunalwahlprogramm der Frankfurter Grünen, 1989, S. 7

617 *Frankfurter Rundschau* v. 29. 6. 1998

618 *FrankfurterRundschau* v. 31. 8. 1999; *taz* (Hamburg) v. 7./8. 8. 1999

619 *taz* v. 13. 8. 1999

620a Ebd.

620b  *Frankfurter Rundschau* v. 8. 6. 2000

621  *Der Spiegel* 14/1999

622  *Jungle World* v. 8. 11. 1999; *Frankfurter Allgemeine Zeitung* v. 6. 11. 1999

623  *taz* v. 5. 11. 1999

624  Ebd.

625  *Frankfurter Rundschau* v. 17. 11. 1998

626  *Frankfurter Rundschau* v. 10. 11. 1998

627  *taz* v. 1. 7. 1999

628  *Frankfurter Rundschau* v. 26. 6. 1999

629  *Frankfurter Rundschau* v. 23. 2. 1999

630  *Frankfurter Rundschau* v. 8. 7. 1999

631  *Frankfurter Rundschau* v. 12. 3. 1999

632  *Focus* 41/1998

633  Winfried Wolf, »Verkehrspolitisches Zirkular. Berichte des Verkehrspolitischen Sprechers der PDS-Fraktion im Bundestag«, IV. Quartal 1999/I. Quartal 2000 v. Dezember 1999

634  Ebd.

635  *taz* v. 4. 11. 1999

636  Aus dem Sondergutachten »Umwelt und Gesundheit« des Rats von Sachverständigen in Umweltfragen, zit. nach: *Die Welt* v. 1. 9. 1999

637  *Der Spiegel* 34/1999

638  Ebd.

639  Ebd.

640  *stern* 34/1999

641  *taz* v. 6. 8. 1999

642  *Die Zeit* v. 8. 4. 1999

643  *Der Spiegel* 20/1999

644  *Frankfurter Rundschau* v. 10. 11. 1998

645  *taz* v. 22. 12. 1998

646  Zu den Argumenten gegen die Gentechnik vgl.: Ditfurth *Feuer…*, a.a.O., S. 23–99

647  *Frankfurter Rundschau* v. 31. 1. 2000

648  Ebd.

649  *Die Zeit* v. 3. 2. 2000

650  Ebd.

651  *Der Spiegel* 33/1999

652  *taz* v. 28. 12. 1999

653 Unterzeichnet wurde das grüne Thesenpapier u. a. von: Ralf Fücks, Vorsitzender der Heinrich-Böll-Stiftung und ehemaliger Umweltsenator von Bremen; Rebecca Harms, Fraktionssprecherin im niedersächsischen Landtag; Winfried Hermann, stellvertretender Vorsitzender des Umweltausschusses des Bundestages; Michaela Hustedt, energiepolitische Sprecherin der Bundestagsfraktion; Tom Koenigs, ehemaliger Umweltdezernent von Frankfurt/Main; Winfried Kretschmann, umweltpolitischer Sprecher im Landtag von Baden-Württemberg; Reinhard Loske, umweltpolitischer Sprecher der Bundestagsfraktion; Hans Mönninghoff, Umweltdezernent von Hannover; Gunda Röstel, Sprecherin im Bundesvorstand; Roland Schaeffer, Mitarbeiter des Umweltdezernats von Frankfurt/Main; Albert Schmidt, verkehrspolitischer Sprecher der Bundestagsfraktion; Rainder Steenblock, Umweltminister von Schleswig-Holstein; Michael Vesper, Bauminister von Nordrhein-Westfalen.

654 Zit. nach einer Dokumentation des Thesenpapiers in Auszügen in: *Frankfurter Rundschau* v. 13. 8. 1999

655 Ebd.

656 Günter Bannas, »Die Machbarkeit des Möglichen«, in: *Frankfurter Allgemeine Zeitung* v. 30. 9. 1998

657 *taz* v. 23. 3. 2000

658 *Focus* 36/1999

659 Constanze v. Bullion »Aufstieg aus der dritten Liga«, in: *taz* v. 29. 10. 1998

660 *Frankfurter Allgemeine Zeitung* v. 14. 10. 1998

661 Heiner Möller, »Metzger des Sozialstaats«, in: *Konkret* 9/1996

662 *Die Woche* v. 9. 2. 1996

663 Werner Rügemer in einem Beitrag für den WDR im Juli 1999, zit. in: *junge Welt* v. 3. 11. 1997

664 *Der Spiegel* 12/1996

665 IG Medien *Forum* 3–4/2000

666 *stern* 39/1997

667 Ebd.

668 *Die Woche* v. 1. 3. 1996

669 Möller, »Metzger ...«, a.a.O.

670 *Der Spiegel* 32/1996

671 *Die Zeit* v. 19. 7. 1996

672 *Focus* 42/1998
673 Interview mit Christine Scheel, in: *Frankfurter Allgemeine Sonntagszeitung* v. 18. 10. 1998
674 *Frankfurter Allgemeine Zeitung* v. 24. 3. 1999
675 *Frankfurter Allgemeine Zeitung* v. 1. 10. 1998
676 *taz* v. 1. 10. 1999; *Handelsblatt* v. 30. 9. 1999
677 *Die Zeit* v. 27. 1. 2000
678 *Frankfurter Rundschau* v. 30. 10. 1999
679 *Frankfurter Rundschau* v. 12. 4. 2000
680 *Frankfurter Rundschau* v. 12. 4. 2000; 15. 4. 2000
681 Rolf Gössner, »Stets zu Diensten«, in: *taz* v. 5. 1. 1999
682 Interview mit Hans-Christian Ströbele, in: *junge Welt* v. 19. 10. 1999
683 Ebd.
684 *Neues Deutschland* v. 28. 6. 1999
685 Ebd.; Gössner, a.a.O.
686 Johannes Agnoli/Peter Brückner, *Die Transformation der Demokratie.* Frankfurt/Main: Europäische Verlagsanstalt 1968
687 Interview mit Johannes Agnoli, in: *Jungle World* v. 9. 6. 1999
688 *junge Welt* v. 23. 7. 1999
689 Ebd.
690 Zur sozialen Gleichheit: Jutta Ditfurth, *Was ich denke. Anders oder gleich? Über die Entwertung des Menschen.* München: Goldmann Verlag 1995
691 Kampfruf des niederländischen Psychotrainers Emile Ratelband.
692 Abgeschafft wurde z. B. der Anspruch auf die sogenannte originäre Arbeitslosenhilfe nach fünf Monaten sozialversicherungspflichtiger Arbeit innerhalb der letzten 12 Monate; ArbeitslosenhilfebezieherInnen als auch Langzeitarbeitslosen werden ihre geringen Rentenbeiträge noch einmal gekürzt, so daß Ledige bei einem Jahr Arbeitslosigkeit bis zu zwei Drittel ihres in dieser Zeit erworbenen Rentenanspruches verlieren.
693 Dan Nitescu, »Frankfurt – die multikulturelle Stadt?«, in: *Pflasterstrand* 3/März 1990
694 Ralf Schröder, »Mach's wie deine Brüder«, in: *Jungle World* v. 29. 9. 1999
695 *Frankfurter Allgemeine Zeitung* v. 1. 10. 1998

696 *Frankfurter Rundschau* v. 2./3. 10. 1998; *taz* v. 30. 9. 1998

697 TV-Sender Phoenix, Wahlberichterstattung v. 12. 9. 1999

698a *Die Woche* v. 9. 6. 2000

698b *Neue Osnabrücker Zeitung* v. 20. 7. 1996

699 Andreas Petzold »Editorial«, *stern* 1/2000 v. 30. 12. 1999

700 *Focus* 32/1996

701 Gerhard Schröder (Ministerpräsident von Niedersachsen), Siegmar Mosdorf (SPD-MdB), Jürgen Schrempp (Daimler-Benz), »Memorandum zum Asien-Europa-Gipfel in Bangkok«, in: *taz* v. 28. 2. 1996

702 Ebd.

703 *Der Spiegel* 44/1998

704 *taz* v. 24. 6. 1994

705 Spiegel-Gespräch mit Daniel Cohn-Bendit, »Wer ist links, wer rechts?«, in: *Der Spiegel* 1/1994

706 *Der Spiegel* 49/1993

707 *Der Spiegel* 8/1985

708 *Der Spiegel* 1/2000

709 Ebd.

710 Ebd.

711 Ebd.

712 *Jungle World* v. 30. 7. 1999

713 Streitgespräch zwischen Thomas Ebermann und Joseph Fischer, in: *stern* 25/1988

714 Gauland war in den achtziger Jahren Berater des Frankfurter Oberbürgermeisters Walter Wallmann (CDU) und ist heute Herausgeber der *Märkischen Allgemeinen Zeitung* in Potsdam.

715 Zit. nach: Edith Cohn, »Joschka Fischer. Der grüne Patriarch«, in: *Tempo*, März 1992, S. 94

716 Mit seinem Buch *Die Linke nach dem Sozialismus.* Hamburg: Hoffmann und Campe Verlag, 1992

717 Alexander Gauland, »Warum nicht Reue im Stillen? Joschka Fischers neue Einsichten sind alte Wahrheiten« (Rezension von Joschka Fischer, *Die Linke nach dem Sozialismus*), in: *Frankfurter Allgemeine Zeitung* v. 16. 11. 1992

718 *Der Spiegel* 9/1985

719 Eckart Lohse, »Das Gefühl von Größe«, in: *Frankfurter Allgemeine Zeitung* v. 25. 10. 1999

720 Elmar Altvater, »Reichtum bringt Armut«, in: *Neues Deutschland* v. 27./28. 11. 1999

721 Bundesdelegiertenkonferenz v. 18. bis 20. 11. 1983 in Duisburg

722 *Die Zeit* v. 12. 11. 1998

723 Zit. nach: Angelika Beer/Reinhard Kaiser, »Die Grünen und die NATO – eine Frage, die keine ist«, in: Jochen Hippler/Jürgen Maier (Hg.), *Sind die Grünen noch zu retten? Krise und Perspektiven einer ehemaligen Protestpartei.* Köln: Förtner und Kroemer Verlag 1988, S. 198 ff.

724 Interview mit Petra Kelly, in: Schroeren, a.a.O., S. 180 ff.

725 Joseph Fischer, »Zwischen Wiedervereinigungsillusion und NATO-Austrittsfiktion« (Rede am 20. 11. 1987 in der Urania in Berlin); zit. nach: Beer/Kaiser, a.a.O., S. 199, Fußnote 5

726 *taz* v. 11. 10. 1993

727 *taz* v. 2. 8. 1995

728 Jutta Ditfurth, »Fischer's Friends«, in: *Konkret* 4/1995

729 Jutta Ditfurth, »Kosovo: Rotgrün, eine Kriegsregierung auf Abruf«, in: *Neues Deutschland* v. 14. 11. 1998

730 *Die Zeit* v. 12. 5. 1999

731 Matthias Küntzel, »Die Zigarren-Legende«, in: Ders., *Der Weg in den Krieg. Deutschland, die NATO und das Kosovo.* Berlin: Elefanten Press 2000, zit. nach: *Konkret* 4/2000

732 *Die Welt* v. 2. 12. 1999

733 *junge Welt* v. 18. 11. 1999

734 Interview mit Gregor Gysi, in: *Die Welt* v. 29. 12. 1999

735 *Der Tagesspiegel* v. 21. 11. 1999

736 *taz* v. 9. 10. 1998

737 Vgl. S. 142 ff. Kapitel 7

738 *taz* v. 9. 10. 1998

739 Zit. nach: *Der Spiegel* 34/1995

740 Interview mit Joseph Fischer, in: *taz* v. 9. 4. 1997

741 Krause-Burger, a.a.O., S. 238

742 *taz* v. 11. 10. 1993

743 Wie beim Gelöbnis am 20. Juli 1999, als außerhalb des Bendler-Blocks antimilitaristische DemonstrantInnen verprügelt wurden.

744 *Frankfurter Allgemeine Zeitung* v. 25. 10. 1999

745 *Frankfurter Allgemeine Zeitung* v. 21. 10. 1999

746 *Die Woche* v. 29. 10. 1999

747 »Streitgespräch« zwischen Joseph Fischer und Daniel Cohn-Bendit, in: *taz* v. 30. 12. 1994, zit. nach: Jürgen Elsässer (Hg.), *Nie wieder Krieg ohne uns. Das Kosovo und die deutsche Geopolitik.* Hamburg: KVV *Konkret* 1999, S. 7 f.

748 *Die Woche* v. 30. 12. 1994

749 *Frankfurter Rundschau* v. 28. 10. 1998

750 Barth-Engelbart, »Als mein Minister . . .«, a.a.O.

751 *Die Zeit* v. 16. 12. 1998

752 *Frankfurter Allgemeine Zeitung* v. 13. 11. 1999

753 Constanze v. Bullion, in: *taz* v. 30. 9. 1998

754 *taz* v. 31. 10./1. 11. 1998

755 *Süddeutsche Zeitung* v. 14. 10. 1998

756 Dieter Bricke, »Joschka Fischers Eiertanz um die Atomwaffen«, in: *Publik-Forum* 4/1999

757 *Süddeutsche Zeitung* v. 14. 10. 1998

758 Ebd.

759 Walter von Goldendach/Hans-Rüdiger Minow, *Von Krieg zu Krieg. Die deutsche Außenpolitik und die ethnische Parzellierung Europas.* (Dritte, vollst. aktualisierte Aufl.) München: Verlag Das Freie Buch GmbH 1999

760 Folgende Bücher unterschiedlicher linker Orientierung und unterschiedlicher Qualität sind Interessierten über den Krieg gegen Jugoslawien und die deutsche Außenpolitik zu empfehlen:

1. Goldendach/Minow, a.a.O.
2. Winfried Wolf, *Bombengeschäfte. Zur politischen Ökonomie des Kosovo-Krieges.* Hamburg: Konkret Literatur Verlag 1999
3. Tjark Kunstreich, *Ein deutscher Krieg. Über die Befreiung der Deutschen von Auschwitz.* Freiburg: Ça ira-Verlag 1999
4. Elsässer, *Nie wieder Krieg . . .,* a.a.O. (S. Anm. 748)
5. Wolf-Dieter Narr/Roland Roth/Klaus Vack, *Wider kriegerische Menschenrechte. Eine pazifistisch-menschenrechtliche Streitschrift. Beispiel: Kosovo 1999 – Nato-Krieg gegen Jugoslawien.* Köln: Komitee für Grundrechte und Demokratie 1999
6. Klaus Bittermann/Thomas Deichmann (Hg.), *Wie Dr. Joseph Fischer lernte, die Bombe zu lieben. Die Grünen,*

*die SPD, die NATO und der Krieg auf dem Balkan.* Berlin: Verlag Klaus Bittermann Edition Tiamat 1999

7. Hans-Rüdiger Minow/Stefan Eggerdinger (Hg.), *Der Terror des Krieges.* München: Verlag zur Förderung der wissenschaftlichen Weltanschauung 2000

8. Matthias Küntzel, *Der Weg in den Krieg. Deutschland, die NATO und das Kosovo.* Berlin: Elefanten Press 2000

Eine Auswahl von Antikriegstexten der Autorin:

9. Jutta Ditfurth, »Brennpunkt Jugoslawien. Ein Leben in Ruinen«, in: *Amica* (Nullnummer) April/Mai 1995

10. Dies., »Balkan: Versuchsfeld für Kriegstreiber«, in: *Öko-LinX* 28/29, 1998/99; zu beziehen über: *ÖkoLinX,* Neuhofstr. 42, 60318 Frankfurt/Main (Vorkasse: 10 DM)

11. Dies., »Antikriegsbeilage: Reden gegen den Krieg«, in: ÖkoLinX 28/29, 1998/99. Bezugsquelle s. Pkt. 10.

12. »Eine Kriegsregierung auf Abruf«, in *Neues Deutschland* v. 14./15. 11. 1998

13. Dies., »Fischer relativiert NS-Vergangenheit«, in: *Focus* 17/1999

14. Dies., »Vorwand Menschenrechte«, in: *iz3w* 5–6/1999;

15. Dies., (mit Hermann L. Gremliza, Thomas Ebermann und Jürgen Elsässer), »Streitgespräch: Die Linke im Krieg«, in: *Konkret* 7/1999

16. Dies., »Die deutsche Volksgemeinschaft vor dem nächsten Krieg«, in: Minow/Eggerdinger, *Der Terror des Krieges,* a.a.O.

17. Dies., »Balkan – neuer ›Hinterhof‹ der NATO?«, in: *Neues Deutschland* v. 28. 4. 1999

761 Zit. nach.: *Konkret* 5/1999, S. 21

762 Klaus Naumann, »Der nächste Konflikt wird kommen. Erfahrungen aus dem Kosovo-Einsatz«, in: *Europäische Sicherheit* 11 v. 1. 11. 1999

763 Ebd.

764 Lagebericht des Auswärtigen Amtes v. 12. 1. 1999, zit. nach: Wolf *Bombengeschäfte...,* a.a.O., S. 18

765 Vgl. Diana Johnstone, »Das Racak-Massaker als Auslöser des Krieges«, in: Bittermann/Deichmann, a.a.O., S. 52 ff.

766 Ebd.

767 Ebd.

768 Ebd.

769 »Das Massengrab im Kosovo«, Interview mit Wolfgang Pohrt im September 1998 anläßlich der *taz*-Meldung vom Fund eines angeblichen Massengrabs in Orahovac, in: Bittermann/ Deichmann, a.a.O., S. 31

770 Matthias Dembinski, »Von der kollektiven Verteidigung in Europa zur weltweiten Intervention? Das neue strategische Konzept, der Kosovo-Krieg und die Zukunft der NATO« (Reihe HSFK-Standpunkte), in: *Friedensforschung aktuell* 3/Juli 1999

771 Interview mit Matthias Dembinski, in: *taz* v. 7. 4. 1999. Dembinski bestreitet inzwischen, daß die *taz* ihn richtig zitiert hat, kann aber nicht erklären, weshalb er weder eine Gegendarstellung verlangt noch einen Leserbrief geschrieben hat.

772 Zu dieser ökonomischen Seite des Krieges siehe auch: Wolf *Bombengeschäfte . . .*, a.a.O.

773 Vgl. Naumann, »Der nächste Konflikt . . .«, a.a.O.

774 Interview mit Gordana Brun, Umweltbeauftragte Serbiens, in: *Neues Deutschland* v. 29. 12. 1999

775 *Frankfurter Allgemeine Zeitung* v. 22. 3. 2000

776 Interview mit Gordana Brun, a.a.O.

777 Dokumentation: Auszüge aus Joseph Fischers Rede vor der UN-Versammlung am 22. 9. 1999, in: *Frankfurter Rundschau* v. 24. 9. 1999

778 Andreas Zumach, »Der Weg zur UNO-Reform ist weit«, *taz* v. 24. 9. 1999

779 *Frankfurter Rundschau* v. 24. 9. 1999

780 Klaus Naumann, der »höchstdekorierte General der Bundeswehr«, ist seit Anfang Oktober 1999 europäischer Managing Director für das geplante Satelliten-Kommunikationssystem Teledisc, vgl. *manager magazin* 12 v. 1. 12. 1999

781 Naumann, »Der nächste Konflikt . . .«, a.a.O.

782 *taz* v. 24. 9. 1999

783 Zu dieser Diskussion vgl.: Ditfurth, *Was ich denke . . .*, a.a.O.

784 *Der Spiegel* 8/2000

785 *Die Woche* v. 17. 3. 2000

786 *Neues Deutschland* v. 24./25. 7. 1999

787 Daten nach Informationen von Medico International

788 Lothar Rühle, ehemaliger Staatssekretär im Verteidigungsministerium, 1992, zit. nach: Andreas Spannbauer, »Fischer in
der Bagdadbahn«, in: *Jungle World* v. 10. 3. 1999

789 *Neues Deutschland* v. 28. 12. 1999

790 *Frankfurter Allgemeine Zeitung* v. 28. 12. 1999

791 Vgl. *Konkret* 5/1999, S. 13

792 So in einem Interview mit der US-Zeitschrift *Newsweek,* zit.
nach: *taz* v. 13. 4. 1999

793 Zit. nach: Oskar Lafontaine, *Das Herz schlägt links.* München:
Econ Verlag 1999, S. 248

794 Rudolf Scharping in einem Vortrag an der European Business
School, zit. nach: Günter Amendt, »Psychogramm einer neu-
en Kriegsgeneration«, in: Bittermann/Deichmann, a.a.O.,
S. 156 f.

795 Neben Antikriegsreden z. B. den offenen Brief anläßlich der
Kriegshochzeit von Außenminister Fischer: Jutta Ditfurth,
»Herzlichen Glückwunsch zur Hochzeit, Joseph Fischer!«,
Flugblatt v. 16. 4. 1999

796 Dokumentation »Gegen eine neue Art der Auschwitz-Lüge«,
vgl. Fußnote 559

797 Interview mit Joseph Fischer, in: *Die Zeit* 25 v. 17. 6. 1999

798 *taz* v. 3. 12. 1999

799 Ebd.

800 Ebd.

801 *Süddeutsche Zeitung* v. 3. 9. 1999

802 *taz* v. 3. 12. 1999

803 *Der Spiegel* 46/1999

804 So berichtete Chefanklägerin Carla del Ponte am 10. November 1999 dem UN-Sicherheitsrat

805 *taz* v. 3. 12. 1999; *Der Spiegel* 46/1999

806 Thomas Kuczynski, »Entschädigungsansprüche für Zwangsarbeit im ›Dritten Reich‹«, zit. nach: Erklärung »*Sofortige Entschädigungszahlung an jeden Zwangsarbeiter statt Schlußstrich für die Täter*«, verantwortlich im Sinne des Pressegeset-
zes: Gabriele Heinecke, Budapester Str. 49, 20359 Hamburg,
Druck und Verlag: Das Freie Buch GmbH, München

807 Erklärung »Sofortige Entschädigungszahlung . . .«, a.a.O.

808 Das Zitat stammt von 1999. Vgl. *Focus* 17/2000

809　Zum Beispiel: Klaus Bittermann »Schröder als Wiener Würstchen der Politik. Rot-Grün als Fortsetzung der alten Politik mit denselben Mitteln« (Teil II), in: *junge Welt* v. 17. 4. 2000

810　Vgl. *Pflasterstrand* 253 v. 10.–23. 1. 1987, S. 58

811　»Joschka, der Außenminister. Der Marathon-Mann und die Macht«, TV-Porträt von Broka Herrmann und Esther Schapira, Gemeinschaftsproduktion von Hessischer Rundfunk (HR) und Westdeutscher Rundfunk (WDR), Redaktion: Joachim Faulstich, Georg M. Hafner, Elke Hockerts-Werner, Erstsendung: ARD 15. 9. 1999, (Wiederholung: HR III 7. 1. 2000)

812　Cora Stephan, *Das Handwerk des Krieges.* Berlin: Rowohlt Verlag 1998; zit. nach: Barbara Supp »Die Bestie Krieg«, in: *Der Spiegel* 44/1998

813　Alle Zitate von Cora Stephan aus: Supp, a.a.O.

814　Frank Brendle, »Krieg als ›Fehler‹«, in: *junge Welt* v. 17. 4. 2000

815　1996 lancierte die USA z. B. die »Southeast European Cooperative Initiative« (SECI). Ziel: Die totale Integration aller Donau-Anrainer in den Kapitalismus, das volle Programm: Marktwirtschaft, Vertrauensbildung, Konfliktverhütung, Sicherheit und Stabilität.

816　Spannbauer, a.a.O.

817　*Frankfurter Rundschau* v. 27. 4. 1999

818　Ebd.

819a　Das *Handelsblatt* bezog sich dabei u. a. auf eine Analyse der Unternehmensberatung KMPG über die Wachstumschancen der deutschen Automobilindustrie in Osteuropa. Von 1996 bis 2002 soll sich das Absatzvolumen in Ungarn um 101,3 Prozent, in Tschechien um 80,7 Prozent, in Polen um 65,4 Prozent und in Rußland um 41,1 Prozent erhöhen. *Handelsblatt* v. 30. 10. 1998

819b　Lt. Werner Pirker in: *junge Welt* v. 15. 10. 1998

820　*Handelsblatt* v. 27. 7. 1998

821　Der ungenannte Professor einer US-amerikanischen Army-Universität, zit. in: *Petroleum Economist* v. 1. 9. 1998

822　August Pradetto »Konfliktmanagement durch militärische Intervention? Dilemma westlicher Kosovopolitik«, *Studien zur internationalen Politik* 1/1984, Hamburg: Institut für internationale Politik an der Universität der Bundeswehr 1988

823   Am 4. April 1949
824   Quellen für diesen Absatz u. a.:
   1. »Das neue strategische Konzept der NATO«, in: Bulletin des Presse- und Informationsamtes der Bundesregierung Nr. 24 v. 3. Mai 1999, S. 222–231 (deutsche Fassung)
   2. Reinhard Mutz, »Über den Rubikon – die neue NATO schafft Fakten«, in: Bruno Schoch/Ulrich Ratsch/Reinhard Mutz (Hg.), *Friedensgutachten 1999*. Veröffentlichung der Hessischen Stiftung für Friedens- und Konfliktforschung, der Forschungsstätte der Evangelischen Studiengemeinschaft, des Institutes für Friedensforschung und Sicherheitspolitik an der Universität Hamburg, Münster: Lit Verlag 1999, S. 80 ff.
   3. Aus der Internet-Version der Klage der PDS-Bundestagsfraktion gegen die neue NATO-Strategie an das Bundesverfassungsgericht, Oktober 1999. Verfasser: Prof. Dr. Norman Paech
   4. Bricke, »Joschka Fischers Eiertanz . . .«, a.a.O.
825   Nachdruck der Rede Fischers, in: *Frankfurter Rundschau* v. 3. 2. 1999
826   Entscheidung des Europäischen Rates v. 5. Juni 1999
827   Naumann, »Der nächste Konflikt . . .«, a.a.O.
828   Ebd.
829   Ebd.
830a  *taz* v. 8. 6. 2000
830b  *Frankfurter Rundschau* v. 15. 2. 2000
831   *Sunday Times* laut: *Frankfurter Rundschau* v. 14. 4. 2000
832   Peter Nonnenmacher in: *Frankfurter Rundschau* v. 14. 4. 2000
833   Zit. nach: Balsen/Rössel, a.a.O., S. 56
834   *Bayernkurier* v. 4. 3. 1967, zit. nach: Küntzel, a.a.O., S. 127
835   Schroeren, a.a.O., S. 12
836   Interview mit Petra Kelly, in: Schroeren, a.a.O., S. 189
837   *Der Spiegel* 30/1989
838   *Die Woche* v. 15. 9. 1995
839   Bricke a.a.O.
840   Ebd.
841   *Frankfurter Rundschau* v. 12. 11. 1998; *SOZ* v. 10. 12. 1998
842   Kordula Doerfler, »Die Pflicht ruft auch nach Afrika«, in: *taz* v. 1./2. 4. 2000

843 Richard Meng »Von wegen Profit – Fragen, wohin man schaut. Joschka Fischers Außenpolitik zwischen rot-grüner Moral und Interessen, über die im Inland niemand offen redet«, in: *Frankfurter Rundschau* v. 20./21. 4. 2000

844 Bartholomäus Grill, »Kein Herz für Afrika«, in: *Die Zeit* v. 30. 3. 2000

845 *Die Woche* v. 4. 2. 2000

846 Marion Dönhoff, »Liebe Freunde ...«, a.a.O.

847 Grill, a.a.O.

848 Ebd.

849 Wahied Wahdathagh, »Die grüne Brücke«, in: *Jungle World* v. 15. 3. 2000

850 Wahied Wahdathagh »Haus ohne Schleier«, in: *Jungle World* v. 19. 4. 2000; »Iranische und grüne ›Reformer‹ gemeinsam gegen Menschenrechte«; Flugblatt der Arbeiterkommunistischen Partei Iran/Frankfurt und des Vereins »Kampagne für Frauenrechte im Iran«/Frankfurt/Main

851 Zum Mediationsverfahren als Herrschafts- und Befriedungstechnik vgl.: Jutta Ditfurth »Die erstickende Harmonie der Bourgeoisie«, in: Diess. *Feuer...*, a.a.O., S. 440 ff.

# Personenregister

Batliner, Herbert  178
Baum, Bruno  29
Bäumer, Hartmut  187, 257
Baums, Gerhardt  223
Bause, Margarete  205, 356
Bebel, August  23
Beckenbauer, Franz  198
Becker, Andreas  206
Beckmann, Lukas  118, 121,
    126, 146, 164–167, 351
Beer, Angelika  176, 287, 349,
    369
Behrens, Brigitte  250
Beltz, Matthias  89, 121
Benjes, Hermann  211 f., 357
Benz, Wolfgang  223, 356
Berninger, Matthias  187, 244,
    278
Beust, Ole von  185
Beuys, Joseph  68
Bhagwan Shree Rajneesh  82
Biedenkopf, Kurt  184, 187,
    223
Bierl, Peter  356 ff.
Biermann, Wolf  45, 78
Billerbeck, Liane von  200,
    354 f.
Bisky, Lothar  286
Bissinger, Manfred  14, 327
Bitterlich, Joachim  290
Bittermann, Klaus  371 f., 374
Bloch, Ernst  243, 249, 362
Blüm, Norbert  15, 192
Boge, Heinrich  150
Böhme, Erich  148, 349
Böll, Heinrich  41, 45, 78
Bölling, Klaus  334
Bookchin, Murray  238 f.,
    243 ff., 362 f.

Börner, Holger  108, 119 f.,
    122, 128, 132, 144, 346
Bötsch, Wolfgang  184
Bott, Regula  176, 349
Brandt, Willy  12, 23, 28, 30,
    38, 41, 43, 59, 86 f., 101, 334,
    338
Braun, Andreas  194
Brendle, Frank  374
Bricke, Dieter  316
Brown, Lester  249
Brückner, Peter  49 f., 78,
    333 f., 341, 367
Bruker, Max Otto  80, 209, 211,
    337
Brun, Gordana  297 f., 372
Buback, Siegfried  48 ff.
Bublies, Siegfried  337
Bühler, Oswald  178
Burgmann, Dieter  83

Caetano, Marcelo José das
    Neves Alves  43
Camapana  237
Carson, Rachel  246
Cerruti, Nino  15, 178
Christiansen, Sabine  112, 359
Clauss, Armin  126 f.
Clinton, Bill  284 f., 287
Cohen, William  306
Cohn, Edith  368
Cohn-Bendit, Daniel  87, 89,
    92 f., 95, 97, 102 ff., 107,
    110 f., 118 ff., 141, 144 f.,
    159, 163 f., 183 f., 221 ff.,
    251, 276, 282 f., 320,
    339–345, 348, 359 ff., 368,
    370
Cohn-Bendit, Gabriel  233

## Weitere Buchveröffentlichungen der Autorin

*Die tägliche legale Verseuchung unserer Flüsse und wie wir uns dagegen wehren können. Ein Handbuch mit Aktionsteil.* (Hg. mit R. Glaser). Hamburg: Rasch & Röhring 1987

*Träumen Kämpfen Verwirklichen. Politische Texte bis 1987.* Köln: Verlag Kiepenheuer & Witsch 1988

*Lebe wild und gefährlich. Radikalökologische Perspektiven.* Köln: Verlag Kiepenheuer & Witsch 1991

*Was ich denke. Anders oder Gleich. Über die Entwertung des Menschen.* München: Goldmann 1995

*Blavatzkys Kinder.* Thriller. Bergisch Gladbach: Bastei Lübbe 1995

*Entspannt in die Barbarei. Esoterik, (Öko-)Faschismus und Biozentrismus.* Hamburg: Konkret Literatur Verlag 1996

*Feuer in die Herzen. Gegen die Entwertung des Menschen.* (1. Aufl. 1992), dritte erweiterte und vollständig überarbeitete Neuausgabe. Hamburg: Konkret Literatur Verlag 1997

*Die Himmelsstürmerin.* Roman über die Pariser Kommune von 1871. München: Marion von Schröder 1998